Gender Mainstreaming

Herausforderung für den **Dialog** der Geschlechter

Gender Mainstreaming

Herausforderung für den **Dialog** der Geschlechter

Herausgegeben von
Mechtild M. Jansen
Angelika Röming
Marianne Rohde

OLZOG

Die Deutsche Bibliothek – CIP-Einheitsaufnahme

Gender Mainstreaming :
Herausforderung für den Dialog der Geschlechter /
Mechtild M. Jansen ; Angelika Röming ; Marianne Rohde (Hg.). –
München : Olzog, 2003
ISBN 3-7892-8124-7

ISBN 3-7892-8124-7

Internet: http://www.olzog.de

Umschlagentwurf: Gruber & König, Augsburg
Satz: EDV-Fotosatz Huber/Verlagsservice G. Pfeifer, Germering
Druck- und Bindearbeiten: Ebner & Spiegel, Ulm
Printed in Germany

Inhalt

Vorwort

Gender Mainstreaming – dieser Begriff löst bis heute Irritationen aus, obwohl das Prinzip seit 1999 auch im Vertrag von Amsterdam verankert ist und in das 3. und 4. Aktionsprogramm der Europäischen Kommission für die Chancengleichheit von Frauen und Männern aufgenommen wurde. Ein noch immer mangelndes Bewusstsein für Frauen- und Geschlechterfragen ist eine der Ursachen dafür. Die Frage, wie Gender Mainstreaming in der Praxis umgesetzt werden kann, führt weiterhin in vielen Bereichen zu großer Verunsicherung.

Das veränderte Rollenverständnis von Frauen und Männern hat alte Fragen neu aufgeworfen und fordert Lösungsstrategien. Geschlechterbezogene Sichtweisen in alle Handlungsfelder und Entscheidungen einzubeziehen, ist Grundlage der Anwendung des Gender Mainstreaming-Prinzips, das seit der 4. Weltfrauenkonferenz der Vereinten Nationen in Peking 1995 in die Gleichstellungs- und Geschlechterpolitik verankert worden ist.

Gender Mainstreaming ernst zu nehmen bedeutet, dass kein Lebensbereich ausgespart werden kann. Ohne konsequente Anwendung von Gender Mainstreaming ist die Herstellung von Geschlechtergerechtigkeit nicht denkbar. Dabei ist bedeutend, dass dieser Prozess erklärter Wille der Führungsebenen (Top-Down) ist. Soll die Strategie sichtbare Ergebnisse aufzeigen, muss das Prinzip auf allen weiteren Ebenen unterstützt werden und ein breiter gesellschaftlicher Diskurs in Gang kommen. Die Umsetzung von Gender Mainstreaming spielt deshalb in der Arbeitswelt ebenso eine Rolle wie in Kirche, Wissenschaft und Forschung sowie in der Bildungs- und Jugendarbeit.

Gleichberechtigung ist ein unverzichtbarer Bestandteil der Demokratie, der **Dialog der Geschlechter** ist deshalb eine Herausforderung für unsere gesellschaftliche Entwicklung. An der Herstellung von Geschlechtergerechtigkeit mitzuwirken, ist daher auch Aufgabe der politischen Bildung. Ihr Auftrag ist es, Wissen über veränderte Einstellungen und neue Erkenntnisse zu vermitteln und zur Diskussion zu stellen und damit inhaltliche Auseinandersetzung und Lernprozesse zu fördern.

Der vorliegende Sammelband ist als Information zur Annäherung an das Thema und gleichfalls als Handbuch für die Praxis gedacht. Bewusst wurden Expertinnen und Experten aus unterschiedlichen gesellschaftlichen Bereichen und Arbeitszusammenhängen zur Darstellung der breiten Palette des Aktionsfeldes ausgewählt. Es finden sich wissenschaftlich klar strukturierte Beiträge neben Handlungsbeispielen zur Anwendung der Strategie von Gender Mainstreaming in der Praxis. Besonderer Wert wurde darauf gelegt, Ansätze einzelner Bundesländer zu berücksichtigen.

Die Beiträge machen deutlich, dass eine allgemein gültige und für alle Bereiche zutreffende Definition sehr abstrakt bleiben muss – sicherlich auch ein herausragendes Merkmal dieser Thematik. Die Interpretation und Umsetzung von Gender Mainstreaming ist jeweils für die individuellen Arbeitszusammenhänge neu zuzuschneiden und zu definieren, wenngleich die Leitlinien festgeschrieben sind. Von daher sind in dieser Publikation Wiederholungen der Definition und Strategie sowie verschiedene Auslegungen erkennbar und beabsichtigt, da sie unterschiedliche Interpretationen und Herangehensweisen im jeweiligen Kontext aufzeigen.

Basierend auf der Darstellung der Strategie von Gender Mainstreaming als geschlechtergerechte Zukunftsperspektive und der Fragestellung, Gender Mainstreaming als Gewinn für die Lebens- und Arbeitswelt zu sehen, kommt in diesem Band der Verankerung von Gender Mainstreaming in Bildungs- und Gesellschaftspolitik eine ausdrückliche Bedeutung zu.

Das Buch ist in drei thematische Abschnitte unterteilt. Die umfangreichen Anmerkungen und Literaturangaben machen weiterführende Studien möglich. Am Schluss des Bandes sind wesentliche Begriffe zum Thema Gender Mainstreaming in einem Stichwortverzeichnis alphabetisch aufgelistet.

Im ersten Teil mit dem Titel „Strategie für eine geschlechtergerechte Gesellschaft“ werden die Begriffsdefinition, die historische Entstehung und Verankerung in politische Verpflichtungen sowie die Strategie erläutert. Breiten Raum nimmt die Umsetzung von Gender Mainstreaming im Rahmen von Organisationsentwicklung ein.

Wie passt Gender Mainstreaming zu Frauenförderung, wo entstehen Schnitt- und Reibungsflächen – wesentliche Aspekte, die zur Ambivalenz des Gender Mainstreaming-Prinzips beitragen. Umsetzungsbeispiele aus Kommunen und Behörden verdeutlichen die Rolle der Frauenförderung als „Motor“ von Gender Mainstreaming.

Ein Blick auf die Entwicklungspolitik lässt erkennen, dass dieses Thema eine gesellschaftspolitische Aufgabe für Nord und Süd ist.

Die Sichtweise auf den Stellenwert der Haushaltspolitik und damit auf die Verteilung von finanziellen Ressourcen lässt erkennen, dass – soll die Strategie ablesbare Auswirkungen haben – veränderte politische Prioritätensetzungen zugrunde liegen müssen.

Der zweite Teil steht unter der Fragestellung, ob Gender Mainstreaming ein Gewinn für Arbeitswelt und Lebensqualität auf dem Weg zu neuen Lebens- und Arbeitsformen darstellt: im Management, in der Arbeitsmarktpolitik, in gewerkschaftlichen Organisationen und in öffentlich geförderter Ausbildung und Beschäftigung.

Der Bedeutung von Gender Mainstreaming in der Bildungs- und Gesellschaftspolitik wird im abschließenden Teil nachgegangen. Was bedeutet Gender Mainstreaming für die Praxis der politischen Bildung, welche Chancen und Risiken sind darin implementiert? Welche Rolle spielt geschlechtsbewusste Professionalität in der Kinder- und Jugendhilfe, und was heißt Gender Mainstreaming im Hinblick auf geschlechtsbezogene Pädagogik?

Es folgt eine kritische Bestandsaufnahme von Gender Mainstreaming im kirchlichen Kontext als Überblick. Schließlich wird die Frage erörtert, ob Gender Mainstreaming als Chance für Wissenschaft und Forschung begriffen werden kann.

Geschlechterdemokratie als Gemeinschaftsaufgabe zu verstehen und als gradlinige Strategie zu verfolgen, könnte „neuen Schwung in alte Debatten" bringen, zur Modernisierung und Verbesserung von Organisationspolitik und -kultur und zur Verbesserung der Lebens- und Arbeitsqualität führen.

Eine wesentliche Rolle kommt in diesem Prozess der Fähigkeit der Handelnden zu, die theoretischen Grundlagen und die zur Verfügung stehenden Instrumente auf die jeweils spezifischen Strukturen zu übertragen. Kernpunkt ist dabei insbesondere das Bewusstsein und die Bereitschaft der verantwortlichen Akteurinnen und Akteure zur Auseinandersetzung mit dem eigenen Rollenverständnis – als Voraussetzung für Erfolg versprechende Lösungen.

Auch die Herausgeberinnen – in der Frauenbildungsarbeit und -politik beheimatet – haben bei der Fertigstellung des Bandes eine Ambivalenz zu dem Thema und der Problematik ausgemacht –

letztendlich wird darin eine Chance gesehen, Geschlechterdemokratie zu erreichen.

Wertvolle Hilfe hat bei dieser Diskussion Ruth Riedel, Programmleiterin des OLZOG Verlages, geleistet. Dafür und für die große Hilfe bei der abschließenden Durchsicht der Manuskripte gilt unser besonderer Dank.

Gender Mainstreaming ist ein langfristiger Prozess – in allen gesellschaftlichen Bereichen, nicht nur in der politischen Bildung. Geschlechterdemokratie ist das Ziel – Gender Mainstreaming, von den Handelnden ernsthaft verfolgt, kann der Weg sein.

Juni 2003 **Die Herausgeberinnen**

Strategie für eine geschlechtergerechte Perspektive

ANGELIKA EHRHARDT

Gender Mainstreaming – wo es herkommt, was es will und wie es geht

Der Begriff und seine Definition

Gender Mainstreaming ist zurzeit in aller Munde – sowohl von Befürworterinnen und Befürwortern als auch von Gegnerinnen und Gegnern. Neue Chancen für neue Wege in der Gleichstellungspolitik werden ebenso gesehen wie die Gefahr einer Verwischung und Verwässerung von Frauenförderpolitik. Öffentliche Verwaltungen werden aktiv, um die Interessen von Männern und Frauen gleichermaßen zu berücksichtigen. So hat z.B. die Stadtverwaltung Darmstadt beschlossen, ab 2005 einen Mann in das jetzt mit fünf Frauen besetzte Frauenbüro einzuberufen mit dem Ziel, dass „die männlichen Belange bei allen Entscheidungen der Kommunalpolitik und Verwaltung berücksichtigt werden“[1]. Ein entsprechender Leitfaden zur Umsetzung von Gender Mainstreaming soll dazu für die städtische Verwaltung erarbeitet werden. Die Stadtverwaltung Hanau erhielt das Zertifikat für das Audit „Familie und Beruf“ der gemeinnützigen Hertie-Stiftung, das familienfreundliche Personalpolitik mit dem Ziel einer besseren Vereinbarkeit von Familie und Beruf honoriert.[2]

Die Vereinte Dienstleistungsgewerkschaft ver.di – als ein letztes Beispiel – bietet eine virtuelle Beratungsstelle für Väter im Internet an, Ziel ist hierbei, die Väter bei der Wahrnehmung ihrer Vaterrolle aktiv zu unterstützen, ohne dass sie von ihrer Karriere Abschied nehmen müssen.[3]

Drei Beispiele, die deutlich machen, dass es bei Gender Mainstreaming immer um die Gleichstellung von Männern *und* Frauen geht und nicht darum, dass nur einseitig ein Geschlecht gefördert wird.

Zunächst eine kurze Erläuterung des Begriffes, wie er auf EU-Basis für die international entwickelte Strategie verwendet wird und der als neuer Schlüsselbegriff der Gleichstellungs-Politik anzusehen ist. Zu den beiden Begriffen:

Gender verweist auf die *soziale* Dimension des Geschlechts mit bestimmten Rollen- und Aufgabenzuschreibungen, nicht auf das biologische Geschlecht (sex).

Mainstreaming bedeutet *Hauptströmung*, im Sinne eines durchgängigen Prinzips für alle Politikbereiche, d.h., Chancengleichheitspolitik soll von der Neben- auf die Hauptstraße gebracht werden und zieht sich als roter Faden durch alle Planungen in den Organisationen durch – ähnlich wie sich kostenbewusstes Handeln in öffentlichen Verwaltungen als durchgängiges Prinzip etabliert hat.

Die Geschlechterfrage wird damit zur Querschnittsaufgabe mit den zwei zentralen Fragen:

- „Was bedeutet der vorgefundene Zustand für Frauen und Männer, ist die Chancengleichheit verletzt?
- Kann Chancengleichheit und Gleichstellung durch ein bestimmtes, verändertes Tun voran gebracht werden?“[4]

Gender Mainstreaming „bedeutet die Entwicklung, Organisation und Evaluierung von Entscheidungsprozessen mit dem Ziel, die Geschlechterperspektive in *alle* politisch-administrativen Maßnahmen auf *allen* Ebenen durch *alle* am politischen Entscheidungsprozess beteiligten Akteure und Akteurinnen einzubringen. In jedem Politikbereich und auf allen Ebenen sollen die unterschiedlichen Ausgangsbedingungen und Auswirkungen auf die Geschlechter berücksichtigt werden, um eine tatsächliche Gleichstellung von Frauen und Männern zu erreichen. Dieser Prozess soll Bestandteil des normalen Handlungsmusters aller Ressorts und Organisationen werden, die an politischen Entscheidungsprozessen beteiligt sind“.[5]

Damit wird Gender Mainstreaming zu einem frauen- und geschlechterpolitischen Instrument und einem auf Organisationen zugeschnittenen Prinzip, das zum Ziel hat, in allen Organisationen das Geschlechterverhältnis zu berücksichtigen. Gender Mainstreaming bezeichnet die *Strategie* oder *Politikmethode,* um die Gleichstellung zwischen Männern und Frauen zu erzielen, es beschreibt also das Instrument.

Der Begriff Genderpolitik statt Frauenpolitik will verdeutlichen:

- es geht um Männer *und* Frauen und um das Verhältnis zwischen den Geschlechtern, Gender Mainstreaming wird zu einer Gemeinschaftsaufgabe von Frauen und Männern zur Verbesserung der Arbeits- und Lebensqualität beider Geschlechter,
- es geht also um mehr Geschlechterdemokratie für beide, und dort, wo Männer benachteiligt sind (z. B. bei „work-life-balance“), um Verbesserungen für Männer.

Historischer Abriss

Auf der 4. Weltfrauenkonferenz 1995[6] in Peking bekam die Strategie der Etablierung neuer Instrumente zur Gleichstellungspolitik ihren Namen: Gender Mainstreaming wird zur Schlüsselkategorie in internationalen Debatten. Mit dem Amsterdamer Vertrag 1997 verpflichten sich die Staaten der EU, das Gender Mainstreaming-Prinzip in ihrer Politik anzuwenden. Es wird als Querschnittsaufgabe verankert und 2001 vom EU-Rat Ausbau und Verfolgung des Doppelansatzes formuliert: Gender Mainstreaming und spezielle Chancengleichheitsmaßnahmen sollen als *Doppelstrategie* miteinander verbunden werden, d.h. Gender Mainstreaming ersetzt nicht bisherige Frauenförderpolitik, sondern beides wird als sich ergänzende Maßnahmen begriffen.

1998 ratifiziert die Bundesrepublik Deutschland den Amsterdamer Vertrag, er tritt für die Bundesrepublik 1999 in Kraft. 2000 konstituiert sich auf Bundesebene eine interministerielle Steuerungsgruppe „Gender Mainstreaming" zur Implementierung des Ansatzes in die laufende Arbeit aller Ressorts – unter Leitung des Bundesministeriums für Familie, Senioren, Frauen und Jugend. Das Ziel der Steuerungsgruppe ist die Verankerung des Prinzips in der Bundespolitik, die Erarbeitung von Kriterienkatalogen, die Entwicklung von Handbüchern, Checklisten und Prüfkatalogen für die gesamte Bundesverwaltung und die Fort- und Weiterbildung der Fachkräfte.

Die gemeinsame Geschäftsordnung der Bundesministerien im § 2 GGO ist wie folgt novelliert worden:

„Die Gleichstellung von Frauen und Männern ist durchgängiges Leitprinzip und soll bei allen politischen, normgebenden und verwaltenden Maßnahmen der Bundesregierung in ihren Bereichen gefördert werden (Gender Mainstreaming)."[7]

Verschiedene Länder und Kommunen beginnen mit der Verankerung des Gender Mainstreaming-Konzeptes in ihre Arbeit, und inzwischen haben fast alle Bundesländer entsprechende Kabinettsbeschlüsse. Auch auf kommunaler Ebene häufen sich die Aktivitäten.

Die EU-Förderprogramme, insbesondere über den EU-Strukturfond, binden seit 1999 die Mittelvergabe an die Einhaltung der Gender Mainstreaming-Prinzipien, d.h. Frauen müssen z.B. entsprechend ihrem Anteil an Arbeitslosigkeit/Sozialhilfebezug berücksichtigt und gefördert werden. Die Steuerung über die Mittelvergabe erweist sich dabei als effektives Instrument.

Was genau ist nun Gender Mainstreaming? Wodurch unterscheidet es sich von Frauenförderungspolitik?

Gesellschaftliche Institutionen reproduzieren und tradieren gesellschaftlich geformte Geschlechterrollen und Geschlechterbeziehungen durch Gesetze, durch die Ausgestaltung der Infrastruktur und den Zugang zu Ausbildungs- und Berufsmöglichkeiten. Die geschlechtsspezifische Segregation betrifft fast alle Lebensbereiche und führt zu Geschlechter*un*gerechtigkeiten.

Gender Mainstreaming geht also davon aus, dass das Geschlecht Einfluss hat auf die Verteilung von Arbeit, Geld, Macht, Teilhabe am gesellschaftlichen Leben und dass das Geschlechterverhältnis nach wie vor hierarchisch organisiert ist. Das äußert sich vor allem auch in politischen Programmen, Maßnahmen und Dienstleistungen, die sich oft an einseitigen männlichen Leitvorstellungen orientieren. Dadurch sind jedoch nicht nur Frauen benachteiligt, sondern auch für Männer mit einem anderen, z.B. familienorientierten Lebenskonzept entstehen dadurch große Nachteile. Ein Wandel der Einstellungen von Menschen ist nach diesem Konzept eng gekoppelt an eine gleichzeitige Veränderung von Organisationen und Institutionen.

Ziel von Gender Mainstreaming ist die Veränderung von Entscheidungen sowohl in Politik als auch in Organisationen zugunsten von Chancengleichheit und Geschlechterdemokratie.

Damit geht Gender Mainstreaming von folgenden Prämissen aus:

- Abschied vom Mythos der Geschlechterneutralität politischer Maßnahmen und Entscheidungen, bewusste Reflexion der Auswirkung von Planungen auf Frauen und Männer. Es wird Abstand genommen von einer geschlechtsneutralen Betrachtung der Mitarbeiterschaft zugunsten einer bewussten Reflexion des Geschlechterverhältnisses am Arbeitsplatz.
- Gender Mainstreaming wird wesentlicher Teil der Grundsatzpolitik, es gelangt vom gesellschaftlichen Randgebiet in gesellschaftliche Kernbereiche.

- Gender Mainstreaming bedeutet die systematische Einbeziehung der jeweiligen Situation, der Prioritäten und der Bedürfnisse von Frauen und Männern in alle politischen Handlungsfelder bei Planung, Durchführung und Auswertung von Maßnahmen.
- Gender Mainstreaming gewinnt insbesondere im Zuge von Verwaltungsmodernisierung und neuer Steuerungsmodelle an Bedeutung und dies nicht nur auf Bundesebene, sondern auch auf Landesebene und kommunaler Ebene.

Wie funktioniert Gender Mainstreaming?

Gender Mainstreaming als Teilbereich von Organisationsentwicklung

Ein häufig vorgebrachtes Argument gegen Gender Mainstreaming ist, dass Führungskräfte heute vor großen Herausforderungen durch den Umbau in den Organisationen stehen, der Druck durch neue Wege in der Organisations- und Personalentwicklung so enorm sei, dass für weitere neue Konzepte und veränderte Strategien kein Spielraum mehr da sei. Dieser Sichtweise liegt ein Verständnis von Gender Mainstreaming zugrunde, das diesem nicht gerecht wird. Gender Mainstreaming ist nämlich kein zusätzliches Instrument der Organisationsinnovation, sondern zentraler Teil der Veränderung der gesamten Unternehmens- und Behördenkultur. Eine Realisierung neuer Steuerungsmodelle und die Ansprüche an die Verwaltungsreform lassen sich inhaltlich gut mit Gender Mainstreaming verbinden: es geht bei beiden Konzepten um die Verbesserung der Zusammenarbeit in den Institutionen unter den Mitarbeiterinnen und Mitarbeitern und genauso um die Verbesserung der Dienstleistung für Kundinnen und Kunden, Bürgerinnen und Bürger. Das Thema des Geschlechterverhältnisses in Organisationen hat bisher in der Organisationsforschung eine marginale Rolle gespielt.

In der Frauenforschung konzentrierte sich das Interesse vor allem auf die Frage nach den Ursachen und Hintergründen der Unterrepräsentanz von Frauen in leitenden Funktionen. Sicher ist es auch der Popularität von Gender Mainstreaming zu verdanken, dass in letzter Zeit zunehmend Forschungen über das Verhältnis von Frauen und Männern in Organisationen durchgeführt werden. Die männlich geprägte Dominanzkultur in Organisationen wird dabei in Frage gestellt zugunsten einer geschlechterdemokratischen Sichtweise. Vielleicht trägt aber auch die Erkenntnis, dass über ein ausgewogenes Geschlechterverhältnis – in qualitativer und quantitativer Sicht – Organisationen in vielerlei Hinsicht profitieren, zur Beschäftigung mit diesem Thema bei. Nicht zuletzt deshalb haben viele Firmen und Unternehmen im Profit-Bereich Gender Mainstreaming eingeführt und sehen darin einen realen, auch ökonomischen Nutzen für sich.

Die Durchführung von Gender Mainstreaming-Prozessen ist vergleichbar mit anderen Veränderungsprozessen in Organisationen, und es gelten hier die gleichen Grundsätze im Vorgehen, die für die gesamte Organisationsentwicklung relevant sind. In Prozessen der Implementierung neuer Steuerungsmodelle in öffentlichen Verwaltungen konnten hierzu schon zahlreiche – positive und negative – Erfahrungen gesammelt werden.

Es lassen sich grob drei Orientierungspunkte benennen, die für einen erfolgreichen Gender Mainstreaming-Prozess bedeutsam sind:[8]

Zu Beginn eines Veränderungsprozesses steht die *Datenerhebung zum Ist-Stand.* Viele Organisationsentwicklungsprojekte scheitern daran, dass ohne eine genaue Kenntnis der Ausgangsbedingungen Veränderungen vorgenommen werden. Diese geplanten Maßnahmen greifen dann oft nicht, weil die real existierenden Grundvoraussetzungen nicht sorgfältig erhoben wurden. Diese Abklärung der Voraussetzungen bezieht sich dabei auf „harte“ und „weiche“ Aspekte, also ebenso auf Zahlen, Daten, Fakten als auch auf Kommunikations- und Beziehungsstrukturen in der Organisation. Als oberstes Prinzip von Organisationsentwicklung gilt deshalb: keine Maßnahme ohne Diagnose. Für Gender Mainstreaming-Prozesse bedeutet dies eine genaue quantitative und qualitative Betrachtung des Geschlechterverhältnisses in der von Veränderung betroffenen Organisation. Dies kann durch Anfertigen und Auswerten von Statistiken geschehen, aber auch durch Mitarbeiterbefragungen und Interviews mit den betroffenen Personen. Die Analyse dieses Datenmaterials liefert bereits wichtige Hinweise auf bestehende Probleme, Geschlechterbenachteiligungen und Veränderungswünsche.

Auf der Basis dieser Ist-Analyse lassen sich *gleichstellungspolitische Ziele* entwickeln, die die Richtung der Veränderung betreffen. Hier gilt es, die Mitarbeiterschaft rechtzeitig zu beteiligen und Ziele und Umsetzungsstrategien im Dialog zu entwickeln. Der Kernsatz: „Betroffene zu Beteiligten machen" drückt aus, dass Veränderungen nur wirklich dann eine Chance haben, wenn die Mitarbeiterinnen und Mitarbeiter aktiv dabei sind, eigene Ideen einbringen und auch einen eigenen Nutzen für sich erkennen können. Ist dies nicht gegeben, ist mit Widerstand und Desinteresse zu rechnen und die geplanten Veränderungen werden nicht angenommen.

Für die konkrete Umsetzung bedarf es ferner einer sorgfältigen Organisation des Veränderungsprozesses, der Bereitstellung der notwendigen Ressourcen und der Klärung der Aufgaben und Rollen zwischen den beteiligten Personen.

Die Umsetzung selbst bedarf einer *prozessorientierten* Steuerung, die Verantwortlichkeit dafür liegt in der Regel bei einer Projektgruppe.

Gender Mainstreaming als Top-Down-Prozess mit klarer Verantwortlichkeit

Vor Inkrafttreten eines Gender Mainstreaming-Prozesses in einer Organisation ist der erklärte politische Wille der Führungsebene zum Gender Mainstreaming-Prinzip notwendig: Gender Mainstreaming ist immer ein Top-Down-Prozess und benötigt einen *politischen Auftraggeber*. Die Leitungsebene muss auch die finanziellen, personellen und organisatorischen Rahmenbedingungen für die Umsetzung bereit stellen, zuständig darf nicht ein Ressort (z.B. das klassische Frauenressort) sein, sondern alle gemeinsam sind verantwortlich und direkt oder indirekt beteiligt. Aus diesem Grunde ist zur Implementierung eines Gender Mainstreaming-Ansatzes immer die Bildung einer *Steuer- und Lenkungsgruppe* notwendig, in der relevante Akteurinnen und Akteure, Gender-Expertinnen und -Experten sowie Personen aus Entscheidungspositionen vertreten sind. Die Steuerungsgruppe legt die strategischen Ziele der Arbeit fest und ist gegenüber dem Auftraggeber verantwortlich.

Im Gegensatz dazu hat eine zu etablierende *Projektgruppe Gender Mainstreaming* die Verantwortlichkeit für die Projektdurchführung, also das operative Tagesgeschäft. Hier ist es notwendig, die für das Gender Mainstreaming-Projekt notwendige Fach- und Methoden-Kompetenz zusammen zu führen, eine Teamkultur zu etablieren, den konkreten Projektablauf zu planen und die Umsetzung zu steuern. In der Regel existiert eine Projektleiterin oder ein Projektleiter. Bei größeren Projekten ist es auch sinnvoll zu klären, wer für *Controlling und Evaluation* zuständig ist und die dafür notwendigen Ressourcen bereit stellt. Sinnvoll kann es auch sein, *externe Unterstützung* durch Fachkräfte der Beratung, Supervision und Weiterbildung einzubeziehen. Diese verfügen über einen „fremden Blick" und erkennen dadurch häufig schneller Stolpersteine, Widerstände und Reibungsverluste bei der Umsetzung der geplanten Ideen.

Projektverlauf in sechs Schritten (idealtypisch)

Für die Gestaltung politischer und administrativer Entscheidungsprozesse nach dem Gender Mainstreaming-Prinzip (Gesetze, Programme, Arbeitsprojekte) existieren verschiedene Phasenmodelle – die folgenden 6 Schritte in Anlehnung an Karin Tondorf[9] erscheinen besonders geeignet:

1. Gender-Analyse – Erhebung des *Ist-Zustandes* durch die *Aufstellung geschlechtsspezifischer Statistiken* zu geschlechtsrelevanten Fragen:
Von Interesse sind hierbei z.B. Fragen, wie sich die betroffene Gruppe nach Geschlecht zusammensetzt, wie hoch der Anteil von Frauen und Männern in Entscheidungspositionen ist, wie die Aufstiegschancen für Männer und Frauen verteilt sind. Sinnvoll kann auch eine Analyse der Ressourcenverteilung sein, d.h. eine Analyse der Verwendung von Zeit, Mitteln und Geldern in Institutionen bezogen auf die Geschlechter (Gender Budget-Analyse) und eine Untersuchung der Rechte von Männern und Frauen und deren tatsächliche Umsetzung. Diese Analyse sollte sowohl das Verhältnis innerhalb der Institution im Auge haben als auch das Verhältnis zu den Adressatinnen und Adressaten der Institution.

Es existieren eine Reihe von Gleichstellungs-Checklisten, die hilfreich dabei sein können, die für die eigene Institution relevanten Fragen zu formulieren. Es ist jedoch davon abzuraten, diese schematisch auf die eigene Organisation anzuwenden.

2. Analyse der *Problemfelder* und der Situation der *Betroffenen*:
Hierbei geht es vor allem um die Frage, wo die betroffenen Frauen und Männer in einer Institution für sich Vor- und Nachteile sehen, welche Hindernisse wahrgenommen werden und wo sie sich Veränderungen wünschen. Diese Fragen beziehen sich sowohl auf die Mitarbeiterinnen

und Mitarbeiter (Blick nach innen), als auch auf Kundinnen und Kunden und Nutzerinnen und Nutzer der Institution (Blick nach außen).

3. Definition des Soll-Zustandes und Ableitung der *gleichstellungspolitischen Ziele:*
Aus den Schritten 1 und 2 können sich z. B. Ideen ergeben, die das Geschlechterverhältnis nach innen betreffen und Bereiche ansprechen, wie Entwicklung neuer flexiblerer Arbeitszeitmodelle, Ausbau oder Aufbau von Telearbeitsplätzen, Erhöhung des Anteils von Frauen in Leitungsfunktionen etc.

Bezogen auf das Geschlechterverhältnis zu Kundinnen und Kunden können neue Angebote für eine Zielgruppe entstehen, eine andere Verteilung der Finanzen auf Frauen und Männer geplant werden und neue Strategien entwickelt werden, um das bisher unterrepräsentierte Geschlecht zu erreichen. Bei der Zielformulierung ist es wichtig, klar messbare, konkrete Ziele zu formulieren und keine Globalziele zu benennen.

4. Planung von *Maßnahmen* und Entwicklung von Optionen und *Handlungsstrategien*:
Aus den Zielen ergeben sich konkrete Vorhaben, wie z.B. Qualifizierungsmaßnahmen, Coaching, Mentoring, Gender-Trainings, neue Angebote für bestimmte Zielgruppen, Kundinnen oder Kunden und anderes mehr.

Auch hier empfiehlt sich eine genaue Beschreibung der Maßnahmen, eine zeitliche Planungsdimension und die Vereinbarung von Alternativen, falls die geplanten Vorhaben nicht zu realisieren sind.

5. *Umsetzung* der getroffenen Entscheidungen:
Hier ist insbesondere zu klären: Wer macht was bis wann? Welche Kooperationspartner und Kooperationspartnerinnen sind einzubeziehen? Welche personellen und materiellen Ressourcen müssen bereitgestellt werden?

6. Erfolgskontrolle, *Monitoring* und *Evaluation (Auswertung)*:
Im Mittelpunkt steht die Prozessdokumentation und die anschließende Auswertung unter Beteiligung der Betroffenen, um den gesamten Prozess beurteilen zu können.

Gender Mainstreaming in öffentlichen Verwaltungen und Institutionen – Chance zur Förderung demokratischer Prozesse

Gender Mainstreaming eröffnet die Chance, Integrations- und Partizipationsprozesse von Frauen und Männern in unserer Gesellschaft zu unterstützen und auf die Interessen und Bedürfnisse beider Gruppen einzugehen. „Ein Leitbild von Verwaltung sowie von sozialen Organisationen und Einrichtungen als Dienstleister mit Klienten- und Kundenorientierung ist ohne den Gender-Blickwinkel nicht realisierbar."[10]

Wichtig ist die Anwendung von Gender Mainstreaming in öffentlichen Verwaltungen mit dem Blick nach innen, also auf Personal- und Organisationsstruktur, auf Personal-Rekrutierung und -auswahl, auf Lohngerechtigkeit zwischen den Geschlechtern, auf Fragen des Aufstiegs und der Beförderung, auf Probleme der sexuellen Belästigung, Arbeitsbedingungen, Rückkehr von Frauen (und einigen wenigen Männern) nach dem Erziehungsurlaub etc.

Genauso wichtig ist aber auch der Blick auf Nutzer und Nutzerinnen, auf Kunden und Kundinnen und auf die Dienstleistungen und Produkte einer Organisation.

Gerade die Gestaltung des öffentlichen Raums bedarf in besonderem Maße eines geschlechtersensiblen Blicks. Politische Entscheidungen haben fast immer unterschiedliche Auswirkungen auf Frauen und Männer, auch wenn diese unbeabsichtigt oder ungeplant sind. Mit einem Gender Mainstreaming-Ansatz lassen sich negative Folgewirkungen auf ein Geschlecht von vornherein verhindern. Es geht um die Frage, ob die unterschiedlichen Bedürfnisse von Frauen und Männern bzw. Mädchen und Jungen gleichermaßen berücksichtigt werden und in Angebotsstruktur und konzeptioneller Ausgestaltung Niederschlag finden. Es geht aber auch um die Verteilung der Mittel insgesamt.

Die Politökonomin Brigitte Young macht sich stark für einen gendergerechten Staatshaushalt.

Sie begründet diesen Anspruch nicht moralisch, sondern ökonomisch: „Große Status- und Einkommensunterschiede zwischen Frauen und Männern schaden der gesamten Nation. Wenn man in die Kinderbetreuung investieren würde, könnte man gerade in Deutschland eine Menge Humankapital freisetzen: junge, gut ausgebildete Frauen, die arbeiten wollen, aber in die Mütterfalle geraten sind."[11] Um den Blick hier nicht nur auf die gut ausgebildeten, qualifizierten Frauen und Männer zu werfen, muss es auch darum gehen zu reflektieren, wie insgesamt die zur Verfügung stehenden Haushaltsmittel in Bezug auf ökonomische und soziale Prioritäten verteilt werden.

Entwicklungsstand Gender Mainstreaming

Sichtet man die Literatur nach Umsetzungsbeispielen, so konzentriert sich die Anwendung von Gender Mainstreaming in Deutschland derzeit insbesondere auf die Bundes- und Länderebene, während die zunehmend auf kommunaler Ebene beginnenden Projekte weniger häufig publiziert werden, aber dennoch existieren.

Einige Beispiele sollen den derzeitigen Entwicklungsstand illustrieren.

Nachdem das Bundeskabinett 1999 die Gleichstellung von Frauen und Männern als durchgängiges Leitprinzip der Bundesregierung entsprechend der Regelungen im Amsterdamer Vertrag anerkannt hat, wurde die bereits erwähnte interministerielle Arbeitsgruppe auf Bundesebene gegründet mit dem Auftrag, einen Plan zur Einführung und Umsetzung von Gender Mainstreaming in die Politik der Bundesregierung zu entwickeln. „Entstehen soll ein Handbuch Gender Mainstreaming mit Arbeitshilfen und Prüfvorlagen für die gesamte Bundesverwaltung.“[12] Durchgeführt werden außerdem Schulungen und Fortbildungsveranstaltungen für Führungskräfte aller Ministerien. In allen Ministerien werden Pilotprojekte durchgeführt, der gesamte Prozess wird wissenschaftlich begleitet.

Das Land Niedersachsen hat 1998 in Art. 3 Abs. 2 der niedersächsischen Verfassung folgendes verankert: „Die Achtung der Grundrechte, insbesondere die Verwirklichung der Gleichberechtigung von Männern und Frauen, ist eine ständige Aufgabe des Landes, der Gemeinden und Landkreise.“[13] Damit werden alle Gebietskörperschaften angesprochen und der Anspruch formuliert, Verfassungsnormen tatsächlich zu verwirklichen. In Niedersachsen wurde das Kabinett 1999 schriftlich über den Ansatz informiert, später wurde eine Veranstaltung für die Mitglieder der Landesregierung mit den Staatssekretärinnen und Staatssekretären durchgeführt, es folgten weitere Schulungen für Führungskräfte und Beschäftigte.

Sachsen-Anhalt war ebenfalls eines der ersten Bundesländer mit einem Kabinettsbeschluss zur Einführung von Gender Mainstreaming, außerdem wurde eine Checkliste zur gleichstellungspolitischen Prüfung der Kabinettsvorlagen entwickelt, genderbezogene Daten werden erhoben und Fortbildungen und Schulungen durchgeführt.[14] Aktivitäten sind zwischenzeitlich in allen Bundesländern zu beobachten.

Blickt man in andere EU-Länder, so sind insbesondere die skandinavischen Länder sehr aktiv. Schweden[15] hat Gender Mainstreaming in seiner Regierungserklärung 1994 als Teil der offiziellen Politik ausgewiesen. Die Verantwortung für die Anwendung der Strategie tragen alle Ministerinnen und Minister, das Gleichstellungsministerium koordiniert und kontrolliert den Prozess. Die Abteilung für Gleichstellungsangelegenheiten (im Ministerium für Wirtschaft angesiedelt) prüft alle Entwürfe der Kabinettsvorlagen vor einer Beschlussfassung, prüft und genehmigt Gremienbesetzungsvorschläge mit dem Ziel, eine paritätische Besetzung zu erreichen. Haushaltsvorlagen werden auf ihre Auswirkungen auf Frauen und Männer begutachtet, und die Abteilung ist an Budgetverhandlungen beteiligt. Der schwedische Ministerpräsident berichtet jährlich in seiner Regierungserklärung über den Stand der Umsetzung des Gender Mainstreaming-Prozesses. Regierungsmitglieder, leitende Beamte und Beamtinnen und Sonderbeauftragte für Gender Mainstreaming wurden geschult und werden von so genannten „flying experts“ beraten und unterstützt. Es existiert ferner eine Arbeitsgruppe Gender Mainstreaming für Vertreterinnen und Vertreter der zentralen, regionalen und kommunalen Ebene. Erwähnenswert ist, dass es ein Gesetz gibt, das das statistische Zentralamt verpflichtet, alle Statistiken geschlechtsspezifisch und geschlechtsdifferenziert anzulegen.

Dazu ein interessantes Beispiel aus Schweden: Die geschlechtsspezifische Analyse bei der Bewilligung und Ablehnung von Sozialhilfeanträgen in einer Kommune ergab, dass mehr Anträge von Frauen als von Männern abgelehnt wurden (auch im Vergleich innerhalb der Alleinerziehenden). Die Höhe der Sozialhilfebeiträge, die an Männer bzw. Frauen ausgezahlt werden, ist nach einer Statistik für die Männer höher als für die Frauen.[16] Dieses Ergebnis hat vielfältige Fragen aufgeworfen, die den Prozess der Antragbewilligung betreffen und nun infolge bearbeitet werden.

In den Niederlanden, die 1998 einen Aktionsplan zur Einführung von Gender Mainstreaming auf Regierungsebene erarbeitet haben, wurde u.a. das „Gender Impact Assessment“ entwickelt, eine Methode zur

Überprüfung der Gleichstellungsverträglichkeit von Gesetzen, Maßnahmen und Projekten.

Die EU hat diese Idee aufgegriffen und ein Instrument zur Prüfung der gleichstellungspolitischen Inhalte politischer Maßnahmen entwickelt, die Methode SMART (simple method to assess the relevance of policies to gender), sinngemäß übersetzt: einfache Methode zur Gleichstellungsverträglichkeitsprüfung in der Politik.

Zwei zentrale Fragen werden dabei in den Mittelpunkt gestellt:

1. An welche Zielgruppen richten sich die geplanten Maßnahmen?
2. Welche Unterschiede bestehen zwischen Männern und Frauen bei den geplanten Maßnahmen in Bezug auf Rechte, Ressourcen, Interessen etc.?

Inzwischen werden auch auf kommunaler Ebene Aktivitäten zur Umsetzung des Ansatzes in der Kommunalpolitik und Verwaltung durchgeführt. Auch hier sind Projekte zu beobachten, die Gender Mainstreaming sowohl mit dem Blick nach innen – also unter der Perspektive von Personalpolitik und -entwicklung –, als auch mit dem Blick nach außen auf die Dienstleistungen der Verwaltung und Kommune gegenüber den Bürgerinnen und Bürgern realisieren.

Qualifizierung der Mitarbeiterschaft

Die Verankerung von Gender Mainstreaming in eine Organisation funktioniert nicht ohne die Fort- und Weiterbildung der Mitarbeiterinnen und Mitarbeiter. Zur Entwicklung von Gender-Kompetenz sind personenbezogene Fortbildungen und abteilungsbezogene Organisationsberatungen sinnvoll mit den Zielen:

- Sensibilisierung für die eigene Geschlechterrolle (z.B. durch Reflektieren der eigenen Biografie, der Prägungen in der Herkunftsfamilie, des Einflusses der Sozialisationsinstanzen Kindergarten, Schule, Peergroup und der Berufswelt),
- Wahrnehmung der Geschlechterrolle und gegenseitiges Verstehen,
- Wahrnehmung unterschiedlicher Lebenswirklichkeiten von Frauen und Männern auch bezogen auf die eigene Institution/Organisation (z.B. wie ist Macht, Einfluss, Ressource, Einkommen verteilt?),

- Erkennen der Vorteile und Notwendigkeiten von Veränderungen,
- Entwicklung von Gender-Kompetenz, d.h. der Fähigkeit, Ungleichbehandlung und Unterschiede beider Geschlechter zu identifizieren,
- Erlernen von Methoden zur Durchführung von Gender Mainstreaming-Prozessen (z.B. Gender-Analysen, Geschlechterverträglichkeitsprüfungen von Maßnahmen, Gender Budget-Analysen).

Zu unterscheiden sind drei typische Fortbildungselemente:
1. *Informationsveranstaltungen* über die Grundlagen von Gender Mainstreaming,
2. *Gender-Trainings* zur Sensibilisierung der eigenen Wahrnehmung des Geschlechterverhältnisses,
3. *Gender Mainstreaming als Teil von Organisationsentwicklung*: Vermittlung von Ansätzen und Strategien zur Durchführung von Gender Mainstreaming-Prozessen.

Diese drei Elemente werden entweder einzeln oder als „Gesamtpaket" angeboten.

Inzwischen bieten zahlreiche Institute der Fort- und Weiterbildung maßgeschneiderte Qualifzierungsprogramme und Trainings für die Umsetzung von Gender Mainstreaming – insbesondere auch für öffentliche Verwaltungen – an.

Zielgruppe sind insbesondere Frauen und Männer in mittleren und höheren Führungspositionen sowie Beschäftigte mit Managementaufgaben. Fast alle Konzepte basieren auf den drei Säulen: Wissensvermittlung, Einstellungsveränderung, Vermittlung von Gender-Methodenkompetenz und -strategien.[17] Selbsterfahrungsbezogene Methoden, wie Interaktions- und Rollenspiele und Biografiearbeit sowie theoretische Impulse aus der Geschlechter-, Frauen- und Sozialisationsforschung sowie der Konflikt- und Managementforschung werden hier angewendet.

Zwischenzeitlich gibt es auch erste Angebote, die Fachkräfte, die Gender Mainstreaming vermitteln, zu schulen. So bietet die Heinrich-Böll-Stiftung eine Weiterbildung zum „Gender-Trainer/ Gender-Trainerin" an, andere Institute folgen. Im Zentrum dieser Weiterbildungen steht die Qualifizierung von Fachkräften für die Begleitung von Veränderungsprozessen, die Chancengleichheit zum Ziele haben. Den Teilnehmenden werden Grundlagen der Verbindung von Organisations- und Personalentwicklung mit Gender Mainstreaming vermittelt, ihr „Gender-Blick" wird geschärft, und es werden Strategien zur erfolgreichen Implementierung von Chancengleichheitspolitik erlernt.

Warum boomt Gender Mainstreaming?

These 1: Chancengleichheit ist nicht nur politisch gewollt, sondern auch wirtschaftlich notwendig!

Chancengleichheitsforderungen sind früher von den frauenpolitischen Aktivistinnen erhoben worden, heute wird die Forderung nach der Gleichstellung von Frauen und Männern auf höchster politischer Ebene verankert. Gewerkschaften und Wirtschaftsunternehmen sind dabei wichtige Kooperationspartner, in modernen Unternehmen ist die Förderung von Frauen seit den 90er Jahren ein wichtiger Eckpfeiler in der betrieblichen Personalpolitik. Haben die Unternehmen ihr Herz für die Frauen entdeckt?

Eher der Not gehorchend und nicht als oberste Priorität: Zentraler ist die Erkenntnis, dass das Potential weiblicher Beschäftigter genutzt werden muss, um langfristig konkurrenzfähig zu bleiben. Trotz bestehender Arbeitslosigkeit existiert ein hoher Mangel an qualifiziertem Führungsnachwuchs. Unternehmen sind aufgrund des immer schärfer werdenden Wettbewerbes gezwungen, alle erreichbaren menschlichen Ressourcen und Potentiale zu erschließen und voll zu entfalten. Das gilt unabhängig von der ethischen und sozialen Herkunft, und es gilt insbesondere unabhängig vom Geschlecht. Der Wettbewerb der Zukunft – da sind sich alle Unternehmensberater einig – wird auf dem Personalmarkt entschieden, und das Humankapital wird zum strategischen Erfolgsfaktor für Unternehmen.

Dies sind zunächst rein ökonomische Begründungen, sie erfahren eine ethisch-moralische Legitimation durch die Verankerung der Chancengleichheit im Grundgesetz und dem Ruf Betroffener nach mehr Geschlechtergerechtigkeit in unserer Gesellschaft. Inzwischen ist in den Unternehmen aus der Frauenförderung die Förderung von Frauen *und* Männern gemäß dem Gender Mainstreaming-Prinzip geworden,

Gleichstellungspolitik ist in vielen Leitbildern von Unternehmen und Organisationen verankert.

Folgende Maßnahmen haben Unternehmen ergriffen, um Gender Mainstreaming konkret umzusetzen:

- Vorgaben von Zielgrößen zur Angleichung des Geschlechterverhältnisses in Bezug auf Positionen, Tätigkeiten, Abteilungen,
- geschlechtsneutrale Stellenausschreibungen,
- Berücksichtigung der besonderen Biografien von Frauen in Bewerbungsverfahren,
- gleicher Zugang für Frauen und Männer zur Fort- und Weiterbildung,
- Weiterbildungsmaßnahmen *während* und nach der Elternzeit,
- Thematisierung, Definition, Prävention, Sanktion von sexueller Belästigung, Einrichtung von Beratungs- und Beschwerdestellen.

Flankierende Maßnahmen, die von Betrieben und Verwaltungen darüber hinaus ergriffen werden, sind z.B.:

- Maßnahmen zur Vereinbarkeit von Beruf und Familie, Arbeit und Leben (work-life-balance),
- Coaching und Mentoring von Frauen und Männern, die aufstiegsorientiert sind,
- flexible Arbeitszeitmodelle und Teilzeitangebote, Einrichtung von Telearbeitsplätzen,
- Unterstützung bei der Suche und Bereitstellung von Betreuungsangeboten für Kleinkinder,
- Verbesserung der betrieblichen Entscheidungsprozesse bei Stellenbesetzungen, Personalauswahl und Personalbeurteilung,
- Institutionalisierung von Chancengleichheit in Unternehmen.

These 2: Der Staat übernimmt eine Vorreiterrolle bei der Umsetzung des Gender Mainstreaming-Prinzips

Staatliche Organisationen haben durch die Umsetzung des Amsterdamer Vertrages eine Vorreiterrolle zur Implementierung von Gender Mainstreaming übernommen. Sibylle Peters sieht hier eine zentrale Kernaufgabe des Staates, die neue Aufgabenteilung zwischen Frauen und Männern in der Phase der Modernisierung zu unterstützen und neue „Vernünftigkeiten“ umsetzen zu helfen und zu garantieren. Dies geschieht durch entsprechende Gesetze, Vereinbarungen, Regelungen.[18] Dass dieser Prozess nicht widerspruchslos funktioniert, zeigt das 2001 gescheiterte Gleichstellungsgesetz für die deutsche Wirtschaft.

Das heißt, der Staat übernimmt hier zentrale Aufgaben für die Gestaltung der Zukunft unserer Gesellschaft, die vernünftigerweise für die Weiterentwicklung notwendig sind. Manchen feministischen Frauenforscherinnen und -kämpferinnen mag gerade an dieser Stelle die Sache nicht schmecken, da deutlich wird, dass es bei der Realisierung von Gender Mainstreaming nicht primär um die notwendige Umsetzung von Frauenrechten geht, sondern vor allem um die Verwirklichung zukunftsträchtiger Arrangements. Die Frage ist jedoch, ob solche „Zweckbündnisse“ nicht viel größere Realisierungschancen haben als die früheren Ansätze der Frauenförderpolitik, die vor allem moralisch-ethisch begründet waren.

Außerdem liegt ein großer Vorteil darin, dass auch Männer von dieser Entwicklung profitieren und sich damit das Geschlechterverhältnis insgesamt weiterentwickeln und verändern kann. Themen wie „work-life-balance“ sind auch zentrale Themen von Männern. So wünschen sich ein Fünftel der aufstiegsorientierten Männer und ein Drittel der aufstiegsorientierten Frauen Möglichkeiten zur Teilzeitarbeit[19] (87% aller Teilzeitarbeitsplätze sind von Frauen besetzt).

Viele Führungskräfte halten Teilzeitarbeit in Führungspositionen, besonders im mittleren Management inzwischen auch für machbar, die Frage nach einer Ausgewogenheit von Berufsarbeit und Familienleben im Sinne der work-life-balance spielt mit Blick auf den Erhalt der möglichst langen Arbeitsfähigkeit von Mitarbeiterinnen und Mitarbeitern zunehmend eine Rolle. Zeiten, in denen Mitarbeiter in kurzer Zeit „ausgebrannt“ und durch neue ersetzt werden, sind vorbei. „In Europa vollzieht sich gegenwärtig eine beachtliche Gegenbewegung zur kompletten Verfügbarkeit für den Arbeitsmarkt. Eine Gegenbewegung, die darauf abzielt, den Einzelnen nicht nur als Funktionsträger im Betrieb, sondern als Person mit Verantwortung für eine Familie und die eigene seelische Gesundheit zu respektieren.“[20] Eine neue Studie der OECD zur Arbeitsmarktsituation in Europa betont, dass Europas Eltern von Kleinkindern auf etwa ein Fünftel ihrer bezahlten Arbeitsstunden verzichten würden, um Zeit für die Familie zu gewinnen.

Zum Thema „Frau und Beruf“ hat sich damit in den letzten Jahren das Thema „Mann und Familie“ zugeordnet, die Führungskräfte von morgen, so der Personalentwickler Schmidt-Narischkin bei der Deutschen Bank, werden danach fragen, wie viel Zeit ihnen der Job für das Privatleben lässt.[21]

These 3: Chancengleichheitspolitik und Gender Mainstreaming unterstützen ein positives Betriebsklima

Eine Studie über Kosten und Nutzen von Chancengleichheitspolitik in Unternehmen kommt zu dem Ergebnis, dass alle befragten Unternehmen die investierten Kosten bei weitem durch den Nutzen eines langfristigen Personaleinsatzes und -erhaltes aufgewogen sehen. Darüber hinaus wurden Effekte wie eine verstärkte Identifikation mit dem Unternehmen und eine Erhöhung der Arbeitszufriedenheit genannt. Neben diesen innerbetrieblichen Auswirkungen wurde in der Studie auch von externen Effekten berichtet. So sehen Unternehmen auch im Hinblick auf eine Imageverbesserung als familienfreundlicher Arbeitgeber deutliche Vorteile, besonders bezogen auf den Arbeitsmarkt und die *Attraktivität als potenzieller Arbeitsgeber* für qualifizierte Nachwuchskräfte.

Unternehmen, die auf die Bedürfnisse ihrer Mitarbeiterinnen und Mitarbeiter im Hinblick auf Arbeitszeit und Karriereunterstützung eingingen, konnten eine *Senkung der Krankheits- und Fluktuationsrate* feststellen.[22]

Gleichheit in Vielfalt

Bereits eingangs wurde erwähnt, dass es auch Skeptikerinnen in Bezug auf Gender Mainstreaming gibt, Monika Barz äußert dazu: „Der Versuch, die Lösung gesellschaftlicher Ungleichheit wieder in den Verantwortungsbereich der ‚Herrschenden‘ zurückzugeben, ist ein gewagter Schritt. Zumal dann, wenn Männern, denen diese Macht zugestanden wird, sich noch nicht gelöst hatten von der Vorstellung, sie seien geschlechtsneutral und ihre Handlungen kämen ‚den Menschen ganz allgemein‘ zugute.[23] Nur die konsequente Orientierung an den Prinzipien des Gender Mainstreaming und die Einhaltung der Standards und

Anforderungen können dazu beitragen, diesen Ansatz vor dem Scheitern zu bewahren.

Mit dem geschärften Blick für Geschlechterunterschiede wird ein Weg eingeschlagen, sensibler für Unterschiede und Differenzen zwischen Menschen zu werden. Insofern ist es nur konsequent, dass in der Debatte ein weiteres Konzept auftaucht: „Diversity Management“ als neues Gestaltungsprinzip. Die Vielfalt und Unterschiedlichkeit von Menschen bezogen auf Geschlecht, Alter, soziale und kulturelle Herkunft, Religion, sexuelle Orientierung, Behinderung u.v.m bedingen unterschiedliche Perspektiven und Kompetenzen von Menschen sowie unterschiedliche Lebenssituationen und Bedürfnisse. Diversity geht davon aus, dass alle Menschen gleichwertig sind, aber (noch) nicht gleichwertig behandelt werden. Damit bleiben Kapazitäten und Ressourcen z.B. gut ausgebildeter Frauen und Angehöriger von Minoritätsgruppen ungenutzt, was zu quantitativen (das vorhandene Arbeitskräftepotential wird nicht ausgeschöpft) und qualitativen (andersartiges Wissen und Erfahrungen von Mitarbeiterinnen und Mitarbeitern werden nicht abgerufen) Nachteilen führt und letztendlich auch nicht zum Nutzen der Organisation beiträgt. Diese Gleichwertigkeit unterschiedlicher Lebenslagen und Kompetenzen herzustellen, ist Anliegen des Konzeptes Management Diversity.[24]

„Gleichheit in Vielfalt“ – so lässt sich das Konzept kurz umschreiben. Unterschiede zwischen Menschen wahrzunehmen, keine Dominanzkultur zu leben, sondern die Vielfalt produktiv und kreativ zu nutzen und über die Komplexität des unterschiedlichen Miteinanders fruchtbare Kooperationen entstehen zu lassen, ist die Idee dieses Konzeptes. Aus monokulturellen Organisationen sollen Organisationen mit einer multikulturellen Unternehmenskultur werden, eine Erweiterung des Gender Mainstreaming-Ansatzes und somit eine Herausforderung für die Zukunft, insbesondere in einer zunehmend multikulturellen Gesellschaft.

Anmerkungen

1 Frankfurter Rundschau vom 4.3.2002, Artikel: Chancengleichheit auch für Männer von *Wolfgang Fleckenstein*, S. 37
2 vgl.: Frankfurter Rundschau vom 15.6.2002, Artikel: Kopf frei für die Arbeit von *Jutta Rippegather*, S. 37
3 vgl.: Frankfurter Rundschau vom 23.04.02, Artikel: Väter wollen ihre Rolle ausfüllen, Interview mit *Walter Lochmann*, S. 32
4 *Weg, Marianne*: Gender Mainstreaming, Geschlechtergleichstellung als Gemeinschaftsaufgabe in Politik, Verwaltung und gesellschaftlichen Organisationen, unveröffentlichtes Manuskript, Wiesbaden 2001
5 *Schweikert, Birgit*: Alles Gender – oder ?, Die Implementierung von Gender Mainstreaming auf Bundesebene, in: ibv, Nr. 20 vom 16.5.2001, S. 1267
6 vgl.: *Stiegler, Barbara*: Gender Mainstreaming, in: Hessische Lehrerzeitung, Heft 1/2002, S. 1
7 vgl.: *Schweikert,* a.a.O., S. 1279
8 vgl.: *Doppler/Lauterburg*: Change Management, Frankfurt/New York 1999
9 vgl.: *Tondorf, Karin*: in: *Krell/Mückenberger/Tondorf*: Gender Mainstreaming – Information und Impulse, Veranstaltungsreader BMFSFJ, Mai 2000
10 *Weg*, a.a.O., S. 4
11 *Brigitte Young*, Interview in: die TAZ vom 16.5.2002
12 *Schweikert,* a.a.O., S. 1273
13 *Krell, Gertraude/Mückenberger, Ulrich/Tondorf, Karin*, a.a.O., S. 9
14 vgl.: *Lind, Inken/Löther, Andrea:* Schwerpunktthema*:* Gender Mainstreaming, i.lind@cews.uni-bonn.de und loether@cews.uni-bonn.de
15 vgl.: *Schweikert,* a.a.O.
16 vgl.: *Barz, Monika*: Gender-Mainstreaming – Eine europäische Perspektive, in: *Burbach, Christine/Schlottau, Heike*: Abenteuer Fairness. Ein Arbeitsbuch zum Gendertraining, Göttingen 2001, S. 80
17 vgl. dazu zum Beispiel: *Burbach/Schlottau*, a.a.O.
18 vgl. dazu den Aufsatz von *Sibylle Peters* in diesem Band
19 *Bischoff, Sonja*: Männer und Frauen in Führungspositionen der Wirtschaft in Deutschland, Köln 1999, S. 123
20 Die Zeit vom 6.11.2002
21 vgl.: ebenda
22 vgl.: ebenda
23 *Barz*, a.a.O., S. 84
24 vgl.: *Apelthaler, Gerhard*: Interkulturelles Management, Wien 1999 und *Peters, Sibylle/Bensel, Norbert* (Hrsg.): Frauen und Männer im Management. Diversity in Diskurs und Praxis, Wiesbaden 2000

Literaturangaben

Apelthaler, Gerhard: Interkulturelles Management, Wien 1999

Bischoff, Sonja: Männer und Frauen in Führungspositionen der Wirtschaft in Deutschland, Köln 1999

Bundesanstalt für Arbeit: Informationen für die Beratungs- und Vermittlungsdienste (ibv), Heft 20/2001 zum Thema: Gender Mainstreaming. Es wird Zeit, vom 16.5.2001

Burbach, Christine/Schlottau, Heike: Abenteuer Fairness. Ein Arbeitsbuch zum Gendertraining, Göttingen 2001

Die TAZ vom 16. Mai 2002

Die Zeit vom 8.11.2001

Doppler/Lauterburg: Change Management, Frankfurt/New York 1999

Edding, Cornelia: Agentin des Wandels, München 2001

Frankfurter Rundschau vom 23.4.02, 15.06.02

Krell, Gertraude/Mückenberger, Ulrich/Tondorf, Karin: Gender Mainstreaming-Information und Impulse, Veranstaltungsreader BMFSFJ, Mai 2000

Lind, Inken/Löther, Andrea: Schwerpunktthema: Gender Mainstreaming, i.lind@cews.uni-bonn.de und loether@cews.uni-bonn.de

Peters, Sibylle/Bensel, Norbert (Hrsg.): Frauen und Männer im Management. Diversity in Diskurs und Praxis, Wiesbaden 2000

Schweikert, Birgit: Alles Gender – oder?, ibv Nr 20 vom 16.5.2001

Stiegler, Barbara: Wie der Gender in den Mainstream kommt, Konzepte, Argumente und Praxisbeispiele zur EU-Strategie des Gender Mainstreaming, Bonn 2000

Weg, Marianne: Gender Mainstreaming. Geschlechtergleichstellung als Gemeinschaftsaufgabe in Politik, Verwaltung und gesellschaftlichen Organisationen, unveröffentlichtes Manuskript, Wiesbaden 2001

PETER DÖGE

Von der Gleichstellung zur Gleichwertigkeit – Gender Mainstreaming als Ansatz zur Modernisierung von Organisationen

Gender Mainstreaming wird seit Beginn den 90er Jahre als neuer geschlechterpolitischer Ansatz diskutiert. Das Konzept soll weit über die bisherige Gleichstellungspolitik hinausgehen und dabei umfangreiche Modernisierungspotenziale in Organisationen entfalten. Um diese abschätzen zu können, werden im Folgenden zentrale Strukturelemente und vor allem die konzeptionell-theoretischen Grundlagen des Gender Mainstreaming-Konzepts dargestellt.[1]

Gender Mainstreaming als Gestaltung des Geschlechterverhältnisses in Organisationen

Gender Mainstreaming „ ... bedeutet die (Re-)Organisation, Verbesserung, Entwicklung und Bewertung des Politikprozesses mit dem Ziel der Integration der Perspektive der Gleichstellung der Geschlechter in alle Politiken, auf allen Ebenen und allen Stufen von allen politischen Akteuren."[2] Diese Definition macht deutlich, dass das Gender Mainstreaming-Konzept darauf zielt, die Frage der Gleichstellung von Frauen und Männern nun in *alle* Politikbereiche als Querschnittsaufgabe zu verankern und damit den „Appendix-Status" der bisherigen Frauen- und Gleichstellungspolitik aufzulösen.

Die Perspektive der Verankerung von Fragen der Gleichstellung von Frauen und Männern als Querschnittsaufgabe im Sinne von Gender Mainstreaming wurde auf internationaler Ebene bereits auf der ersten Weltfrauenkonferenz im Jahr 1985 in Nairobi diskutiert, findet sich in den 80er Jahren dann im entwicklungspolitischen Kontext und wird in der *platform of action* der Weltfrauenkonferenz von Peking im Jahr 1995 fixiert. Auf europäischer Ebene bestimmt der *Amsterdamer Vertrag*, dass alle Mitgliedsstaaten im Rahmen ihrer nationalen Politiken auf eine Umsetzung der Gleichstellung von Frauen und Männern achten müssen. Mit der Strukturfondsverordnung für die Jahre 2001 bis 2006 ist die Berücksichtigung der Chancengleichheit von Frauen und Männern integraler Bestandteil für die Mittelvergabe in diesem Bereich.

Auch Organisationen wie die Weltbank oder die Internationale Arbeitsorganisation (ILO) wenden das Gender Mainstreaming-Prinzip an, in der Bundesrepublik Deutschland findet sich Geschlechterdemokratie als Querschnittsperspektive in der Heinrich-Böll-Stiftung und in der Gewerkschaft ver.di (siehe auch Beitrag im vorliegenden Band), welche sich in ihrer Satzung dem Ziel der Geschlechterdemokratie und dem Gender Mainstreaming-Ansatz verpflichtet. Per Kabinettsbeschluss hat sich auch die Bundesregierung im Juli 1999 auf die Querschnittsintegration der Chancengleichheit von Frauen und Männern mittels des Gender Mainstreaming-Prinzips festgelegt[3], zahlreiche Bundesländer und Kommunen verfolgen ebenfalls Gender Mainstreaming-Strategien.

Wohl am weitesten fortgeschritten mit der Integration der Perspektive der Gleichstellung von Frauen und Männern und der Umsetzung von Gender Mainstreaming sind auf nationaler Ebene die skandinavischen Staaten. Bereits im Jahr 1994 hat sich Schweden dem Gender Mainstreaming-Ansatz verpflichtet, in Finnland startete im Jahr 1998 ein Projekt zu Gender Mainstreaming, Norwegen begann im Jahr 1996 mit dessen Implementation. Auch der Nordische Rat orientierte sich in seinem *Programm für Chancengleichheit* für die Jahre 1995 bis 2000 bereits am Gender Mainstreaming-Konzept.[4]

Soll die Perspektive der Chancengleichheit in allen Dimensionen politischen und organisationalen Handelns von allen Akteuren berücksichtigt werden, werden auch Männer zu geschlechterpolitischen Akteuren: „GM ist Geschlechterpolitik und damit sind die Männer mit im Boot.“[5] Männer werden aber auch zu Adressaten der Geschlechterpolitik, denn das Gender Mainstreaming-Konzept will die unterschiedlichen Lebensbedingungen von Frauen *und* Männern zum Ausgangspunkt organisationalen Handelns nach innen und außen machen. Auch in dieser Hinsicht sind die skandinavischen Staaten beispielgebend, und so waren Männer in Schweden seit den 80er Jahren in die Gleichstellungspolitik eingebunden und so etwa maßgeblich an der Konzeptionalisierung des so genannten Pappa-Monats beteiligt.[6] Gegenwärtig ist in Schweden die nationale Ombudsstelle für Chancengleichheit – eine Art Controlling-Stelle zur Umsetzung des Chancengleichheitsgesetzes – mit einem Mann besetzt, im Rahmen des Gender Mainstreaming-Projekts des Nordischen Rates wurde eine Koordinierungsstelle für Männerforschung eingerichtet.[7] Besonders deutlich zeigt sich der auf beide Geschlechter zugeschnittene Ansatz im aktuellen Chancengleichheits-Programm des Nordischen Rates, das die Miteinbeziehung von Männern und Männerfragen als besondere Aufgabe der Geschlechterpolitik sieht.[8]

Hinter dieser politischen Ausrichtung steht allgemein die Erkenntnis, dass das Geschlechterverhältnis im Ganzen nur verändert werden kann, wenn an seinen beiden Polen zugleich angesetzt wird. Eine Erhöhung der Erwerbsquote von Frauen wird nur dann möglich sein, wenn gleichzeitig Männer verstärkt familiale Betreuungsaufgaben übernehmen. Werden ausschließlich Frauen als das zu Verändernde begriffen und Gleichstellungspolitik entsprechend als Frauenpolitik konzipiert, werden Männer weitgehend im Zustand der Geschlechtslosigkeit belassen und bleiben auf diese Weise implizit der Mensch, das Maß aller Dinge.[9]

Der Fokus auf die Gestaltung des Geschlechterverhältnisses findet sich exemplarisch in einem Gender Mainstreaming-Projekt der dänischen Kommune Ringstedt, welches auf die Veränderung der internen Personalpolitik zielt und dabei folgende Ziele verfolgt: Erhöhung der Anzahl der Frauen in Bereichen, die von Männern dominiert werden; Erhöhung der Zahl von Frauen in leitenden Positionen (in dem Fall, dass mehr Frauen in leitenden Positionen sind: Erhöhung der Zahl der Männer); Erhöhung der Zahl der Männer in Bereichen, die von Frauen dominiert werden. Das Projekt konzentriert sich auf die Stellenanforderungen und auf die geschlechtsspezifische Ausgewogenheit in den Gremien, welche über Einstellungsvorgänge entscheiden. Dazu wurde Informationsmaterial zu Gender-Fragen für die Bewerberinnen und Bewerber sowie für die Entscheiderinnen und Entscheider entwickelt mit dem Ziel, die Zahl der Männer in den Kindertageseinrichtungen zu erhöhen, die betreffenden Stellenausschreibungen wurden geändert. Nicht mehr die genaue Beschreibung der Tätigkeit, sondern die genaue Darstellung der Anforderungen und Aufgaben wurde in den Vordergrund gerückt. Innerhalb von sechs Monaten erhöhte sich die Zahl der männlichen Bewerber für diesen Bereich.[10]

Ein ähnliches Beispiel findet sich bei der Deutschen Lufthansa. Dort wurde im Jahr 1994 die *Betriebsvereinbarung Chancengleichheit* abgeschlossen. Ziel der aufgelegten Maßnahmen ist unter anderem die Förderung von Frauen in so genannten „Männerdomänen“, zugleich aber auch die Förderung von Männern in so genannten „Frauenberufen“, denn nur auf diese Weise kann deren nachrangiger gesellschaftlicher Status verändert werden.[11] Angeboten werden bei der Lufthansa zudem zahlreiche familienorientierte Maßnahmen, die Frauen *und* Männer zugleich ansprechen. Demgegenüber richtet sich die überwiegende Anzahl der Angebote zur besseren Vereinbarkeit von Beruf und Familie in den meisten Unternehmen und Behörden fast ausnahmslos an Frauen.[12] Dieser Umstand ist Folge vorherrschender Geschlechterbilder, welche sich tief in Organisationsstrukturen eingeschrieben haben und dort eine Veränderung des Geschlechterverhältnisses blockieren.

Gender Mainstreaming als Organisationsentwicklung

Vor diesem Hintergrund postuliert das Gender Mainstreaming-Konzept als zentralen Ansatzpunkt seiner Maßnahmen den strukturellen Kontext von Organisationen.[13] Gender Mainstreaming wird auf diese Weise zur Organisationsentwicklung, zu einem ganzheitlichen, integrativen Lern- und Veränderungsprozess von Frauen und Männern in Organisationen sowie von Organisationskulturen insgesamt. In diesem Zusammenhang gewinnt dann auch der Gender-Begriff seine besondere Bedeutung – denn bewusst heißt das Konzept „gender“ und nicht „women mainstreaming“. Gerade von einer präzisen Fassung des Gender-Begriffs hängt – wie unterschiedliche Erfahrungen etwa in der Weltbank oder in der norwegischen Regierung zeigen – eine erfolgreiche Umsetzung von Gender Mainstreaming ganz wesentlich ab.

Allgemein stellt Geschlecht eine Ordnungsweise sozialen Handelns dar, wobei mit Geschlecht im Alltagsgebrauch zumeist die Einteilung von Menschen entlang spezifischer körperlicher Merkmale in Frauen und Männer gemeint ist – ein Prozess, der bei Geburt eines Kindes besonders deutlich wird. Geschlecht in diesem Sinne wird in der Geschlechterforschung mit dem Begriff „sex“ umschrieben.[14] An die als Männer und Frauen klassifizierten Wesen werden bestimmte soziale Erwartungshaltungen hinsichtlich ihres Aussehens, der ihnen vermeintlich angemessenen Räume, Tätigkeiten und Kompetenzen formuliert, die sich in unterschiedlichen Konstruktionen von Weiblichkeit und

Männlichkeit verdichten und jeweils spezifische Geschlechterprojekte beschreiben: „... Es sind dynamische Prozesse konfigurierender Praxis in der Zeit, durch die sich die anfänglichen Projektionen und Entwürfe in Geschlechterstrukturen transformieren.“[15] Diese symbolische Ebene meint der Begriff Gender: „Geschlechtlichkeit als soziale Praxis (als Gender; PD) bezieht sich ständig auf den Körper und auf das, was Körper machen, reduziert sich allerdings nicht auf den Körper (...) Das soziale Geschlecht existiert genau in dem Ausmaß, in dem die Biologie das Soziale nicht determiniert.“[16] Diesem Verständnis von Geschlecht zufolge beinhaltet die vorherrschende Geschlechterordnung immer zwei hierarchische Dimensionen: die Abwertung von Frauen gegenüber Männern – Frauen als „Menschen zweiter Klasse“ – sowie eine durchgängige Abwertung von als weiblich bezeichneten[17] Tätigkeiten, Kompetenzen und Lebensmustern. In die vorherrschende Geschlechterordnung ist dabei zugleich eine Hierarchisierung von Männern und Männlichkeitsmustern – etwa weiße gegenüber dunkelhäutigen Männern – eingeschrieben. Das vorherrschende Männlichkeitsmodell, welches das dominante Geschlechterprojekt und den Referenzrahmen der Geschlechterordnung insgesamt beschreibt, wird als hegemoniale Männlichkeit bezeichnet.[18]

Die unterschiedlichen Dimensionen von Geschlecht zeigen sich in Organisationen nun darin, dass diese zum einen in ihren Führungspositionen quantitativ von Männern dominiert sind, zum anderen die Erledigung von als weiblich konnotierten Vor- und Fürsorgetätigkeiten – beispielsweise Kochen, Waschen, Betreuung von Kindern und Pflegebedürftigen – aus ihrem Kontext ausgrenzen. Organisationen sind immer *strukturell reproduktionsvergessen.*[19] Auf der anderen Seite wird stillschweigend davon ausgegangen, dass diese Arbeiten auf irgendeine Weise erledigt werden, die hierbei erworbenen Fähigkeiten und Kompetenzen werden allerdings nicht als berufs- und arbeitsmarktrelevante Qualifikation anerkannt, entsprechende Zeiten im Lebenslauf gelten als „Leerzeiten“, weiblich konnotierte Lebensmuster – etwa Patchwork-Biografien – werden abgewertet.[20] Den dahinter stehenden Job-Designs und Karrieremustern liegt eine spezifische männliche Biografie zugrunde, wobei die Arbeits- und Lebensformen männlicher Manager als Repräsentanten hegemonialer Männlichkeit[21] den Maßstab bilden: „Das Top-Management legt eindeutig und versteckt Verhaltensnormen fest.“[22] Diese Leistungs- und Karrieremuster beinhalten nicht nur eine Diskriminierung von Frauen, sondern auch von Männern, welche mehr (weiblich konnotierte) Haus- und Familienarbeit leisten bzw. aktive Väter sein wollen.[23] Informelle Netzwerke fungieren von daher nicht nur als Ausgrenzungsmechanismus gegenüber Frauen, sondern auch gegenüber vermeintlich „nicht männlichen" Männern: „Der Männerbund lebt nicht nur von der rigorosen und wertenden Trennung der Geschlechter, sondern auch von der Trennung verschiedener Männlichkeiten ... und wird somit zum Träger hegemonialer Männlichkeit."[24] Organisationen sind somit keineswegs eindimensional männlich, sondern ein hierarchisches und hierarchisierendes Ensemble unterschiedlicher Geschlechterprojekte und Männlichkeitsmuster.[25]

Aus diesem mit dem Gender-Begriff verbundenen Verständnis von Geschlechterhierarchie ergibt sich nun ein doppelter Ansatz von Gender Mainstreaming in Organisationen. Dieser zielt zum einen auf die *Gleichstellung* von Frauen und Männern in dem Sinne, dass Frauen dieselben Chancen, Rechte und Pflichten in allen Bereichen erhalten sollen. Orientiert an der Gender-Dimension ist Gleichstellung jedoch „... nicht gleichbedeutend mit Gleichheit, mit der Verallgemeinerung von Männern, ihrem Lebensentwurf und ihren Lebensbedingungen als die Norm."[26] Von daher beinhaltet Gender Mainstreaming *zugleich* als weiteren Zielhorizont die *Gleichwertigkeit* von männlich und weiblich konnotierten Tätigkeiten, Lebensmustern und Kompetenzen. Gender Mainstreaming wird in diesem Sinne zur Männlichkeitskritik und zielt damit auf die Schwächung hegemonialer Männlichkeitsmuster als dominantem Strukturierungsprinzip in Organisationen.[27] Somit verschiebt sich gleichzeitig der strategische Fokus von Geschlechterpolitik: nicht mehr die Mitarbeiterinnen und Mitarbeiter sollen in ihrer Unterschiedlichkeit der Organisation und ihrer hegemonialen Kultur angeglichen werden, vielmehr soll die Organisation an die Unterschiedlichkeit der weiblichen und männlichen Individuen und ihrer Lebensmuster angepasst werden.

Diese Herangehensweise zeigt sich beispielsweise in einem Gender Mainstreaming-Projekt des finnischen Arbeitsministeriums. Frauen arbeiten in Finnland überwiegend im öffentlichen Sektor, dagegen fehlen Arbeitskräfte in der informationstechnologischen Industrie, die den Wachstumsmotor der finnischen Volkswirtschaft darstellt. Vor diesem Hintergrund wird vom Arbeitsministerium nun die Arbeitsplatzkultur in dieser Branche unter anderem mit dem Ziel analysiert, diese für Frauen attraktiver zu gestalten. Kooperationspartner sind dabei Gewerkschaften und Arbeitgeberverbände. Weiterhin werden Trainingsprogramme für so genannte „equality consultants" entwickelt, die in Privatunternehmen eingesetzt werden und dort Gleichstellungsstrategien unterstützen.[28]

Gender Mainstreaming als Beitrag zur Modernisierung von Organisationen – ein Schritt zum Managing Diversity

Aus den Überlegungen zum doppelten Ansatz von Gender Mainstreaming und zum Geschlecht in Organisationen lassen sich allgemein folgende Ansatzpunkte von Gleichstellungspolitik auf organisationaler Ebene formulieren:

- gleiche Zugangsmöglichkeiten für Frauen und Männer zu allen Bereichen und Tätigkeiten
- Aufhebung von sexueller Diskriminierung
- Aufwertung so genannter Frauenberufe
- Verbesserung der Vereinbarkeit von Familie und Beruf für Frauen *und* Männer
- Veränderung von Leistungs- und Karrieremustern.

Mit der Umsetzung dieser Maßnahmen werden allgemein Optimierungsprozesse von Humanressourcen in Verbindung gebracht, Gender Mainstreaming soll Effektivitätsvorteile, Kostenvorteile, Kreativitätsvorteile und Personalmarketing-Vorteile stimulieren.[29]

Ansatzpunkte von Gender Mainstreaming in Organisationen

Gleichstellung	Gleichwertigkeit
• Gleiche Zugangsmöglichkeiten für Frauen und Männer zu allen Bereichen und Tätigkeiten • Aufhebung von sexueller Diskriminierung	• Aufwertung so genannter Frauenberufe • Verbesserung der Vereinbarkeit von Familie und Beruf • Veränderung von Leistungs- und Karrieremustern

© IAIZ 2002

So zeigt sich, dass eine Veränderung organisatorischer Strukturen mit dem Ziel der Gleichwertigkeit weiblich und männlich konnotierter Kompetenzen und Lebensmuster verbunden mit einem Abbau geschlechtsspezifischer Stereotype und der Aufwertung so genannter Frauenberufe es einer Organisation ermöglicht, ihre Mitarbeiterinnen und Mitarbeiter gemäß ihrer Leistungspotentiale optimal einzusetzen.[30] Damit nimmt die Zufriedenheit bei den Beschäftigten zu – etwa bei Männern, die zunehmend an einer aktiven Vaterschaft interessiert sind, bisher an der Inanspruchnahme von Elternzeit infolge vorherrschender Rollenstereotype gehindert werden.[31] Auch besteht die Möglichkeit, nach Beendigung der Familienphase auf die von Frauen und Männern während dieser Zeit erworbenen sozialen und kommunikativen Kompetenzen zurückzugreifen.[32] Gerade diese Qualifikationen werden im Kontext neuer Managementkonzepte und im Zusammenhang von Prozessen der Verwaltungsmodernisierung zunehmend als bedeutend angesehen. Dementsprechend stellen bereits einige US-amerikanische Unternehmen Führungskräfte mit Personalverantwortung nur noch dann ein, wenn diese mindestens für ein Jahr eine sozial-pflegerische Tätigkeit absolviert oder ein Kind betreut haben.[33] Zudem lassen sich bei Fach- und Führungskräften Bedürfnislagen hinsichtlich einer veränderten Balancierung von Erwerbsarbeit sowie Freizeit und Familie erkennen. Gender Mainstreaming-Strategien, die auf einen entsprechenden Umbau von Karriere- und Rekrutierungsmustern zielen, stellen vor dem Hintergrund einer Verknappung des Arbeitskräfteangebots in diesem Segment einen nicht zu unterschätzenden Konkurrenzvorteil bei der Anwerbung geeigneten Personals dar.

Zwar sind (geschlechts-)homogene (Arbeits-)Gruppen – beispielsweise Männer aus nur einem Kulturkreis – in der Entscheidungsfindung schneller, heterogen zusammengesetzte Gruppen arbeiten – wenn sie entsprechend geleitet werden – kreativer und kommen zu tragfähigeren Problemlösungsansätzen.[34] Heterogene (Arbeits-)Gruppen sind darüber hinaus in der Lage, bedarfsgerechtere und zielgruppenspezifischere Produkte und Dienstleistungen zu entwickeln. Dies wird insbesondere dann von Bedeutung, wenn eine Organisation dem Ansatz des Total-Quality-Management folgt und Qualität ausschließlich von der Zufriedenheit der Kunden her definiert, die keinesfalls eine (geschlechts-)homogene Gruppe darstellen.[35]

Diese Modernisierungspotentiale können aber nur völlig ausgeschöpft werden, wenn zugleich Abstand von der Vorstellung homogener Geschlechtergruppen genommen wird. Denn neben der Geschlechterdifferenz existieren in der Gesellschaft noch andere Unterscheidungsmechanismen – etwa Hautfarbe, Herkunft, Alter, welche Diskriminierungstatbestände begründen und den Zugang zu Gestaltungsressourcen bestimmen. Dabei überlagern und verstärken sie sich in ihren Effekten[36], wobei die Zugehörigkeit zu einer Geschlechtergruppe nicht immer und nicht in allen Kontexten das prioritäre Differenzierungsmerkmal bildet, Herkunft und Hautfarbe bisweilen von größerer Relevanz sein können.[37] Beispiele hierfür sind die Rassenpolitik des Nationalsozialismus und die ehemalige Apartheitspolitik in Südafrika.

Ausgehend von *multidimensionalen Diskriminierungsstrukturen* wird als umfassendes Ziel von Chancengleichheit zunehmend *Diversity* formuliert – gemeint ist damit die *Nicht-Hierarchisierung von Differenz im Zugang zu Gestaltungsressourcen*, die Beseitigung aller Ungleichheiten. Dahinter steht die Erkenntnis, dass die Geschlechterhierarchie nur dann aufgehoben werden kann, wenn der der vorherrschenden Gesellschaftsordnung insgesamt unterliegende Mechanismus der Konstituierung und Hierarchisierung von Differenz(en) außer Kraft gesetzt wird. Es zeigt sich nämlich, „... dass Geschlechts-, Klassen- und Rassendominanz von Anfang an miteinander verbunden und untrennbar sind (...) Welches Unterdrückungssystem zuerst und welches als zweites kam, ist unwichtig, wenn wir verstehen, dass wir es mit einem einzigen untrennbaren System in verschiedenen Erscheinungsformen zu tun haben.“[38] Patriarchat beruht darauf, „... dass es Kategorien von ‚Abweichenden‘ oder ‚anderen‘ schafft“[39].

Entsprechend sieht etwa die Gender Mainstreaming-Expertinnengruppe des Europäischen Rates das Ziel von Gender Mainstreaming in einer „non-hierarchical diversity“[40]. Die auf dem EU-Gipfel in Nizza verabschiedete Charta der Grundrechte der Europäischen Union verbietet nach Artikel 21 Diskriminierungen „... insbesondere wegen des Geschlechts, der Rasse, der Hautfarbe, der ethnischen und sozialen Herkunft, der genetischen Merkmale, der Sprache, der Religion oder der Weltanschauung, der politischen oder sonstigen Anschauung, der Zugehörigkeit zu einer nationalen Minderheit, des Vermögens, der Geburt, einer Behinderung, des Alters oder der sexuellen Ausrichtung ...“ Der

Aktionsplan gegen Rassismus der EU-Kommission von 1998 konzipiert den Kampf gegen den Rassismus gleichfalls als Mainstreaming-Aufgabe, im November 2000 wurde ein *Aktionsprogramm zur Bekämpfung von Diskriminierungen* verabschiedet.[41]

Auch die bundesdeutsche Gesellschaft ist eine vielfach differenzierte Gesellschaft, im Kontext der Globalisierung dürften in absehbarer Zeit vor allem kulturelle Unterschiede als Strukturierungsfaktor innerhalb und außerhalb von Organisationen noch an Bedeutung gewinnen. Mit ihren Erfahrungen hinsichtlich einer der zentralen Differenzen und einem der zentralen Diskriminierungsmerkmale kann Geschlechterpolitik hier einen wichtigen Beitrag leisten zur Entwicklung von umfassenden *Diversity-Konzepten.* Dabei stellt sich die Aufgabe, zukünftig nicht nur die unterschiedlichen Lebenslagen von Frauen im Vergleich zu Männern und vice versa, sondern *zugleich* die jeweils unterschiedlichen Lebenslagen sowohl von Frauen als auch von Männern zum Ausgangspunkt aller Maßnahmen zu machen.[42]

Diversity in Organisationen

- Wertevielfalt und Pluralismus
- Uneingeschränkte Zugangsmöglichkeit aller MitarbeiterInnen zu allen Funktionen und Positionen
- Integration aller MitarbeiterInnen in informelle Kommunikationsstrukturen und Netzwerke
- Abwesenheit von Vorurteilen, direkter und indirekter Diskriminierung
- Niedriges Konfliktniveau zwischen den soziokulturell differenzierten Gruppen

nach: Taylor Cox, Cultural Diversity in Organizations. Theory, Research & Practice, San Francisco, 1993

Gender Mainstreaming-Büros könnten den Nukleus von umfassenderen Diversity-Units in Organisationen darstellen, die bereits in einigen US-amerikanischen Unternehmen existieren.[43] Gender-Trainings werden angereichert mit Elementen aus Diversity-Trainings, Gender-Analysen werden zu umfassenden Diversity-Analysen, Gender-Kompetenz wird verknüpft mit interkultureller Kompetenz. Gender Mainstreaming wird auf diese Weise zum Wegbereiter von Managing Diversity:

„Strukturell gesehen müssen wir darauf hinarbeiten, Arbeit und Familienleben so zu organisieren, dass Zuständigkeiten und Entgelt absolut unparteiisch an Menschen mit verschiedenen sozialen Merkmalen, die unterschiedliche Aufgaben erfüllen, verteilt werden (...) Um wirkliche Gleichheit herzustellen, müssten allerdings auch die Arbeitsplätze nach dem gleichen Prinzip organisiert werden: Gleichwertigkeit für eine Vielfalt unterschiedlicher Tätigkeiten."[44]

Anmerkungen

1 vgl. hierzu auch: *Döge* ²2002; Döge 2002

2 vgl. Council of Europe 1998: 19 (Übersetzung *Peter Döge*)

3 So weist die *Gemeinsame Geschäftsordnung der Bundesministerien* in ihrer Fassung vom 26. Juli 2000 in §2 die Berücksichtigung der Gleichstellung von Frauen und Männern im Sinne des Gender Mainstreaming-Ansatzes als übergeordnetes Leitprinzip aus.

4 Council of Europe, a.a.O., S. 17ff.

5 *Ewert* 1999: 22 (Abkürzung im Text); s.a. Council of Europe, a.a.O., S. 21

6 *Bergmann/Hobson* 2002: 104ff.

7 Ministry for Industry, Employment and Communications 2000

8 Nordic Cooperation Programme on Gender Equality 2001–2005, S. 7

9 *Cavarero* 1990: 95

10 *Andersen* 2000. Die quantitative Dominanz von Frauen im Bereich der vorschulischen Erziehung wird zunehmend als problematisch gesehen, da auf diese Weise Jungen schon sehr frühzeitig nur von Frauen umgeben werden, die Hausarbeit erledigen. Vor diesem Hintergrund verfolgt etwa Norwegen im Rahmen eines Gender Mainstreaming-Projekts das Ziel, den Anteil männlicher Erzieher auf bis zu 20% zu erhöhen.

11 *Rühl* ²1998

12 *Knauth* u.a. 1999

13 Mit dem Begriff Organisation sind im Folgenden sowohl Behörden als auch Unternehmen gemeint.

14 Von sozialkonstruktivistischen Ansätzen der Geschlechterforschung wird die These vertreten, Geschlecht sei durchweg sozial konstruiert. Dies kann meines Erachtens nicht heißen, dass die menschlichen Köpermerkmale und unterschiedlichen Körperfunktionen völlig bedeutungslos werden. Gerade in der Verleugnung des Lebewesen-Charakters des Menschen manifestiert sich ein wesentliches Moment androzentrischer Natur- und Gesellschaftstheorien, welche auf der dichotomen Bipolarität von Natur und Gesellschaft aufbauen (Seidler 1994). Sozialkonstruktivistische Geschlechtertheorien laufen Gefahr, diesen Androzentrismus zu reproduzieren.

[15] *Connell* 1995: 64

[16] *Connell* 1999: 92

[17] Die Geschlechterforschung gebraucht hier den Begriff „konnotiert".

[18] *Connell* 1999: 97f.; Mit diesem Verständnis von Geschlechterhierarchie wird zugleich die Vorstellung eines homogenen männlichen Geschlechterblocks aufgegeben, womit sich neue strategische Optionen bei der Durchsetzung von Geschlechterdemokratie in Organisationen ergeben. Dabei sollte ebenso Berücksichtigung finden, dass nicht alle Frauen qua Geschlecht an der Veränderung der vorherrschenden Geschlechterordnung interessiert sind. So zeigt die Studie von *Zulehner* und *Volz* einen fast gleich großen Anteil traditioneller Männer wie Frauen (*Zulehner / Volz* 1998).

[19] *Acker* 1992

[20] ebd.

[21] *Donaldson* 1993

[22] *Streich* 1994: 46

[23] *Peinelt-Jordan* 1996; *Pleck* 1993

[24] *Rastetter* 1994: 271

[25] *Döge* 2000

[26] Council of Europe, a.a.O.: 11 (Übersetzung *Peter Döge*).

[27] *Rees* 1998: 40ff.; *Döge* 2001: 117ff.

[28] *Wallin* 2000

[29] Vgl. im Folgenden *Krell* ²1998: 17ff.

[30] ebd.

[31] *Björnberg* 2000

[32] *Erler/Nusshart* 2001

[33] *Kress* u.a. 1999: 123f.

[34] *Cox* 1993: 17ff.

[35] *Krell* a.a.O.

[36] *West / Fenstermaker* 1996

[37] *Heintz / Nadai* 1998

[38] *Lerner* 1993: 64

[39] *Lerner* 1993: 66

[40] „Gender mainstreaming (…) leaves room for non-hierarchical diversity in general, be it in terms of sex, race, class or a combination of factors" (Council of Europe, a.a.O.: 25). Interessanterweise taucht die Zielbestimmung Diversity im Kontext der Debatte um Chancengleichheit und Gender Mainstreaming meist in anglo-amerikanischen, kaum aber in deutschsprachigen Dokumenten auf. Hier wird der Diversity-Ansatz meistens als neo-liberales Management-Konzept missverstanden und dementsprechend verkürzt rezipiert.

[41] vgl. *Barnard* 2001: 966ff.

[42] *Rees* 1998: S. 183

[43] *Cox* 1993: 242ff.

[44] *Lorber* 1998: 53

Literaturangaben

Acker, Joan: Gendering Organizational Theory, in: Albert J. Mills/Peta Tancred (Hg.): Gendering Organizational Analysis, Newbury Park/London/New Delhi 1992, S. 248–260

Andersen, Jytte: Short presentation of the Nordic Gender Mainstreaming Project, Vortrag auf der OECD-Konferenz „Gender Mainstreaming. Competitiveness and Growth" am 22./23. November 2000 in Paris.

Barnard, Catherine: The Changing Scope of the Fundamental Principle of Equality?, in: McGill Law Journal, 2001, Vol. 46, S. 955–977

Bergmann, Helena/Hobson, Barbara: Compulsory fatherhood: the coding of fatherhood in the Swedish welfare state, in: *Barbara Hobson* (Hg.): Making Men into Fathers. Men, Masculinities and the Social Politics of Fatherhood, Cambridge 2002, S. 92–124

Björnberg, Ulla: Equality and Backlash. Family, Gender and Social Policy in Sweden, in: *Linda L. Haas/Philip Hwang/Graeme Russell* (Hg.): Organizational Change and Gender Equity. Internationale Perspectives on Fathers and Mothers at the Workplace, Thousand Oaks/London/New Delhi 2000, S. 57–75

Cavarero, Adriana: Die Perspektive der Geschlechterdifferenz, in: *Ute Gerhard* u.a. (Hg.): Differenz und Gleichheit. Menschenrechte haben kein Geschlecht, Frankfurt am Main 1990, S. 95–111

Connell, Robert William: Neue Richtungen für Geschlechtertheorie, Männlichkeitsforschung und Geschlechterpolitik, in: *L. Christof Armbruster/Ursula Müller/Marlene Stein-Hilbers* (Hg.): Neue Horizonte? Sozialwissenschaftliche Forschung über Geschlechter und Geschlechterverhältnisse, Opladen 1995, S. 61–83

Connell, Robert William: Der gemachte Mann. Konstruktion und Krise von Männlichkeiten, Opladen 1999

Council of Europe: Gender mainstreaming. Conceptual framework, methodology and presentation of good practice. Final Report of Activities of the Group of Specialists on Mainstreaming (EG-S-MS), Straßburg 1998

Cox, Taylor: Cultural Diversity in Organizations. Theory, Research & Practice, San Francisco 1993

Döge, Peter: Männlichkeit und Politik. Ansatzpunkte und Perspektiven einer politikwissenschaftlichen Männer- und Männlichkeitsforschung, in: Feministische Studien, 2001, Heft 2, S. 87–97

Döge, Peter: Geschlechterdemokratie als Männlichkeitskritik. Blockaden und Perspektiven einer Neugestaltung des Geschlechterverhältnisse, Bielefeld 2001

Döge, Peter: „Managing Gender". Gender-Mainstreaming als Gestaltung von Geschlechterverhältnissen, in: Aus Politik und Zeitgeschichte, B 33–34/2002, S. 9–16

Döge, Peter: Gender-Mainstreaming als Modernisierung von Organisationen. Ein Leitfaden für Frauen und Männer, *IAIZ* -Schriften Band 2, Berlin[2] 2002

Donaldson, Mike (1993): What is hegemonic masculinity?, in: THEORY AND SOCIETY, 1993, Heft 5, S. 643–657

Erler, Wolfgang / Nusshart, Christine: Familienkompetenzen als Potential einer innovativen Personalentwicklung. Trends in Deutschland und Europa, Bonn 2001, hrsg. vom Bundesministerium für Familie, Senioren, Frauen und Jugend

Ewert, Christel : Erfolgreiches Gender Mainstreaming. Die ersten Schritte sind wichtig, in: AKP, 1999, Heft 6, S. 22

Heintz, Bettina / Nadai, Eva: Geschlecht und Kontext. De-Institutionalisierungsprozesse und geschlechtliche Differenzierung, in: ZEITSCHRIFT FÜR SOZIOLOGIE, Heft 2/August 1998, S. 75–93

Knauth, Peter u.a.: Familienbewußte Personalpolitik in der Großindustrie – Erfahrungen in ausgewählten Handlungsfeldern, in: Gemeinnützige Hertie-Stiftung (Hg.): Unternehmensziel: Familienbewußte Personalpolitik. Ergebnisse einer wissenschaftlichen Studie, Köln 1999, S. 85–130

Krell, Gertraude: Chancengleichheit: Von der Entwicklungshilfe zum Erfolgsfaktor, in: *Dies.*(Hg.): Chancengleichheit durch Personalpolitik. Gleichstellung von Frauen und Männern in Unternehmen und Verwaltungen. Rechtliche Regelungen – Problemanalysen – Lösungen, Wiesbaden[2] 1998, S. 13–23

Kress, Brigitta / Seehausen, Harald / Strohmeier, Johannes: Orte für Väter. Die Vereinbarkeit von Familie und Beruf – eine Herausforderung für Männer und Väter, in: *Ulrich Hagemann / Brigitta Kress / Harald Seehausen:* Betrieb und Kinderbetreuung. Kooperation zwischen Jugendhilfe und Wirtschaft, Opladen 1999, S. 111–126

Lerner, Gerda: Unterschiede zwischen Frauen neu gefasst, in: *Hanna Schissler* (Hg.): Geschlechterverhältnisse im historischen Wandel, Frankfurt am Main/ New York 1993, S. 59–79

Lorber, Judith: Kontinuitäten, Diskontinuitäten und Konvergenzen in neueren feministischen Theorien und in feministischer Politik, in: FEMINISTISCHE STUDIEN, 1998, Heft 1

Ministry for Industry, Employment and Communications: Swedish Government Policy on Gender Equality: Into the 21st Century, Stockholm 2000

Peinelt-Jordan, Klaus: Männer zwischen Familie und Beruf – ein Anwendungsfall für die Individualisierung der Personalpolitik, München/Mering 1996

Pleck, Joseph H.: Are „Family-Supportive" Employer Policies Relevant to Men?, in: *Jane C. HOOD* (Hg.): Men, Work and Family, Newbury Park/New Delhi/ London 1993, S. 217–237

Rastetter, Daniela: Sexualität und Herrschaft in Organisationen. Eine geschlechtervergleichende Analyse, Opladen 1994

Rees, Teresa L.: Mainstreaming equality in the European Union. Education, training and labour market policies, London 1998

Rühl, Monika: Praxisbeispiel Lufthansa: Männer in Frauendomänen – Frauen in Männerdomänen, in: *Gertraude Krell* (Hg.): Chancengleichheit durch Personalpolitik. Gleichstellung von Frauen und Männern in Unternehmen und

Verwaltungen. Rechtliche Regelungen – Problemanalysen – Lösungen, Wiesbaden 1998, S. 247–251

Seidler, Victor: Unreasonable Men. Masculinity and Social Theory, London 1994

Streich, Richard K.: Managerleben. Im Spannungsfeld von Arbeit, Freizeit und Familie, München 1994

Wallin, Markku: Experiences from the Nordic Gender Mainstreaming Project in Finland, Vortrag auf der OECD-Konferenz „Gender Mainstreaming. Competitiveness and Growth" am 22. /23. November 2000 in Paris

West, Candace / Fenstermaker, Sarah: Doing Difference, in: *Esther Ngan-Ling Chow / Doris Wilkinson / Maxine Baca Zinn* (Hg.): Race, Class & Gender. Common Bonds, Different Voices, London/Thousand Oaks/New Delhi 1996, S. 357–384.

Zulehner, Paul M. / Volz, Rainer: Männer im Aufbruch. Wie Deutschlands Männer sich selbst und wie Frauen sie sehen. Ein Forschungsbericht. Herausgegeben von der Männerarbeit der Evangelischen Kirche in Deutschland sowie der Gemeinschaft der Katholischen Männer Deutschlands, Ostfildern 1998

UTE VON WRANGELL

Gender Mainstreaming, Frauenbeauftragte, Gleichstellungsbeauftragte – wie passt das zusammen?

Gender im Mainstream – ein neuer Impuls für die Gleichstellungspolitik

Auf den Punkt gebracht und unschlagbar treffend formulierte Barbara Stiegler „Wie Gender in den Mainstream kommt" als Handlungshilfe für all jene, die angetreten waren, sich die neue Strategie für mehr Geschlechtergerechtigkeit zu Eigen zu machen.[1] Nachdem als Folge der Aktionsplattform der Weltfrauenkonferenz in Peking die Europäische Union sich 1996 dem Gender Mainstreaming verpflichtet hatte, veröffentlichte die Europäische Kommission dazu zahlreiche Schriften, sowohl allgemeine als auch spezielle, auf Handlungsebene abzielende.[2] Obwohl Schweden bereits vor der Weltfrauenkonferenz Gender Mainstreaming praktizierte, war es doch in den anderen Ländern der Europäischen Union bis dahin weitgehend unbekannt und in Deutschland nur wenigen frauenpolitischen Akteurinnen vertraut. Barbara Stieglers erste Veröffentlichung zum Thema Gender Mainstreaming hieß „Frauen im Mainstreaming" – immer noch der Bestseller zum Thema – und wurde sofort von der deutschen frauenpolitischen Szene aufgegriffen.[3] Daraus ergab sich die Frage nach der Umsetzung, der sie mit der zweiten Broschüre Rechnung trug.

Seit 1998 also ist Gender Mainstreaming für die frauenpolitische deutsche Szene kein Fremdwort mehr. Nach zögerlichem Beginn lässt sich ein Flächenbrand beobachten: Ministerien, Gewerkschaften, kommunale Spitzenverbände institutionalisieren Gender Mainstreaming mit unterschiedlichen Tempi, Effekten und Ausprägungen. Unmittelbar trifft diese Entschlusskraft die Arbeit der Frauenbeauftragten und Gleichstellungsbeauftragten, die eingesetzt wurden, Gleichstellung, Chancengleichheit und Frauenförderung zu implementieren und zu befördern. Diese Hauptakteurinnen der Gleichstellungspolitik vor Ort verhalten sich zu Gender Mainstreaming durchaus ambivalent.

Im nachfolgenden Beitrag wird dem Auftrag der Gleichstellungsbeauftragten und Frauenbeauftragten mit dem Ziel nachgegangen, Gleichklang, Schnitt- und Reibungsfläche ihrer Arbeit zur Strategie Gender Mainstreaming aufzuzeigen und Chancen für eine Anwendung in der Gleichstellungspolitik zu eröffnen. Stellungnahmen und Umsetzungsbeispiele von Gender Mainstreaming aus Kommunen und Behörden werden zitiert, wobei der Hauptakzent auf den kommunalen Umsetzungskonzepten liegt. [4] Abgerundet wird der Beitrag durch ein Resümee.

Der Auftrag der Frauen- und Gleichstellungsbeauftragten – der Auftrag von Gender Mainstreaming

Frauenbeauftragung

Regelungen in Gemeindeordnungen und Verankerungen in Gleichstellungsgesetzen suggerieren, dass der Auftrag für das Einsetzen von Gleichstellungsbeauftragten und Frauenbeauftragten vom Gesetzgeber gekommen ist, nicht aber – wie in Demokratien häufig der Fall – politischer Wille der Basis und angewandte Praxis zur Verrechtlichung führten. „Die Einrichtung der kommunalen Frauenbüros entstand auf politischen Druck von außen. Die Frauenbeauftragten sind Töchter eines Verbands- und Parteienfeminismus, der sich insbesondere Mitte der Achtzigerjahre etablieren und seine Forderungen in der Politik durchsetzen konnte.“[5] Die Aufgabe, Fraueninteressen kommunalpolitisch zu vertreten und Geschlechtergerechtigkeit in der Kommunalpolitik zu verankern, sollten Frauenbüros im Sinne institutionalisierter Frauenpolitik wahrnehmen.[6]

Im Wesentlichen ist sich die Literatur einig, dass es die Aufgabe von kommunalen Gleichstellungsbeauftragten und Frauenbeauftragten ist, die übergeordneten Ziele der Gleichstellung und des Abbaus von Benachteiligung von Frauen eindeutig und parteilich zu vertreten.[7] In Stellenbeschreibungen, Richtlinien und Hauptsatzungen, die in großer Zahl im Archiv in der Vernetzungsstelle für Gleichberechtigung, Frauenbeauftragte und Gleichstellungsbeauftragte gesammelt sind, findet sich in unterschiedlicher Formulierung dieser Arbeitsauftrag wieder.[8] Auch die Faltblätter, die die kommunale Frauen- und Gleichstellungsbeauftragte erstellt, um vor allem Bürgerinnen über ihre Arbeit zu informieren, spiegeln diesen Auftrag wider.

In erster Linie leistet die Frauen- und Gleichstellungsbeauftragte Politikberatung, Beratung der Politiker und Politikerinnen ihrer Kommune, darüber hinaus berät sie auch Organisationen und Verbände sowie einzelne Bürgerinnen. Sie legt nicht nur den Finger in die Wunde bei Verletzung des Gleichberechtigungsgrundsatzes der Verfassung, sondern wirkt initiativ, indem sie zur Veränderung der bisherigen Politik auffordert, dafür Vorschläge macht (in einigen Bundesländern sogar im Rat oder Kreistag) und damit auf Veränderungen der Strukturen zielt. Sie hat also eine hoch politische Aufgabe, pädagogisch gesehen besonders schwierig, da sie Denken, Tun und Handeln anderer ändern soll – ohne Entscheidungsbefugnisse zu haben. Es scheint also, als läge das Gelingen der Gleichstellung in ihrer Hand, als bräuchte sie nur mit persönlichen Eigenschaften wie Konfliktfähigkeit, Kompetenz und Mut zu agieren, um Gleichstellung zu erreichen.[9]

Die Erfolge der Gleichstellungspolitik, werden daran sichtbar,
- dass eine Fülle von gesetzlichen Regelungen in den letzten dreißig Jahren zur Gleichstellung beschlossen wurden,
- dass viele kleine Teilerfolge zu verzeichnen sind, wie etwa ein Anstieg des Anteils von Frauen in Führungspositionen in den Kommunen,
- dass vielerorts durch die „Change-Agents“ ein Klima der Veränderung entstanden ist,

aber sie sollen nicht blind dafür machen, dass nicht wenige Misserfolge zu verzeichnen sind. Erst beim nüchternen Bilanzieren wird klar, dass in der Vergangenheit eine Diskrepanz zwischen frauenfördernder Anstrengung und dem Ergebnis festzustellen war, dass oft völlig unangemessene Relationen zwischen frauenpolitischem In- und Output sichtbar wurden.[10]

Blickt man auf die einzelnen Kommunen und nimmt die Arbeit der einzelnen Frauen- und Gleichstellungsbeauftragten, so werden sich sicherlich sehr unterschiedliche Effekte ihrer Arbeit zeigen – abhängig von den Bedingungen und den Ressourcen, die die Frauenbeauftragte vorfindet. So gibt es das gut ausgestattete Frauenbüro mit mehreren Mitarbeiterinnen, relativ gutem Etat, agierend in einem Klima, das Veränderungen begünstigt. Genauso gibt es – selbst in Großstädten – die vereinzelte Akteurin der Gleichstellungspolitik, die mit sparsamsten Mitteln mit höchstem Engagement ein sehr steiniges Feld beackert und wenig

Unterstützung erfährt. Diese beiden Pole – hier fruchtbares Feld, dort steiniger Acker – bilden das Terrain, auf dem die Frauen- und Gleichstellungsbeauftragten agieren.

Bundesweit gibt es etwa 1.700 Gleichstellungs- und Frauenbeauftragte, in der Regel auf Grund von Gesetzen eingestellt, mit klar definiertem Auftrag, die erste seit 1982, die anderen Stellen nach und nach eingerichtet.[11] Ein großes, fein gesponnenes Netz frauenpolitischer Akteurinnen arbeitet für die Umsetzung des Verfassungsauftrages – keine andere Nation hat ein solch dicht geknüpftes Netz –, und doch können sich die Erfolge in vielen anderen Ländern auch sehen lassen. Die Europäische Union, das Zusammenrücken so vieler europäischer Staaten, hat mit sich gebracht, dass auf vielen Ebenen Vergleiche gezogen werden, so auch in der Gleichstellungspolitik. Beispielsweise werden schwedische Erziehungszeiten, französische ganztägige schulische Versorgung und holländische Teilzeitregelungen von den deutschen Gleichstellungs- und Frauenbeauftragten gesehen und für das eigene Land reklamiert. „Von den Nachbarinnen lernen" ist ein häufig benutzter Titel für Veröffentlichungen und Vorträge, die EU-weite Vergleiche ziehen. Zu diesem Zeitpunkt, als gleichstellungspolitische Akteurinnen die eigenen Erfolge bilanzierten und auf die „Nachbarinnen" schauten, trat Gender Mainstreaming in die Gleichstellungspolitik – ein Innovationsfaktor, der sich mit dem Einsetzen der ersten Gleichstellungsbeauftragten 1982 vergleichen lässt.

Gender Mainstreaming und Frauenförderung

Welchen Einfluss die Einführung des Gender Mainstreaming auf die Rolle der Frauen- und Gleichstellungsbeauftragten haben kann, wie sie beeinflusst und sich wandeln wird, lässt sich noch nicht abschließend einschätzen. Monika Goldmann sieht die Funktion ganz entscheidend verändert, die Frauen- und Gleichstellungsbeauftragte habe dabei nicht mehr die (vermeintliche) Alleinverantwortung für die Umsetzung von Gleichstellungspolitik, sondern moderierende, stützende und beratende Funktion, sie werde zur Gleichstellungsmanagerin.[12] Barbara Stiegler fordert neben Gender Mainstreaming autonome Frauenräume (als Orte der Unterstützung und Begegnung), Legalisierung und Normierung sowie Frauenförderung. Nur so könne das Ziel erreicht werden, den Verfassungsauftrag umzusetzen. Gender Mainstreaming sei nicht etwa eine

Reaktion auf die frauenpolitischen Erfolge, sondern setze an der Erfahrung an, dass die Umsetzung der geschlechtlichen Antidiskriminierung ein viel gewaltigeres und tiefgreifenderes Vorhaben sein muss als bislang geglaubt.[13]

Zum Unterschied von Gender Mainstreaming und Frauenförderung

An dieser Stelle wird noch einmal auf den Unterschied zwischen Gender Mainstreaming und Frauenförderung anhand einer Veröffentlichung der Münchner Gleichstellungsstelle eingegangen. Anlässlich des 15-jährigen Jubiläums des Frauenbüros werden Erfolge und Misserfolge in der Frauenpolitik dargestellt. Den Genderansatz aufgegriffen im Sinne eines Genderansatzes hat anscheinend nicht nur die Gleichstellungsstelle, sondern auch andere Beschäftigte haben sich damit befasst. Diese Ergebnisse nennt eine Umfrage der Gleichstellungsstelle nach der ersten Umsetzung von Gender Mainstreaming. Deutlich wird aus den Antworten, dass Gender Mainstreaming häufig mit Frauenförderung gleichgesetzt wird, selten findet eine saubere Unterscheidung statt.

„Nicht alle genannten Beispiele könnten einer genaueren Überprüfung nach Gender Mainstreaming-Kriterien wirklich standhalten."[14] Immerhin wird positiv bewertet, dass der Wille bei den Beschäftigten da ist, sich mit Gender Mainstreaming auseinander zu setzen. Grundsätzlich merkt die Gleichstellungsstelle an, dass die Stadt München der EU lange voraus sei. „Bereits 1992 … wurden in den Ausschreibungsrichtlinien wichtige gleichstellungspolitische Ziele verankert. Die Umsetzung dieser Vorgaben führte dazu, dass sich Frauen in den Auswahlverfahren häufig besser durchsetzten als Männer."[15]

Eine Gegenüberstellung beider Instrumente (siehe nächste Seite) verdeutlicht den unterschiedlichen Ansatz.

Der Effekt ist nur scheinbar der gleiche. Beide Vorgehensweisen könnten zum Beispiel als Konsequenz haben, dass der Frauenanteil in Führungspositionen erhöht wird. Frauenförderung setzt dabei an einer konkreten Problemlage an, interveniert relativ kurzfristig und handlungsorientiert. Im Idealfall werden eine Statistik erstellt, ein Frauenförderplan formuliert, Stellenausschreibungen frauenfördernd verfasst und Auswahlverfahren betrieben, unter Anwendung der Quote wird schließlich eine Frau

Gender Mainstreaming, Frauenförderung und die Rolle der Frauenbeauftragten

Frauenförderung	Gender Mainstreaming
• knüpft direkt an der Benachteiligung von Frauen an • zielt auf den Abbau von Diskriminierung • fördert Frauen gezielt • Aufgabe der Veränderung ist der Frauen-/Gleichstellungsbeauftragten (Fb/Gb) zugeordnet • Fb/Gb erarbeitet kurzfristig wirkende Maßnahmen • Fb/Gb übt Widerspruchs- und Vetorecht aus • Fb/Gb entwickelt politische Strategien und wirkt initiativ	• geht aus von der Analyse der Situation beider Geschlechter • wirkt langfristig und weniger direkt als spez. Gleichstellungspolitik • zielt auf die Veränderung der Organisation • bewirkt qualitative Verbesserung der Entscheidungsprozesse und -abläufe • Evaluation und Controlling sind Bestandteil • Aufgabe aller in Verwaltung und Politik • Fb-/Gb wirkt als Expertin und Consultant

für eine Führungsposition eingestellt. Die Frauenbeauftragte ist in der Regel aktiv beteiligt.

Bei Gender Mainstreaming würden unabhängig von der akuten Problemlage Personalverantwortliche den Personalbereich betrachten, geschlechtssensible Statistiken erheben sowie geschlechtsspezifische Indikatoren entwickeln, dabei bereits in der Planungsphase die Auswirkungen von etwaigen Maßnahmen auf beide Geschlechter prüfen. Zum Beispiel würde auch durchgespielt werden, welche Folgen eine Erhöhung des Frauenanteils in Führungspositionen auf männliche Beschäftigte und die Gesamtorganisation hätten. Die Erkenntnisse daraus würden in die Planung und in die Durchführung von neuen Maßnahmen einbezogen. Die Frauenbeauftragte würde als Expertin hinzugezogen werden. Konsequenz wäre ebenso, dass Frauen besonders gefördert würden, auch, dass Quotierung angewandt würde. Die Beobachtung des Prozesses (Monitoring), die Evaluation des Geschehens und last not least die Überprüfung des Ergebnisses auf Geschlechtergerechtigkeit sind Bestandteile des Gender Mainstreaming. Einleuchtend scheint, dass die Gender Mainstreaming-Strategie einen Vorteil für die Organisation bedeutet, da sie Folgenabschätzung und weitsichtiges Handeln beinhaltet. Einleuchtend erscheint aber auch, dass ohne eine konsequente Frauenförderung das Ziel der Geschlechtergerechtigkeit nicht erreicht werden kann.

Frauenbeauftragung und Gender Mainstreaming – Die Rolle der Frauen- und Gleichstellungsbeauftragten im Prozess

Aus der Aufgabenstellung der Frauen- und Gleichstellungsbeauftragten geht nicht hervor, wer in der kommunalen Verwaltung für die Gleichstellung verantwortlich ist, und wer sie umzusetzen hat. Bei der Konzeption der Münchner Gleichstellungsstelle für Frauen hieß es in der Dienstanweisung 1991: „Die Umsetzung des Verfassungsgebots zur Gleichberechtigung ist grundsätzlich Aufgabe aller Beschäftigten und Dienststellen." Das verlange eine kritische Analyse des eigenen Verwaltungshandelns. Die Dienststellen hätten geeignete Maßnahmen zu ergreifen, um die Benachteiligung von Frauen systematisch abzubauen. Alle Beschäftigten müssten zu gleichstellungsrelevanten Themen fortgebildet werden und die Maßnahmen zur Förderung der Gleichstellung und deren Erfolg wären im Verwaltungsbericht darzustellen. Sie sind aufgefordert, neben der eigenen Fortbildung Maßnahmen zur Gleichstellung darzustellen und zu belegen. An dieser Stelle wird sehr deutlich, dass hier einerseits auf Frauenförderung abgezielt wird, andererseits nach dem Prinzip des Gender Mainstreaming verfahren wird.[16] Die Frauenbeauftragte erscheint als diejenige, die federführend in diesem Prozess ist und eine Consultingfunktion hat. Gender Mainstreaming ist also vielfach Frauen- und Gleichstellungsbeauftragten vertraut.

Die Stadt Wuppertal schreibt sich seit 1994 Frauenförderung als Gemeinschaftsaufgabe ins Programm. Damit verpflichtet sich die gesamte Stadtverwaltung als Unternehmen „zur Wahrnehmung der Frauenförderung in allen Geschäftsbereichen und in allen Geschäften"[17]. War bisher die Gleichstellungsstelle für die Frauenpolitik der Stadt allein verantwortlich, so sollen zukünftig die einzelnen Einheiten gemeinsam die Aufgabe „Frauenförderung" wahrnehmen. Hier wurde die Veränderung in der Stadtverwaltung durch Verwaltungsmodernisierung genutzt, um auch

Frauenförderung anders zu implementieren als zuvor, die Arbeit der Gleichstellungsstelle transparenter zu machen und eine Aufgabendelegation quer durch die ganze Verwaltung vorzunehmen. Mittelfristiges Ziel war es, soviel Wissen in der Frauenförderung bei jedem und jeder aufzubauen, dass die Verantwortung für die Frauenförderung im jeweiligen Aufgabengebiet übernommen werden kann – nach vorher vereinbarten Standards und Regeln. Bei großen und komplizierten Projekten sollten die Arbeitsteams Expertinnen in Sachen Frauenförderung hinzuziehen, um fachlich-sachlich bei komplexen Aufgaben zur Seite zu stehen. Auch bei der Delegation der Verantwortung für die Gleichstellung auf alle Beschäftigte wurde keineswegs das Frauenbüro abgeschafft, im Rahmen einer veränderten Verwaltung wurde es eine anerkannte Stelle für Consulting. Im Rahmen des Gender Mainstreaming hat auch die Stadt Wuppertal reagiert und die Gemeinschaftsaufgabe „Frauenförderung" weiterentwickelt.

Zur Umsetzung von Gender Mainstreaming in den Kommunen

Frauenbeauftragte und Gleichstellungsbeauftragte als Change-Agents haben sehr schnell Gender Mainstreaming als Chance erkannt, ihrer Arbeit neue Impulse zu geben. An vielen Orten der Bundesrepublik, meist in Großstädten, aber auch in Landkreisen, haben kommunale Frauen- und Gleichstellungsbeauftragte die Initiative ergriffen, um Gender Mainstreaming in ihren Verwaltungen und in der Kommune bekannt zu machen. Quer durch die Republik soll anhand von Beispielen ein Einblick in die Einführung von Gender Mainstreaming in den Kommunen gegeben werden. Hierbei wird eine Auswahl getroffen, um eine Bandbreite an Modellen aus verschiedenen Bundesländern zu zeigen. Neben den beschriebenen Kommunen entwickeln auch Städte wie Freiburg, Kaiserslautern oder Leipzig und Magdeburg, ebenso Landkreise wie Enzkreis, Peine, Schaumburg, zügig Umsetzungsstrategien, die dem „klassischen" Gender Mainstreaming zuzuordnen sind. Die Stadt Stuttgart hat hingegen ein vieldiskutiertes Modell implementiert, das durch das Einrichten einer Stabstelle für individuelle Chancengleichheit eine Neustrukturierung der Gleichstellungspolitik und Frauenförderung vornimmt. Das Frauenbüro kritisierte diese Neuregelung: aus seiner Sicht gehe es auch bei Gender Mainstreaming nicht um individuelle Chancengleichheit, sondern um ‚Chancengleichheit', der Blick solle sich auf die gesellschaftliche Realität richten und Strukturen benennen, die Ursache der Diskriminierung von Frauen sind.[18]

Bevor erste Projekte unter dem Label Gender Mainstreaming in die Erprobung gingen, haben die Gleichstellungsbeauftragten der Städte Lübeck und Norderstedt mit anderen Dienststellen gemeinsam bereits im Rahmen der Verwaltungsmodernisierung ein Projekt durchgeführt als schönes Beispiel dafür, wie Gleichstellung implementiert werden kann.[19] Ausgangsfrage war, wie in einer dezentralisierten Verwaltung die kommunale Querschnittsaufgabe „Gleichstellung von Frauen und Männern" zielorientiert, transparent und mit hoher Qualität umgesetzt werden kann – ohne dass der Begriff Gender Mainstreaming auftaucht, ist hier mit dessen typischen Elementen gearbeitet worden. Dabei kommt der konkrete Rahmen mit klaren Vorgaben (Zeit- und Zielvorgaben sowie Nennung von Verantwortlichen) der Organisation „Verwaltung" entgegen, zu deren androzentrischer Kultur es gehört, nach vorgegebenen Regeln zu arbeiten und für die „top-down" immer noch Verbindlichkeit hat.[20]

Es liegt bisher keine umfassende Erhebung auf Bundesebene darüber vor, wie viele Kommunen Gender Mainstreaming umsetzen. Im Land Rheinland-Pfalz hat die Landesarbeitsgemeinschaft der kommunalen Frauenbeauftragten und Gleichstellungsbeauftragten eine Befragung unter den Kolleginnen durchgeführt,[21] auf die weiter unten eingegangen wird.

Gender Mainstreaming in der Hansestadt Rostock / Mecklenburg-Vorpommern

Die Bürgerschaft der Hansestadt Rostock beschloss im April 2001, dass das Prinzip des Gender Mainstreaming in der Stadtverwaltung Rostock umgesetzt werden soll. Dem vorausgegangen war eine Vorlage der Gleichstellungsbeauftragten, in der sie kurz und knapp auf einer Seite Gender Mainstreaming erläutert, die rechtliche Grundlage und das Ziel nennt. Im politischen Raum – unterstützt durch eine ungewöhnlich engagierte Frauenlobby – war bereits ein Jahr vorher ausführlich über Gender Mainstreaming diskutiert und so der Boden für die Akzeptanz in der Bürgerschaft bereitet worden. Damit war die Hansestadt eine der

ersten Städte, die Gender Mainstreaming als Handlungsprinzip in ihrer Kommune eingeführt haben, wozu sicherlich die enge Verbindung als Ostseeanrainerstadt zu Schweden beigetragen hat.
Im Einzelnen sah der Beschluss vor

- die Erfassung geschlechtsspezifischer Daten,
- Schulungs- und Fortbildungsmaßnahmen für Amtsleitung und mittleres Leitungspersonal zur Gleichstellungsprüfung, geschlechtsspezifischer Bewertung von Maßnahmen sowie geschlechtsspezifischen Analysen,
- Einrichtung einer Arbeitsgruppe „Chancengleichheit" (Delegation eines Mitglieds pro Amt) unter Verantwortung der Gleichstellungsbeauftragten mit der Aufgabe: Entwicklung eines Kriterienkatalogs zur Gleichstellungsverträglichkeitsprüfung,
- in der Folge: Entwicklung von Vorschlägen für Pilotprojekte.

Damit lag ein konkretes Programm vor, das Verantwortliche und Zeitvorgaben benannte. Ein Dreivierteljahr nach der Beschlussfassung ließ sich festhalten, dass die Arbeitsgemeinschaft regelmäßig tagt, ein Handbuch zu Gender Mainstreaming als Arbeitshilfe erhalten hat, Schulungen erfolgen sowie an der Erfassung geschlechtsspezifischer Statistik und an Pilotprojekten hart gearbeitet wird. Unverzichtbarer Motor für den Prozess ist die Gleichstellungsbeauftragte. Ihr Sachverstand, ihre Kompetenz in der Umsetzung von Gleichstellungspolitik machen sie zur Expertin, ohne die der Prozess – wenn auch von der Politik gewollt und beschlossen und top-down angelegt – nicht vorangehen würde.

Gender Mainstreaming in Wiesbaden/Hessen

Die Arbeitsgruppe „Gender Mainstreaming" in Wiesbaden beruft sich neben Rechtsgrundlagen von der EU (Amsterdamer Vertrag, Beschäftigungspolitische Leitlinien usf.) auf das Hessische Sozialministerium, das im Jahr 2000 Landkreise, Städte und Gemeinden in Hessen aufforderte, Gender Mainstreaming zum Leitbild ihres politischen Handelns zu machen. Folgerichtig haben Oberbürgermeister und Personaldezernent in Wiesbaden zur Umsetzung aufgerufen: „Gender Mainstreaming liefert nur die Methode. Politik und Verwaltung der Landeshauptstadt Wiesbaden müssen sie mit Inhalten und Prioritätensetzungen, mit Leben füllen.

Spürbare und greifbare Erfolge werden vermutlich erst in einigen Jahren zu verzeichnen sein. Der Magistrat der Landeshauptstadt Wiesbaden wird der Stadtverordnetenversammlung alle zwei Jahre über durchgeführte Projekte und ihre Erfolge berichten."[22] Die Mitglieder einer Arbeitsgruppe sind verantwortlich für das Konzept zur Einführung und Umsetzung von Gender Mainstreaming zusammen mit den Gremien der Politik und Verwaltung. Die Arbeitsgruppe setzt sich aus weiblichen Mitgliedern involvierter Bereiche, einschließlich der Frauenbeauftragten zusammen. Auftraggeber dieser Arbeitsgruppe waren der Ausschuss für Frauenangelegenheiten und der Oberbürgermeister. Ziel des Auftrages, datierend aus 2001, war das Erstellen eines Konzepts zur Einführung und Umsetzung von Gender Mainstreaming in Politik und Verwaltung. Gender-Wissen sowie ein Rahmen für die Einführung von Gender Mainstreaming sollten zur Verfügung gestellt werden, Maßnahmen und Aktionsfelder zur Einführung von Gender Mainstreaming wurden beschrieben. Die Steuerungsgruppe – geschlechtsparitätisch besetzt – hat die Verantwortung für den Prozess, vorbildlich für einen top-down geführten Gender Mainstreaming-Prozess.

Hier findet sich eine Zusammensetzung, die ein breites Feld aus Politik und Verwaltung erkennen lässt: alle Mitglieder gehören zur Spitze ihrer Bereiche, vom Oberbürgermeister über die Frauenbeauftragte bis hin zu Mitgliedern aller politischen Fraktionen. Für die wissenschaftliche Begleitung ist eine externe Stelle eingeschaltet. Durch Transparenz nach innen (interne Öffentlichkeitsarbeit) könnte Gender Mainstreaming hohe Akzeptanz innerhalb der Verwaltung finden.

In Wiesbaden hat man sich dafür entschieden, zunächst Gender Mainstreaming in einzelnen Projekten zu erproben – wie häufig auch in anderen Kommunen, aber auch bei Ministerien auf Landes- und Bundesebene. Auf Grund der neuen, noch wenig vertrauten Thematik scheint sich zu empfehlen, praktische Erfahrung jeweils anhand von kleineren Erfolg versprechenden Projekten zu sammeln.

Drei Felder wurden dafür aufgetan: Soziales, Kultur und Stadt-, Verkehrs- und Grünplanung. Zur Illustration soll hier ein Beispiel herausgenommen werden, das sich auf Gender Mainstreaming bei Kulturförderung für Chöre bezieht. Es lehnt sich stark an die bekannte schwedische 3-R-Methode an und wird denjenigen, die diese Methode kennen, vertraut sein.[23] Hierbei werden solche Fragen gestellt wie z. B.: Warum werden für Männer- und Frauenchöre und gemischte Chöre Mittel so verteilt wie zurzeit? Werden alle Chöre in Wiesbaden gefördert? Stellen Frauenchöre möglicherweise weniger Anträge? Gibt es Kriterien für die Förderung? Die erhobenen Daten können Ausgangspunkt für eine geschlechtergerechte Förderpraxis sein.

An solchen kleinen Projekten lässt sich sehr anschaulich zeigen, wie Gender Mainstreaming funktionieren kann. Deutlich wird: Um zu einem „Großen und Ganzen" zu werden, müsste ein immenses Netz von kleinen Projekten entstehen. Nicht umsonst hatte einleitend der Oberbürgermeister mit dem Personaldezernenten formuliert, dass die Erfolge erst in einigen Jahren zu verzeichnen sind. Erinnert sei an dieser Stelle an Ernst Benda. In seinem Gutachten zur Rechtmäßigkeit von Quotierung für die Hamburger ‚Leitstelle für die Gleichstellung der Frau' zitierte er Julia Dingwort-Nussek. In dem Tempo, in dem bisher Frauenförderung betrieben worden sei, würde es bis zum Jahr 2300 dauern, bis Parität zwischen Frauen und Männern in Spitzenpositionen erreicht wäre.[24] Gilt diese Zeitrechnung nicht erst recht für Gender Mainstreaming mit seinem aufwändigen Verfahren?

Gender Mainstreaming in Darmstadt und Frankfurt am Main / Hessen

Einen anderen Weg als Wiesbaden gehen die Städte Darmstadt und Frankfurt am Main. Ende des Jahres 2001 hat die Stadtverordnetenversammlung Darmstadt den Magistrat verpflichtet, konkrete Maßnahmen für die Umsetzung von Gender Mainstreaming zu ergreifen, zum Beispiel durch die Einrichtung einer Steuerungsgruppe und durch Fortbildung der betreffenden Verwaltung. Außerdem wurde Wert auf die Erstellung von geschlechterdifferenzierten Daten gelegt sowie – und das ist von ganz entscheidender Bedeutung – sogar eine evtl. notwendige Aufstockung von Mitteln für die Umsetzung von Gender Mainstreaming beschlossen. Der konzeptionelle Leitfaden, den das Frauenbüro zur Umsetzung von Gender Mainstreaming entwickelt hat, beinhaltet sehr konkrete Umsetzungsschritte innerhalb eines straffen Zeitplanes, beginnend

- im April 2002 mit dem Erstellen des Leitfadens,
- im August Beginn einer wissenschaftlichen Begleitung,
- im Oktober weitergehende Information in den Fachausschüssen durch externe Fachleute,

- im November Informationsveranstaltungen für Beschäftigte (besonders Amtsleitung und Personalverantwortliche),
- im Dezember Bildung der Steuerungsgruppe zur Verantwortung der Umsetzung von Gender Mainstreaming und dann –
- nach dem Jahreswechsel 2002/03 – Gender-Trainings für das Führungspersonal durch externe Expertinnen und Experten und für diejenigen, die in ausgewählten Bereichen erste Umsetzungsprojekte realisieren.

Die nächsten Stufen sind Gender-Analysen, Pilotprojekte für das Jahr 2003 bis Mitte 2004, danach praktische Umsetzung und Erweiterung der Projekteinheiten. Im Jahr 2005 folgt ein großer Meilenstein für das Frauenbüro: Erweiterung durch männliche Mitarbeiter als Gender-Beauftragte. Bezug genommen wird außerdem auf die finanziellen Ressourcen für die Umsetzung (zusätzliche Mittel für die wissenschaftliche Begleitung). Der Prozess wird als Doppelstrategie gesteuert, nämlich Gender Mainstreaming und Frauenförderung. Selbstverständlich sind Berichte im Magistrat sowie in der Stadtverordnetenversammlung (jährlich) durch die Steuerungsgruppe vorgesehen. Damit hat Darmstadt ein sehr straffes Programm vorgelegt, dessen Realisierung wiederum durch eine externe Begleitung evaluiert wird.[25]

In der Stadtverwaltung Frankfurt ist bereits seit 2002 ein Gender Mainstreaming-Beauftragter angesiedelt, er ist Mitarbeiter des Frauenbüros und hierarchisch gesehen damit der Frauenbeauftragten unterstellt. Dieser Beauftragte ist nur ein „Baustein" im Konzept der Implementierung des Gender Mainstreaming der Stadt, seit Herbst 2002 wird aktiv an der Umsetzung gearbeitet.

Gender Mainstreaming in Stadt und Region Hannover/Niedersachsen

Nachdem die Landeshauptstadt Hannover ein Leitbild verabschiedet hat, das Frauenförderung und Gender Mainstreaming enthält, gibt es weitergehende Aktionen, z.B. Informationsveranstaltungen für die Führungsspitze sowie die Ratsversammlung. Eine paritätisch besetzte Steuerungsgruppe wird eingerichtet, die die Umsetzung von Gender Mainstreaming federführend beobachten, steuern und kontrollieren soll. Auf dem Wege dahin ist auf Initiative der Frauenbeauftragten in Zusammenarbeit mit dem Amt für Stadtentwicklung bereits dem Gender Mainstreaming-Beschluss vorauseilend initiativ gehandelt worden. So wurden im Jahr

1999 auf ihre Anregung hin Vorschläge entwickelt für das Einbeziehen von geschlechtsrelevanten und interkulturellen Aspekten in das Handlungsprogramm der Stadt Hannover.[26]

Im Jahr 2002 fasste der Gleichstellungsausschuss einen Beschluss, in dem die Verwaltung beauftragt wurde, ein einheitliches und stadtweites Gleichstellungscontrolling einzurichten, um eine effiziente Steuerungsunterstützung und das Überprüfen der Wirksamkeit sowie der Qualität von städtischen Maßnahmen zu sichern. Hierzu wird ein Verfahren erarbeitet, das alle städtischen Maßnahmen – beginnend mit der Planung – darauf überprüft, wie sie sich auf die Chancengleichheit von Frauen und Männern auswirken. Rückwirkend gilt dies auch für bereits beschlossene Regelungen und Maßnahmen, ebenso für die Drucksachen der Ratsgremien, die von den Fachämtern vorgelegt werden. Datenerhebung und Statistiken sollen nach Frauen und Männern differenziert ausgewertet werden. Wenn es Hinweise auf geschlechtsbezogene Benachteiligung gibt – des einen oder des anderen Geschlechts(!) – werden diese Abweichungen erläutert oder Maßnahmenkonzepte entsprechend überarbeitet und verbessert. In diesem Prozess erhalten das Frauenbüro und die beratenden Fachausschüsse eine besondere Rolle: sie sind über den Verlauf zu informieren. Einmal jährlich soll es darüber hinaus einen Bericht zur Umsetzung und Weiterentwicklung von Gender Mainstreaming und Gleichstellungscontrolling geben, der dem Rat vorzulegen ist. Der Gleichstellungsausschuss selbst wird regelmäßig über die Ergebnisse des Controllings und der Umsetzung von Gender Mainstreaming in den einzelnen Fachbereichen unterrichtet.

Die Stadt Hannover befindet sich selber in einem Umstrukturierungsprozess, ausgelöst durch eine Neugliederung des Raums Hannover, indem der Landkreis Hannover aufgelöst wurde und die Region Hannover entstand, wobei die Stadt bestimmte Aufgabenbereiche an die Region abgetreten hat. Der Landkreis Hannover hatte bereits Gender Mainstreaming als Leitprinzip beschlossen, wobei die Frauenbeauftragte Informationen gab und Vorträge hielt. Sowohl in verwaltungsinternen Schriften wie auch in Kreistagsvorlagen wurde auf Gender Mainstreaming Bezug genommen. Die Region Hannover hat einen entsprechenden Beschluss in ihrer Geschäftsordnung als durchgängiges Leitprinzip verankert. Gender Mainstreaming soll bei allen Maßnahmen der Region in ihren Bereichen befördert werden.[27]

Personalentwicklung in der Gemeinde Ritterhude/Niedersachsen

In der kleinen Gemeinde Ritterhude bei Bremen entstand im Jahr 2000 ein Personalentwicklungsplan, der im Rahmen der Verpflichtung des Niedersächsischen Gleichstellungsgesetzes (NGG) zum Erstellen von Stufenplänen entstand. Dieses Instrument sollte vom Ansatz her der Frauenförderung dienen, durch Zeit- und Zielvorgaben die Personalentwicklung für Frauen vorantreiben. Dieser Strang ist im Personalentwicklungsplan klar zu erkennen, darüber hinaus sind deutliche Züge des Gender Mainstreaming zu verzeichnen.

MASSNAHMENKATALOG
zum Personalentwicklungsplan der Gemeinde Ritterhude

Maßnahmen	**Verantwortliche**
Qualifizierungen und Fortbildung	
1. Erarbeiten von personalrelevanten Entwicklungszielen	Bürgermeister, Personalabteilung, Vorgesetzte
2. • Stellenentwicklung • Potentialanalyse • Qualifizierungs- und Fortbildungskonzept	Bürgermeister, Personalabteilung, Vorgesetzte
3. Aufzeigen der beruflichen Entwicklungsmöglichkeiten, gezielte Weiterqualifizierung von Frauen zur Übernahme höherwertiger Tätigkeiten	Personalabteilung, Vorgesetzte
4. Herausgabe einer Personalzeitung	Personalabteilung
5. Benennung einer/eines MitarbeiterIn für den Fortbildungsbereich	gewählte AnsprechpartnerInnen der Fachbereiche, Personalabteilung

Der Auszug aus dem Maßnahmenkatalog soll einen Einblick in das Vorgehen geben. Eine Analyse der Personalsituation und eine ausgefeilte Statistik sind vorausgegangen, sie bilden die Arbeitsgrundlage für Personalentwicklungsmaßnahmen. Die Frauenbeauftragte wirkt beratend als Gender-Expertin mit.

Gender Mainstreaming in Mainz / Rheinland-Pfalz

Die Landeshauptstadt Mainz hat ein umfangreiches Programm begonnen, um Gender Mainstreaming zu implementieren. Seit dem Jahr 2000 sind parallel verlaufende Stränge auszumachen:

- Fortbildungen zum Thema Gender Mainstreaming,
- Beachtung des Prinzips Gender Mainstreaming im Rahmen der Organisationsuntersuchung des Sozialamtes,
- eine Arbeitsgruppe des Ausschusses für Frauenfragen zum Thema Gender Mainstreaming,
- Auftrag für alle Stadtratsfraktionen, Experten und Expertinnen zu Gender Mainstreaming im Jahre 2001 anzuhören,
- Stellungnahmen aller Stadtratsfraktionen zum Thema Gender Mainstreaming mit einem positiven Votum,
- der Stadtrat beauftragt die Verwaltung im März 2002, ein Konzept zur Einführung des Handlungsprinzips Gender Mainstreaming zu erarbeiten.

Bereits im Jahre 2000 hatte demnach schon der Ausschuss für Frauenfragen das Handlungsprinzip des Gender Mainstreaming begrüßt und als Leitmotiv für die Stadt Mainz verankern wollen, dass Planungen und Maßnahmen auf ihre geschlechtsspezifischen Wirkung auf Frauen und Männer zu überprüfen seien. Um Gender Mainstreaming als Methode und Handlungsprinzip für die Stadt zu konkretisieren, bildete der Ausschuss eine Arbeitsgruppe, die aus je einer Vertreterin der Fraktionen, der beratenden Mitglieder und des Frauenbüros bestehen sollte.

Im Februar 2002 entschloss sich der Stadtrat, Gender Mainstreaming auf Dauer als kommunales Handlungsprinzip zu implementieren. Eine Fraktion des Stadtrats fügte noch hinzu, dass die Verankerung des Gender Mainstreaming-Prinzips nicht mit einer Verschlechterung frauenpolitischer Standards einhergehen dürfe und die im Frauenbüro abrufbare Gender-Kompetenz einzubeziehen sei. Der Personalbestand des Frauenbüros solle daher unangetastet bleiben, eine Verstärkung werde mittelfristig angestrebt. Damit erfährt das Frauenbüro eine Würdigung als Consultinginstanz, die einen erheblichen Einfluss auf die Frauenpolitik generell bei der Stadt Mainz haben müsste.

Einen besonderen Meilenstein bildete die Vorlage im Ausschuss für Frauenfragen, bei dem konkrete Zeit- und inhaltliche Ziele für die Einführung von Gender Mainstreaming formuliert wurden: grundlegend sind die Beteiligung und Unterrichtung der relevanten Gremien in Verwaltung sowie Politik. Jeder und jede Mitarbeitende in der Verwaltung soll Gender Mainstreaming als Handlungsprozess verstehen und anwenden können, Beschlussvorlagen sollen auf ihre Auswirkungen auf die Gleichstellung von Frauen und Männern geprüft werden.

Im ersten Schritt sollen die strukturellen Voraussetzungen beschlossen werden, um Gender Mainstreaming durch Einrichten eines Projektmanagements, bestehend aus Frauenbüro (federführend), Vertretern und Vertreterinnen der Dezernate und des Personalrats sowie weiteren fachkundigen Personen, zu implementieren. Konkrete Zeitziele wurden vorgegeben. Die notwendigen Voraussetzungen, wie Briefing aller Amtsleitungen und Dezernate, Benennung von Projektgruppenmitgliedern, wurden geschaffen, die Durchführung von konstituierenden Sitzungen erstreckte sich von der Sommerpause bis Anfang Oktober.

In einem zweiten Schritt der Analysephase soll die Projektgruppe bereits mit der Arbeit beginnen, ein Projekthandbuch sichten und Fragebögen erstellen mit dem Ziel, die Eigenbewertung der Gleichstellungsrelevanz bei den Produkten und Projekten in den Ämtern vorzunehmen.

Gender-Beratung, Gender-Trainings, Controlling und stadtinterne Öffentlichkeitsarbeit begleiten den Prozess. Recherchen bei anderen Städten erfolgen, um im Rahmen von Benchmarking den eigenen Stand festzustellen und vielleicht auch ein Anreizsystem für die eigene Weiterentwicklung zu schaffen.

In Kommunen wie in Mainz, bei denen die Verwaltungsmodernisierung bereits gegriffen hat und man dadurch auch gewohnt ist, mit Zeit- und Zielvorgaben zu arbeiten, scheint es leichter zu sein, Gender Mainstreaming einzuführen. Dennoch wird auch hier deutlich, wie schwerfällig Verwaltung und Politik auf Veränderung reagieren. Allein gute eineinhalb Jahre waren nötig von der ersten Beschlussvorlage zu Gender Mainstreaming bis hin zum ersten Umsetzungsschritt.[28]

Die Befragung der LAG Rheinland-Pfalz zur Umsetzung von Gender Mainstreaming

Von besonderem Interesse ist die Befragung der kommunalen Frauen- und Gleichstellungsbeauftragten durch deren Landesarbeitsgemeinschaft, bei der 40 Kolleginnen zum Thema Gender Mainstreaming angesprochen wurden.[29] Die Auswertung der LAG ergibt, dass dreizehn rheinland-pfälzische Stadt- und Kreisverwaltungen sich mit Gender Mainstreaming als Thema beschäftigt haben. In ebenso vielen Kommunen wurde Gender Mainstreaming außerhalb der Verwaltung thematisiert, während in siebzehn Städten und Landkreisen Gender Mainstreaming bisher überhaupt nicht zur Sprache kam. In der Regel kam die Initiative von den Frauen- und Gleichstellungsbeauftragten. Immerhin berichteten sechs kommunale Frauen- und Gleichstellungsbeauftragte von positiver Resonanz auf Gender Mainstreaming, während fünf eher negative Reaktionen benannten. Die Mehrzahl der kommunalen Verwaltungen zeigte sich aber ambivalent bzw. äußerte sich nicht abschließend. Für die Steuerung des Prozesses fühlte sich in sechzehn Fällen niemand verantwortlich, in vielen Fällen war es die kommunale Frauen- oder Gleichstellungsbeauftragte, die die Initiative ergriff, nur in wenigen Fällen sah sich die Verwaltungsspitze oder die Politik in der Verantwortung. Nur in drei Kommunen, die sich an der Umfrage beteiligt hatten, gibt es Gremienbeschlüsse zu Gender Mainstreaming. In einigen Städten laufen Gender-Trainings. In mehreren Kommunen werden von Dritten Projekte durchgeführt, die durch die EU gefördert werden, wobei in diesen Fällen die Beachtung und der Nachweis des Prinzips des Gender Mainstreaming verpflichtend ist.

Die LAG kommt zu dem Schluss, dass eine breite kommunale Akzeptanz des Handlungsprinzips Gender Mainstreaming in vielen Kommunen fehlt. Offenbar müsse es die Rolle der kommunalen Frauenbeauftragten sein, sich des Themas anzunehmen, was dem Top-Down-Prinzip widerspricht. Eine Sprecherin der LAG, Eva Weickart, Leiterin des Frauenbüros Mainz, formuliert: „Gender Mainstreaming wird häufig als neues Wort für Frauenförderung verstanden, und damit wird stillschweigend die Verantwortung für den Prozess an uns als Frauen- und Gleichstellungsbeauftragte delegiert."[30] Die LAG der kommunalen Frauen- und Gleichstellungsbeauftragten wird die Diskussion um Gender Mainstreaming aufmerksam verfolgen. Vor allen Dingen soll der Befürchtung entgegen gewirkt werden, dass Gender Mainstreaming als Argument gegen eine eigenständige Frauenpolitik benutzt werden könnte.

Wenn auch einige Kommunen als Protagonistinnen des Gender Mainstreaming-Vollzugs erscheinen, so macht diese Umfrage sehr deutlich, dass Kommunen keineswegs die Speerspitze der Veränderung des Mainstreams sind. Auch Gender Mainstreaming muss sich erst als Motor einer gesellschaftlichen Veränderung erweisen. Die Kopplung von Finanzmitteln an den Nachweis von Gender Mainstreaming in einem Projekt scheint das wesentliche Anreizsystem für den Erfolg von Gender Mainstreaming zu werden.

Positionen der Kommunalen Frauenbüros sowie der Kommunalen Spitzenverbände

LAG der kommunalen Frauenbüros in Niedersachsen und Berlin

Im Sommer 2000 formulierte die Landesarbeitsgemeinschaft Niedersachsen (LAG) ihre Position zu Gender Mainstreaming, die in weiten Teilen auch in die Resolution der Bundesarbeitsgemeinschaft der kommunalen Frauenbüros (BAG) eingeflossen ist. Neben der Darstellung des Konzepts und der Bedeutung von Gender Mainstreaming für die Geschlechter sowie Vorschlägen zur Umsetzung und Erfolgsbedingung formuliert die LAG zur Rolle der Frauenbeauftragten: „Die Praxis von Frauenbeauftragten hat sich seit ihrem Beginn in Niedersachsen vor mittlerweile 14 Jahren deutlich gewandelt. Nachdem es zu Anfang darum gegangen war, Benachteiligungen zu benennen, Missstände anzuprangern, Bewusstseinsveränderungen in Gang zu setzen, folgte die Phase der Institutionalisierung mit der Durchsetzung von Quotenregelung, Gleichstellungsgesetzen und allgemein einer systematischen Implementierung von verbesserten Chancen.“[31] Ausgehend davon, dass Gleichstellung inzwischen als politische Frage anerkannt ist, sind Frauenbeauftragte als frauenpolitische Expertinnen gefragt und auch à la longue Kooperationspartnerinnen. Daneben jedoch haben die Frauenbeauftragten eine wichtige Rolle als Gender-Expertinnen, in den Prozess der Veränderung bringen sie ihre speziellen Kenntnisse ein. Bei der Gestaltung von Gender-Fortbildung, bei der Entwicklung von Gender-Controlling können sie ihr Fachwissen allen Organisationseinheiten zur Verfügung stellen. Zum Gleichstellungscontrolling formulieren die Gleichstellungsbeauftragten ihre Anforderungen, es soll sicherstellen, dass gesetzte Ziele zur Verankerung der Chancengleichheit von Frauen und Männern erreicht werden. Neben der Definition von Zielen und Leistungsergebnissen ist zu überprüfen, wie der Ist-Stand aussieht. Eine Bestandsaufnahme, eine Analyse ist unabdingbar, so wie sie idealiter im Gender Mainstreaming-Prozess auch von der EU vorgesehen ist. Die LAG stellt fest, dass die Entwicklungen in den Kommunen nicht parallel verlaufen und sich unterschiedlich entwickeln.

Brüche, Rückschläge, regionale und politische Unterschiede prägen die Arbeit der Frauenbeauftragten. Mit der Durchsetzung des Gender Mainstreaming sehen sie eine neue Schwerpunktsetzung in der Arbeit der Frauenbeauftragten. Deutlich klingt auch die Sorge durch, dass z.B. Sparmaßnahmen zu Reduzierungen der Gleichstellungsmaßnahmen führen könnten.

Die Berliner Gleichstellungsbeauftragten haben sich bereits im März 2001 mit gleichstellungspolitische Leitlinien beschäftigt, in denen sie für bezirkliches Handeln und Planen vorschlagen, die Dimension der Gleichstellung von Frauen und Männern gemäß Gender Mainstreaming bei allen Aufgaben,Vorhaben und Maßnahmen auf bezirklicher Ebene in allen Bereichen einzubeziehen; in einigen Bezirksämtern wurde das Prinzip eingeführt.[32]

Bundesarbeitsgemeinschaft der kommunalen Frauenbüros

Die Bundesarbeitsgemeinschaft formuliert, dass Gender Mainstreaming die Forderung umsetzt, Frauen- und Gleichstellungspolitik als Querschnittsaufgabe zu betrachten. Gender Mainstreaming wird ein Instrument neben anderen unverzichtbaren Instrumenten der Gleichstellungspolitik sein müssen, die Umsetzung wird als Top-Down-Ansatz eingeschätzt und als Integrationsprozess verstanden, bei politischen Entscheidungen wird eine Gender-Prüfung gefordert, zusätzliche finanzielle und personelle Ressourcen werden als unabdingbar angesehen. Auf der Steuerungsebene sollen Standards und Kriterien für Gender Mainstreaming entwickelt werden, woran die Frauen- und Gleichstellungsbeauftragte jeweils zu beteiligen ist. Besonders hervorzuheben ist die Vergabe von öffentlichen Mitteln, die an Gender gekoppelt werden soll. Anreizsysteme zur Umsetzung sind nach Ansicht der Expertinnen unerlässlich. Zusammenfassend lässt sich sagen, dass die klassischen Elemente, die von der EU bereits formuliert wurden, hier noch einmal zum Ausdruck kommen.[33]

Die Stellungnahmen von BAG und LAG zeigen, dass sich die Frauenbeauftragten sehr frühzeitig in den Prozess eingeschaltet haben und sich mit ihren Verbänden bereits 2000 zu dieser Thematik explizit äußerten.

Kommunale Spitzenverbände und Deutscher Städtetag

Erst 2002 lassen sich Veröffentlichungen respektive ein Beschluss des Deutschen Städtetages zum Gender Mainstreaming finden. In einem Aufsatz der KGSt (Kommunale Stelle zur Verwaltungsvereinfachung) kommt eine der Bundessprecherinnen der kommunalen Frauenbüros zu Wort. Unter dem Titel „Erfolgreiches Gender Mainstreaming" führt die KGSt in den Aufsatz ein und schreibt, dass Gender Mainstreaming eine in den Kommunen noch weitgehend unbeachtete Strategie sei, erläutert Bedeutung, Herkunft und Vorgehen.[34,35]

Es erstaunt, dass der Begriff (von der EU bereits 1999 als eine Art supranationaler „Top-Down"-Prozess implementiert)[36] erst so spät bei einem kommunalen Spitzenverband, wie dem Deutschen Städtetag, Diskussionsthema wurde, nachdem er schon lange bei Bund, Ländern und vielen Kommunen Einzug gehalten hatte. Immerhin formuliert der Pressedienst des Deutschen Städtetages: „Die Städte müssen in Zukunft verstärkt die Belange von Frauen und Männern in ihr Planen und Handeln einbeziehen und zu einem gerechten Ausgleich bringen". Das sei Ergebnis der Fachkonferenz „Die Bedeutung einer integrierten Geschlechterpolitik (Gender Mainstreaming) für die moderne Stadt."[37] Der Hauptausschuss des Deutschen Städtetages beschloss im Juni 2002, dass die Strategie des Gender Mainstreaming in der Hauptgeschäftsstelle des Deutschen Städtetages umzusetzen sei. Gender Mainstreaming sei eine Strategie und ein Steuerungsinstrument, das sich konsequent auf Männer und Frauen als Zielgruppe ausrichte. Anders als die traditionelle Frauenförderung sei es kein Aufgabenfeld für Frauen- und Gleichstellungsbeauftragte, sondern eine Strategie, die in den Händen derer liege, die in einzelnen Politikbereichen Verantwortung trügen und Entscheidungen träfen. Es gehe nicht darum „neutrale“ Entscheidungen zu treffen und im Nachhinein durch spezielle Frauenprogramme eine Integration zu bewirken, sondern von Vornherein die Perspektive der Frauen zu berücksichtigen. Damit verlagere sich der Fokus von Frauen als Gruppe mit besonderen Bedürfnissen (womit ein Opfer-, Defizitansatz verneint wird) zu einer differenzierten Politik für Männer und Frauen.[38]

Gender Mainstreaming als Strategie soll grundsätzlich in die Facharbeit des Deutschen Städtetages einfließen. Für jeden Fachausschuss werden Gleichstellungsbeauftragte als „Gender-Botschafter“ oder „Gender-Botschafterin“ eingesetzt, um Genderrelevanz zu beobachten, zu erörtern und zu prüfen.[39] Im Voraus ist zu klären, wie sich Maßnahmen und Gesetzesvorhaben auf die Lebenssituation von Frauen und Männern unterschiedlich auswirken.

Frauenförderung als Motor für Gender Mainstreaming

Die Ambivalenz der Frauen- und Gleichstellungsbeauftragten der Strategie des Gender Mainstreaming gegenüber – einerseits die Chancen der Veränderungsmöglichkeiten sehend, andererseits fürchtend, dass andere das Feld ‚Gleichstellung‘ besetzen könnten zum Nachteil von Frauen –, zieht sich durch die Veröffentlichungen. Sehr stringent haben die Frauen- und Gleichstellungsbeauftragten daher in ihren Kommunen die Einführung des neuen Gleichstellungsverfahrens begleitet und sich in die Implementierung eingemischt. Ihre Rolle ist meist die der Initiatorin, sie wird sich auf lange Sicht hin als Motor verstehen müssen, der wie einst die Frauenförderung nun Gender Mainstreaming vorantreibt. Unterstützt wird sie durch Gleichstellungsausschüsse und ein Netzwerk von verbindenden Stellen, die den Gender Mainstreaming-Prozess unterstützend begleiten. Daneben ist durch Leitbilder, durch Beschlüsse, besonders durch das Gender-Controlling, eine Struktur eingezogen worden, die nicht mehr revidierbar scheint. Hinzu kommen Förderrichtlinien der EU, die Gleichstellung verbindlich vorschreiben und so zu einer Antriebskraft im Prozess der Umstrukturierung zu Gender Mainstreaming zu begreifen sind.

Vielleicht ist es so, dass Gender Mainstreaming die Chance einer Transformationsstrategie birgt, die als Vermächtnis der internationalen Frauenbewegung mehr zu bieten hat als die reine Gleichstellungspolitik.[40] Vielleicht übernehmen dann Frauen- und Gleichstellungsbeauftragte eine veränderte Rolle, vielleicht werden die Change-Agents zu Gender-Agents[41] und stellen immer wieder aufs Neue die (moralische) Frage nach (Geschlechter) Gerechtigkeit.

Um die Frage in der Überschrift dieses Beitrages aufzunehmen – Gender Mainstreaming Frauenbeauftragte, Gleichstellungsbeauftragte – wie passt das zusammen? Es ist eine wunderbare Kombination: eine neue Strategie und eine exzellente Expertin dafür als Consultant. Vielleicht könnte damit endlich Geschlechterdemokratie gelingen!

Anmerkungen

1 vgl. *Stiegler* 2000

2 Die Europäische Kommission, 1996–2000. Besonders hervorzuheben sind der Leitfaden zur Bewertung gesellschaftsspezifischer Auswirkungen als auch ein Glossar, das sehr verdienstvoll in allen Sprachen der EU erschienen ist.

3 vgl. *Stiegler* 1998

4 Die Darstellungen beruhen auf schriftlichen Unterlagen, wie Ratsvorlagen, Stellungnahmen, Leitbildern usf., ergänzt durch Gespräche mit einzelnen Frauenbeauftragten und Gleichstellungsbeauftragten.

5 vgl. *Lück* 1998: 103

6 vgl. BAG 1995: 1

7 So *Müller* in ihrem Aufsatz „Konzeption von Gleichstellungsstellen" und *Breymann/von Ritz-Lichtenow/von Wrangell*, in: Auf die Folie gebracht – die Arbeit der Frauenbeauftragten.

8 Die Vernetzungsstelle sammelt Arbeitsergebnisse zur Gleichberechtigung, Gleichstellung und Chancengleichheit, macht sie den Akteurinnen der Gleichstellungspolitik zugänglich und unterstützt durch wissenschaftlich fundierte Beratung sowie durch ihre Website www.gleichberechtigung-goes-online.de.

9 vgl. *Holland-Cunz* 1996: 98f.

10 vgl. *Holland-Cunz* 2000: 1–13

11 Die Zahl der Frauen- und Gleichstellungsbeauftragten lässt sich nur annähernd errechnen. Durch Nichtbesetzen von Stellen, Fluktuationen, Einbeziehen von haupt-, neben- und ehrenamtlichen Positionen erhält man unterschiedliche Ergebnisse.

12 *Goldmann* 2001: 6

13 vgl. *Stiegler* 1998: 14–27

14 vgl. Landeshauptstadt München, Gleichstellungsstelle für Frauen/fiff Nr. 33, 2001: 1–3

[15] vgl. *ebenda*
[16] vgl. *ebenda*, S. 3
[17] vgl. *Dmuß* 1996: 75f.
[18] Landeshauptstadt Stuttgart 2001
[19] Hansestadt Lübeck/Stadt Norderstedt 1999
[20] vgl. BAG 1995: 4ff.
[21] vgl. LAG Rheinland-Pfalz 2002
[22] vgl. Landeshauptstadt Wiesbaden 2001
[23] Die so genannte 3-R-Methode beinhaltet eine Analyse unter dem Hauptgesichtspunkt Repräsentation – der Kategorie, unter der erfasst wird, wie viele Frauen und wie viele Männer von einer Maßnahme betroffen sind (in der Regel aufgesplittet in die Geschlechtergruppe nach Unterkategorien wie Alter, soziale Schicht usw.) und an einer Maßnahme mitwirken. Die zweite Kategorie beinhaltet die Verteilung der Ressourcen. Die dritte Kategorie ist die Realisierung, bei der Ursachenforschung betrieben und Veränderungsmöglichkeiten entwickelt werden. Die Konsequenzen des zukünftigen Handelns werden ausgelotet. In zahlreichen Publikationen wird diese Methode angeführt, besonders nachvollziehbar in der Broschüre des Frauenbildungsnetzes Ostsee (1999).
[24] vgl. Hansestadt Hamburg 1986: 131
[25] vgl. Wissenschaftsstadt Darmstadt 2002
[26] vgl. *Dunst/von Wrangell* (unveröffentlichtes Manuskript) 1999. Anhand des Leitfadens der Europäischen Union wurde ein Raster von den Autorinnen entwickelt, wie das Prinzip des Gender Mainstreaming im Handlungsprogramm der Stadt Hannover verankert werden könnte. Das Handlungsprogramm 2001–2005 ist ein Grundlagenpapier zur künftigen Stadtpolitik in Hannover. Die Integration von frauenspezifischen und migrationsspezifischen Belangen wurde hierbei nicht adäquat berücksichtigt. Mit dem Auftrag, das Handlungsprogramm um die Einbeziehung der Geschlechter-Perspektive zu erweitern, beschritt die Stadt Hannover neue Wege, die über die Frauenförderung hinausgehen. Damit wurde der neue politische Ansatz des Landes Niedersachen, die Implementierung von Gender Mainstreaming, aufgegriffen.
[27] vgl. Region Hannover 2001
[28] vgl. Landeshauptstadt Mainz 2002
[29] vgl. LAG Rheinland-Pfalz 2002
[30] vgl. ebenda, Pressemitteilung 2002
[31] vgl. LAG 2001
[32] Im Rahmen von Gender Mainstreaming sind u.a. besonders zu fördern: ökonomische Eigenständigkeit von Frauen, Vereinbarkeit von Erwerbsarbeit mit Erziehungs- und Pflegeaufgaben für Frauen und Männer.
[33] vgl. BAG 2000
[34] Der Nachdruck dieses Artikels durch die KGST erfolgte mit Genehmigung des Niedersächsischen Städtetages, der sich bereits 2000 mit diesem Aufsatz befasst hatte.

[35] vgl. *Hugo* 2002: 25–27
[36] vgl. *Schiek/Dieball* 2000: 85
[37] Pressedienst Deutscher Städtetag
[38] vgl. Vorbericht für den Hauptausschuss am 04./05. Juni 2002
[39] *Articus* 2002: 1. Nach Drucklegung erschien die Auswertung – eine Umfrage des Deutschen Städtetages von Sabine Holland-Leb, die sich auf 348 Befragungen stützt (der Städtetag, 4/2003, S 36–38).
[40] vgl. *Schiek/Dieball* 2000: 88
[41] Benannt analog Inge Höhne, Gleichstellungsstelle der Stadt München.

Literaturangaben

Articus, Stepan: Entscheidungen im Städtetag werden weiblicher. Editorial. In: Der Städtetag, 7–8/2002, S. 1

Bezirksamt Pankow von Berlin: Gleichstellungspolitische Leitlinien. Bezirksamtvorlage zur Beschlussfassung für die Sitzung am Dienstag, den 26.06.2001. Berlin 2001

Bothfeld, Silke/ Gronbach, Sigrid/ Riedmüller, Barbara (Hrsg.): Gender Mainstreaming – eine Innovation in der Gleichstellungspolitik. Zwischenberichte aus der politischen Praxis. Frankfurt/Main 2002

Breymann, Regina/ v. Ritz-Lichtenow, Heide/ v. Wrangell, Ute: Auf die Folie gebracht …! Die Arbeit der Frauenbeauftragten und Gleichstellungsbeauftragten. Hannover 2002

Bundesarbeitsgemeinschaft kommunaler Frauenbüros (Hrsg.): Resolution zu Gender Mainstreaming. 14. Bundeskonferenz der kommunalen Frauenbüros. Oktober 2000

Bundesarbeitsgemeinschaft kommunaler Frauenbüros (Hrsg.): Frauenpolitik zwischen Tilburgfieber und demokratischer Gestaltung. Schrift zur Verwaltungsreform. Mannheim 1995

Bundesministerium für Familie, Senioren, Frauen und Jugend (Hrsg.): Gender Mainstreaming. Was ist das? Berlin 2002

Deutscher Städtetag, Pressedienst: Fachkonferenz diskutiert über Gender Mainstreaming. Städte müssen alle Bereiche des Verwaltungshandelns als relevant für Gleichstellungsfragen anerkennen. Pressemeldung vom 27. April 2001. Berlin 2001 und Deutscher Städtetag, Hauptausschuss: Vorbericht zu Gender Mainstreaming am 4./5. Juni 2002. Freiburg 2002

Dmuß, Klaudia: Gemeinschaftsaufgabe Frauenförderung. In: von Wrangell, Ute (Hrsg.): So arbeiten Frauenbüros. Ein Reader. Bielefeld 1996. S. 73–79

Dunst, Claudia/ Wrangell, Ute von: Interkulturelle/ geschlechterrelevante Aspekte im Handlungsprogramm 2001–2005. Begleitpapier. Unveröffentlichtes Manuskript. Hannover 1999

Europäische Kommission, Generaldirektion Beschäftigung, Arbeitsbeziehungen und soziale Angelegenheiten (Hrsg.): Leitfaden zur Bewertung geschlechtsspezifischer Auswirkungen, Gleichbehandlung von Frauen und Männern. Luxemburg 1997

Europäische Kommission, Generaldirektion Beschäftigung, Arbeitsbeziehungen und soziale Angelegenheiten, (Hrsg.): 100 Begriffe aus der Gleichstellungspolitik. Luxemburg 1998

Frauenbildungsnetz Ostsee (Hrsg.): Gleichstellung und Kommunen …? Studie zur Gleichstellungspolitik in Schweden auf kommunaler Ebene. Rostock 1999

Gemeinde Ritterhude (Hrsg.): Personalentwicklung zur Verwirklichung der Chancengleichheit für Männer und Frauen. Ritterhude 2000

Goldmann, Monika: Das Konzept des Gender Mainstreaming: Ziele, Strategien, Instrumente. In: Die Grünen im Landtag NRW (Hrsg.): Eine Chance für NRW! Gender Mainstreaming. Eine Dokumentation einer Veranstaltung am 26. Oktober 2000. Düsseldorf 2000. S. 6–10

Hansestadt Hamburg, Leitstelle Gleichstellung der Frau (Hrsg.): Notwendigkeit und Möglichkeit positiver Aktionen zugunsten von Frauen im öffentlichen Dienst. Gutachten im Auftrag der Leitstelle Gleichstellung der Frau. Freiburg 1986

Hansestadt Lübeck/ Stadt Norderstedt (Hrsg.): Projekt Steuerung von Querschnittszielen am Beispiel der Gleichstellung von Frauen und Männern, Abschlussbericht der Hansestadt Lübeck und der Stadt Norderstedt. Norderstedt 1999

Hansestadt Rostock (Hrsg.): Gender Mainstreaming – Chancengleichheit. Protokolle, Konzepte und andere Materialien. Rostock 2002

Holland-Cunz, Barbara: Probleme des Erfolgs. Überlegungen zu den ambivalenten Anforderungen institutioneller, feministischer Theorie und Politik. Unveröffentlichtes Manuskript. o. O. 2000

Holland-Cunz, Barbara: Trennendes und Verbindendes. In: von Wrangell, Ute/ Wurms, Renate u.a. (Hrsg.): Frauenbeauftragte. Zu Ethos, Theorie und Praxis eines jungen Berufes. Königstein/Taunus 1998. S. 80–102

Hugo, Maybritt: Erfolgreiches Gender Mainstreaming. In: KGSt. 47. Jg., Nr. 04/2002. S. 25–27

Landesarbeitsgemeinschaft kommunaler Frauenbüros Niedersachsen (Hrsg.): Positionen der lag zu Gender Mainstreaming. Stand Juli 2000

Landesarbeitsgemeinschaft kommunaler Frauenbüros Rheinland-Pfalz: Gender Mainstreaming. Kommunale Ergebnisse der kleinen Umfrage. Mainz 2002 sowie Pressemitteilung der Landesarbeitsgemeinschaft kommunaler Frauenbüros. Mainz 2002. Landeshauptstadt Mainz: Gender Mainstreaming. Protokolle, Konzepte und andere Materialien. Mainz 2002

Landeshauptstadt München, Gleichstellungsstelle für Frauen: Gender Mainstreaming. In: fiff, Nr. 33, Mai 2001, S.2–3

Landeshauptstadt Stuttgart: Neustrukturierung der individuellen Chancengleichheit von Frauen und Männern. Beschlussvorlage vom 12. Juli 2001.

Stuttgart 2001 sowie Stellungnahme der Gleichstellungsstelle zur Neustrukturierung <2001>

Landeshauptstadt Wiesbaden: Gleichstellung von Frauen und Männern: Konzept zur schrittweisen Einführung und Umsetzung von Gender Mainstreaming mit der Wiesbadener Politik und Verwaltung. Wiesbaden 2002

Lück, Rosemarie: Standorte. Die Rolle der kommunalen Frauenbeauftragten. Eine Einschätzung. In: Wrangell, Ute von/Wurms, Renate u.a. (Hrsg.): Frauenbeauftragte. Zu Ethos, Theorie und Praxis eines jungen Berufes. Königstein/Taunus 1998

Ministerium für Gesundheit und Soziales des Landes Sachsen-Anhalt (Hrsg.): Gender Mainstreaming in Sachsen-Anhalt. Konzepte und Erfahrungen. Magdeburg 2002

Nohr, Barbara/Veith, Silke (Hrsg.): Gender Mainstreaming. Kritische Reflexionen einer neuen Strategie. Berlin 2002

Region Hannover: Geschäftsordnung der Region Hannover. Vorschriften zur Gleichstellung von Frauen und Männern. Beschluss der Regionsversammlung vom 20.11.2001. Hannover 2001

Schiek, Dagmar/ Dieball, Heike/ Horstkötter, Inge u.a.: Frauengleichstellungsgesetze des Bundes und der Länder. 2., überarbeitete und aktualisierte Auflage. Frankfurt/Main 2002

Stiegler, Barbara: Wie Gender in den Mainstream kommt. Konzepte, Argumente und Praxisbeispiele zur EU-Strategie des Gender Mainstreaming. Herausgegeben vom Forschungsinstitut der Friedrich-Ebert-Stiftung Bonn 2000

Stiegler, Barbara: Frauen im Mainstreaming. Politische Strategien und Theorien zur Geschlechterfrage. Herausgegeben vom Forschungsinstitut der Friedrich-Ebert-Stiftung Bonn 1998

Wissenschaftsstadt Darmstadt: Beschluss der Stadtverordneten Versammlung sowie konzeptioneller Leitfaden zur Umsetzung von Gender Mainstreaming. Darmstadt 2002

Wrangell, Ute von/ Wurms, Renate u.a. (Hrsg.): Frauenbeauftragte. Zu Ethos, Theorie und Praxis eines jungen Berufes. Königstein/Taunus 1998

Wrangell, Ute von (Hrsg.): So arbeiten Frauenbüros. Ein Reader. Bielefeld 1996

UTE WANZEK

Gender Mainstreaming - Ansätze in Sachsen-Anhalt

Die Gender Mainstreaming-Ansätze im Bundesland Sachsen-Anhalt und deren Umsetzung sind seit ihrer Niederlegung im Konzept der Landesregierung (Beschluss vom 2. Mai 2000) immer wieder auf großes Interesse sowohl in Sachsen-Anhalt selbst als auch bundes- und europaweit gestoßen. Im März 2002 hat die damalige Landesregierung (SPD) einen ersten Umsetzungsbericht vorgelegt und weitergehende Beschlüsse gefasst.

Die jetzige Landesregierung in Sachsen-Anhalt (CDU/FDP) hat sich bereits mit ihrer Koalitionsvereinbarung dem Gender Mainstreaming-Prinzip verpflichtet und am 20. November 2002 gemeinsam mit dem G/I/S/A, Gender-Institut Sachsen-Anhalt, anlässlich der Fachtagung „Gender Mainstreaming in der Praxis leben" Bilanz gezogen und neue Impulse gesetzt.

Was kennzeichnet das Konzept in Sachsen-Anhalt? [1]

Zunächst beschreibt das Konzept, was in Sachsen-Anhalt unter Gender Mainstreaming verstanden werden soll, indem das Ziel, der Begriff, die Voraussetzungen für den Erfolg von Gender Mainstreaming und die Instrumente beschrieben werden. Außerdem ist das Bekenntnis zur Doppelstrategie in der Gleichstellungspolitik als eine zentrale Aussage im Konzept der Landesregierung anzusehen.

Nachfolgend werden zusammengefasst die Aussagen aus dem Konzept in kurzer Form dargestellt.

Das Ziel

Gender Mainstreaming steht für eine Politik, die das Ziel hat, den Aspekt der Chancengleichheit von Frauen und Männern in alle Politikbereiche und politische Maßnahmen auf allen Ebenen einzubinden.

Gender Mainstreaming bedeutet also, grundsätzlich danach zu fragen, wie sich politische Maßnahmen einschließlich Gesetzesvorhaben jeweils auf Frauen und Männer auswirken und ob und wie sie zum Ziel der Chancengleichheit der Geschlechter beitragen können. Auf dieser Grundlage sind die politischen Vorhaben entsprechend zu steuern.

Dem Gender Mainstreaming-Ansatz ist immanent, dass sich damit gleichzeitig Zielgenauigkeit und Qualität von politischen Maßnah-men steigern lassen sowie unbeabsichtigte negative Folgen – insbesondere bei vermeintlich geschlechtsneutralen Maßnahmen – durch die bewusste Reflexion geschlechtsspezifischer Auswirkungen vermieden werden.

Der Begriff

gender	mainstreaming
• Das Englische unterscheidet zwischen dem biologischen Geschlecht (sex) und dem sozialen Geschlecht (gender). • Mit gender werden gesellschaftliche und kulturell geprägte Rollen, Rechte, Pflichten, Ressourcen, Interessen von Männern und Frauen bezeichnet.	• mainstreaming heißt, dass ein bestimmtes Handeln – hier ein geschlechterbewusstes – zum normalen und selbstverständlichen Handlungsmuster einer Organisation gehört.

Gender Mainstreaming meint demnach eine Strategie, die die Anliegen und Erfahrungen von Frauen ebenso wie die von Männern in die Planung, Durchführung, Überwachung und Auswertung politischer Maßnahmen selbstverständlich einbezieht.

Im Folgenden erläutert das Konzept die Entstehung, die rechtlichen Grundlagen sowie Erfahrungen aus anderen Ländern. Es ist dabei von grundsätzlicher Bedeutung für die Ansätze in Sachsen-Anhalt, dass auf wesentliche Grundsätze, Erkenntnisse und Erfahrungen aus Schweden im Konzept Bezug genommen wird, da diese die **Grundsätze** des Gender Mainstreaming wesentlich bestimmen:

- Die Sichtbarmachung der Lebensbedingungen von Frauen und Männern in allen Bereichen gestattet eine qualifizierte Entscheidungsfindung und Steuerung.
- Gleichstellungsaudits für sämtliche Verträge und Programme wurden eingeführt.
- Gleichstellungsarbeit wurde zum Wissensgebiet erklärt.
- Forschungen zur Geschlechter- und Gleichstellungspolitik wurden

verstärkt, die Mainstreamingarbeit wurde systematisch evaluiert, um den Bedarf und die Wirksamkeit von Maßnahmen beurteilen zu können.
- Gender Budgetierung wurde eingeführt.

Gender Mainstreaming als systematischen Prozess zu verstehen, der spezielle Kompetenzen, Steuerungsinstrumente, Budgets und wissenschaftliche Leistungen verlangt, ist das Grundverständnis des sachsen-anhaltinischen Ansatzes.

Wichtig für Sachsen-Anhalt ist außerdem das Verständnis einer ganzheitlichen Gleichstellungspolitik in der Doppelstrategie von spezifischer Gleichstellungspolitik und Gender Mainstreaming als strukturelles Element.

Die Doppelstrategie als wichtigster Grundsatz des Gender Mainstreaming

Gender Mainstreaming ersetzt nicht die Notwendigkeit gezielter Frauenförderung, gleichstellungspolitischer Maßnahmen und entsprechender Einrichtungen.

Gender Mainstreaming ist ausdrücklich als Ergänzung zu spezifischen Frauenfördermaßnahmen zu verstehen und umzusetzen. Frauenfördermaßnahmen als personenbezogene Politikstrategie sind weiterhin zwingend erforderlich, um andauernde und nachgewiesene strukturelle Benachteiligungen von Frauen auszugleichen. Gender Mainstreaming erweitert die bisherige Frauenpolitik um eine strukturbezogene Komponente. Diese zielt darauf ab, Systeme, Strukturen und Bedingungsgefüge, die die Ungleichbehandlung von Frauen und Männern produzieren und reproduzieren, zu analysieren und zu verändern.

Die konsequente Umsetzung von Gender Mainstreaming in Verknüpfung mit Frauenförderpolitik als Doppelstrategie ist eine realistische Chance, diesen Prozess zu fördern.

Indem das Konzept Voraussetzungen für den Erfolg von Gender Mainstreaming beschreibt, werden auch gleichzeitig die wesentlichen Felder der Umsetzung von Gender Mainstreaming in Sachsen-Anhalt beschrieben.

Voraussetzungen

- Sichtbares Engagement der höchsten Führungsebene (Top-Down-Strategie).
- Konsequente gender-differenzierte Datenerhebungen und -auswertungen.
- Transparenz und Praktikabilität des Umsetzungsverfahrens (Verantwortlichkeiten, Instrumente, Verfahren).
- Etablierung von Geschlechter- und Gleichberechtigungspolitik als Wissensgebiet (Entwicklung von Gender-Kompetenz – Verknüpfung von Gender- und Fachwissen).
- Monitoring und Controlling.

Auch bezüglich der Instrumente, die für den Erfolg der Umsetzung des Konzeptes eingesetzt werden, gibt es im Konzept bereits klare Aussagen.

Instrumente

- Bewusstmachung und Sensibilisierung als Grundlage geschlechterpolitischen Handelns (Gender-Sensibilisierung, ressortspezifische Fortbildungs- und Organisationsentwicklungsprojekte, Integration von Gender-Orientierung in Führungskräfteaus- und -fortbildungen sowie in Ausbildungskonzepte für die Verwaltung).
- Bewertung geschlechtsspezifischer Auswirkungen politischer Maßnahmen in Routineverfahren (Bewertung geschlechtsspezifischer Auswirkungen ist Bestandteil des Gleichstellungspolitischen Berichtes in Kabinettsvorlagen).
- Ressortinterne Koordinierung und Steuerung der Umsetzung des Gender Mainstreaming (Umsetzung des Gender Mainstreaming muss ressortintern koordiniert und gesteuert werden; konkrete Form der Wahrnehmung dieser Funktionen obliegt dabei der Organisationshoheit des jeweiligen Ressorts).
- Monitoring (ressortspezifisch in Bezug auf Fortschritte und Hemmnisse; Einführung des Kriteriums der Geschlechterorientierung in Evaluierungs-, Gutachten- und Forschungsvorhaben als Grundsatz) und Controlling.

Schlussfolgerungen zum Stand der Umsetzung des sachsen-anhaltinischen Gender Mainstreaming-Konzeptes[2]

Im März 2002 nahm das Kabinett der Landesregierung einen ersten Bericht der Umsetzung des Konzeptes von Mai 2000 bis Dezember 2001 entgegen und legte weitere Schritte für die Umsetzung fest. Diese Maßnahmen umfassten im Wesentlichen drei Punkte, die vor allem auf die Steuerung des Prozesses sowie das Controlling und den weiteren Fortgang der Umsetzung in den Fachministerien abzielen.

Die Schlussfolgerungen sollen hier nur in zusammengefasster Aufzählung dargestellt werden:

- *Aufbau eines Gender-Institutes Sachsen-Anhalt*
  Zur Flankierung und Unterstützung der Umsetzung des Gender Mainstreaming-Konzeptes fördert das Sozialministerium den Aufbau des Gender-Institutes Sachsen-Anhalt (G/I/S/A) als Modellprojekt aus Mitteln des Europäischen Sozialfonds und des Landes. Das Institut bietet in drei Arbeitsbereichen (Gender-Forschung und Information, Gender-Bildung, Projektarbeit und -beratung, Internationale Kontakte) Dienstleistungen für Landes- und Kommunalverwaltungen, gesellschaftliche Organisationen, wie z.B. Wohlfahrtsverbände, Gewerkschaften und Kirchen sowie perspektivisch auch für Wirtschaftsunternehmen an.
- Einrichtung einer *interministeriellen Arbeitsgruppe „Gender Mainstreaming"*.
- *Fortbildung und Organisationsentwicklung* zum Gender Mainstreaming.
- Einführung eines *Gender-Controlling.*
- Qualifizierung der *geschlechterdifferenzierten Datenbasis.*

Eine weitergehende Darstellung der Ergebnisse und Schlussfolgerungen ist in der Broschüre „Gender Mainstreaming in Sachsen-Anhalt" veröffentlicht.

Im weiteren sollen die Gender Mainstreaming-Ansätze in Sachsen-Anhalt näher unter dem Aspekt der Herausbildung von Gender Kompetenz beleuchtet werden. Dabei werden vor allem die Grundsätze und Erfahrungen des Gender-Bildungsansatzes des G/I/S/A, Gender-Institut Sachsen-Anhalt, vorgestellt.

Gender-Kompetenz entwickeln

Gender-Bildung, die von G/I/S/A konzipiert und angeboten wird, hat zum Ziel, das Gender Mainstreaming–Potential zu erhöhen. Dabei geht es nicht um allgemeine Fortbildungen zu Geschlechterfragen. Es geht um das Ziel, Gender-Kompetenz aufzubauen, indem auf der Personenebene sensibilisiert und Wissen und Handlungskompetenz vermittelt wird und zusätzlich auf der Organisationsebene Beratung und Begleitung erfolgt.

Grundsätze von Gender-Bildung

Vor diesem Hintergrund dient Gender-Bildung[3] zur Entwicklung von Geschlechterbewusstheit sowie zur Vermittlung erforderlicher Kenntnisse über geschlechtsspezifische Differenzen. Neben der Ausprägung von Gender-Sensibilität als Voraussetzung für ein qualifiziertes Beurteilungsvermögen geschlechtsspezifischer Auswirkungen von Maßnahmen in allen Bereichen des gesellschaftlichen Lebens, besteht das Ziel der Gender-Bildung in der Vermittlung von Gender-Kompetenz an verschiedene soziale und gesellschaftliche Gruppen, um so das Prinzip der Geschlechterbewusstheit in Entscheidungs- und Handlungsabläufe zu integrieren. Zu diesem Zweck müssen umfangreiches Faktenwissen, geschlechtspezifische Sachkenntnisse und Handlungskompetenzen vermittelt und ausgeprägt werden, um zu gewährleisten, dass die Strategie des Gender Mainstreaming zu einem Grundanliegen der Demokratie – in der politischen Steuerung sowie im alltäglichen Handeln – wird.

Innerhalb der engen Zusammenarbeit sowie unter Nutzung der Arbeitsergebnisse und Erkenntnisse aus den Bereichen „Gender-Forschung und Information über Gender-Wissen“ sowie „Internationale Kontakte und Projektarbeit“ im G/I/S/A lassen sich die Schwerpunkte, die im Bereich „Gender-Bildung“ realisiert werden, wie folgt charakterisieren:

1. Um eine zielgenaue und an den objektiven Bildungserfordernissen orientierte Bildungsarbeit innerhalb der Umsetzung des Gender Mainstreaming-Ansatzes zu gewährleisten, ist eine *Erhebung und Systematisierung des Bedarfes zur Gender-Bildung* in allen dafür in Frage kommenden Bereichen erforderlich.

2. Der Spezifik des Gender Mainstreaming-Ansatzes entsprechend sowie unter Berücksichtigung der besonderen Eigenschaften von Zielgruppen der Gender-Bildung bestehen weitere Aufgaben in der *Erstellung von Konzepten und der Durchführung von Projekten zur Gender-Bildung* sowie der *Entwicklung spezifischer Methoden und Curricula zur Gender-Bildung.* In diesem Kontext werden verschiedene Bausteine (u. a. Fortbildungs-/Qualifizierungsmaßnahmen sowie Trainings im Rahmen von ein- und mehrtägigen Bildungs- und Informationsveranstaltungen zum Konzept des Gender Mainstreaming und den gesetzlichen Grundlagen der Frauen- und Gleichstellungspolitik) der Gender-Bildung entwickelt, erprobt, auf ihre Tragfähigkeit getestet, eingesetzt sowie potentiellen Bildungsanbietern bereitgestellt.
3. Für potentielle Interessentinnen und Interessenten *koordiniert und organisiert das G/I/S/A Bildungsveranstaltungen zum Gender Mainstreaming-Konzept.* Durch die von G/I/S/A selbst durchgeführten Weiterbildungsveranstaltungen werden gerade auch für Multiplikatorinnen und Multiplikatoren in allen Bereichen des gesellschaftlichen Lebens – insbesondere als Auftaktveranstaltungen für weiterführende Bildungsmaßnahmen – realisiert. Ein externes Gender-Bildungsteam unterstützt die Entwicklung von Methoden und Instrumenten zur Gender-Bildung und führt mit dem G/I/S/A gemeinsam Bildungsveranstaltungen durch.
4. Unter Nutzung sämtlicher Forschungs- und Arbeitsergebnisse des G/I/S/A werden *Beratungsleistungen in Verbindung mit bildungspolitischen Prozessen* angeboten, um innerhalb der Umsetzung des Gender Mainstreaming-Ansatzes (z.B. in Lehre und Forschung, Politik oder Medien) einen möglichst hohen Wirkungsgrad der Erreichung von Gender-Kompetenz zu erzielen.
5. Um nationale und europäische Erfahrungen auf dem Gebiet der Gender-Bildung in die Aktivitäten effektiv zu integrieren und die regional gewonnenen Erkenntnisse in einen übergreifenden Bildungskontext einzubinden, ist der *Aufbau einer landesweiten und länderübergreifenden Zusammenarbeit mit vergleichbaren Institutionen auf dem Gebiet der Gender-Bildung* wichtig.
6. Dokumente und Informationen zu Gender Mainstreaming – einschließlich der Arbeitsergebnisse des G/I/S/A – werden einer möglichst breiten Öffentlichkeit zugänglich gemacht. Vor diesem Hinter-

grund erfolgt am G/I/S/A die *Sammlung und Aufarbeitung von Gender-Materialien, Informationen, Texten, Lehrmaterialien und Publikationen aller Art*, die zunächst in einer Bibliothek potentiellen Interessenten zugänglich gemacht werden sollen. Langfristig verfolgt G/I/S/A das Ziel des Aufbaus eines Gender-Informationszentrums.

Gender-Bildung in Sachsen-Anhalt meint einen ganzheitlichen Prozess, der auf Kompetenzentwicklung abstellt, der mehr ist als ein „Gender-Training".

Bildungsbedarf

Die Analyse, die Ermittlung des Bildungsbedarfs, ist unerlässliche Voraussetzung für die Planung und Gestaltung von Bildungsveranstaltungen. Sie ist entscheidend für den Erfolg von Bildungsprozessen. Bildungsnachfragerinnen und Bildungsnachfrager sowie -anbieterinnen und -anbieter müssen sich hierauf einlassen. Das G/I/S/A verfährt dabei nach einem Fragenkatalog.

Mit dessen Hilfe wird zunächst versucht herauszufinden, welchen Hintergrund die Anfrage hat: In welchen Kontexten soll eine Bildungsveranstaltung durchgeführt werden, für welche Hierarchieebenen, wie sind gleichstellungspolitische Aktivitäten ausgeprägt, ist diese Veranstaltung Teil eines Gesamtkonzeptes zur Umsetzung von Gender Mainstreaming oder sollen aus ihr heraus weitere Initiativen folgen, wie ist der Stand der Organisationsentwicklung etc.

Dabei nähert man sich der Bestimmung der Ziele einer Bildungsveranstaltung nicht nur von der Seite des Auftraggebers/der Auftraggeberin bzw. der Zielgruppe, sondern es sind auch die Anforderungen zu berücksichtigen, die der Gegenstand der Bildung selbst – hier also das Gender Mainstreaming – verlangt.

Gender-Kompetenz

Gender-Kompetenz meint nicht lediglich eine zusätzliche Kompetenz, die dem bisherigen Kompetenzprofil nur additiv hinzugefügt werden kann. G/I/S/A definiert Gender-Kompetenz als Verknüpfung von Erkennen gleichstellungsrelevanter Aspekte im jeweiligen Tätigkeitsfeld und Umsetzung der Erkenntnisse im praktischen Handeln. Dies verlangt eine neue Kombination von fachlichen, berufsspezifischen mit Gender-Kompetenzen.

Gerade Gender-Bildung kommt nicht ohne einen ganzheitlichen Ansatz von Bildungsverständnis aus. Die Persönlichkeit, also die individuelle Ausgestaltung der eigenen Geschlechtsrolle, ist von großer Bedeutung. Dabei fördert Gender-Bildung nicht nur persönliche und soziale Kompetenzen – es handelt sich um ein umfassendes und komplexes Wissensgebiet, das spezifische Kenntnisse und kognitive Fähigkeiten verlangt.

Ein erster Versuch der Operationalisierung von Gender-Kompetenz soll im Folgenden dargestellt werden. Die verschiedenen Aspekte sind in entsprechende Lernziele, Inhalte und Methoden im Kompetenzbildungsprozess umzusetzen.

Einige Fragestellungen, wie sie unter die jeweilige Kompetenzkategorie zu fassen sind:

Sozialkompetenz:

- mit Konflikten und Missverständnissen im Geschlechterverhältnis umgehen können,
- selbständig Gender-Aspekte identifizieren können,
- Offenheit, Beweglichkeit und Einfühlungsvermögen

etc.

Fach-/Sachkompetenz:

- Daten und Fakten zur Chancengleichheit kennen,
- über fachspezifisches Gender-Wissen (z.B. in den Bereichen Gesundheit, Verkehr, Bildung, Beschäftigungspolitik) verfügen,
- neue Konzepte in der Gleichstellungspolitik – Gender-Konzept, Gender Mainstreaming (Voraussetzungen, Instrumente, Methoden) kennen

etc.

Methodenkompetenz:
- Geschlechterrollen, Stereotype und ihre Wirkungen kennen und in Sacharbeit transferieren,
- Gender Mainstreaming als Organisationsentwicklungsprozess führen und steuern können,
- geschlechterdifferenzierte Analysetätigkeit beherrschen

etc.

Personale Kompetenz:
- Reflexion der eigenen Geschlechterrolle im beruflichen Alltag vornehmen,
- dem eigenen wie dem anderen Geschlecht konstruktiv kritisch begegnen

etc.

Kompetenzentwicklung ist mit dem Mainstreaming selbst unauflöslich verbunden: Kompetenzen sind immer Handlungskompetenzen, deren Entwicklungsgrad nur in der Umsetzung wirksam und sichtbar wird. Die Entwicklung von Kompetenzen ist durch Fortbildungen zu unterstützen, findet aber erst wirklich im Prozess der Umsetzung statt.

Dies ist der entscheidende Grund, warum in Sachsen-Anhalt ein ganzheitlicher Prozess von Gender-Bildung angestrebt wird, um sich nicht in Bildungsveranstaltungen und Trainings zu erschöpfen.

Fortbildungsziele reichen daher von der Sensibilisierung und dem gender-bezogenen Fachwissen (personenbezogene Kompetenzen) bis hin zur Identifizierung von Handlungsfeldern und der Entwicklung und des Trainings der Anwendung von Methoden und Verfahren, um Gender-Kompetenz in das alltägliche Organisationshandeln einzubeziehen (organisationsbezogener Ansatz).

Die Gender-Perspektive – Grundsätze[4]

Es ist unerlässlich, dass Menschen, die Gender Mainstreaming umsetzen wollen (oder sollen), hierzu eine Perspektive einnehmen können, die es ihnen ermöglicht, mit Offenheit und Einfühlungsvermögen dem anderen Geschlecht zu begegnen, Geschlechterrollen, Stereotype und ihre Wirkung sowie z.B. geschlechtsspezifische Kommunikationsstile zu kennen, und die fähig sind, mit Konflikten und Missverständnissen im Geschlechterverhältnis um zu gehen.

Die gesellschaftlichen Rahmenbedingungen haben über Jahrhunderte hinweg das männliche Lebensmodell favorisiert, was sich in vielerlei Feldern ausdrückt. Dies darf jedoch nie einen Schluss suggerieren, dass Männer „schlecht" seien. Und doch ist es notwendig, Klarheit darüber zu schaffen, dass kulturelle Muster einige begünstigen, andere benachteiligen, sowohl Frauen als auch Männer.

Beide Geschlechter haben eine Rolle bei der Gestaltung gespielt und spielen sie auch weiterhin. Sie tragen somit dazu bei, die heutigen Geschlechterverhältnisse aufrecht zu erhalten, in denen Macht, Autorität und Status als (männliche) Privilegien gelten, die nur manchmal mit Frauen geteilt werden.

In den Bildungsveranstaltungen müssen grundsätzlich moralische Wertungen vermieden werden. Alle Diskussionen, Gespräche und Übungen sollen einen möglichst klaren Bezug zum jeweiligen Arbeitsgebiet der Teilnehmenden haben. Informationen, Daten und Fakten zur Lage der Geschlechter sollten vor allem beschreibend eingesetzt werden.

Niemand ist ein typischer Mann oder eine typische Frau, jedes Individuum kombiniert Merkmale in einzigartiger Weise. Wenn man/frau annimmt, dass man/frau *weiß*, wie andere sind, handelt es sich doch sehr wahrscheinlich um Stereotype. Die Herausforderung besteht darin, die Vielfalt (Diversity) kennen zu lernen, wertzuschätzen und zu lernen, damit zu arbeiten.

Gender-Bildungsveranstaltungen brauchen gerade auch deshalb Frau und Mann im Leitungsteam,

- um die gleichberechtigte Zusammenarbeit der Geschlechter auch in der Bildungsarbeit zu zeigen, auch als Lernfeld von Bildnerinnen und Bildnern und
- jede/-r Angehörige eines Geschlechts braucht auch seine/-n geschlechtsgleichen Bezugspunkt bei den Trainerinnen und Trainer ihres und auch den des anderen Geschlechts.

Als wesentlich und wichtig erweist sich auch, unterschiedliche Sozialisationen in Ost und West zu berücksichtigen. Es mutet wahrscheinlich etwas merkwürdig an, dass dieser Grundsatz als ein Charakteristikum für Gender-Bildung im G/I/S/A extra erwähnt wird, aber die Erfahrungen der Durchführung von Bildungsveranstaltungen in den alten und in den neuen Bundesländern zeigt deutlich, dass es nicht möglich ist, mit Gender Mainstreaming ein europäisches Konzept zu transferieren, ohne an die Geschichte, an die persönlichen Erfahrungen, das Verhältnis der Geschlechter, der Stellung der Frau im Erwerbsleben und die aktuelle Situation anzuknüpfen. Unterschiedliche Sozialisationserfahrungen sind insbesondere in der Herausbildung einer Geschlechterperspektive wichtig zu berücksichtigen.

Diese Grundsätze ermöglichen es sowohl männlichen als auch weiblichen Teilnehmern, sich auf das Einnehmen der Geschlechterperspektive leichter einlassen zu können.

Das Besondere an der Gender-Bildung in Sachsen-Anhalt

Gender Mainstreaming beinhaltet einen sehr komplexen, strategischen Politikansatz, dessen Instrumente noch wenig erprobt sind. Es hat sich gezeigt, dass der Einstieg in die Umsetzung erheblich leichter fällt, wenn erkannt worden ist, dass die radikale Wende in der europäischen Gleichstellungspolitik Grundlage dafür ist.

Es ist von ausschlaggebender Bedeutung, die hierfür wesentlichen politischen und wirtschaftlichen Gründe aufzuzeigen und zu diskutieren. Dabei geht es um die Klärung der Fragen: Warum werden die Geschlechterrollen und -verhältnisse, die sich in der Industriegesellschaft herausgebildet haben, plötzlich zum Hemmnis für die wirtschaftliche Entwicklung der EU oder warum wird die Geschlechtsneutralität der Politik aufgehoben hin zu einer geschlechterbezogenen Politikfolgenabschätzung. Dabei muss das Verständnis dafür herausgebildet werden, dass Gender nicht bloß ein Begriff, sondern ein Konzept, eine Strategie, eine Methode ist.

G/I/S/A betont die kulturellen, organisationsbezogenen und politisch-ökonomischen Aspekte in ihrer Verknüpfung besonders:

- Gender als kulturelle Differenz,
- Gender Mainstreaming als Prozess und als Bestandteil von Organisationsentwicklung,
- Beachtung der politischen und wirtschaftlichen Hintergründe für die radikale Wende in der Geschlechterpolitik in der EU.

Nachfolgend soll nur auf einen dieser Punkte näher eingegangen werden, weil hierin gerade ein wesentliches Charakteristikum in den sachsen-anhaltinischen Grundsätzen des Gender Mainstreaming zu sehen ist.

Gender Mainstreaming als Prozess und als Bestandteil von Organisationsentwicklung

Markenzeichen des Sachsen-Anhalt-Konzeptes war es von Anfang an, die Einführung von Gender Mainstreaming als Organisationsentwicklungs- und -veränderungsprozess zu gestalten.

Im Prozess der Umsetzung geht es darum, ausgehend von klaren geschlechterdifferenzierten Beschreibungen von Ausgangssituationen in einem fachlichen Kontext, eine klare gleichstellungspolitische Zielbestimmung (quantitativ/qualitativ) vorzunehmen, diese Ziele in die Planung der Maßnahme einzubeziehen, ein so genanntes Gender Impact Assessment (Bewertung geschlechtspezifischer Auswirkungen – Folgenabschätzung) vorzunehmen, die Umsetzung zu planen und zu organisieren sowie das Controlling und die Evaluation anhand von vorher zu bestimmenden Indikatoren durchzuführen.

In der Gender-Bildung wird der Prozesscharakter von Gender Mainstreaming explizit am Beispiel der jeweiligen Organisation vermittelt.

Wichtig ist an dieser Stelle zu betonen, dass eine (oder mehrere) Bildungsveranstaltungen nicht den Prozess an sich, sondern einen Teil der Kompetenzentwicklung ausmachen.

Deshalb ist es G/I/S/A wichtig (und soll hier nochmals betont werden), nicht nur im Vorfeld mit den Veranstalterinnen und Veranstaltern den Bildungsbedarf zu ermitteln, sondern auch den Kontext, in welchem die Führungsebenen der Institutionen eine Gender-Bildungs-Veranstaltung durchführen. Und deshalb ist es gleichzeitig bedeutsam, im Vorfeld zu vereinbaren, wie die Ergebnisse der Veranstaltung dann ausgewertet werden und in weitere Schritte der Umsetzung von Gender Mainstreaming einfließen sollen.

Hierin unterscheidet sich das Konzept von Gender-Bildung sehr wesentlich von anderen Angeboten zu Gender-Trainings.

Methoden der Gender-Bildung[5]

Lernen von Erwachsenen wird heute definiert als eine nachhaltige Veränderung in Verhalten und Leistung, in den Fähigkeiten und Kompetenzen, eine Tätigkeit auszuführen und eine Funktion zu erfüllen. Um diese Lernziele zu erreichen ist es notwendig, die Teilnehmerinnen kognitiv (Wissen und Kenntnisse), affektiv (Gefühle und Einstellungen) und in Bezug auf Verhaltensänderungen anzusprechen, denn nur so ist Handlungskompetenz erreichbar. Es muss ein Methoden-Mix eingesetzt und Zugänge ermöglicht werden, die dem – möglichst systematisch analysierten – Bedarf entsprechen. Der Anteil von Information, Wissensvermittlung und Bewusstseinsbildung/Sensibilisierung („awareness training") kann stark variieren, und somit unterscheidet sich auch der Charakter der jeweiligen Fortbildung von eher klassischen Seminaren, zu Trainings im engeren Sinne.

Information – Wissen (kognitive Ebene)

Auf der Ebene der Wissens- und Informationsvermittlung werden jene Themen zum Gegenstand, die den Bereichen der „Fach-, Sach- und Methodenkompetenz" zuzuordnen sind.

Zum methodischen Einsatz kommen dabei vor allem Vorträge und Kurztexte zu den neuen Konzepten der Gleichstellungspolitik und Gender Mainstreaming (Historie, Prozessentwicklung, Instrumente, Methoden).

Erweiterung der Kompetenz im Umgang mit Geschlechterdifferenzen (affektive Ebene)

Die eingesetzten Arbeitsweisen, Übungen und Medien sind so vielfältig wie das Thema selbst. Zum Einsatz kommen z.B. soziometrische Übungen, Rollenspiele, Fallstudien, Gruppenarbeit (auch in geschlechtshomogenen Arbeitsgruppen), biografische Verfahren, Spiele, Analyse von Gender-Dynamik am Arbeitsplatz, Videofilme u.a.

Entwicklung von Verständigungs- und Bewältigungsstrategien (Handlungsebene)

Hier sind vor allem die Methoden gemeint, die in der Bildungssituation auf die spätere Umsetzung – den Transfer in die Praxis – orientieren, nicht in erster Linie die Instrumente für das Gender Mainstreaming selbst.

Normalerweise werden im jeweils zweiten Teil von Bildungsveranstaltungen, die als Auftakt einer ganzen Reihe von kompetenzbildenden Veranstaltungen verschiedenster Formen angeboten werden, bereits die ersten Schritte der Umsetzung in Arbeitsgruppen geplant und/oder geübt.

Formen von Bildungsveranstaltungen

Gender-Bildung im bisher beschriebenen Sinne verlangt vielfältige Formen und Methoden in Veranstaltungen.

Dem Stand der Umsetzung von Gender Mainstreaming entsprechend kann gesagt werden, dass der überwiegende Teil der Fortbildungen des G/I/S/A bisher als *Auftaktveranstaltungen* konzipiert und durchgeführt wurden. Diese Bezeichnung „Auftakt" ist im wörtlichen Sinne zu verstehen, als Beginn einer notwendig folgenden ganzen Reihe von Maßnahmen zur Kompetenzentwicklung im Gender Mainstreaming, und soll dies schon durch den Namen nahe bringen. Ziel dieser Auftaktveranstaltungen soll sein, die Grundlagen für die Ausprägung von „Gender-Kompetenz" (Verknüpfung von Erkennen gleichstellungsrelevanter Aspekte im jeweiligen Tätigkeitsfeld und Umsetzung der Erkenntnisse im praktischen Handeln) zu legen.

Im Ergebnis dieser Arbeit wird meist sehr deutlich, dass es notwendig wird, organisations- und ressortbezogen tiefer in die dort ablaufenden Prozesse der Führungs- und Facharbeit einzudringen, sie bis auf alle Wirkungsbereiche hin zu analysieren und den Prozess mit allen Mitarbeitern und Mitarbeiterinnen zu organisieren. Spätestens dann wird sehr schnell sichtbar, dass weitere Veranstaltungen zur Gender-Bildung notwendig werden. Darüber hinaus eröffnet sich meist auch ein Bedarf an begleitender Beratung.

Wenn das gelingt, ist ein grundlegendes Ziel der Auftaktveranstaltung erreicht: deutlich zu machen, dass die Einführung von Gender Mainstreaming ein längerfristiger Organisationsveränderungs-Prozess ist.

Aus den formulierten Ansprüchen und Anforderungen an eine Gender-Bildungsveranstaltung wird deutlich, dass eine Auftaktveranstaltung von nur einem Tag, wie sie meist nachgefragt wird, nicht ausreichend sein kann. Wenn die Methoden, die zum Einsatz gebracht werden, wirksam und Ausgangspunkt für weiterführende Veranstaltungen der Kompetenzentwicklung sein sollen, müssen auch diese zum Auftakt vorgesehen Bildungsveranstaltungen mindestens für zwei, besser für drei Tage oder mehr ausgelegt werden. Die Erfahrungen der bisherigen Bildungsveranstaltungen zeigen sehr deutlich: wird zu Beginn nicht genügend Raum für persönliche Zugänge und auch Widersprüche eingeräumt, gelingt es nicht, eine tragfähige und nachhaltige Basis für das Umsetzungsengagement mit den und bei den Teilnehmenden aufzubauen.

Weitere Veranstaltungsformen sind *thematische Workshops*, in denen Expertinnen und Experten zu einem jeweiligen Fachthema Aspekte der Chancengleichheit unter Gender Mainstreaming-Aspekten bearbeiten, Erfahrungen austauschen und Anforderungen an die jeweils im Gender Mainstreaming-Prozess umzusetzenden Aufgaben herausarbeiten. Dabei ist es ein Grundsatz, die Akteurinnen und Akteure der unterschiedlichen Handlungsebenen – der konzeptionell-politischen, der ausführenden und auch die der Zielgruppen (Betroffenen-)-Ebene – an der Themenbearbeitung zu beteiligen. Diese Vorgehensweise wird der Komplexität der Themenbearbeitung gerecht und ermöglicht gleichzeitig den hierfür notwendigen Perspektivenwechsel.

Um Gender Mainstreaming erfolgreich umsetzen zu können, bedarf es des Wissens und der Erfahrungen von Expertinnen und Experten der verschiedensten Fach- und Politikbereiche sowie von Expertinnen und Experten, die speziell im Feld von Gender und Gender Mainstreaming kompetent sind. Anspruch des Kompetenzzentrums G/I/S/A ist daher, die Kompetenzen von *Expertinnen und Experten* in einem Pool zusammenzuführen und den *Austausch* anzuregen. Die hier skizzierten Veranstaltungsformen stehen im Gender-Bildungsprozess sowohl jeweils für sich als auch in Bezug zu und in Kombination mit einander und müssen daher weiter ausgebaut und entwickelt werden.

Die Gestaltung fachlicher Projekte mit Gender Mainstreaming und/oder modellhaft Gender Mainstreaming in ausgewählten Struktureinheiten von Organisationen umzusetzen, mit Bildungs- und Beratungsleistungen zu begleiten sowie Einzel- und Gruppencoaching von Führungskräften anzubieten, all diese Formen von kompetenzbildenden Maßnahmen charakterisieren den Anspruch von Gender-Bildung in Sachsen-Anhalt, sie sind bereits erprobt und werden ständig weiter entwickelt.

Vorstufe zum eigentlichen Prozess

Die geschilderten Ansätze und Ergebnisse zu Gender Mainstreaming in Sachsen-Anhalt, wie sie sich aus der Umsetzung des Konzeptes der Landesregierung sowie aus den Konzepten und Erfahrungen des G/I/S/A, – hier „nur" hinsichtlich des Schwerpunktes der Kompetenzentwicklung –, ergeben, machen deutlich, dass die bisherigen Prozesse als wichtige und unverzichtbare, aber eben noch immer als Vorstufe zum „eigentlichen" Gender Mainstreaming-Prozess gesehen werden müssen. Denn noch wurde im Wesentlichen mit projektförmiger Organisation gearbeitet, und es ist (außerhalb der Landesregierung) die Phase erster Bildungsveranstaltungen, Workshops und auch Beschlussfassungen zur Umsetzung von Gender Mainstreaming in einzelnen Organisationen noch nicht veranlasst worden.

Die Integration in das „reguläre" Verwaltungshandeln steht auch in Sachsen-Anhalt noch aus.

Anmerkungen

1 Konzept zur Umsetzung des Gender Mainstreaming-Ansatz in der Landespolitik 2.5.2000, http://www.ms.sachsen-anhalt.de/frauenimpulse/frauenimpulse_20.htm

2 Erster Bericht über die Umsetzung des „Konzeptes der Landesregierung zur systematischen Einbeziehung des Ziels der Chancengleichheit von Frauen und Männern in sämtliche Politikbereiche (Gender Mainstreaming)" 2000/2001, http://www.ms.sachsen-anhalt.de/frauenimpulse/frauenimpulse_23.htm

3 Auszüge aus dem Konzept des G/I/S/A, Gender-Institut Sachsen-Anhalt von 2001, http://www.g-i-s-a.de

4 *Rösgen, Anne/Wanzek, Ute:* Gender Mainstreaming-Potential erhöhen – Gender-Kompetenz entwickeln, (Broschüre: Gender Mainstreaming in Sachsen-Anhalt – Konzept und Erfahrungen, Ministerium für Gesundheit und Soziales, November 2002)

5 *Rösgen, Anne:* Workshops zur Einführung von Gender Mainstreaming 2002, http://proinnovation.de

STEFANI KLOS

Gender Mainstreaming in der Entwicklungszusammenarbeit

„*Klar mach ich Gender*!" Diesen Satz mit leicht vorwurfsvollem Unterton hören die Gender-Fachfrauen der Gesellschaft für Technische Zusammenarbeit (GTZ) immer wieder, wenn sie in Sachen Gender unterwegs sind. In der entwicklungspolitischen Praxis ist dieser englische Begriff längst eingebürgert und mit langjähriger Arbeitserfahrung gefüllt. In Deutschland ist er erst seit Kurzem auf dem Vormarsch und nun wird auch in deutschen Verwaltungen kräftig „*gegendert*". Was genau ist „Gender" und wozu „Gender Mainstreaming" ?

Hier lohnt ein Blick auf die Bühne der internationalen Politik, genauer der Entwicklungspolitik. Maßnahmen zur Förderung, Stärkung oder Gleichstellung von Frauen sind in der bi- und multilateralen Entwicklungszusammenarbeit bei staatlichen und nicht-staatlichen Akteuren längst integraler Bestandteil entwicklungspolitischer Ansätze. Die Durchsetzung gleicher Chancen und Rechte für Frauen und Männer hat hohe entwicklungspolitische Priorität und ist seit 1995 strategisches Entwicklungsziel der OECD/DAC (Organisation for Economic Cooperation and Development/Development Assistance Committee). Dahinter steht die Erkenntnis, dass geschlechtsspezifische Diskriminierung nicht nur ein eklatanter Verstoß gegen die Menschenrechte ist, sondern zugleich auch Hemmnis für soziale und wirtschaftliche Entwicklung.

Der entwicklungspolitische Bereich wurde bereits sehr früh und nachdrücklich aus frauenpolitischer Sicht hinterfragt. Feministische Analysen führten zur Formulierung konkreter und weit reichender Forderungen, die in ihrem Endpunkt schließlich zur Integration des so genannten Gender-Ansatzes als Querschnittsaufgabe in das Gesamt-Setting entwicklungspolitischer Maßnahmen führten. An der Konzeptionalisierung haben maßgeblich frauenpolitische Kräfte aus dem Süden mitgewirkt und damit entwicklungspolitische Ansätze sowie das Entwicklungsverständnis von bi- und multilateralen Organisationen der Entwicklungszusammenarbeit (auch von NROs) nachhaltig geprägt.[1]

Um die Gleichberechtigung der Geschlechter zu unterstützen, hat sich beispielsweise in der Gesellschaft für Technische Zusammenarbeit bereits Anfang der 90er Jahre der Ansatz des Gender Mainstreaming etabliert, d.h. die durchgängige Berücksichtigung der Geschlechterperspektive. Der Ansatz zielt zum einen darauf ab, durch die Gender-Orientierung unternehmenseigener Produkte, Strategien und Dienstleistungen die Partnerländer dabei zu unterstützen, Ungleichheiten zwischen Frauen und Männern abzubauen, zum anderen darauf, Gender-Kompetenz sichtbar und quer durch die GTZ zu etablieren. Höhepunkt der Institutionalisierung innerhalb der GTZ bildet die unternehmensweit verbindliche Gender-Strategie von 2001.[2]

Auf internationaler Ebene hat sich die GTZ mit dieser Vorgehensweise eine hohe Reputation erworben. In den letzten Jahren wurde Gender als Querschnittsaufgabe mit wachsendem Erfolg in sektorale und sektorübergreifende Konzepte integriert. Ferner spielt Gender, wie dieser Beitrag exemplarisch aufzeigt, eine zunehmend wichtige Rolle bei der Beratung von makropolitischen Akteuren und Institutionen, die für die Steuerung politischer Reformprozesse von Bedeutung sind. Ausgehend von einem kurzen historischen Exkurs beleuchten die folgenden Ausführungen den Prozess des Gender Mainstreaming in der Beratungspraxis der deutschen Technischen Zusammenarbeit (TZ). Neben der strukturellen Einbindung in Verfahren und Instrumente des Unternehmens werden Ansatzpunkte für ein Gender Mainstreaming in der Beratung eines konkreten Politikfelds vorgestellt.

Von der Frauenförderung zum Gender-Ansatz in der Entwicklungszusammenarbeit

Historischer Exkurs

Der Begriff Gender Mainstreaming markiert den gegenwärtigen Stand der institutionalisierten Auseinandersetzung mit Frauenbelangen in der Entwicklungszusammenarbeit der OECD-Staaten. Der Weg hierin führte über verschiedene konzeptionelle Ansätze und einen grundlegenden Perspektivwechsel im Entwicklungsverständnis.[3] In ihren Anfängen, den Sechzigerjahren, kam die Entwicklungszusammenarbeit (EZ) ganz ohne Frauen aus. Bis in die Siebzigerjahre wurden Frauen als Zielgruppe zunächst vor allem mit *Wohlfahrtsmaßnahmen* bedacht, die an den weiblichen Aufgabenbereich der Reproduktion anknüpften. In separaten Frauenprojekten hielt die EZ vor allem Näh- und Häkelkurse für Frauen bereit. Damit konnte allenfalls die weibliche Selbstbehauptung gestärkt werden, gesellschaftspolitische Macht- und Entscheidungsfragen jedoch blieben außen vor.

Der frauenpolitische Einstieg in die Entwicklungspolitik begann in den Siebzigerjahren mit der „Entdeckung der unsichtbaren Frau" durch die Weltbank. Fortan wurde die weibliche Arbeitskraft als entwicklungspolitische Ressource mit unausgeschöpftem Potential betrachtet, die es in die Entwicklung zu integrieren galt. Dieser auf der Basis der Integrationsstrategie entwickelte *Women in Development (WID)-Ansatz* erweiterte immerhin die Anerkennung der von Frauen wahrgenommenen Rollen. Er führte zu einem Paradigmenwechsel in der Förderung: von der reproduktiven zur produktiven Rolle von Frauen. Die entwicklungspolitischen Organisationen richteten spezielle Frauenförderstellen *(Women in Development Desks)* ein; in Deutschland erfolgte dies in den 80er Jahren. Die WID Einheiten führten gesondert Frauenfördermaßnahmen durch oder hängten nachträglich so genannte „Frauenkomponenten" an Sektorprogramme an. Als zentrale Strategie galt die Steigerung der ökonomischen Produktivität und Marktfähigkeit von Frauen durch Kreditvergabe und einkommenschaffende Maßnahmen.

Die Frauenförderung zielte auf soziale Statusverbesserung für Frauen und auf gleichberechtigten Anschluss an eine Männer-priviligierende, sozio-ökonomische Entwicklung. Kritisch anzumerken ist jedoch, dass mit diesem Ansatz gesellschaftliche Unterordnung und Unterdrückung von Frauen als entscheidende Entwicklungshemmnisse nicht hinterfragt wurden. Aus dem Geschlechterverhältnis selbst resultierende Problem- und Bedarfslagen blieben unthematisiert. In den folgenden Jahren verlagerte sich die Argumentationsführung zunehmend auf den Schaden, den die Gesellschaft im Allgemeinen und die Entwicklungsprojekte im Besonderen erleiden, wenn sie die faktische Bedeutung der von Frauen geleisteten Arbeit weiterhin ausblenden (*efficiency*).

Diesem gängigen Entwicklungs- und Frauenförderverständnis stellte das im Süden entstandene Frauennetzwerk DAWN *(Development Alternatives with Women for a New Era)* auf der 3. Weltfrauenkonferenz in Nairobi 1985 den Begriff *Empowerment* entgegen. Das Empowerment-Konzept zielt auf einen Machtgewinn für Frauen durch Veränderung des Geschlechterverhältnisses und sorgte für eine grundlegende Perspektivverschiebung in der frauen- und entwicklungspolitischen Diskussion.

Über ihre frauenpolitischen Aktivitäten fand das Empowerment-Konzept schnell Eingang in die bi- und multilateralen Organisationen. Es war nun nicht mehr die Rede von Frauenförderung, sondern von der Berücksichtigung des Geschlechterverhältnisses – *Gender* – in der Entwicklungszusammenarbeit. Der Gender-Ansatz löste die bisherige Frauenförderung mit ihren begrenzten Ressourcen und der geringen Wertschätzung ab. Statt der bisherigen Fokussierung auf „Frauenprobleme" ist nun die Rede von Ungleichgewichten zwischen den Geschlechtern und im Geschlechterverhältnis angelegten Problemlagen. Damit kommt eine Sichtweise ins Spiel, die sich stärker auf die sozialen Rollenverhältnisse zwischen Frauen und Männern und damit auf die gesellschaftspolitische Dimension konzentriert.

Box 1: Was bedeutet Gender ?

Der englische Begriff „gender" bezieht sich auf die in einem spezifischen gesellschaftlichen Kontext definierten und konstruierten Rollen von Männern und Frauen. Geschlechterrollen sind wesentlich bestimmt durch die soziale, kulturelle und wirtschaftliche Organisation einer Gesellschaft sowie die jeweils vorherrschenden religiös-moralischen und rechtlichen Vorstellungen.

Im Gegensatz zum biologischen Geschlecht (engl. sex), das angeboren und unveränderbar ist, werden Geschlechterrollen individuell erlernt. Aufgrund ihrer sozialen Bedingtheit unterliegen sie einem ständigen Wechsel und sind veränderbar. Sie können von einer Gesellschaft zur anderen stark variieren. Und auch innerhalb einer Gesellschaft existieren Unterschiede, je nach Familienstatus, ökonomischem Status, ethnischer oder Religionszugehörigkeit, Alter etc. Die Geschlechterrollen sind nicht neutral, sondern mit unterschiedlichen Rechten, Handlungsspielräumen und Entscheidungsmandaten verknüpft.

Der Gender-Ansatz stellt die strukturellen Ursachen geschlechtsspezifischer Diskriminierung ins Zentrum der Analyse und Aktion und strebt die Gleichberechtigung von Frauen und Männern an. Das heißt, der Fokus liegt auf den sozialen Prozessen und Institutionen, die die

Ungleichgewichte zwischen Frauen und Männern – meist zu Ungunsten von Frauen – verursachen und aufrechterhalten. Als Defizit vorheriger Ansätze der „Frauenförderung" war erkannt worden, dass diese in Reichweite und positiven Auswirkungen auf Frauen zumeist begrenzt blieben, da sie selten am wirtschaftlichen Umfeld orientiert waren, nur punktuell und zu sehr an den Symptomen ansetzten, statt die „Wurzeln des Übels" zu bearbeiten.

Der Gender-Ansatz wird zu einer die gesamte Entwicklungszusammenarbeit verpflichtenden *Querschnittsaufgabe*. Um das Ziel einer umfassenden und gleichberechtigten Beteiligung von Frauen an den Gestaltungsprozessen der Entwicklung zu erreichen, sollen die jeweiligen Geschlechterverhältnisse in allen Sektoren bei der Planung, Durchführung und Evaluierung Berücksichtigung finden. Wie die meisten bi- und multilateralen EZ-Organisationen arbeiten heute auch das Bundesministerium für Wirtschaftliche Zusammenarbeit und Entwicklung (BMZ) und seine Durchführungsorganisationen GTZ und KfW auf der Grundlage des Gender-Ansatzes.

Das für die deutsche Entwicklungszusammenarbeit verbindliche Gleichberechtigungskonzept des BMZ aus dem Jahr 1997 (bzw. aktualisiert 2001) betont daher, dass „das Ziel der Gleichberechtigung dann am ehesten verwirklicht werden kann, wenn entwicklungspolitische Vorhaben nicht ausschließlich die Verbesserung der Situation der Frauen, sondern die Veränderung des Verhältnisses der Geschlechter zueinander im Blick haben". Im Vordergrund steht dabei, dass Frauen auf politische Entscheidungsprozesse Einfluss nehmen sowie gleichberechtigten Zugang und gleiche Verfügungsrechte über zentrale Ressourcen wie Bildung, Land und Kapital erhalten sollen. Im Abbau geschlechtsspezifischer Benachteiligung wird zum einen ein eigenständiges entwicklungspolitisches Ziel gesehen, zum anderen eine Voraussetzung für nachhaltige Entwicklung. Gleichzeitig ist der Gender-Ansatz ein Qualitätsmerkmal der Arbeit der GTZ.

Gender Mainstreaming in der deutschen Technischen Zusammenarbeit

Der Gender-Ansatz impliziert einen umfassenden Anspruch an das gesamte Tätigkeitsspektrum einer Entwicklungsorganisation und drängt auf systematische Institutionalisierung. Auch in der Praxis der deutschen

Technischen Zusammenarbeit (TZ) wird der Grundsatz der Gleichberechtigung daher als Querschnittsaufgabe verstanden und Gender-Aspekte im Sinne einer Mainstreaming-Strategie in allen Projekten und Programmen, auf allen Ebenen entwicklungspolitischer Interventionen sowie in allen Vorgehensweisen und Instrumenten berücksichtigt. In der Arbeitspraxis (GTZ 1999) leitet sich das Gender Mainstreaming aus grundlegenden Orientierungen ab.

- *Lokale Initiativen:* Ansatzpunkt für die Bemühungen der TZ in Richtung Gleichberechtigung sind die Initiativen in Politik und Gesellschaft des Partnerlandes.
- *Vom Punktuellen zum Systematischen:* Der Gender-Ansatz beinhaltet zunächst und vor allem, zielgruppen- und geschlechterdifferenziert vorzugehen, d.h. die Zielgruppe in allen ihren relevanten Differenzierungen während des gesamten Projektzyklus systematisch einzubeziehen. Statt Einzelmaßnahmen erfolgt die Behandlung als Querschnittsthema, das in die Gestaltung aller Vorhaben, Prozesse und Instrumente einfließt.
- *Interventionen auf der Mikro-, Meso- und Makroebene:* Der Gender-Ansatz beinhaltet auch den Anspruch, nicht nur auf der Ebene der Zielgruppen und einzelner Projekte, sondern auch auf wirtschafts- und gesellschaftspolitischer Ebene aktiv zu werden, d.h. er zielt ab auf eine Beeinflussung des Politikumfeldes im Sinne einer Verbesserung der gesellschaftlichen Position von Frauen. Dahinter steckt die Erkenntnis, dass Weichenstellungen auf der gesamtwirtschaftlichen Ebene in der Regel weitreichendere Wirkungen auf die Lebensbedingungen haben als einzelne Projektaktivitäten. Zur Überwindung geschlechtsspezifischer Diskriminierung sind daher Reformen gesellschaftspolitischer Rahmenbedingungen notwendig, z.B. in der Rechts-, Sozial- und Wirtschaftspolitik.
- *Praktische und strategische Gender-Interessen:* Das parallele Ansetzen auf verschiedenen Ebenen ermöglicht es, sowohl praktische Bedürfnisse von Frauen und Männern wie auch strategische Gender-Interesssen anzugehen, die auf ein ausgewogenes Machtverhältnis zwischen den Geschlechtern abzielen.
- *Männer als wichtige Zielgruppe:* Der Gender-Ansatz legt den Fokus auf die Beziehung zwischen den Geschlechtern und betont die Interdependenz der Geschlechterrollen. Infolgedessen ist der Blick nicht nur

auf Frauen, sondern auch auf Männer gerichtet, die in ihrer Funktion als Vater, Ehemann oder auch Entscheidungsträger in Institutionen angesprochen werden.

- *Partizipation:* Der Gender-Ansatz ist in der entwicklungspolitischen Praxis untrennbar mit dem Anspruch einer partizipativen Vorgehensweise verbunden, bei der die Problemlagen und Interessen von Frauen und Männern, Mädchen und Jungen, insbesondere armer Bevölkerungsgruppen, im Zentrum jeglicher Projektkooperation stehen.

Zentrale *Instrumente zur Umsetzung* in der Projekt- und Beratungspraxis sind verfahrenstechnische Verankerung und Hilfsmittel wie Sektor-Richtlinien, Handreichungen und Checklisten sowie Fortbildung (Gender-Training) für Mitarbeiterinnen, Mitarbeiter und Partner. Hervorzuheben sind v.a. auch das gender-differenzierende Projektmanagement-Verfahren der GTZ, gender-differenzierte Zielgruppenanalysen sowie eine geschlechterspezifische Differenzierung bei der Entwicklung von Monitoring-Systemen und Indikatoren.[4] Seit Jahren geht in der GTZ die Weiterentwicklung von geschlechterdifferenzierenden Verfahren und Instrumenten Hand in Hand mit Lernprozessen auf der Ebene der einzelnen Mitarbeiterinnen und Mitarbeiter. Die eigene Haltung zur Gender-Thematik und die Beratungskompetenz wurden als zentrale Elemente bei der Institutionalisierung des Gender-Ansatzes erkannt und fanden in der 2001 verabschiedeten Gender-Strategie ihren expliziten Niederschlag. Gleichzeitig werden Maßnahmen durchgeführt, die mittelfristig auf eine angemessene institutionelle Verankerung in den Partnerorganisationen hinwirken. Im Rahmen von Organisationsberatungs- und Veränderungsprozessen werden die Partnerorganisationen darin unterstützt, dass langfristig

- ihr Dienstleistungsangebot inhaltlich und methodisch auf die verschiedenen Lebensrealitäten und Interessen von Frauen und Männern ausgerichtet ist,
- die Mitarbeiterinnen und Mitarbeiter entsprechende Kompetenzen ausbauen sowie ein entsprechendes professionelles Selbstverständnis entwickeln,
- das Thema in der Organisationskultur und den -abläufen so verankert ist, dass es nicht in Isolation gerät, sondern ein „Mainstreaming“ erreicht wird.

Box 2: Praktische und strategische Gender-Bedürfnisse und Interessen

Der Gender-Ansatz unterscheidet zwischen praktischen und strategischen (Gender-)Interessen:

Praktische Gender-Bedürfnisse leiten sich aus der praktischen Lebens- und Arbeitssituation beider Geschlechter ab. Sie fokussieren auf die Realisierung von Grundbedürfnissen und die konkrete physische Verbesserung der Lebenssituation, beispielsweise durch Verbesserung der Gesundheits-, Ernährungs- oder Wohnsituation. Für den Abbau geschlechtsspezifischer Diskriminierung sind jedoch strukturelle Veränderungen notwendig, die die Position von Frauen in Relation zu Männern verbessern. In diesem Zusammenhang spricht man von strategischen Gender-Interessen.

Strategische Gender-Interessen leiten sich aus den gesellschaftlichen Mustern ab, die zu geschlechtsspezifischer Diskriminierung führen. Sie zielen auf ein ausgewogenes Machtverhältnis zwischen Frauen und Männern und damit auf eine Verbesserung des gesellschaftlichen Status von Frauen (empowerment) ab, das heißt auf gleiche Handlungsspielräume, Wahlmöglichkeiten und (reale) Rechte. Hierzu zählen beispielsweise die gleichberechtigte Mitwirkung und Mitbestimmung in Gemeinderäten, das Recht eigenes Land zu besitzen oder die Abschaffung von Gewalt und Kontrolle über Frauen, vor allem auch in Zusammenhang mit Praktiken der weiblichen Genitalverstümmelung.

In der Realität gehen praktische und strategische Interessen häufig fließend ineinander über. So kann die Lösung praktischer Probleme wie die Erhöhung des Einkommens gleichzeitig zur Stärkung des Selbstvertrauens von Frauen beitragen, ihre Autonomie erhöhen und damit zur Veränderung der Geschlechterbeziehungen beitragen.

(Vgl. GTZ 2001)

Berücksichtigung des Gender-Ansatzes in politischen Reform- und Modernisierungsprozessen

Eine nachhaltige Statusveränderung von Frauen und Eindämmung geschlechtsspezifischer Diskriminierung und Armut lassen sich durch lokale Projekte mit ihrem begrenzten Wirkungshorizont nur bedingt erreichen. Angesichts tief greifender ökonomischer und politischer Umstrukturierungsprozesse hier wie auch in den Ländern des Südens müssen politischer Wille und übergreifende Strategien vorhanden sein, auf deren Basis lokale Projekte, regionale und nationale Programme und Politiken zusammenwirken können. Strukturwirksames Gender Mainstreaming braucht daher die Unterstützung aus verschiedenen gesellschaftspolitischen Bereichen und muss „Chef-Sache" auch auf der politischen Entscheidungsebene sein.

Gerade Themen wie Demokratisierung, Staatsmodernisierung und Dezentralisierung bieten hierfür gute Voraussetzungen aufgrund ihrer eigenen Zielebenen. Sie zielen auf grundlegenden Umbau des bürokratischen Modells und enthalten zentrale Elemente wie Enthierarchisierung, Delegation von Verantwortung, Förderung von effizienz- und kundenorientierten Handlungsmustern sowie Förderung des Dialogs zwischen Staat, Wirtschaft und Zivilgesellschaft. Personal wird zur wichtigsten Produktions- und Innovationsressource. Gleichzeitig wird die Bevölkerung zum wichtigsten Parameter für die Qualität von Politik und Verwaltung: Bürger-Orientierung, Kunden-Orientierung, bedarfsgerechte Leistung etc. Bei angemessener und geschlechterdifferenzierter Behandlung haben diese Reformen, wie Erfahrungen aus der entwicklungspolitischen Praxis bereits gezeigt haben, hohes Potential nicht nur zum Abbau geschlechtsspezifischer Diskriminierung, sondern auch zur Verbesserung von Effizienz, Qualität und Legitimität staatlichen Handelns. Gleichzeitig kann der Gender-Ansatz einen wichtigen Beitrag zur Zielerreichung von politischen Reformprozessen leisten.

Nachfolgend werden verschiedene Ansatzpunkte für ein nachhaltiges Gender Mainstreaming im Politikbereich Verwaltungsreform und Dezentralisierung sowie ein erfolgreiches Projektbeispiel aus der entwicklungspolitischen Praxis vorgestellt. Die bisherige Erfahrung hat gezeigt, dass Gender Mainstreaming nicht nur eines der wichtigsten gleichstellungspolitischen Instrumente ist, sondern mit seiner Zielsetzung – Abbau geschlechtsspezifischer Diskriminierung – zu sozialer Gleichberechtigung und Demokratisierung beitragen kann.

Zur Relevanz von Gender-Aspekten bei Verwaltungsreform und Dezentralisierung[5]

Seit Ende der Neunzigerjahre haben eine Vielzahl von Partnerländern der deutschen Entwicklungszusammenarbeit Staatsmodernisierungs- und Dezentralisierungsprozesse eingeleitet. An diese Reform von Staat und Verwaltung sind hohe Erwartungen und vielfältige Ansprüche geknüpft. Die zugrunde liegenden Zielebenen lassen sich grob wie folgt definieren:

- Verbesserung der Leistungsfähigkeit des öffentlichen Sektors,
- Stärkung der Reformfähigkeit und Entwicklungsorientierung des Staates,
- Sicherung von Rechtstaatlichkeit und Demokratie.

Fragt man nach der Relevanz des Gender-Ansatzes und nach dessen Beitrag zur Erreichung der Ziele, sollte nicht allein ein Verständnis zugrundegelegt werden, welches Verwaltungsreform und Dezentralisierung allein auf die Professionalisierung verwaltungstechnischer Aufgaben beschränkt. Es geht darüber hinaus um politisch-normative Orientierung im Hinblick auf oben genannte Leitbilder und damit um Veränderung von Selbstverständnis, Verwaltungskultur, Komplementarität von Staat, Wirtschaft und Gesellschaft in der Aufgabenerfüllung.

Dezentralisierungsprozesse sollen beispielsweise zu einer verbesserten Beteiligung der Bevölkerung am lokalen Entwicklungsprozess beitragen sowie die Effizienz und Effektivität staatlicher Dienstleistungen erhöhen. Eine wesentliche Voraussetzung für den Erfolg von Dezentralisierung ist die gleichberechtigte Partizipation von Frauen und Männern an den gesellschaftlichen und politischen Veränderungen. Diese befördert nicht nur den in den Partnerländern angestrebten Demokratisierungsprozess, sondern auch die Verwirklichung eines in internationalen Konventionen sowie den Verfassungen vieler Länder verbrieften Menschenrechtes: die Gleichberechtigung der Geschlechter. Darüber hinaus belegen zahlreiche Studien, wie beispielsweise der Armutsbericht der Weltbank für Afrika südlich der Sahara, dass Chancengleichheit von Frauen und Männern in der Verfügung über Ressourcen positive Effekte im Hinblick auf wirtschaftliches Wachstum und Armutsminderung erbringen kann.

Doch Frauen und andere benachteiligte Gruppen partizipieren nicht automatisch gleichberechtigt an den gesellschaftlichen und politischen Veränderungen – auch in den westlichen Industrieländern. Gerade der öffentliche Bereich ist eine Sphäre, die in vielen Ländern den lokalen Eliten und damit vorrangig den Männern vorbehalten ist. Frauen sind in den demokratisch gewählten Entscheidungsgremien lokaler Gebietskörperschaften unterrepräsentiert. Auch stellen sie nur einen geringen Teil der Fach- und Führungskräfte in der Verwaltung und den Fachbehörden der Kommunen und Landkreise. Von Entscheidungsprozessen auf der Dorf- oder Stadtteilebene – die sich meist unmittelbar auf ihr Leben auswirken – sind sie vielfach ausgeschlossen. Die männlichen Abgeordneten und Mitarbeiter setzen sich nur selten für die Interessen von Frauen ein. Zudem fehlen ihnen in der Regel die methodischen und analytischen Kompetenzen, um bei der Planung und Durchführung lokaler Entwicklungsmaßnahmen die Interessen und Bedürfnisse marginalisierter Bevölkerungsgruppen systematisch einzubeziehen (vgl. Box 3).

Lokale Gebietskörperschaften sind aufgrund ihrer Nähe zur Bevölkerung und ihren Problemen sowie der kurzen Entscheidungswege gegenüber zentralen Strukturen besser in der Lage, die Bedürfnisse der Bevölkerung differenziert zu erfassen und angepasste Lösungen zu entwickeln. Sie werden den an sie gestellten Ansprüchen jedoch nur dann gerecht, wenn es ihnen gelingt, ihre Dienstleistungen an den Interessen und Bedürfnissen unterschiedlicher Bevölkerungsgruppen zu orientieren und darüber hinaus das Entwicklungspotential auch benachteiligter Bevölkerungsgruppen zu fördern. Die von den Bürgerinnen und Bürgern wahrgenommene Qualität staatlicher Leistungen entscheidet über Legitimität und Akzeptanz staatlichen Handelns. Auch ist sie ausschlaggebend dafür, inwieweit die Bürgerinnen und Bürger bereit sind, sich aktiv am kommunalen Leben zu beteiligen und Verantwortung auch hinsichtlich der Aufbringung kommunaler Kosten zu übernehmen.

Die Berücksichtigung von Gender-Aspekten im Dezentralisierungsprozess und den hierzu beratenden Projekten ist somit aus zwei Gründen relevant:

- hinsichtlich der mit der Dezentralisierung verbundenen Forderung nach gleichberechtigter Partizipation aller Bevölkerungsgruppen,
- im Hinblick auf die von den lokalen Gebietskörperschaften wahrzunehmenden Aufgaben und Funktionen.

Box 3: Geschlechtsspezifische Barrieren, die eine gleichberechtigte Partizipation von Frauen am Dezentralisierungsprozess behindern

- *Mangelnder Zugang zu Bildung*: In vielen Ländern liegt das Bildungs- und Ausbildungsniveau von Frauen deutlich unter dem der Männer. Dies behindert ihre Mitsprache- und Beteiligungsmöglichkeiten. Es vermindert beispielsweise ihre Chancen, sich als Kandidatin aufstellen und wählen zu lassen oder ihre aktive Präsenz in den Gremien lokaler Gebietskörperschaften und anderer Institutionen.
- *Sprachbarrieren*: Gerade in multi-ethnischen Gesellschaften spricht ein Großteil der Frauen nur die lokalen Dialekte, da sie aufgrund unzureichender Schulbildung keine Gelegenheit zum Erlernen anderer Idiome, selbst der offiziellen Amtssprache haben.
- *Mangelnder Zugang von Frauen zu Informationen, die den öffentlichen Bereich betreffen*: Frauen sind häufig nur schlecht über den Dezentralisierungsprozess, die Aufgaben lokaler Gebietskörperschaften und ihre Rechte und Pflichten als Bürgerinnen gegenüber den kommunalen Institutionen informiert.
- *Multiple Rollenbelastungen*: Frauen erfüllen vielfältige Rollen, reproduktive und produktive Aufgaben sowie Aufgaben für das Gemeinwohl. Die Wahrnehmung von öffentlichen Belangen beinhaltet zusätzliche Belastungen für ihr ohnehin schon strapaziertes Zeitbudget.
- *Einstellungen und Haltungen, welche die Präsenz von Frauen im öffentlichen Bereich betreffen*: Die Präsenz von Frauen in Entscheidungsprozessen wird in vielen Ländern als Eindringen in einen den Männern vorbehaltenen Bereich angesehen. Hieraus resultiert nicht nur eine Abneigung von Frauen, sich zur Wahl zu stellen, sondern auch eine geringe Bereitschaft der männlichen wie weiblichen Bevölkerung, Kandidatinnen zu wählen. Frauen versuchen häufig eher indirekt, den Entscheidungsprozess zu beeinflussen.
- *Finanzielle Aspekte*: Obwohl in vielen Ländern die Zahlung eines Kandidaturgeldes als Voraussetzung für eine Wahlkandidatur abgeschafft ist, sind die Kosten für die Durchführung von Wahlkampagnen häufig so hoch, dass sie Frauen davon abhalten, sich für einen Sitz aufstellen zu lassen. Hinzu kommen die zahlreichen finanziellen Verpflichtungen für gesellschaftliche und soziale Aktivitäten gewählter politischer Vertreter/-innen.

- *Unzureichendes Organisationsniveau von Institutionen der Zivilgesellschaft*: Obwohl es in vielen Ländern eine große Anzahl von Frauenorganisationen (Frauenkooperativen, Spar- und Kreditgruppen etc.) gibt, ist deren Organisationsgrad in der Regel nicht ausreichend, um sich öffentlich für die Interessen von Frauen einzusetzen.

(Vgl. GTZ 2001)

Welche Ansatzpunkte bieten sich hierzu im Rahmen der deutschen Entwicklungszusammenarbeit? Auf nationaler Ebene werden Partnerinstitutionen seitens der GTZ darin unterstützt, die entsprechenden Voraussetzungen und Rahmenbedingungen zu schaffen, die es Frauen und Männern ermöglichen, gleichberechtigt am Dezentralisierungsprozess zu partizipieren. Dies gelingt beispielsweise über eine Orientierung der Dezentralisierungspolitik und Umsetzungsstrategien am Ziel der Gleichberechtigung der Geschlechter. Eine wichtige Orientierung bietet auch der rechtspolitische Rahmen des Partnerlandes, insbesondere bezüglich der Grund- und Eigentumsrechte.

Ein weiterer Weg ist die Konzipierung und Umsetzung einer Öffentlichkeitsarbeit, die Frauen und Männern die Relevanz des Dezentralisierungsprozesses für ihr alltägliches Leben sowie konkrete Mitgestaltungsmöglichkeiten aufzeigt.

Auf der lokalen Selbstverwaltungsebene ist die Qualifizierung der gewählten Vertreterinnen und Vertreter sowie der Mitarbeiterinnen und Mitarbeiter der Verwaltung und der Fachbehörden eine zentrale Interventionsmöglichkeit. Sie können darin beraten werden, wie mittels der Berücksichtigung von Gender-Aspekten eine deutliche Qualitätsverbesserung bei der Ausübung ihrer Funktionen und Aufgaben zu erzielen ist, das heißt beispielsweise:

- in der Planung und Umsetzung von Entwicklungsmaßnahmen
- in der Erstellung und Kontrolle des Finanzhaushaltes
- in der Förderung lokaler Wirtschaftsaktivitäten oder auch
- in der Ausübung hoheitlicher Aufgaben.

Exemplarisch werden bewährte Ansatzpunkte für Gender Mainstreaming auf nationaler Ebene und auf der Ebene der lokalen Selbstverwaltung vorgestellt. [6]

Beratung auf der Politikebene

Im Kontext eines „neuen" Staatsverständnisses werden dem Staat auch neue Aufgaben zugewiesen, vorwiegend im Problembereich sozialer Gerechtigkeit und globalisierter Probleme wie Umweltschutz oder Migration. Zu diesen Aufgaben gehört auch die staatliche Selbstverpflichtung zum Abbau geschlechtsspezifischer Diskriminierung, die sich in nationalen Strategien unterschiedlicher Reichweite und –tiefe niederschlägt. Gleichberechtigung der Geschlechter ist in den nationalen Verfassungen vieler Partnerländer verankert. Häufig existieren zudem nationale Gender-Strategien oder sektorale Leitlinien, in denen die Chancengleichheit von Frauen und Männern als ein wesentlicher Bestandteil der nationalen Entwicklung beziehungsweise für die Erreichung sektoraler Ziele anerkannt ist. Diese genießen in den wenigsten Fällen jedoch hohe Priorität und werden nur selten in konsistente und prioritäre Politikfelder verwandelt. Mit ihrer Existenz geben sie jedoch eine verbindliche Politik- und Werteorientierung gerade für politische Reformprozesse.

Im Sinne des Leitbildes eines entwicklungsorientierten und aktivierenden Staates und der Kohärenz von Reformen gehört zu den Aufgaben von Verwaltungsreform und Dezentralisierung auch die Verbesserung der Wahrnehmung dieser Aufgaben, das Zusammenführen von unterschiedlichen Reformsträngen und damit die Durchsetzung von Gleichberechtigungszielen auf nationaler und lokaler Ebene. Die Berücksichtigung geschlechtsspezifischer Unterschiede vor allem auf der nationalen Ebene ist ein Beitrag dazu, dass der Staat seinen Bürgerinnen und Bürgern gleiche Rechte nicht nur formal zusagt, sondern diese auch zunehmend umsetzt. Es ist aber auch ein Beitrag zu mehr Effizienz und Legitimität staatlichen Handelns und kann die Akzeptanz für Reformen bei der Bevölkerung und im Staat selbst erhöhen.

Sowohl in der Vorbereitungsphase von Reformprozessen wie auch bei der eigentlichen Formulierung und Ausgestaltung der Dezentralisierungspolitik und der damit verbundenen Öffentlichkeitsarbeit bieten sich zahlreiche Ansatzpunkte für ein Gender Mainstreaming. Ist der Gleichberechtigungsgedanke in der nationalen Politik und ihren Ausführungsrichtlinien verankert, so stellt er auch für die Abgeordneten und Mitarbeiterinnen und Mitarbeiter der lokalen Gebietskörperschaften eine bindende Leitlinie dar. Liegen bereits konkrete Ziele und Strategien in der Dezentralisierungspolitik vor, so ist dies ein Mandat, auch auf den untergeordneten Ebenen entsprechend aktiv zu werden. Im Rahmen der Politikberatung ergibt sich zudem die Chance, auf die strukturellen Ursachen der Benachteiligung von Frauen Einfluss zu nehmen. Hier sind folgende Aspekte relevant:

- Die den Dezentralisierungsprozess leitende Vision sollte sich am Ziel der Gleichberechtigung von Frauen und Männern orientieren.
- Die Benennung klarer Zielvorstellungen erleichtert Orientierung und Handlung. Die Zielvorstellungen sollten sowohl quantitativ sein und beispielsweise Auskunft geben über den Anteil von Frauen als Wahlkandidatinnen und gewählte Mandatsträgerinnen, als auch qualitativ. Letzteres bezieht sich vor allem auf ein verändertes Bewusstsein der Bevölkerung, der Mitglieder von politischen Parteien sowie moderner und traditioneller Meinungsführerinnen und Meinungsführer zur Partizipation von Frauen am politischen Leben.
- Sinnvoll ist auch die Formulierung konkreter Strategien wie Quotenregelungen, Förderung von Unterstützungsmaßnahmen für Frauen, die öffentliche Ämter bekleiden, Beteiligung der von Frauen gegründeten Interessensverbände an der Politikformulierung oder politische Aufklärungsarbeit.
- In den Stellen- und Funktionsbeschreibungen der Mitarbeiterinnen und Mitarbeiter lokaler Gebietskörperschaften müssen konkrete Aufgaben enthalten sein, mit denen der Gleichberechtigungsgedanke auf der lokalen Selbstverwaltungsebene umzusetzen ist. Hierzu zählen unter anderem die Durchführung von Gender-Analysen, Einrichtung gender-differenzierter Management-Informationssysteme, Anhörung von zivilgesellschaftlichen Organisationen oder Unterstützungsangebote für weibliche Abgeordnete.
- In diesem Zusammenhang sollte auch die Rolle von staatlichen Institutionen zur Frauenförderung/Gender-Politik hinsichtlich Aufgaben, Kompetenzen, Zielerreichung und Ressourcenausstattung überprüft werden. Sinnvoll ist eine klare Abgrenzung dieser „Querschnittsinstitutionen" gegenüber den Aufgaben und Verpflichtungen der Sektorinstitutionen zur Integration von Gender in ihre Politiken. Nur so kann politischer Wille auf breiter Basis umgesetzt und Sektorverant-

wortung geschaffen werden. Erfahrungsgemäß neigen Sektorinstitutionen dazu, Gender-Verantwortung an die staatlichen Institutionen zur Frauenförderung/Gender-Politik zu delegieren. Diese haben zwar meist das Ziel des Gender Mainstreaming in der gesamten Exekutive, verfügen aber in der Regel weder über die notwendigen Kompetenzen (Recht auf Information, Recht auf Teilnahme an Kabinettssitzungen etc.) noch über hinreichende Ressourcen, die zudem im Vergleich zu anderen öffentlichen Institutionen extrem niedrig sind.

Beratung auf der lokalen Selbstverwaltungsebene

Voraussetzung für eine erfolgreiche Dezentralisierung ist die aktive Beteiligung der Bevölkerung und zivilgesellschaftlicher Organisationen am politischen und gesellschaftlichen Leben. In vielen Partnerländern wird dies durch eine nationale Frauen- oder Gleichberechtigungspolitik unterstützt, die eine angemessene Beteiligung von Frauen in den Entscheidungsgremien beispielsweise über Quotenregelungen fordert. Auf den unteren Ebenen und in den ländlichen Gebieten ist deren Wirkung jedoch oft nur noch marginal. Frauen und andere, sozial benachteiligte Gruppen können aus unterschiedlichen Gründen kaum oder gar nicht an gesellschaftspolitischen Prozessen partizipieren (vgl. Box 3).

Haben Frauen ein gewähltes Mandat erlangt, so fangen die konkreten Schwierigkeiten mit der Amtsübernahme häufig erst an. Untersuchungen zur Leistungsfähigkeit von Mandatsträgerinnen belegen, dass diese in der Wahrnehmung ihrer Aufgaben oft eingeschränkt sind. Ausschlaggebend hierfür sind ihre Minderheitsposition, die Unerfahrenheit mit Auftritten in der Öffentlichkeit sowie offene und subtile Formen der Diskriminierung durch ihre männlichen Kollegen und Wahlkreisbewohner. Konkrete Beratungs- und Unterstützungsangebote für die gewählten Vertreterinnen und Vertreter umfassen beispielsweise:

- Die Unterstützung von Informationskampagnen über lokale Radiostationen, Theatergruppen oder ausgebildete Multiplikatorinnen kann wesentlich dazu beitragen, Frauen die Relevanz des Dezentralisierungsprozesses für ihr alltägliches Leben aufzuzeigen. Wichtige Informationsinhalte sind Rollen und Funktionen lokaler Gebietskörperschaften und zentraler Funktionsträgerinnen und -träger sowie die

Schaffung von Möglichkeiten der Beteiligung von Frauen an kommunalen Entwicklungs- und Entscheidungsprozessen.

- Persönlichkeitstrainings zur Stärkung ihres Selbstbewusstseins und ihrer Führungsqualitäten; Qualifizierung in Kommunikations- und Verhandlungstechniken.
- Unterstützung in der Bildung von Netzwerken zum Erfahrungsaustausch und der Entwicklung von Strategien, wie sich Frauen in der Politik besser „sichtbar" machen können. Eine Hilfestellung können auch Mentorinnen-Programme sein.

Gender-Orientierung in der dezentralen Entwicklungsplanung

Entwicklungsplanung gehört zu den Hauptaufgaben lokaler Gebietskörperschaften. Die Übertragung dieser Funktion stellt ein wesentliches Potential dar, Entwicklungsmaßnahmen an den Bedürfnissen und Interessen der Bevölkerung zu orientieren und spezifische Maßnahmen zur Verbesserung der Lebenssituation benachteiligter Gruppen zu ergreifen. Um eine gleichberechtigte Partizipation an der Nutzung und am Nutzen lokaler Entwicklungsprogramme zu gewährleisten, ist der gesamte Planungsprozess strategisch am Gleichberechtigungsgedanken auszurichten. Gender sollte als integraler Bestandteil in allen Planungsschritten berücksichtigt werden, das heißt bei Planungssitzungen in den Dorfgemeinschaften und Stadtteilen, in der Datenerhebung durch die Mitarbeiterinnen und Mitarbeiter der Planungseinheiten der Kommunen, in den Entscheidungsprozessen der kommunalen Ausschüsse über die Durchführung einzelner Projekte sowie in der Gesamterstellung des Entwicklungsplanes.

Im Idealfall impliziert dies eine aktive und direkte Beteiligung der Bürgerinnen und Bürger am Planungs- und Entscheidungsprozess. Dies lässt sich jedoch nicht immer realisieren. Gerade auf den unteren Ebenen des Planungsprozesses wirken soziokulturelle Faktoren, die einer Beteiligung von Frauen, Armuts- und Minderheitsgruppen entgegenstehen. Die demokratisch gewählten Vertreterinnen und Vertreter haben häufig keine ausreichende Qualifikation, um diese Bevölkerungsgruppen in den Planungsworkshops der Dorfgemeinschaften und Stadtteile mit ein zu beziehen.

Das Informations- und Organisationsniveau zivilgesellschaftlicher Vereinigungen reicht häufig nicht aus, um aktiv die Interessen der von ihnen

Box 4: Berücksichtigung von Gender-Aspekten in der kommunalen Entwicklungsplanung in Deutschland

Ausgehend von der Initiative engagierter Planerinnen, Architektinnen und Sozialwissenschaftlerinnen wurden in Deutschland vielfältige Formen der Integration von Gender-Aspekten in die Kommunalplanung entwickelt.

Zu den *institutionalisierten Ansätzen innerhalb der Verwaltung* zählen unter anderem:

- *Erarbeitung von Kriterienkatalogen*: Basierend auf der Analyse bestehender räumlicher Planungsansätze aus Frauenperspektive werden Kriterien und Grundprinzipien erarbeitet, wie eine frauengerechtere Planung aussehen kann. Diese werden von vielen Städten, Frauenorganisationen und Frauenbeiräten in Kriterienkatalogen oder Leitfäden zusammengefasst.
- *Wettbewerbe*: Konkrete Anforderungsprofile und Kriterien einer frauengerechten Planung werden als Orientierung in den Ausschreibungstext integriert.
- *Modellprojekte*: In *Hagen* wurde beispielsweise eine städtebauliche Rahmenplanung für einen Stadtteil mit einem integrierten Modellprojekt zu Beteiligungsprozessen von Frauen durchgeführt. Zu den Beteiligungsformen gehörten unter anderem ein aktives Ansprechen von Frauen in Vereinen, Altentreffs, Kinderbetreuungsgruppen, offenen Sprechstunden des Frauenplanungstreffs, die Durchführung von Zukunftswerkstätten und Ortserkundungen.
- Einrichtung von *Frauenreferaten, Gleichstellungsbeauftragten, Gleichstellungsbüros, Frauenbeiräten* als unterschiedliche Formen einer institutionalisierten Vertretung der Interessen von Frauen. Beispielhaft für eine effektive Vertretung der Interessen von Frauen ist das *„Amt für Frauenfragen" in Heidelberg*, das mit vier Stellen ausgestattet und direkt der Oberbürgermeisterin zugeordnet ist. Es hat einen eigenen Etat und Vetorecht bei allen frauenrelevanten Themen. In einer Vielzahl von Studien und Projekten wurden relevante Themenbereiche für Frauen analysiert und Orientierungshilfen (zum Beispiel „Fraueninteressen an Stadtentwicklung") sowie Forderungskataloge zu Themen wie Sicherheit im öffentlichen Raum, Frauen-Nachttaxi, Verkehrsentwicklung, frauengerechte Wirtschafts- und Strukturförderung erarbeitet.

Zu den *Möglichkeiten einer weniger formalisierten Beteiligung von Frauen an Planungsprozessen* zählen:

- *Zukunftswerkstätten oder Planungszellen*, in denen Bürger/-innen verschiedenen Alters, Berufs, sozialer Situation zusammengebracht und bei der Erarbeitung von Bürgergutachten und -empfehlungen fachlich unterstützt werden.
- *Zielgruppen- oder themenorientierte Ratschläge oder Runde Tische*: Beispiel hierfür ist der *„Wohnungspolitische Ratschlag" in Frankfurt/Main oder der „FrauenRatschlag Stuttgart"*. Vertreter/-innen unterschiedlicher Interessensgruppen (kommunale Verwaltung, Wohnungsbaugesellschaften, Frauengruppen und Expert/-innen) werden eingeladen, um Gender-Aspekte ressortübergreifend zu diskutieren, Empfehlungen an die Verwaltung oder Wirtschaft weiterzuleiten und Entscheidungen vorzubereiten.
- *Stadtforen oder Stadt(teil)konferenzen*: wie die *„Hagener Stadtteilkonferenz"* oder die *„FrauenStadtKonferenz Karlsruhe"*, in denen Planungsthemen der Kommune diskutiert und Empfehlungen formuliert werden.
- *Anwaltsplanung*: Eine Expert/-innengruppe oder Einzelperson wird vom Planungsträger für die Interessenvertretung der Anwohner/-innen eines Planungsobjektes angestellt.
- *Gemeinwesenarbeit*, welche die Aufgabe hat, Bewohner/-innen in Stadtteilen zur Selbsthilfe und Selbstorganisation bei der Durchsetzung ihrer Interessen zu aktivieren. Zielgruppe sind vor allem wenig in die Planung integrierte, jedoch von ihr betroffene Bevölkerungsgruppen.

(Vgl. GTZ 1998)

vertretenen Mitglieder gegenüber den staatlichen Strukturen zu vertreten. Darüber hinaus können lokale Gebietskörperschaften mit einer hohen Einwohnerzahl und einer großen räumlichen Ausdehnung nicht den gesamten Planungs- und Entscheidungsprozess auf dem Prinzip direkter Partizipation aufbauen. Für die betroffenen Kommunen gibt es verschiedene Interventions- bzw. Unterstützungsmöglichkeiten:[7]

- Orientierung der politisch Verantwortlichen und Führungskräfte,
- Einführung zielgruppen-differenzierter Analyse- und Planungsansätze,
- Institutionalisierung repräsentativer Partizipationsmechanismen.

Gender-Aspekte in Sektoransätzen

Einen Großteil der Dienstleistungen, die auf der lokalen Selbstverwaltungsebene angeboten werden, bilden Entwicklungsprogramme aus verschiedenen Sektoren. Eine der staatlichen Kernaufgaben ist die Gewährleistung des Zugangs zu Dienstleistungen ohne Diskriminierung (Geschlecht, soziale Klasse etc.), unabhängig davon, wer die Dienstleistung erbringt, z.B. private Anbieter. Bei der Ausgestaltung des Dienstleistungsangebots muss daher von Seiten des Staates gewährleistet sein, dass geschlechtsspezifische Unterschiede adäquat berücksichtigt werden. Je stärker sich die Dienstleistungen an den Bedürfnissen unterschiedlicher Bevölkerungsgruppen orientieren und diesen auch zugänglich sind, um so eher erfüllen sie die gesetzten Sektor- und Entwicklungsziele. Eine Verbesserung des Bildungsstandes von Mädchen wirkt sich beispielsweise positiv auf ihre Einkommenschancen sowie die Gesundheits- und Ernährungssituation ihrer Familien aus.

Studien über die Wirkungen sektoraler Entwicklungsansätze belegen, dass die institutionellen Regeln und Normen, welche die Bereitstellung öffentlicher Dienstleistungen steuern, nicht geschlechtsneutral sind. Sie haben vielmehr unterschiedliche Auswirkungen auf den Ressourcenzugang von Frauen und Männern. Eine Erhöhung der Gebühren und Tarife im Gesundheitswesen führt beispielsweise zu einer höheren zeitlichen Belastung von Frauen durch die Pflege kranker Familienmitglieder und verringert dadurch ihre Möglichkeiten, sich ökonomisch zu betätigen. Landwirtschaftliche Beratungsdienste, die vorrangig von männlichen Beratern ausgeführt werden, berücksichtigen häufig nur die von Männern dominierten Produktionssektoren. Sie nehmen nicht wahr, dass auch ein Großteil der Frauen im landwirtschaftlichen Bereich tätig ist und diese somit auch potenzielle Klientinnen für staatliche Dienstleistungen sind.

Aufgabe der Kommunen und Landkreise ist es, die Sektormaßnahmen der dezentralisierten oder dekonzentrierten Fachbehörden zu koordinieren und in den Entwicklungsplan zu integrieren. Sie können auf unterschiedliche Weise gestärkt werden, ihre Einflussmöglichkeiten zur Berücksichtigung von Gender-Aspekten in den Sektorstrategien der Fachbehörden wahrzunehmen. Beispielsweise können Mitarbeiterinnen und Mitarbeiter lokaler Gebietskörperschaften und der ihnen

Box 5: Berücksichtigung der unterschiedlichen Bedürfnisse und Interessen von Frauen und Männern im Transportsektor

Sollen Frauen und Männer gleichberechtigt am Nutzen von Interventionen im Transportwesen partizipieren, so ist in der Planung und Durchführung von Maßnahmen zu bedenken, dass

- in der Nutzung bestimmter Verkehrsmittel häufig Unterschiede zwischen Frauen und Männern bestehen: während private Fahrzeuge vielfach im Eigentum von Männern sind, haben Frauen einen größeren Bedarf an öffentlichen Transportmöglichkeiten;
- Frauen und Männer aufgrund ihrer spezifischen Rollen und Aufgaben unterschiedliche Anforderungen an den Fahrplan und die Routen des öffentlichen Transportwesens haben;
- Frauen häufig mit ihren (kleinen) Kindern oder/und großen Lasten unterwegs sind;
- Frauen andere Sicherheitsbedürfnisse haben;
- die Erhebung von Nutzungsgebühren und Steuern unterschiedliche Auswirkungen auf Frauen und Männer haben kann. Eine Anhebung der Kraftfahrzeugsteuer betrifft eher Männer, während sich Anhebungen der Fahrtkosten des öffentlichen Transportwesens eher auf Frauen auswirken.

(Vgl. OECD 1999)

unterstellten oder zugeordneten Fachbehörden in gemeinsamen Veranstaltungen darin unterstützt werden, die Relevanz von Gender zur Erreichung von Sektorzielen herauszuarbeiten und konkrete Ableitungen für die tägliche Arbeit zu formulieren. Hierbei sollte auch auf möglicherweise existierende nationale Sektorstrategien Bezug genommen werden.

Geschlechtsspezifische Aspekte der Nutzung und des Nutzens von Sektordienstleistungen sowie die Repräsentation von Frauen und Männern in Entscheidungsgremien lassen sich über verschiedene Instrumente sowohl für die nationale wie auch die lokale Ebene ermitteln. Mögliche in Frage kommende Verfahren sind beispielsweise:

- Beurteilung der Dienstleistung in einem spezifischen Sektor durch Frauen und Männer,
- Analyse der Auswirkungen von Maßnahmen zur Kostendeckung auf Frauen und Männer.

Gender-orientierte Haushaltsplanung

Ein wichtiger Erfolgsfaktor für Dezentralisierungsprozesse ist die Finanzautonomie lokaler Gebietskörperschaften. Hierzu gehört das Recht der Kommunen, eigene Einnahmen zu erzielen und über deren Verwendung eigenständig zu entscheiden. Darüber hinaus muss die unabhängige Kontrolle der Mittelverwendung gewährleistet sein. Mit der Haushaltserstellung werden Entscheidungen darüber getroffen, welche Maßnahmen wie finanziert werden sollen. Dies ist immer auch ein politischer Prozess, in dem die Interessen unterschiedlicher Bevölkerungsgruppen verhandelt werden. Da Frauen in diesem Prozess nur schwach vertreten sind, setzen sie in nur geringem Maße ihre Prioritäten durch.

In den letzten Jahren wurden in vielen Ländern „*Gender Budget*"-Initiativen ergriffen. Sie setzen sich für eine stärkere Partizipation von Frauen und zivilgesellschaftlichen Organisationen an haushaltsrelevanten Entscheidungen ein und haben die Umsetzung einer gender- und armutsorientierten Fiskal- und Haushaltspolitik zum Ziel. Hierzu werden die unterschiedlichen Auswirkungen der staatlichen Einnahmen- und Ausgabenpolitik auf Frauen und Männer anhand verschiedener Kategorien und Analyseverfahren ermittelt und politische Handlungsempfehlungen abgeleitet. Wie die Ausgabenseite, so hat auch die Einnahmenseite geschlechtsspezifische Implikationen. Lokale Nutzungsgebühren wirken sich aufgrund unterschiedlicher Verantwortlichkeiten im Haushalt unterschiedlich auf Frauen und Männer aus. Gerade Frauen sind überproportional von der Zahlung sozialer Dienstleistungen wie beispielsweise im Gesundheits- oder Bildungsbereich betroffen. Durch eine Staffelung von Personensteuern oder Nutzergebühren anhand sozialer Kriterien ist eine Entlastung benachteiligter Gruppen möglich, wie das Beispiel Südafrika zeigt (siehe dazu den Artikel zum Thema Gender Budgeting in diesem Band).

Gender-differenzierte Förderung lokaler Wirtschaftsaktivitäten

Ein Kernelement in Dezentralisierungsprozessen ist die lokale Wirtschaftsförderung. Sie sichert die Ressourcenbasis und damit die Überlebensfähigkeit lokaler Gebietskörperschaften und zielt auf die Stärkung der produktiven Kräfte auch armer Bevölkerungsgruppen. Zahlreiche

Studien belegen, dass geschlechtsspezifische Ungleichheiten im Zugang zu und der Kontrolle über Ressourcen wirtschaftliches Wachstum hemmen und hohe gesellschaftliche Kosten verursachen.[8] Soziokulturell bestimmte Muster der Arbeitsteilung oder Einschränkungen im Zugang zu und dem Management von produktiven Ressourcen wie Land, Arbeitskraft oder Finanzmitteln gehen in der Regel zu Lasten von Frauen und reduzieren ihre Produktivität. Dies wiederum hat negative Auswirkungen auf die Einkommenschancen lokaler Gebietskörperschaften. Ausgleichende Impulse können über folgende Beratungs- und Förderangebote erzielt werden:

- Der Zusammenhang von Gender, Armutsminderung und wirtschaftlichem Wachstum muss den Kommunen plausibel und nachvollziehbar vermittelt werden. Hierdurch wächst die Bereitschaft, sich ernsthaft mit Gender-Aspekten in der lokalen Ökonomie auseinander zu setzen.
- Gemeinsam mit den lokalen Gebietskörperschaften ist zu überlegen, welche Möglichkeiten es innerhalb ihres Verantwortungsbereiches gibt, geschlechtsspezifische Hindernisse im Zugang zu und der Kontrolle über Ressourcen abzubauen. Hierzu gehören beispielsweise die Verfügung über Land, der Zugang zu landwirtschaftlichen Beratungsdiensten oder Ausbildungsmöglichkeiten.

Zunehmend werden öffentliche Dienstleistungen, wie beispielsweise der Bau und Unterhalt von Infrastrukturmaßnahmen im Wassersektor oder bei der Müllentsorgung, an den privaten Sektor übertragen. Dadurch ergeben sich neue, auch für Frauen interessante Beschäftigungsmöglichkeiten. Doch den Firmen mangelt es meist an Bewusstsein für genderrelevante Fragestellungen. Daher verschlechtern sich in der Praxis häufig sogar die Beteiligungschancen von Frauen am privaten Arbeitsmarkt. Lokale Gebietskörperschaften haben hierauf konkrete Einflussmöglichkeiten. So können Standards und Kriterien in der Ausschreibung und in den Verträgen einer Benachteiligung von Frauen entgegenwirken, zum Beispiel über die Reservierung von Arbeits- und Ausbildungsplätzen für Frauen oder die gleichberechtigte Partizipation von Frauen in Marktausschüssen, Wasserkomitees etc.

Gender-Aspekte in der Wahrnehmung hoheitlicher Aufgaben

Zusätzlich zu ihren eigenen führen Gemeinden eine große Anzahl hoheitlicher Aufgaben durch. Da es sich um vom Staat übertragene Aufgaben handelt, ist der Entscheidungsspielraum bezüglich einer gender-sensitiven Ausgestaltung beschränkt. Dennoch gibt es auch in diesem Bereich konkrete Handlungsmöglichkeiten. In ländlichen Gemeinden verfügen nur wenige Bürgerinnen und Bürger über einen Personalausweis, viele besitzen nicht einmal eine Geburtsurkunde. Hochzeiten werden häufig nicht auf dem Standesamt geschlossen, sondern nur in Anwesenheit beider Familien und eines religiösen Vertreters. Das staatliche „moderne" Recht gewährt Frauen wesentlich größere Spielräume als das „traditionelle" Recht. Dies gilt insbesondere bei Scheidungs- oder Erbfragen. Frauen sind hierüber häufig nicht oder nur schlecht informiert. Folgende Unterstützungsmaßnahmen bieten sich daher an:

- Um eine qualifizierte Beratung und Bürgerorientierung zu gewährleisten, sollten Mitarbeiterinnen und Mitarbeiter der Gemeindeverwaltungen zu den wesentlichen Inhalten des nationalen Personenstands- bzw. Familienrechtes ausgebildet sein.
- Gemeindeverwaltungen sollten dahingehend beraten werden, wie sie Frauen einen besseren Zugang zu Informationen über die ihnen zustehenden Rechte und – im Falle eines Rechtsstreites – den erforderlichen Beistand ermöglichen. Auch kulturell sensible Themen, wie Praktiken weiblicher Genitalverstümmelung sollten mit der Gemeindeverwaltung diskutiert werden.

Institutionelle Rahmenbedingungen und Organisationskultur aus Gender-Sicht

Institutionelle Rahmenbedingungen und Organisationskultur der Gemeindeversammlungen und Behörden entscheiden darüber, ob und wie sich Abgeordnete und Mitarbeiterinnen und Mitarbeiter an Diskussions- und Entscheidungsprozessen beteiligen. Institutionelle Werte und Normen umfassen auch Regeln, die das Verhältnis der Geschlechter bestimmen. Diese definieren den Kontext, in dem sich Frauen und Männer bewegen, miteinander kommunizieren und kooperieren.

Männliche Dominanz im öffentlichen Raum führt dazu, dass Organisationen entlang der sozialen Rollen von Männern strukturiert sind und geschlechtsspezifische Ungleichheiten reproduziert werden. Dies zeigt sich an

- den formellen und informellen Kriterien, durch die Führungskräftequalitäten definiert werden oder die bei Entscheidungen über Personaleinstellungen und Fortbildungen wirksam sind,
- den Arbeitszeitregelungen, in denen zusätzliche Belastungen durch häusliche Verpflichtungen keine Beachtung finden,
- der Gestaltung öffentlicher Räume und in der Zuteilung materieller Ressourcen wie Räumlichkeiten, Büroeinrichtung oder Computer.

Sollen die Chancen für eine effektive Partizipation von Frauen in öffentlichen Ämtern verbessert werden, so sind auch innerhalb der Organisationen förderliche Rahmenbedingungen für ein gleichberechtigtes Miteinander von Frauen und Männern zu schaffen. Im Rahmen einer Organisationsberatung können Behörden und gewählte Gremien darin unterstützt werden, entsprechende Veränderungsprozesse zu initiieren.

Die Organisationskultur der Gemeinden wirkt nicht nur nach innen, sie prägt auch deren Produkte und die Art der Erbringung von Dienstleistungen. Werden Frauen und Männer mit ihren Interessen und Bedürfnissen wahr und ernst genommen, so spiegelt sich dies in dem Verhältnis zu ihnen als Kundeninnen und Kunden der Gemeindeverwaltung wider. Neben dem Bürgermeister/der Bürgermeisterin sind es die Mitarbeiterinnen und Mitarbeiter der Gemeindeverwaltung, die nach außen sichtbar die Kommune repräsentieren. Gemeindeverwaltungen sind darin zu beraten, wie sie einen kundenorientierten Bürgerservice aufbauen können, in dem Frauen wie Männer offen empfangen und entsprechend ihrer jeweiligen Bedürfnisse kompetent beraten und bedient werden. Dies impliziert auch die Bereitstellung spezifischer, von Frauen angefragten Dienstleistungen. Die möglichen Ansatzpunkte werden hier nicht weiter vertieft und stattdessen auf weiterführende Beiträge unter anderem in dieser Publikation verwiesen.[9]

Gender Mainstreaming – eine gesellschaftspolitische Aufgabe für Nord und Süd

Das verstärkte Eintreten der TZ für die strategischen Interessen von Frauen (empowerment) und die Kopplung mit einer umfassenden Mainstreaming-Strategie von der Unternehmensstruktur über die Projekt- bis zur Politikebene fielen auf fruchtbaren Boden. Viele Partnerregierungen haben in den letzten Jahren die eigenen Bemühungen zur Durchsetzung von mehr Chancengleichheit verstärkt und hierzu explizite Politiken verabschiedet. Demokratisierungsprozesse haben zudem in einigen Ländern besonders günstige Rahmenbedingungen für frauenpolitische Initiativen geschaffen, so z.B. in Südafrika, Kolumbien oder Nicaragua. Die beiden lateinamerikanischen Länder sind gute Bespiele dafür, wie sich aufgrund der beschriebenen neuen Akzentsetzung sowie des gestiegenen Partnerinteresses an der Umsetzung formal verabschiedeter Gleichstellungspolitiken neue, innovative Projektansätze herausbilden konnten. In Nicaragua gelang es beispielsweise im Rahmen der Gender-Beratung an nationalen Gleichberechtigungsinitiativen anzuknüpfen und diese konzeptionell mit dem laufenden Prozess der Staatsmodernisierung zu verbinden.[10]

Das deutsch-nicaraguanische Projekt zur Förderung der Gender-Politik begann 1996 seine Arbeit. In Abstimmung mit der für das Modernisierungsprogramm zuständigen Koordinationsinstanz *(Unidad de Coordinatiónde la Reforma y Modernización des Sector Público/UCRESEP)* unternahm es kurz darauf erste Schritte zur Prüfung der Frage, ob möglicherweise ein Gender-Ansatz in diesem Programm sinnvoll sei. Es entstand eine Studie, die nicht die Chancengleichheit von Frauen, sondern die Zielvorstellungen des Programms als Erkenntnisinteresse formulierte und danach fragte, ob diese Ziele ohne einen geschlechtsspezifischen Analyse- und Planungsansatz erreicht werden könnten. Die Ergebnisse zeigten deutlich, dass zentrale Anliegen der Modernisierung ohne diesen Ansatz gefährdet sind:

- *Orientierung öffentlicher Dienstleistungen an den Bedürfnissen der Bevölkerung:*
  Dieses Kernelement der Reform zur Bestimmung der Qualität des staatlichen Sektors sollte durch die Einführung eines Systems zur Evaluierung öffentlicher Dienstleistungen gesichert werden. Dieses Sys-

tem unterschied aber nicht über die obligatorische Benennung des Geschlechts der Befragten im Fragebogen hinaus zwischen weiblicher und männlicher Bevölkerung. Gender war keine Analysekategorie, die Fragestellungen, Interpretation und Empfehlungen umfasste. An dem sehr konkreten und scheinbar geschlechtsneutralen Beispiel einer kurz zuvor durchgeführten Evaluierung der Nutzung des öffentlichen Transportsystems konnte aufgezeigt werden, wie fehlgeleitet Evaluierungen und damit auch die von ihnen abgeleiteten politischen Handlungsempfehlungen sein können, wenn sie nicht die teilweise sehr unterschiedlichen Bedürfnisse und Probleme der weiblichen und männlichen Bevölkerung erfassen.

- *Einführung und Regulierung eines öffentlichen Personalwesens unter Kriterien wie Effizienz, Leistung und Chancengleichheit:*
  Die Studie zeigte deutlich, dass auch der nicaraguanische öffentliche Dienst, trotz mehrheitlich weiblicher Mitarbeiter, die klassischen geschlechtsspezifischen Diskriminierungen aufweist: horizontale und vertikale Segregation und Lohnungleichheiten. Diese Diskriminierungen, die nicht durch die Einführung scheinbar geschlechtsneutraler Personalmanagement-Instrumente behoben werden können, unterlaufen und verhindern Ziele wie Effizienz, Beurteilung des Personals nach Leistung und vor allem Chancengleichheit.

Die Ergebnisse dieser Untersuchung schufen Akzeptanz bei den Beteiligten, Wege zu suchen, um geschlechtsspezifische Unterschiede sowohl in der Bevölkerung als auch im Staatsapparat selbst deutlicher zu erkennen und zu berücksichtigen. Nach zwei Jahren intensiver Zusammenarbeit im Rahmen des Gender-Projektes kann folgende Bilanz gezogen werden: In das Konzept des Systems zur Evaluierung öffentlicher Dienstleistungen wurde der Gender-Ansatz integriert, der Gesetzentwurf zur Einführung und Regulierung des öffentlichen Personalwesens wurde unter geschlechtsspezifischen Aspekten angepasst und die Instrumente des Personalmanagements überarbeitet. Zusätzlich wurde auf Wunsch der nicaraguanischen Verantwortlichen der Gender-Ansatz inzwischen als Querschnittskomponente im Modernisierungsprogramm verankert. So wird beispielsweise im Rahmen der staatlichen Entwicklungszusammenarbeit auch die nationale Polizei für einen adäquaten und professionellen Umgang mit weiblichen Gewaltopfern sensibilisiert und geschult.

Nicaragua ist damit eines der ersten Länder in Lateinamerika, das systematisch den Gender-Ansatz in ein Programm zur Staatsmodernisierung integriert hat. Gender ist kein Fremdwort mehr, sondern wird von den Beteiligten als wesentliches Element gesehen, um die Ziele der Reform zu gewährleisten, die Legitimität staatlichen Handelns zu erhöhen und letztlich dem Ziel der sozialen Gerechtigkeit und Demokratisierung des Landes ein Stück näher zu kommen.

Die entwicklungspolitische Praxis zeigt, dass Gender Mainstreaming nicht nur ein gleichstellungspolitisches Instrument ist. Es zielt ab auf strukturelle Transformation, indem es nach Systemzusammenhängen und sozialen Akteuren fragt. Ein so verstandenes, gleichberechtigungspolitisches Mainstreaming, das nicht in der technokratisch-instrumentellen Differenzierung stecken bleibt, kann auch dazu beitragen, aktuelle gesellschaftliche Strukturprobleme unter neuer Perspektive wahrzunehmen und daraus ein gesamtgesellschaftliches Anliegen zu machen, das Akteure aus Staat, Wirtschaft und Zivilgesellschaft gleichermaßen mobilisiert. Unsere Partnerländer sind uns mit ihren Erfahrungen bereits um einige Nasenlängen voraus.

Anmerkungen

1 vgl. hierzu auch *von Braunmühl, C.* 2000 und *Rodenberg, B. / Wichterich, C.* 1999

2 Die Gender-Strategie der GTZ wurde in einem partizipativen Prozess mit den Führungskräften der GTZ und dem Gender-Team erarbeitet. Sie berücksichtigt die Organisationsstruktur und -kultur sowie die Beratungsdienstleistung des Unternehmens. Die Gender-Strategie der GTZ ist über die Homepage Pilotprogramm Gender erhältlich: www.gtz.de/gender_project/

3 vgl. hierzu auch *von Braunmühl, C.* 1997, *von Braunmühl, C.* 2000 und *Rodenberg, B. / Wichterich*, C. 1999

4 Zur thematischen Vertiefung der verschiedenen Ansatzpunkte für Gender Mainstreaming und der Auswahl von Instrumenten, v.a. der Anwendung einer Gender-Analyse vgl. auch GTZ 1999

5 Die folgenden Ausführungen basieren im Wesentlichen auf der GTZ Publikation Dezentralisierung – Hinweise zur Gender Orientierung. Hier finden sich Praxisbeispiele, weiterführende Handlungsempfehlungen und Literatur zum Thema. Die Publikation ist über die Homepage Pilotprogramm Gender erhältlich: www.gtz.de/gender_project. Zur gender-differenzierten Vorgehensweise innerhalb der einzelnen Sektoren siehe die Serie der vom Pilotprogramm Gender veröffentlichten sektorspezifischen Handreichungen, erhältlich ebenfalls über die Homepage des Pilotprogramm Gender.

[6] zur thematischen Vertiefung der einzelnen Bereiche vgl. GTZ 2001

[7] zur thematischen Vertiefung der einzelnen Bereiche vgl. GTZ 2001

[8] vgl. World Bank 2001 sowie OECD 1999; für konkrete Beispiele zur Verdeutlichung des Zusammenhangs zwischen Gender, Armutsminderung und wirtschaftlichem Wachstum vgl. World Bank 1999.

[9] Einen Einblick in Konzepte und Umsetzungsstrategien gender-sensitiver Organisationsberatung gibt auch das GTZ Handbuch „Gender and change in the organisational culture". Hier finden sich Methoden und Instrumente für die Begleitung von organisationellen und personellen Veränderungsprozessen sowie für die Durchführung einer Gender-Analyse von Organisationen. Erhältlich über die Homepage Pilotprogramm Gender, www.gtz.de/gender_project.

[10] Das folgende Projektbeispiel basiert auf ausführlichen Darstellungen der GTZ 1999 und GTZ 2001.

Literaturangaben

BMZ: Konzept für die Förderung der gleichberechtigten Teilnahme von Frauen und Männern am Entwicklungsprozess. Gleichberechtigungskonzept. BMZ aktuell Nr. 084, 1997 & 2001

Diaz, Gonzalez & Olga, Sofia: Gender and change in the organisational culture – Tools to construct a gender-sensitive organisation, im Auftrag der GTZ/Proequidad/Kolumbien. Übersetzung aus dem Spanischen ins Englische, 2001

GTZ: Berücksichtigung von Gender-Aspekten in der kommunalen Entwicklungsplanung, Beispiele aus Deutschland und Lateinamerika. Untersuchung im Auftrag der GTZ, Pilotprogramm Gender und GTZ unterstütztes Vorhaben, „Dezentralisierte Entwicklungsplanung" (Südafrika), 1998

GTZ: Gender und Projektmanagement. Ein Beitrag zum Qualitätsmanagement der GTZ. GTZ, Stabstelle 04 & Abt. 42, Eschborn 1999

GTZ: Dezentralisierung. Hinweise zur Gender-Orientierung. GTZ, Abt. 42, Pilotprogramm Gender & Sektorvorhaben Rechts- und sozialpolitische Beratung für Frauen, Eschborn 2001

GTZ: Gender-Vorhaben in der Arbeit der GTZ. GTZ, Abt. 42, Pilotprojekt Gender, Eschborn 2001

OECD (Organisation for Economic Co-operation and Development: Economics and Gender (Macro, Meso, Micro Levels) – Foundation and Tools – First Draft. OECD/Development Co-operation Directorate/Development Assistance Committee/Working Party on Gender Equality, Februar 1999

Rodenberg, B. / Wichterich, C.: Macht gewinnen. Eine Studie über Frauenprojekte der Heinrich-Böll-Stiftung im Ausland. Heinrich-Böll-Stiftung, Berlin 1999

von Braunmühl, C.: Gender in aller Herren Länder ? Thesen zu Ansprüchen und Grenzen des Gender-Ansatzes. In: epd-Entwicklungspolitik, Nr. 19, S. d16–d19, 1997 *von Braunmühl, C.*: Mainstream – Malestream? Der Gender-Ansatz in der Entwicklungspolitik. In: Malestreaming Gender? Geschlechterverhältnisse in der Entwicklungspolitik. Blätter des Informationszentrums 3. Welt, Sonderheft, März 2000

WORLD BANK: Gender, Growth and Poverty Reduction. Special Program of Assistance for Africa, 1998 Status Report on Poverty in Sub-Saharan Africa, World Bank Technical Paper No. 428. C. Mark Blackden, Chitra Bhanu in collaboration with the Poverty and Social Policy Working Group of the Special Program of Assistance for Africa, März 1999

WORLD BANK: Engendering Development: Through Gender Equality in Rights, Resources, and Voice. Oxford University Press, New York 2001

GÜLAY ÇAĞLAR

Gender Budgeting: Erfolgsrezept oder Mythos?

Gender Budgeting – das heißt, die Integration der Geschlechterperspektive in haushaltspolitische Entscheidungen – ist als integraler Bestandteil der Mainstreaming-Strategie avanciert. Denn eines steht fest: Die Realisierung politisch zugesicherter Maßnahmen zur Gleichstellung der Geschlechter hängt letztendlich von der entsprechenden finanziellen Ressourcenausstattung ab. Durch Gender Budgeting soll also die Kluft zwischen politischen Verpflichtungserklärungen und der materiellen Umsetzung geschlossen werden.

Bemerkenswert ist die weltweit nahezu uneingeschränkt positive Einschätzung von Gender Budgeting als Chance, Geschlechtergerechtigkeit herzustellen. Die Hoffnung ist groß – darauf deutet zumindest die Gründungswelle so genannter „Gender Budget-Initiativen" seit Mitte der 1990er Jahre hin. Die internationale Popularität von Gender Budgeting ist maßgeblich auf die Entwicklungszusammenarbeit (EZ) und die finanzielle sowie die konzeptionelle Unterstützung von Gender Budget-Initiativen in den Ländern des Südens durch bilaterale Geberorganisationen[1] zurückzuführen. Diese Initiativen erleben international einen enormen Zuspruch und existieren indessen in über vierzig Ländern.[2] In den vergangenen Jahren fand Gender Budgeting seinen Weg allmählich nach Europa[3] – und ganz langsam auch nach Deutschland. Nun finden hierzulande vereinzelte Versuche statt (beispielsweise in Berlin[4]), Gender Budgeting als gleichstellungspolitische Strategie zu etablieren.

Bei aller Euphorie bleibt jedoch unhinterfragt, ob Gender Budgeting-Vorhaben tatsächlich die finanzpolitische Prioritätensetzung von Regierungen zu beeinflussen vermögen. Das Transformationspotential von Gender Mainstreaming ist recht bald an seine bürokratischen und politischen Grenzen gestoßen – dies ist zumindest im Kontext der EZ zu konstatieren.[5] Kann Gender Budgeting vor dem Hintergrund der gleichen bürokratischen und politischen Strukturen als Erfolgsrezept zur Realisierung der Geschlechtergerechtigkeit gewertet werden?

In diesem Beitrag werden am Beispiel Südafrikas die institutionellen Chancenstrukturen und die politischen sowie institutionellen Grenzen des Gender Budgeting herausgearbeitet. Im Mittelpunkt steht die Fragestellung, an welchen Stellen die Umsetzung von Gender Budgeting an seine Grenzen stößt. In Südafrika wurden zwei Gender Budgeting-Vorhaben initiiert – eine Regierungsinitiative, die inzwischen zum Erliegen gekommen ist sowie eine zivilgesellschaftliche Initiative, die seit 1995 weiterhin existiert. Das südafrikanische Beispiel bietet also eine Vielfalt an Erfahrungen mit Gender Budgeting und erlaubt eine differenzierte Einschätzung hinsichtlich ihres Transformationspotentials.

Was ist überhaupt Gender Budgeting?

Ein Staatshaushalt umfasst die gesamten öffentlichen Einnahmen und Ausgaben und reflektiert somit die politischen Entscheidungen darüber, wie (und somit von wem) die Einnahmen erhoben und für welche Zwecke (und somit für wen) die Ausgaben speziell getätigt werden. Diesen Entscheidungen liegt ein normatives Gesellschaftsleitbild zugrunde, wodurch sowohl die wirtschaftspolitischen als auch die sozialpolitischen Prioritäten determiniert werden.[6] Der Staatshaushalt ist demzufolge nicht einfach nur ein wirtschaftspolitisches Instrument, das dem (technischen und geschlechtsneutralen) Management von öffentlichen Einnahmen und Ausgaben dient. Haushaltspolitische Entscheidungen wirken sich auf die Strukturierung der Gesellschaft, auf das Geschlechterverhältnis und somit auch unmittelbar auf die Lebenssituation von Frauen und Männern sowie Mädchen und Jungen aus. Diese Blickrichtung stellt den Ausgangspunkt für Gender Budgeting dar.

Zielsetzung

Gender Budgeting zielt *nicht* auf die Einrichtung eines separaten Budgetpostens für Frauen innerhalb des Staatshaushaltes. Es handelt sich hierbei also nicht um ein gesondertes *Frauenbudget*.[7]

In erster Linie bezieht sich Gender Budgeting auf die Analyse des Staatshaushaltes aus einer Geschlechterperspektive (Gender Budget-Analyse). Das heißt: Es wird ermittelt, wie sich die öffentlichen Einnahmen und Ausgaben auf Frauen, Männer, Mädchen und Jungen auswirken – wem die haushaltspolitischen Beschlüsse zugute kommen und wem nicht. Die Analyse ist ein wichtiger Bestandteil von Gender Budgeting. Doch im Mittelpunkt steht letztlich die Zielsetzung, auf Grundlage der durchgeführten Analysen, Ansatzpunkte für eine geschlechtergerechte Umstrukturierung des Staatshaushaltes zu entwickeln und Veränderungen in der finanzpolitischen Prioritätensetzung zu bewirken: „Gender budgeting exercises are not academic. They have the objective of influencing budget decision-making. Research is conducted and the findings are used to advocate for gender equity in budget allocations.“[8]

Gender Budget-Analysen

Die geschlechtsspezifischen Auswirkungen der öffentlichen Einnahmen und Ausgaben können durch die Anwendung verschiedener Methoden identifiziert werden (siehe Box 1). In den meisten Gender Budgeting-Analysen wurde das Augenmerk bis dato hauptsächlich auf die Implikationen, die aus den Staatsausgaben resultieren, gelegt.[9] Dies erklärt auch die Vielfalt der Analysemethoden für die Ausgabenseite im Vergleich zur Einnahmenseite.

Bei der Analyse der Ausgabenseite werden grundsätzlich drei Ausgabentypen voneinander unterschieden[10]:

- Ausgaben für Programme und Projekte, die von einzelnen Ministerien im Speziellen für Frauen und Mädchen vorgesehen sind (zum Beispiel Gesundheits- und Bildungsprogramme)
- Ausgaben für Maßnahmen zur Gleichstellung der Geschlechter im öffentlichen Sektor (zum Beispiel Weiterbildungsmaßnahmen für Frauen, Einrichtung von betrieblichen Kinderkrippen und Kindergärten)
- Gesamtausgaben aller Ministerien. Das heißt: Es wird untersucht, für welche Politikmaßnahmen und Projekte die Ministerien finanzielle Ressourcen vorsehen (zum Beispiel Subventionen für den Agrarsektor) und welche geschlechtsspezifischen Implikationen daraus resultieren.

Während sich die ersten beiden Punkte ausschließlich auf Ausgaben für Frauenfördermaßnahmen beziehen, handelt es sich bei dem dritten Punkt um alle Ausgaben der Ministerien – also auch um jene, die zunächst den Anschein der Geschlechtsneutralität haben. Und genau

Box 1: Analysemethoden

Gender-Aware Policy Appraisal
Es wird untersucht, welche Auswirkungen aus Politikmaßnahmen und den dafür verausgabten öffentlichen Finanzmitteln für Frauen, Männer, Mädchen und Jungen resultieren. Im Mittelpunkt steht die Fragestellung, in welcher Weise durch die geplanten Politikmaßnahmen und die entsprechende Ressourcenallokation geschlechtsspezifische Ungleichheiten abgebaut werden können.

Gender-Disaggregated Beneficiary Assessment
Durch Meinungsumfragen, Interviews oder Gruppendiskussionen wird eingeschätzt, in wie weit die Bedürfnisse verschiedener Gruppen in der Bevölkerung durch die öffentlichen Leistungen befriedigt werden. Dadurch wird ermittelt, ob die finanzpolitischen Prioritäten des Staates die Prioritäten verschiedener Bevölkerungsgruppen widerspiegeln. Das Augenmerk liegt hier meist auf der Ausgabenseite des Staatshaushaltes.

Gender-Disaggregated Public Expenditure Incidence
Auf der Grundlage von statistischen Daten wird ermittelt, welcher Anteil der Ausgaben für öffentliche Leistungen wem zugute kommt, indem die Einheitskosten für einzelne öffentliche Leistungen mit der Mengeneinheit, die jeweils von Frauen, Männern, Mädchen und Buben verbraucht werden, multipliziert wird.

Gender-Disaggregated Analysis of Impact of Budget on Time Use
Es wird untersucht, wie sich die Einnahme- und Ausgabepolitik auf die Zeit, die für die nicht-marktförmige Reproduktionsarbeit verwendet wird, auswirkt.

Gender-Disaggregated Public Revenue Incidence
Es wird untersucht, wie hoch die Abgaben (direkte und indirekte Steuern sowie Gebühren für öffentliche Leistungen) sind, die verschiedene Gruppen in der Bevölkerung dem Staat zahlen müssen.

(Quellen: Budlender/Hewitt/Elson/Mukhopadhyay 2002: 44ff.)

darin besteht die Besonderheit von Gender Budgeting: „A key characteristic of gender budgets is that they go beyond specifically targeted programs for women and girls and seek to increase awareness (or visibility) of the gender impact of all programmes and resource allocations.“[11]

Die geschlechtsspezifischen Auswirkungen zu ermitteln setzt voraus, dass auch Erkenntnisse über die unterschiedlichsten Ausgangslagen von Frauen und Männern, die durch das Geschlechterverhältnis und ferner durch die Zugehörigkeit zu einer bestimmten Klasse, „Rasse“ und/oder Ethnizität determiniert werden, vorhanden sind. Gender Budget-Analysen implizieren daher die Auseinandersetzung mit Machtverhältnissen, auch zwischen Frauen. Bei den Analysen geht es also nicht allein um die Feststellung quantitativer Verteilungsunterschiede. Vielmehr geht es darum, Politikmaßnahmen, Projekte sowie die entsprechenden finanziellen Zuweisungen daraufhin zu untersuchen, ob sie geschlechtsspezifische Ungleichheiten, die aus asymmetrischen Machtstrukturen hervorgehen, aufrechterhalten, verstärken oder diesen sogar entgegen wirken.[12] Die Analyseergebnisse sind von entscheidender Bedeutung, denn sie bieten wichtige Anknüpfungspunkte, um die Politikgestaltung und analog dazu die Ressourcenallokation von Ministerien auf besonders benachteiligte Frauen auszurichten. Ob dies tatsächlich realisiert wird, hängt – wie im Folgenden noch gezeigt wird – maßgeblich sowohl von institutionellen Chancenstrukturen als auch vom politischen Willen einzelner Akteurinnen und Akteure ab.

Theoretischer Hintergrund

Der Grundgedanke von Gender Budgeting ist im Kontext der feministischen Ökonomiekritik und der Auseinandersetzung feministischer Ökonominnen mit makroökonomischen Fragestellungen zu verstehen.[13] Im Mittelpunkt ihrer Kritik steht die Geschlechtsblindheit makroökonomischer Theorien und Modelle.[14]

Die Makroökonomie ist die Ebene der aggregierten Geldwirtschaft, in der handelnde Subjekte nicht vorkommen. Im Mittelpunkt des makroökonomischen Interesses stehen ausschließlich gesamtwirtschaftliche Größen wie zum Beispiel das Bruttosozialprodukt, Importe und Exporte. Diese Größen erfassen lediglich marktvermittelte Leistungen. Alle nicht-marktförmigen Tätigkeiten – sei es die unbezahlte Reproduktionsarbeit im Haushalt, die aufgrund der geschlechtlichen Arbeitsteilung vornehmlich von Frauen erbracht wird, oder sei es die freiwillige Betätigung in gesellschaftlich gemeinnützigen Bereichen (beispielsweise in Nicht-Regierungsorganisationen) – bleiben unberücksichtigt.[15] Es ist die einseitige Blickrichtung der Makroökonomie – und analog dazu der makroökonomischen Theorien und Modelle – auf monetäre Ströme und Größen, die von feministischen Ökonominnen als Ursache der Geschlechtsblindheit kritisiert wird. Die Immanenz modelltheoretischer Annahmen in wirtschaftspolitischen Maßnahmen mündet in eine Politikgestaltung, in der die Kategorie Geschlecht keinen Eingang findet und daher geschlechtsspezifische Auswirkungen zur Folge hat. Vor diesem Hintergrund gilt es alternative Ansätze zu entwickeln. Die Devise lautet: „Engendering Macroeconomics". Der Anspruch der feministischen Ökonominnen ist es, das Geschlechterverhältnis beziehungsweise geschlechtsspezifische Ausgangslagen in den Blick zu bekommen, indem die Haushaltsökonomie (und dadurch die unentgeltliche Reproduktionsarbeit) als Bestandteil makroökonomischer Prozesse in den Theorien und Modellen berücksichtigt wird.

Im Kontext von Gender Budgeting gehört Diane Elson zu den am meisten rezipierten feministischen Ökonominnen. Elson kritisiert das herkömmliche volkswirtschaftliche Kreislaufmodell (siehe Abbildung 1) und stellt in einem modifizierten Modell die Interdependenz zwischen den marktförmigen (produktiven) und nicht-marktförmigen (reproduktiven) Wirtschaftsbereichen dar[16]: Im herkömmlichen Kreislaufmodell werden die Beziehungen zwischen dem Staat, der Privatwirtschaft und den Haushalten durch monetäre Ströme ausgedrückt. So tritt die private Warenwirtschaft in der gesamtwirtschaftlichen Produktion als einzige produzierende – wertstiftende – Einheit auf.[17] Im modifizierten Kreislaufmodell werden dagegen alle drei Sektoren als produzierende Einheiten dargestellt, wobei der Haushaltssektor um den gesellschaftlich gemeinnützigen Sektor (der Nicht-Regierungsorganisationen einschließt) erweitert und als Versorgungswirtschaft („care economy") dargestellt wird.[18] In der Versorgungsökonomie findet die Reproduktion der Arbeitskräfte statt: Die Pflege, Erziehung, Bildung und Sozialisation der Arbeitskräfte ist in diesem Modell ein zentraler Faktor für das Funktionieren der gesamtwirtschaftlichen Produktion. Als Bestandteil des makroökonomischen Systems trägt die Versorgungswirtschaft zur gesellschaftlichen Wohlfahrtssteigerung entscheidend bei.[19] Aus diesem Grund fordert Elson, dass die Versorgungswirtschaft in alle wirtschaftspolitischen Bereiche einbezogen wird. Die unsichtbaren Leistungen sollen sichtbar gemacht und adäquat honoriert werden. Es geht ihr um eine grundlegende Neubewertung in der Ökonomie.

Gender Budgeting ist vor dem Hintergrund dieser Neubewertung zu verstehen. Denn es gilt, die Versorgungsökonomie und somit die unbezahlte Reproduktionsarbeit der Frauen in finanzpolitischen Entscheidungen zu berücksichtigen und eine geschlechtergerechte Finanzpolitik zu bewirken.

Abbildung 1: Volkswirtschaftliches Kreislaufmodell

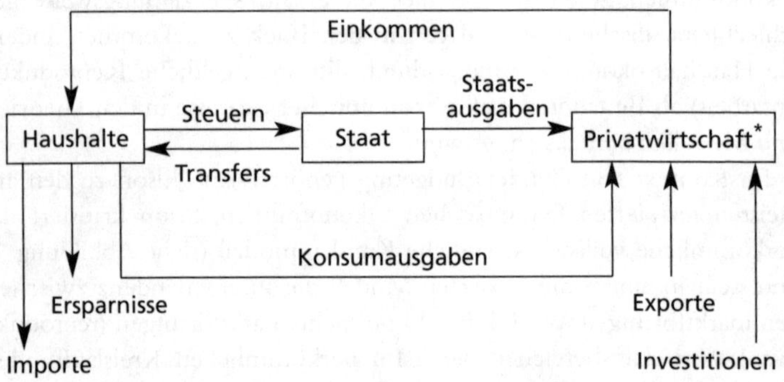

* Nicht aufgeführt sind hier die Steuerzahlungen der Privatwirtschaft.

Quelle: Elson 1998: 200

Gender Budget-Initiativen: Ein Überblick

Australien ist das erste Land, in dem ein Gender Budget-Vorhaben initiiert wurde. Die so genannte „Women's Budget Initiative" wurde bereits Mitte der 1980er Jahre von der sozialdemokratischen Regierung, die bei ihrem Amtseintritt 1984 einen starken politischen Willen zur Verwirklichung der Geschlechtergleichstellung bekundete, eingeführt. Organisiert und koordiniert wurde die Initiative von den staatlichen Gleichstellungsbüros – den so genannten „women's policy machinery" – auf verschiedenen Staatsebenen (national und regional).[20] Im Rahmen des australischen Gender Budgeting-Vorhabens wurde die dreistufige Vorgehensweise zur Analyse der Ausgabenseite entwickelt, die inzwischen weltweit angewendet wird. Jedes Ministerium hat mit Unterstützung von so genannten „femorats" (feministischen Bürokratinnen) ihre eigenen Gender-Analysen durchgeführt. Die Ergebnisse der Gender Budget-Analysen wurden zusammengetragen und auf nationaler und regionaler Ebene jährlich in Form eines Reports veröffentlicht. Seit dem Regierungswechsel im Jahre 1996 ist die Initiative jedoch sukzessive zum Erliegen gekommen. Ironischerweise wurden im Rahmen der Budgetkürzungen durch die konservative Regierung ausgerechnet die Finanzmittel der staatlichen Gleichstellungsbüros verringert und somit ihre Handlungsspielräume – vor allem auch im Kontext von Gender Budgeting – eingeschränkt.[21]

Inzwischen sind weltweit Gender Budget-Initiativen vorzufinden, die dem australischen Beispiel folgen. Es gibt jedoch sehr unterschiedliche Ausgestaltungsformen von Gender Budget-Initiativen.[22] Gender Budget-Initiativen können sich nach den folgenden Kriterien unterscheiden:

a) Staatsebene

Gender Budget-Initiativen können sich auf die nationale, regionale oder lokale Staatebene (oder auch auf alle drei Ebenen) beziehen. Ein Großteil der Gender Budget-Initiativen konzentriert sich auf die nationale Staatsebene. In den vergangenen Jahren gab es nur einige zaghafte Versuche, Gender Budgeting-Vorhaben auch auf lokaler Ebene durchzuführen (beispielsweise in Uganda[23]).

b) Partizipationsmöglichkeiten der Bevölkerung

Darüber hinaus können sich Initiativen danach unterscheiden, ob sie partizipativ angelegt sind oder nicht. Aufgrund der Nähe zur Bevölkerung bietet sich die lokale Ebene für Durchführung partizipativer Ansätze an. Die weltweit berühmteste partizipative Budget-Initiative existiert in Porto Alegre (Brasilien). Allerdings ist dies keine ausgewiesene Gender Budget-Initiative. Zumeist wird davon ausgegangen, dass partizipative Initiativen auf lokaler Ebene zu einer höheren Mitwirkung von Frauen bei der Konzeption lokaler Haushaltspläne führen und somit automatisch auch geschlechtergerechte Ergebnisse hervorbringen. Doch auch auf lokaler Ebene existieren durchaus geschlechtsspezifische Barrieren, die eine gleichberechtigte Teilhabe von Frauen an politischen Prozessen behindern (siehe dazu den Artikel zum Thema Entwicklungszusammenarbeit in diesem Band). Ansätze, wie partizipative Gender Budget-Initiativen konzeptionell gestaltet werden könnten, werden derzeit international diskutiert.[24]

c) Innerhalb staatlicher und/oder zivilgesellschaftlicher Strukturen

Der Vorteil an Gender Budget-Initiativen, die von staatlichen Stellen koordiniert und organisiert werden (zum Beispiel vom Finanzministerium oder von den staatlichen Gleichstellungsbüros) ist, dass eine Regierung direkt die Verantwortung („accountability") für ihre eigenen politischen Entscheidungen übernimmt.[25] Da Finanzministerien letztlich die Entscheidungsmacht über die finanzpolitische Richtung einer Regierung besitzen und nationale Gleichstellungsbüros meistens eine recht schwache Stellung innerhalb staatlicher Strukturen haben, erscheint es recht sinnvoll, dass Gender Budgeting-Vorhaben auch in Finanzministerien angesetzt werden.[26] Doch insbesondere Finanzministerien erweisen sich als besonders resistent gegenüber Fragen der Geschlechtergerechtigkeit – geht es doch in der Finanzpolitik um die ökonomische Steuerung eines Landes, in der die Kategorie Geschlecht keine Rolle spielt. Ergo: Finanzministerien sind zu einem hohen Maß geschlechtsblind. Ansatzpunkte für ein „engendering" der Finanzministerien – mit „engendering" ist eigentlich Gender Mainstreaming gemeint – hat Gita Sen entwickelt.[27]

Die Erfahrungen der australischen Initiative haben gezeigt, dass eine Regierungsinitiative letztlich vom politischen Kurs der amtierenden Regierung abhängt. Ohne die zivilgesellschaftliche Unterstützung – den Druck von außen – ist eine Regierungsinitiative zu sehr der politischen Willkür unterworfen.[28] Viele Länder des Südens (zum Beispiel Südafrika, Tansania und Mexiko) haben sich dazu entschieden, Gender Budgeting-Vorhaben außerhalb staatlicher Strukturen anzusiedeln.[29] Letztlich ist es schwierig einzuschätzen, ob nun Initiativen innerhalb oder außerhalb staatlicher Strukturen „erfolgreicher" sind. Beide Organisationsformen haben ihre Vorteile, doch beide stoßen auch auf politische Grenzen. Dies wird nun im Folgenden am Beispiel Südafrikas dargelegt.

Das Beispiel Südafrika

Die „Women's Budget Initiative"

Die so genannte „Women's Budget Initiative" (WBI) wurde 1995 – ein Jahr nach den ersten demokratischen Wahlen in Südafrika – von Vertreterinnen zweier NROs[30] gemeinsam mit Parlamentarierinnen gegründet und außerhalb der unmittelbaren Regierungsstrukturen angesiedelt.[31] Aus den folgenden Ausführungen wird noch deutlich hervorgehen, dass die Besonderheit der Initiative genau in der Kooperation zwischen den zivilgesellschaftlichen und parlamentarischen Vertreterinnen besteht. Finanziell wird die Initiative von verschiedenen Stiftungen und Geberorganisationen unterstützt – unter anderem von der Ford Foundation sowie vom Commonwealth Secretariat.[32]

Die WBI konzentriert sich auf zwei Arbeitsbereiche, nämlich zum einen auf die Analysearbeit und zum anderen auf die Lobbyarbeit: Inzwischen hat die Initiative nahezu alle Ausgabenposten des nationalen Staatshaushaltes (1995–1998), die Haushalte von fünf Gemeinden (1999) sowie die nationale Steuerpolitik (2000) analysiert. Die WBI verfolgt einen differenzierten Ansatz, in dem Frauen nicht als homogene Gruppe behandelt werden.[33] Indem verschiedene Kriterien, wie beispielsweise Rasse, Klasse und Wohnort[34], hinzugezogen werden, können die unterschiedlichsten Lebenslagen und -verhältnisse der Frauen erfasst werden.

Die Forschungsergebnisse wurden in fünf Büchern ausführlich dargelegt und in weiteren drei Büchern vereinfachend für ein nicht-akademisches Publikum zusammengefasst.[35, 36] Die Analyseergebnisse bilden zudem die Basis für Materialien zu Gender Training-Workshops und für ihre Lobbyarbeit.

Die WBI konnte in ihrer bisherigen Arbeit sehr von ihrer Formation profitieren: Die Analysen wurden größtenteils von den zivilgesellschaftlichen Akteurinnen ausgeführt (in Kooperation mit Wissenschaftlerinnen und Wissenschaftlern). Die Parlamentarierinnen haben die Arbeit der WBI innerhalb staatlicher Strukturen vertreten: Sie haben sich für eine geschlechtergerechte Politikgestaltung in allen Bereichen und die entsprechende Mittelverteilung eingesetzt („advocacy").[37] Sowohl den parlamentarischen als auch den zivilgesellschaftlichen Vertreterinnen kommt eine wichtige Rolle im politischen Entscheidungsprozess zur nationalen Haushaltsplanung zu.

Post-Apartheid Ära und polit-ökonomische Rahmenbedingungen

Die Gründung der WBI wurde in einer spezifischen historischen Situation vollzogen – nämlich in einer Phase der Post-Apartheidära, in der die Richtlinien und Handlungsprinzipien zur ökonomischen und sozialen Entwicklung von Südafrika innerhalb der staatlichen Strukturen institutionalisiert wurden. Die WBI steht im Charakter der südafrikanischen Verfassung und der Zielsetzung, eine Gesellschaft frei von Diskriminierung (sei es Rassen- oder Geschlechterdiskriminierung) zu begründen.[38] Die aus den ersten demokratischen Wahlen hervorgegangene neue südafrikanische Regierung strebte eine grundlegende politische, ökonomische und soziale Umwälzung an. Es ging um die Rekonstruktion von Südafrika – eine Rekonstruktion, wodurch das Vermächtnis des ehemaligen Apartheidregimes, die durchgreifende Segregation der südafrikanischen Gesellschaft in allen Lebenslagen, überwunden werden sollte. In diesem Sinne wurde im Jahre 1994 das „Reconstruction and Development Programme“ (RDP) konstituiert. Das RDP ist ein sehr umfassendes Programm, das eine Neuorientierung in den Bereichen der Wirtschafts-, Gesellschafts- und Sozialpolitik zum Ziel hat. Das Augenmerk wird vor allem auf die Armutsminderung gelegt. In diesem Zusammenhang steht der Ausbau der sozialen Infrastruktur zur Befriedigung der Grundbedürfnisse aller Bürgerinnen und Bürger und zur Entwicklung der menschlichen Ressourcen (Humankapital) im Mittelpunkt. Die Expansion der staatlichen Leistungen wird beispielsweise in den Bereichen des Wohnungsbaus, der Wasser- und Elektrizitätsversorgung, der Gesundheitsversorgung, der sozialen Grundsicherung, der Schulbildung und so weiter vorgesehen.[39]

Das RDP wurde durch die Einrichtung des so genannten RDP-Office mit dem dazugehörigen finanziellen Hilfsmittel – dem RDP-Fonds – innerhalb staatlicher Strukturen institutionalisiert.[40] Dem RDP-Office wurde die Funktion zugeteilt, Maßnahmen staatlicher Institutionen (Ministerien und Verwaltungseinheiten) auf allen Staatsebenen (national, regional und lokal) in die Zielrichtung des RDP zu lenken. Das heißt: Es sollen jene Ministerien mit Finanzmitteln aus dem RDP-Fonds ausgestattet werden, die ihre Politikgestaltung und dementsprechend ihre Etats nach den Prioritäten des RDP ausrichten – also Ressourcen vorherrschend für Maßnahmen zur Grundbedürfnisbefriedigung und zur

Humankapitalentwicklung vorsehen.[41] Ein integraler Bestandteil des RDP ist diesem Zusammenhang auch die Zielsetzung, Frauen in ihrer sozialen, ökonomischen und politischen Stellung zu stärken.[42] Folglich wird es auch als die Verpflichtung staatlicher Institutionen erachtet, den Bedürfnissen und Interessen der Frauen in ihrer Politikgestaltung Rechnung zu tragen.[43] Die Ausführungen verdeutlichen, dass die Ausrichtung der WBI im Kontext des RDP steht. Durch das RDP wurde ein politisches Klima in Südafrika geschaffen, das der WBI Möglichkeiten zur Einflussnahme in finanzpolitische Entscheidungen zu eröffnen schien.

Allerdings wurde die sozioökonomische Strategie des RDP Mitte 1996 durch eine neue abgelöst: Das neue Programm „Growth, Employment and Redistribution" (GEAR) ist dezidiert neoliberal: Es verfolgt eine angebotsorientierte Wirtschaftspolitik und stellt hauptsächlich Maßnahmen zur Inflationsbekämpfung und Defizitreduktion in den Mittelpunkt.[44] Dem GEAR ist jene makroökonomische Konzeption inhärent, die von feministischen Ökonominnen als geschlechtsblind kritisiert wird (siehe oben). Doch mit dem neuen Programm hat sich nicht nur die Ausrichtung der Wirtschaftspolitik in Südafrika verändert. Der Richtungswechsel bezieht sich auch auf die Denkweise und die grundlegenden Prinzipien, die dem RDP zugrunde lagen.

Der Ansatz des RDP, eine Neuorientierung in ökonomischen Entscheidungen, scheint vor dem Hintergrund der neoliberalen Ausrichtung des GEAR gegenstandslos zu sein.[45] Die südafrikanische Regierung beteuert zwar, dass die Zielsetzungen des RDP nach wie vor Bestand hätten.[46] Indessen deutet die Abschaffung des RDP-Office und die Umfunktionierung des RDP-Fonds zu einem Depot für die Verwaltung von Geldern internationaler Geber[47] darauf hin, dass die Prinzipien des RDP aus dem Blickfeld verschwinden. Durch die Auflösung der institutionellen Strukturen des RDP verkommen die Zielsetzungen des RDP zu reinen Absichterklärungen.

Im Rahmen des RDP wurde noch ein integrativer Ansatz, in dem die „soziale Komponente" ökonomischer Entscheidungen Beachtung gefunden hat, verfolgt, während in dem neuen Programm GEAR Entscheidungen nach „harten" ökonomischen Prinzipien in den Vordergrund gestellt werden. Dadurch hat sich das wirtschaftspolitische Klima für die Arbeit der WBI verändert. Interessant ist nun die Frage, in welcher Weise die Vertreterinnen der WBI ihre Forschungsergebnisse in den

„harten" Bereich der Finanzpolitik einbringen und auf Veränderungen in der finanzpolitischen Prioritätensetzung hinwirken können.

Grenzen der politischen Umsetzung

Da die Initiative außerhalb staatlicher Strukturen angesiedelt ist, haben die Akteurinnen der WBI keine *direkten* Einflussmöglichkeiten auf die Politikgestaltung in den Ministerien. Indirekte Möglichkeiten der Einflussnahme existieren höchstens über Gender-Training-Maßnahmen oder Lobbyarbeit in Ministerien. Allerdings bestehen reale Partizipationschancen im haushaltspolitischen Entscheidungsprozess, der im Folgenden skizziert wird.

Der Staatshaushalt wird in einem Top-Down-Verfahren konzipiert: Das Finanzministerium bestimmt die haushaltspolitischen Prioritäten. Es wird festgelegt, wie hoch der Anteil ist, der aus den erwarteten Staatseinnahmen für Zinszahlungen und Rücklagen einbehalten wird. Steht das Gesamtvolumen des Staatshaushaltes fest, wird über die Aufteilung der Finanzmittel zwischen den verschiedenen Staatsebenen (vertikaler Finanzausgleich) unter Berücksichtigung der Aufgaben- und Ausgabenkompetenzen sowie Finanzierungskraft der verschiedenen Ebenen entschieden.[48] Zudem wird ein Entwurf über die Verteilung der Finanzmittel zwischen den nationalen Ministerien ausgearbeitet. So bestimmt das Finanzministerium bereits im Vorhinein, über welches Finanzvolumen die einzelnen Ministerien verfügen werden und determiniert damit die gesellschaftspolitischen Schwerpunkte. Nach den Verhandlungen zwischen dem Finanzministerium und den einzelnen Ressorts wird der Haushaltsplan vom Kabinett und den Premier- und Finanzministern aller Provinzen ratifiziert. Anschließend wird der Haushaltsplan dem Parlament in einer Gesetzesvorlage zur Abstimmung überwiesen.[49] Verfassungsrechtlich ist das Parlament dazu befugt, den Staatshaushalt abzulehnen und Veränderungswünsche einzubringen.[50]

Der parlamentarische Entscheidungsprozess bietet zivilgesellschaftlichen Gruppen Möglichkeiten der Einflussnahme. Von entscheidender Bedeutung sind in diesem Zusammenhang die parlamentarischen Fachausschüsse: Zu jedem Ministerium gibt es einen parlamentarischen Fachausschuss, in dem die Politikgestaltung des jeweiligen Ministeriums in öffentlichen Anhörungen erörtert wird.[51] Da über den Staatshaushalt als Ganzes entschieden wird, finden die Anhörungen über den nationalen Haushaltsplan vorwiegend im Finanzausschuss statt. Vertreterinnen und Vertreter der Zivilgesellschaft können in diesen Anhörungen ihren Standpunkt und Änderungsvorschläge einbringen.

Der parlamentarische Entscheidungsprozess bietet der WBI eine Chance: Zum einen gibt es direkte Einflussmöglichkeiten über die Parlamentarierinnen selbst und zum anderen können die zivilgesellschaftlichen Akteurinnen in den öffentlichen Anhörungen auf eine geschlechtergerechte Politikgestaltung und Ressourcenallokation hinwirken.[52] Doch diese Partizipationschance stößt an die Grenzen des Parlaments und dessen Vermögen, die Gesetzesvorlage zum Staatshaushalt tatsächlich zurückzuweisen und Veränderungen zu fordern.[53] Um nur zwei formale Missstände zu nennen: Zum einen wird für den parlamentarischen Entscheidungsprozess eine kurze Zeitspanne eingeräumt, wodurch die eingehende Prüfung des Staatshaushalts und eine ausführliche öffentliche Debatte kaum möglich ist. Zum anderen – und dies ist zentral – kann das Parlament das Recht, den Staatshaushalt zurückzuweisen und einen Änderungsantrag zu stellen de facto nicht wahrnehmen. Bisher fehlt das so genannte „enabling legislation" – also das Gesetz, das das Parlament zur Änderung des Staatshaushaltes bevollmächtigt (so genannte „amendments powers").[54] Ohne diese Änderungsvollmacht verkommt der parlamentarische Entscheidungsprozess zur nationalen Haushaltsplanung zur Farce.

Es ist deutlich geworden, dass für Vertreterinnen der WBI durchaus Chancen bestehen, auf den haushaltspolitischen Entscheidungsprozess einzuwirken, diese jedoch auf politische Grenzen stößt. Solange kein Gesetz zur Änderungsvollmacht des Parlaments erlassen wird, bleiben die Bemühungen, Parlamentarierinnen und Parlamentarier auf geschlechtsspezifische Schieflagen im Staatshaushalt hinzuweisen, wirkungslos.

Die Initiative des Finanzministeriums

Neben der zivilgesellschaftlich-parlamentarischen Initiative wurde im Jahre 1998 ein Gender Budgeting-Vorhaben vom Finanzministerium gestartet, das als Pilotprojekt des Commonwealth Secretariat von dieser auch finanziell unterstützt wurde.[55] In erster Linie musste im Finanzministerium „Aufklärungsarbeit" zur Rolle der Kategorie Geschlecht in der Finanzpolitik geleistet werden. Diese Aufgabe wurde Debbie Budlender, eine der Hauptakteurinnen und Expertin der WBI, übertragen.[56]

In der Regierungsinitiative wurden die Etats einiger Ministerien (zum Beispiel der Ressorts Landwirtschaft, Arbeit, Wissenschaft und Technologie) aus der Geschlechterperspektive analysiert.[57] Die Ergebnisse wurden bei der Formulierung der Haushaltsreporte („Budget Review") in den Jahren 1998 und 1999 berücksichtigt.[58] Im darauf folgenden Jahr ist die Regierungsinitiative jedoch zum Erliegen gekommen und die Kategorie Geschlecht spielt bei der Erstellung der Haushaltsreporte kaum mehr eine Rolle. Debbie Budlender führt dies hauptsächlich darauf zurück, dass zentrale Akteurinnen und Akteure, die sich für die Regierungsinitiative engagiert haben (wie beispielsweise die stellvertretende Finanzministerin), ausgeschieden sind.[59] Doch sicherlich ist in diesem Zusammenhang auch das Auslaufen der Projektlaufzeit im Jahr 2000 nicht unbedeutend. Auf jeden Fall wird deutlich, dass das Bewusstsein der Akteurinnen und Akteure einerseits und der politische Wille andererseits eine zentrale Rolle für die Nachhaltigkeit von Gender Budgeting-Vorgaben spielt.

Veränderung politischer Prioritäten

Unbestritten ist Gender Budgeting eine strategische Vorgehensweise, geschlechtsspezifische Schieflagen der Haushaltspolitik offen zu legen und Ansätze für die geschlechtergerechte Reformulierung des Staatshaushaltes zu entwickeln. Doch bei Gender Budgeting geht es um mehr: Es geht um *Veränderung* von politischen Prioritäten. Gender Budgets liegen nicht plötzlich vor, nur weil zuvor Gender Budget-Analysen durchgeführt wurden. Und diesem Aspekt wird im internationalen Diskurs kaum Beachtung geschenkt. Gender Budgeting wird zumeist auf die Durchführung von Analysen reduziert. Auf Veränderungen hinzuwirken setzt die Auseinandersetzung mit politischen Strukturen und Prozessen voraus. Denn diese determinieren letztlich die Handlungsräume und Einflussmöglichkeiten verschiedener Akteurinnen und Akteure – ob es nun Parlamentarierinnen und Parlamentarier, Vertreterinnen und Vertreter der Zivilgesellschaft oder Ministerialbeamtinnen und -beamte sind. Daher gilt es, der politischen Dimension von Gender Budgeting-Vorhaben Rechnung zu tragen.

Anmerkungen

1 Zu diesen bilateralen Geberorganisationen gehören beispielsweise die „Deutsche Gesellschaft für Technische Zusammenarbeit" (GTZ), das britische „Commonwealth Secretariat" sowie die „Swedish International Development Cooperation Agency" (SIDA).

2 *Sharp/Broomhill* 2002: 25

3 In der Schweiz und in Großbritannien wurden jedoch recht frühzeitig (bereits Mitte der 1990er Jahre) Gender Budget-Vorhaben initiiert. Somit sind diese Länder vielen europäischen Ländern voraus (Budlender 2001: 25).

4 siehe dazu *Nungesser* 2002

5 siehe dazu *von Braunmühl* 2000: 142

6 *Klatzer* 2002

7 *Budlender/Elson/Hewitt/Mukhopadhyay* 2002: 53

8 *Byanyima 2000*: 5

9 *Budlender* 2001: 48

10 *Budlender* 2000: 1367

11 *Sharp/Broomhill* 2002: 26

12 *Budlender* 2000: 1371f.

13 Feministische Ökonominnen haben sich erst im Zusammenhang der Strukturanpassungsprogramme (SAP), die den hoch verschuldeten Ländern des Südens Anfang der 1980er Jahre vom Internationalen Währungsfonds als Bedingung zur weiteren Kreditvergabe auferlegt wurden, mit makroökonomischen Fragestellungen auseinander gesetzt. Hintergrund sind Erkenntnisse darüber, dass die wirtschaftspolitischen Reformen im Rahmen der SAP besonders negative Auswirkungen auf die Lebenssituation von Frauen hatten. So führten beispielsweise die massiven Kürzungen der öffentlichen Ausgaben zu einer Zunahme der Doppelbelastung von Frauen durch die bezahlte Arbeit und die unbezahlten Reproduktionstätigkeiten im Haushalt (*Sparr* 1994: 21ff.).

14 *Manske/Young* 2002:10

15 *Elson* 1999: 4ff.

16 *Elson* 1998: 200f.; 1999: 4f.

17 In den Bilanzen der Volkswirtschaftlichen Gesamtrechnung (VGR) werden bestimmte (nicht-marktförmige) Staatsleistungen als produziert aufgeführt und fließen daher in das Bruttosozialprodukt ein. In dem volkswirtschaftlichen Kreislaufmodell werden die Staatsleistungen jedoch auf monetäre Leistungen verkürzt (Transferzahlungen und Staatsausgaben). Folglich tritt der Staat hier nicht als produzierende Einheit auf.

18 *Bakker*/Elson 1998: 51

19 *Elson* 1999: 8f.

20 *Sharp/Broomhill* 2002: 26

[21] *ebd.*: 31
[22] siehe dazu *Budlender* 2000b
[23] siehe dazu *Budlender* 2000b: 29
[24] siehe www.internationalbudget.org/
[25] *Budlender* 2000a: 1367
[26] *ebd.*: 1370
[27] *Sen* 2002
[28] *Sharp/Broomhill* 2002: 32
[29] siehe *Budlender* 2000a
[30] Institute for Democracy in South Africa (IDASA) und Community Agency for Social Inquiry (CASE).
[31] *Budlender* 2000b: 22
[32] *Budlender/Elson/Hewitt/Mukhopadhyay* 2002: 138
[33] *ebd.*: 1366ff.
[34] Der Wohnort spielt insbesondere vor dem Hintergrund der südafrikanischen Vergangenheit eine wichtige Rolle: Während der Apartheit wurde eine räumlische Rassentrennung durchgeführt, die gleichzeitig auch die Trennung der Geschlechter einschloss. Schwarze Frauen blieben in armen, ländlichen Gebieten und schwarze Männer lebten meist als Wanderarbeiter in städtischen Gebieten (*Budlender* 1996: 45ff.).
[35] *Budlender* 2000a: 1368
[36] Weitere Informationen zu den Publikationen sind zu finden unter der folgenden Internet-Adresse: http://www.idasa.org.za
[37] *Budlender* 2000c: 55
[38] *Budlender* 2000a: 1369
[39] vgl. ANC 1994: Abschnitt 1.4.
[40] *Koelble* 1998: 107
[41] ANC 1994: Abschnitt 5.3.
[42] ANC 1994: Abschnitt 7.7.
[43] *Zulu* 1998: 151
[44] *Budlender* 2000a: 1369
[45] *ebd.*
[46] *Koelble* 1998: 111f.
[47] South African Reserve Bank 1997
[48] *Abedian* et al. 1997: 52
[49] *ebd.*: 80
[50] Constitutional Assembly 1996: 77
[51] siehe dazu *Robinson* 1998
[52] siehe dazu *Krafchik* 1998
[53] *Folscher* et al. 1999: 62ff.
[54] *ebd.*: 65
[55] *Budlender* 2000a: 1367
[56] *Budlender* 2000b: 23

57 Commonwealth Secretariat 1999: 11

58 *ebd.*

59 *Budlender* 2000b: 23

Literaturangaben

*Abendian; Iraj; Ajam, Tania; Walker, Laura (*1997): Promisses, Plans &Priorities-South Africa's Emerging Fiscal Structures. Cape Town/USA 1997: IDASA

Anc: Reconstruction and Development Programme. White Paper. http://www.polity.org.za/govdocs/white_paper/rdpwhite.html

Bakker, Isabella; Elson, Diane: Für ein Budget, das mit Frauen rechnet. Ansätze zu einer makroökonomischen Analyse von Staatsbudgets aus Frauensicht. In: Olympe. Feministische Arbeitshefte zur Politik, Nr.9, 1998, S. 50–61

Braunmühl, Claudia von: Mainstreaming Gender zwischen herrschaftskritischem und bürokratischen Diskurs. In: Gabbert, Karin et al.: Geschlecht und Macht. Jahrbuch Lateinamerika. Analysen und Berichte 24, 2000, S. 139–152

Budlender, Debbi: The Political Economy of Women's Budget in the South. In: World Development Vol. 28, No. 7, 2000a, S. 1365–1378

Budlender, Debbi: Review of Gender Budget Initiatives: The Report of a Global Assessment. Commissioned by the Commonwealth Secretariat, London, 2000b

Budlender, Debbi: The South African Women's Budget Initiative. In: UNDP (Hg.): Women's Political Participation and Good Governance: 21st Cewntury Challenges. UN, New York, 2000c

Budlender, Debbi; *Elson, Diane; Hewitt, Guy; Mukhopadhyay; Tanni*: Gender Budget Makes Cents. Understanding Gender responsive Budgets. Commonwealth Secretariat, London 2002

Byanyima, Winnie: Strengthening Parliamentary Governance through Gender Budgeting: The Experience of Three African Countries, International Workshop on Gender Auditing of Government Budget, Commissione Pari Opportunita, Presidenza del Consiglio dei Ministri, Rome 2000

Çağatay, Nilüfer: Keklik, Mümtaz; Lal, Radikha; Lang, James: Budget as if People Mattered: Democratizing Macroeconomic Policies. UNDP, New York 2000

Çağlar, Günlay: Engendering der Makroökonomie: Chancen und Grenzen feministischer Ansätze. In: feminia politica 11. Jg., Heft 1/2002, S. 48–57

Commonwealth Secretariat: Gender Budget Initiative. A Commonwealth Initiative to Integrate Gender into National Budgetary Processes. Commonwealth Secretariat, London, 1999

Constitutional Assembly: Constitution of the Republic of South Africa. URL.: http://www.polity.org.za/html/govdocs/constitution/saconst.html

Elson, Diane: Gender Budget Initiative. Background Papers. Commonwealth Secretariat, London, 1999

Elson, Diane: The Economic, the Political and the Domestic: Business, States and Households in the Organisation of Production. In: New Political Economy, Vol. 3, No. 2, 1998, S. 189–207

Folscher, Alta; Krafchik, Warren; Shapiro, Isaac: Fiscal Transparency and Participation in the Budget Process. South Africa a Country Report, Cape Town

Himmelweit, Susan: Making Visible the Hidden Economy: The Case for Gender-Impact Analysis of Economic Policy, In: Feminist Economics, Vol 1, No. 1, 2002, S. 49–70

Klatzer, Elisabeth: „Einfluss nehmen auf die Budgetpolitik". Internationale Initiativen und Erfahrungen mit Engendering Budgets. Vortrag im Rahmen der 22. Frauenringvorlesung der AG Frauen in Forschung und Lehre an der WU Wien „Frauen und Budget", 07. bis 08. Juni 2002

Koelble, Thomas A.: The Global Political Economy and Democracy in South Africa. New Jersey, London

Krafchik, Warren: The South African Women's Budget Initiative as an Advocacy Instrument. Cape Town, http://www.idasa.org.za/final/publications/Advocacy.htm

Manske, Alexandra; Young, Brigitte: Engendering der Makroökonomie: Eine Einleitung. In: feminia politica 11. Jg., Heft 1/2002, S. 9–12

Norton, Andy; Elson, Diane: What's Behind the Budget? Politics, Rights and Accountability in the Budget Process. DFID, London 2002

Nungesser, Karin: Keine Zauberformel. In: Freitag, 10.05.2002

Robinson, Shirley: The Budget – A Tool for Change. Draft Training Manual for Social Advocats. Cape Town, http://www.idasa.org.za/final/publication/tmanual.htm

Sen, Gita: Engendering von Finanzministerien. In: feminia politica 11. Jg., Heft 1/2002, S. 578–69

Sen, Gita: Gender Mainstreaming in Finance. A Reference Manual for Governments and Other Stakeholder. Commonwealth Secretariat, London 1999

Sharp, Rhonda; Broomhill, Ray: Budgeting for Equality: The Australian Experience. In: Feminist Economics Vol. 8, No. 1, 2002, S. 25–47

South African Reserve Bank: Annual Economic Report 1997. http://www.resbank.co.za/Economics/year97/pubfin.html

Sparr, Pamela: Feminist Critiques of Structural Adjustment. In: Dies. (Hg.): Mortaging Women's Lives. Feminist Critiques of Structural Adjustment, London 1994

Unifem: Progress of the World's Women 2000. Unifem Biennal Report. UN, New York 2000

Zula, Lindiwe: The Role of Women in the Reconstruction and Development of the New Democratic South Africa. In: Feminist Studies. Vol. 24, Nr. 1, S. 147–157

Gewinn für Arbeitswelt und Lebensqualität?

SIBYLLE PETERS

Perspektivenvielfalt für Frauen und Männer im Management?

Der Wandel in das 21. Jahrhundert vollzieht sich über eine Perspektivenvielfalt in Gesellschaft und Wirtschaft, der die Struktur der Industriegesellschaft und ihre Identität auflösen wird. Die zukünftige Dienstleistungs- und Wissensgesellschaft[1] wird sich wesentlich durch eine Perspektivenvielfalt ausweisen, und zudem werden Männer und Frauen neue Lebensformen in Gesellschaft und Wirtschaft finden müssen. Diese Vielfalt innerhalb gesellschaftlicher Substrukturen zu entfalten und zu leben, erfordert neue Formen von Interaktion und Kommunikation sowie veränderte Steuerungen von (Netzwerk-) Organisationen in Gesellschaft und Wirtschaft, die wiederum in nationalen und transnationalen Norm- und Ordnungssystemen von Globalisierung und Netzwerkstrukturen weltpolitischer Orientierungen eingebettet sind. Es geht um neue Optionen für „vernünftige" Gestaltungsaufgaben zur Bewältigung von Zukunft, in der Männer und Frauen neue Lebensformen in Gesellschaft und Wirtschaft finden müssen.

Infolge struktureller Veränderungen drücken, so Castells, Globalisierung und Identität widerstreitende Tendenzen aus, von der die Welt geprägt werden wird.[2] Darin tritt Identität zunehmend in vielfältigen Formen auf. Die Zunahme der Vielfältigkeiten von Identität geht einher mit der Auflösung gemeinsamer und gemeinsam geteilter Identitäten, wie sie in der Struktur der Industriegesellschaft in ihrer bisher gültigen Form als sinngebendes soziales System vorhanden war. Die Auflösung bisheriger gültiger und anerkannter Formen in Subsystemen der Gesellschaft fordert neue Formen von Vielfältigkeit. Sie fokussiert auf neue Weise ihre Identitätsvielfalten auf vielfältige Formen von Flexibilisierungen und gleichermaßen von Wahrnehmung und Akzeptanz in veränderten Arrangements der Sphären von Leben und Arbeit und ihres Verhältnisses zueinander.[3]

Innerhalb von Entwicklungen zur Dienstleistungs- und Wissensgesellschaft differenzieren sich Identitäten und fordern plurale Formen der Wahrnehmung von Akzeptanz in mannigfaltigen Transformationsprozessen ein. Die Gestaltung der Personal- und Führungskräfteentwicklung öffnet sich zunehmend Fragen der Wahrnehmung von Identität und damit Individualität, und damit Fragen zur Geschlechterrepräsentanz. Geschlecht war als gesellschaftspolitisches Ordnungsprinzip lange und weitgehend geschlechtsneutral und insbesondere Organisationsentwicklung war davon nicht betroffen. Gender Mainstreaming als Begriff steht für eine neue organisationale, nationale und weltgesellschaftliche Strategie zur Erreichung von Gleichstellung und Chancengleichheit, um Geschlechterungleichheit als eine grundlegende Aufgabe des neuen Jahrhunderts in Gesellschaft und Wirtschaft aufzuheben.

Geschlechterdifferenz als eine „vernünftige" Gestaltungsaufgabe zur Bewältigung von Zukunft lässt sich auf folgenden drei Ebenen in Gesellschaft und Wirtschaft verorten:

- Identität und Interaktion, die die Förderung der individuellen Ebene durch Bildung und Erziehung sowie die Wertschätzung beider Geschlechter gegenseitig unterstreichen,
- Organisationen und Institutionen, die Frauen und Männer als soziale Einheiten trennen oder vereinen und
- Weltgesellschaft in nationalen und transnationalen Formen von sozialen Regelungen und supranationalen Ordnungssystemen, die ihre Wirkung auf die beiden erstgenannten Ebenen entfalten und umgekehrt.[4]

Dieser Beitrag konzentriert sich ausschließlich auf die organisationale und institutionelle Ebene, da sich auf dieser Ebene die Verteilung von Menschen in modernen Gesellschaften auf Berufe und Positionen vollzieht, die schon vorab durch Berufe und eine geschlechterspezifische vertikale Segregation getrennt sind.[5] Diese Prozesse der Trennung nimmt nicht der Arbeitsmarkt schlechthin vor, sondern Unternehmen, in denen Personalentscheidungen getroffen und Beförderungskriterien im Kontext von Personal- und Organisationsentwicklung festgelegt und folglich die segmentierten geschlechtlich segregierten Teilarbeitsmärkte fortgeschrieben werden. Das rückt nun ins Blickfeld: Gender Mainstreaming und weitere sich ausdifferenzierende Perspektiven wie Management Diversity haben auf dieser Ebene ihren Ausgangspunkt und präzisieren ihre Zielstellungen zur Umsetzung von Gleichstellung und Chancengleichheit von Männern und Frauen. Von dieser Ebene aus werden die beiden anderen genannten Ebenen beeinflusst werden und umgekehrt, ohne dass der Beitrag dieses aufgreift.

Fragen von Geschlechterungleichheit und Chancengleichheit sind im Wandel begriffen und finden bipolar in Kontexten von Beharrung und Widerstand und als Angleichung und Förderung von Geschlechtergleichheit und Gleichstellung statt. Dass Fragen der Gleichstellung als notwendig erachtet werden, zeigt sich darin, dass z.B. eine zentrale Hypothese ist, dass die Geschlechterhierarchie derzeit immer noch stabil geblieben ist und in ihr Geschlechterstereotypen in berufliche Interaktionen eingebunden seien, die sich als zählebig erweisen. Diese Hypothese ist Grundlage von Gender Mainstreaming und anderen Ansätzen, weil sie immer auch Vorstellungen über den unterschiedlichen Status von Männern und Frauen beinhaltet und diese Statusannahmen zählebiger als strukturelle Veränderungen in der Gesellschaft, auf dem Arbeitsmarkt und dem Berufsleben sind. Geschlechterstereotypen sind in Organisationen eingeschrieben und haben die Tendenz, sich in neue Organisationsformen wieder neu einzuschreiben.[6] Gleichstellung und Chancengleichheit bewegen sich folglich zwischen Beharrung und Widerstand durch Formen wie Geschlechterstereotypen und Angleichung und Förderung. Aufgabe sei es, die Geschlechterstereotypen bewusst zu machen, um sie auflösen zu können.

In den folgenden Ausführungen werden auf der organisationalen Ebene drei Perspektiven vorgestellt, die ungleichzeitige Prozesse von Beharrung und Förderung aufgreifen, und damit auf die notwendige Verzahnung von Personal- und Organisationsentwicklung hinweisen. Damit soll die Vielfalt skizziert werden, die allein nur auf der organisationalen Ebene zu diesen Fragen gegeben ist. Dieses lässt sich z.B. an den folgenden Kernpunkten aufzeigen:

- als Beharrung und teilweisen Widerstand lassen sich Phänomene wie das der „gläsernen Decke“[7] und die Diskussion um Doppelkarrieren aufgreifen,
- als Personal- und Führungskräfteentwicklung, die von weltgesellschaftlich beeinflussten supranationalen Regelungssystemen Strategien wie Gender Mainstreaming, Management Diversity und in Ansätzen als Change Management Zielkonzepte aufgreifen, die alle miteinander bestehende Strukturen von Personalentwicklung auf der Basis von Laufbahnen flexibilisieren,

- als Mikro-Strategien werden nunmehr Karriere und Anreiz- als auch Leistungssysteme innerhalb eines Individual- und Gruppenmanagements von Führungskräfteentwicklung verbunden, wobei dieses durchaus kompatibel mit Strategien der zweitgenannten Ebene sein kann oder als Varianten der Ergänzung gesehen werden kann.

Zunächst soll das Argument der Beharrung von Geschlechterungleichheit im Kontext von Führungsnachwuchsförderung aufgegriffen werden, das sich der Wahrnehmung in der „geschlechtsneutralen" Personal- und Organisationsentwicklung entzieht.

Geschlechterungleichheit am Beispiel von der „gläsernen Decke" und die Diskussion um Doppelkarrierenpaare

Auf der Organisationsebene in der Verwaltung wie in Unternehmen werden Segregationsprozesse relevant. Sie zeigen sich in einer Vielzahl von Facetten und wirken, wenn auch verschieden, in Form von horizontaler wie vertikaler Segregation, wobei Frauen in Tätigkeitsfeldern und Berufsgruppen auf horizontaler Ebene[8] dominant vertreten sind. Die bestehende Ungleichgewichtung am Arbeitsmarkt (die fehlende Präsenz von Frauen auf dem vertikalen Arbeitsmarkt in Führungspositionen) ist weder durch eine Angleichung der Bildungschancen noch durch eine steigende Erwerbsquote von Frauen aufgehoben worden. Entwicklungen und eine berufliche Integration von Frauen sind jedoch dann grundsätzlich möglich, sobald Organisationen eine formalisierte Personalpolitik betreiben und die Beschäftigungsgröße zunimmt. Gleichwohl ist der Weg in eine Spitzenposition für Frauen mit deutlich höheren Barrieren gepflastert als für Männer gleicher Qualifikation.[9]

Dazu haben Osterloh/Littmann-Wernli[10] eine Untersuchung in Schweizer Unternehmen vorgelegt und sich dem Phänomen zugewandt, dass Frauen in Spitzenpositionen aufgrund ihrer familiären Verpflichtungen und ihrer Rollenkonflikte ein höheres Fluktuationsrisiko, eine geringere Arbeitsmotivation, eine geringere Durchschnittsproduktivität etc. aufweisen würden. Deshalb bevorzugen Arbeitgeber trotz des mittlerweile stark gestiegenen formalen Bildungsniveaus von Frauen immer noch männliche Führungskräfte. Die Autorinnen haben Unternehmen dazu befragt, ob die „gläserne Decke" zwischen dem Mittleren Management und Spitzenpositionen deshalb für Frauen so undurchdringlich sei und die Geschlechterungleichheit in vertikalen Berufspositionen nicht durch Barrieren verhindert wird, sondern im Verhalten der Frauen liegt. Die empirische Untersuchung zeigt: Zahlreiche Arbeitgeber sind von ihren Vorurteilen, dass Frauen infolge von Doppelbelastung etc. ein Fluktuationsrisiko darstellen, so überzeugt, dass sie darauf verzichten, überhaupt vergleichbare Fluktuationsdaten für entsprechende Entscheidungen heranzuziehen und lassen sich von ihren Vorurteilen bei Personalentscheidungen leiten.

Insofern unterliegen Frauen einer statistischen Diskriminierung, die dann gegeben ist, wenn von einzelnen Personen einer Gruppe von Arbeitskräften aufgrund von Durchschnittserwartungen über das Verhalten einer ganzen Gruppe Annahmen und Vorurteile existieren, die keiner weiteren Überprüfung unterzogen werden.[11] Frauen sind besonders häufig der statistischen Diskriminierung unterworfen, weil ihnen aufgrund ihrer „Doppelbelastung" in Familie und Beruf überdurchschnittlich häufig Berufsunterbrechungen unterstellt werden. Die Autorinnen zeigen auf, dass das vermeintliche rationale Einstellungs- und Beförderungsverhalten als „vernünftige" Führungsnachwuchsentwicklung von Unternehmen als „Teufelskreis" der statistischen Diskriminierung im Sinne einer sich selbst erfüllenden Prophezeiung wirkt. Entsprechend passen Frauen ihre beruflichen Ansprüche an die ihnen offerierten Beschäftigungschancen an: sie stecken ihre Karriereziele niedriger und infolgedessen kommt die „gläserne Decke" zum Tragen. Eine geringere Anzahl qualifizierter Frauen steht zur Auswahl, weil nicht alle Frauen einen Mehraufwand, den die Autorinnen mit „Signalkosten" umschreiben, auf sich nehmen wollen, um die „gläserne Decke" zu durchdringen und von Seiten der Unternehmen nichts unternommen wird, ihre eigenen Vorurteile zu hinterfragen. Die Stabilität stereotypischer Verhaltenserwartungen der Unternehmen gegenüber Frauen ist ungebrochen, und so hält sich das Phänomen der hohen Doppelbelastung von Frauen als ein Geschlechterstereotypus mit „Breitenwirkung" aufrecht, und Unternehmen selbst reproduzieren diese Stereotypen, statt Frauen in Führungspositionen zu fördern.

Ein anderes Phänomen von Prozessen des Beharrens und fehlender Angleichung von Chancengleichheit zeigen Domsch/Ladwig[12] unter dem Aspekt von Doppelkarrierepaaren und neue Karrierekonzepte auf. Hierbei geht es um einen Wandel des Begriffs Karriere[13] in seiner Bedeutungszuschreibung. Über den individuellen Aufstieg hinaus wird eine Wertverschiebung im Bestreben nach einer Gleichgewichtsfindung zwischen den Geschlechtern aufgegriffen. Dieses Konzept trägt folglich der Tatsache der Verzahnung und Interdependenz verschiedener Lebenssphären und Lebensführungsstile Rechnung. Demzufolge geht es um Überlegungen, Langfristigkeit von Lebenslauf und Sinn in den Regulierungen von Lebensbedingungen auf den Ebenen von Personal- und Organisationsentwicklung aufzugreifen, dergestalt, dass die Regulierungen der verschiedenen Lebensbedingungen und -weisen für alle Beschäftigtenebenen allgemein aufzugreifen sind und insbesondere Gegenstand von Organisationsentwicklung auf dem vertikalen Arbeitsmarkt für Spitzenpositionen zu sein hat. Die Folgen von Beschäftigungsverhältnissen werden im Vorfeld von Handlungen und Karriereentscheidungen gesehen und entschieden. Kurzfristige Erfolge und außengesteuerte Erwartungsentsprechungen erhalten bei der Aufnahme einer neuen Tätigkeit weniger höhere Präferenzen, d.h. eine isolierte „Aufstiegskarriere" wird nicht uneingeschränkt, d.h. ohne Erwägungen der Lebensweisen vorgezogen.[14] Derartiges Entscheidungsverhalten diskutieren die Autoren als beruflich-privates Interdependenzgefüge unter betriebswirtschaftlichen Relevanzaspekten. Sie thematisieren, wie globalisierte Unternehmen mit diesem Phänomen der Wertigkeitsveränderung von Lebenslaufplanung und privaten Entscheidungsprozessen zur Vereinbarkeit von Familie und Beruf als wichtigste arbeitsbezogene Lebensfrage beider Partner umgehen. Das Verlassen des Unternehmens durch einen karriereorientierten Mitarbeiter ist aufgrund von daraus resultierenden Humankapitalverlusten sowohl betriebswirtschaftlich als auch unter Wettbewerbsfaktoren zum Erhalt von und der Suche nach qualifizierter Mitarbeiterkompetenz relevant. Für Personalentwicklung und Führungsnachwuchsentwicklung ist hier ein neues Feld. In ihrer Untersuchung beschreiben die Autoren Einzelbeispiele von Unternehmen und verweisen auf einen erheblichen Forschungsbedarf für eine Neuausrichtung von Personalentwicklung.

Geschlechterungleichheit zeigt sich an den beiden hier benannten Einzelfragen und empirischen Erhebungen, die weder in Form einer fehlenden Angleichung noch in Widerstandsformen durch Personalentscheidungen entstehen. Beide Beispiele verdeutlichen die fehlende Wahrnehmung von Lebensfragen in gegebenen Kontexten von Personal- und Organisationsentwicklung, denn diese beiden Analysen zeigen, dass hier Prozesse und Entscheidungen auf der Personalentwicklungsebene ihre Wirkung entfalten, ohne Kriterien von Personal- und Organisationsentwicklung selbst zu sein. Die diesbezüglichen Entscheidungen werden im Kontext von Handlungen und Entscheidungen bezüglich Lebensführungsfragen getroffen. Soll Chancengleichheit verfolgt werden, sind diese von der Personalverwaltung aufzugreifen, da sich zeigt, dass Barrieren der nicht gegebenen Präsenz von Frauen und Männern im Management außerhalb von Personalentwicklung ihre Dynamik haben.

Perspektivenvielfalt in organisationalen Kontexten: Gleichstellung und Chancengleichheit über Gender Mainstreaming, Management Diversity und Change Management

Wurde im vorherigen Kapitel auf eher punktuelle Erscheinungen hingewiesen, die Aspekte von Beharrung verdeutlichen (weil es keine des aktiven Widerstands sind, werden sie mit dem Begriff des Beharrens umschrieben), soll nunmehr auf strukturelle und politische Aspekte eingegangen werden. Perspektivenvielfalt für die Bewältigung und Steuerung von Organisationen und Institutionen in Gesellschaft und Verwaltung bedürfen veränderter Strategien zwischen zunehmender Globalisierung und vielfältigen Formen von Identität. Gleichstellungsfragen sind nicht mehr außerhalb von Organisationsentwicklung in Verwaltung und Wirtschaft zu sehen, die veränderte Strukturprinzipien zwischen mehr Autonomie von Individuen und Teilsystemen anstreben. Der gesellschaftliche Diskurs zu Fragen von Geschlechterungleichheit oder – differenz ist Teil moderner Gesellschaftssphären, die insgesamt von Wandel und Umstrukturierungen betroffen sind. Umstrukturierungen greifen aus verschiedenen Gründen und Perspektiven ineinander, wobei eine der grundlegenden Veränderungslinien diejenige ist, dass Politik und Staat Aufgaben teilweise neu definieren und damit einen Modernisierungs- und Reformdruck auf alle Organisationen und Institutionen von

Gesellschaft und Wirtschaft auslösen.[15] Modernisierungen äußern sich in der Weise, dass für neue gesellschaftliche Vermittlungs- und Entscheidungsformen innerhalb der verschiedenen Subsysteme in Gesellschaft, Wirtschaft u.a. neue Strukturen benötigt werden, die auf kommunikative, nicht monetäre Beziehungen setzen, d.h., dass sie sich nicht in Macht- oder Geldverhältnisse auflösen lassen. Es sind neue Strukturen erforderlich, in denen Organisationen als Akteure der Gesellschaft die Initiativen zu Veränderungen und Wandel selbst initiieren. Das beinhaltet, dass moderne Gesellschaften durch eine zentrifugale Dynamik funktionaler Differenzierungen und eigensinniger Teilsystemrationalitäten gekennzeichnet sind, verursacht durch gesellschaftliche Prozesse der Säkularisierung, Kontingenzsteigerungen oder Prozesse zunehmender Zivilisierung.[16]

Notwendig ist dazu eine Sichtweise aller Akteure, indem Veränderungen von den autonomen, spezialisierten und kompetenten Teilsystemen ausgehen und fragen, wie diese in einem synergetischen und produktiven Zusammenhang durch Kommunikation und Interaktion gebracht werden können, ohne dass die Teilautonomie der Teile dadurch eingeschränkt wird. Dieser synergetische Zusammenhang kann durch eine vernetzte organisationale Steuerungs- und Kommunikationsstruktur gewährleistet werden, für die die einzelnen Teilsysteme die dazu notwendige Abstimmung zwischen hochorganisierten Akteuren und ihren Funktionssystemen über gemeinsame Infra- und Kommunikationsbedingungen schaffen, die die Respektierung und Anerkennung des Anderen für Veränderungsprozesse[17] voraussetzen. Als ein solches System, das von weltgesellschaftlich geleiteten nationalen und transnationalen Substrukturen ausgeht und neue Synergien durch neue soziale Regelungen durch supranationale Ordnungssysteme sucht, ist Gender Mainstreaming als zentrale Strategie zu nehmen,[18] aber auch Management Diversity. Da Verwaltungen des Staates andere Aufgaben zu bewältigen haben als Organisationen der Wirtschaft, haben beide genannten Strategien unterschiedliche Auren um sich gebildet. Verwaltungen des Staates haben gegenüber dem Bürger neben der Effizienz der Verwaltung selbst Verpflichtungen. Infolgedessen haben sich zur Steuerung von Gleichstellung der Geschlechter in Organisationen von Verwaltungen andere Strukturen herausgebildet als in der Wirtschaft, sie haben jedoch alle ihren Ursprung und ihren Ausgangspunkt in nationalen und transnationalen

Formen von sozialen Regelungen und insbesondere Frauenrechtskonventionen, die erstmalig in der UN-Frauenvollversammlung (1979) von vielen Ländern seinerzeit ratifiziert wurden. Sie haben auf supranationale Ordnungssysteme ihre Wirkung nicht verfehlt. In dieser Tradition stehen die beiden großen Strategien Gender Mainstreaming für die nationale und supranationale Ebene und Management Diversity für Gleichstellung in globalisierten Unternehmen. Zusätzlich werden teilweise Aspekte von Gleichstellungsfragen innerhalb von Change Management-Strategien diskutiert. Alle drei Strategien nehmen das Medium Wissen in Fragen von Gleichstellung und Chancengleichheit als neue Teilsysteme von Personal- und Organisationsentwicklung auf, die bisher nicht gegeben und präsent sind, aber in Regelwerken von Personal- und Organisationsfragen als Geschlechterstereotypen Vorstellungen über den unterschiedlichen Status von Männern und Frauen beinhalten, weil sie dort in gegebenen beruflichen Interaktionen eingewoben sind. Sie werden kurz vorgestellt.

Gender Mainstreaming als Organisationsentwicklung in der Verbindung von Organisation und Geschlecht

Im Grundgedanken geht Gender Mainstreaming davon aus, dass in vielen nationalen Rechtssystemen die Gleichstellung zwar per Gesetz vollzogen ist, jedoch Geschlechterhierarchie und Geschlechterstereotypen sich in sozialen Systemen in Interaktion und Organisationen aber gehalten haben bzw. offensichtlich so nachhaltig in Regelwerke sozialer Systeme eingebunden sind, dass sie ihre Wirkungen unbeeinflusst von Frauenrechtskonventionen entfalten können. Der Amsterdamer Vertrag[19] als Staatenvertrag will mit Aufforderung und Verpflichtungsklausel in Verwaltungen und Organisationen verschiedener gesellschaftlicher Subsysteme darauf hinwirken, dass in Umstrukturierungen neue gesellschaftliche Vermittlungs- und Entscheidungsformen zum Tragen kommen, die die Gleichstellung und Chancengleichheit aufnehmen, indem die Akteure zum Ausgleich von Benachteiligungen des unterrepräsentierten Geschlechts in der beruflichen Laufbahn den Gender-Mainstreaming-Ansatz verfolgen. Die Initiativen dazu sollen von den Akteuren der entsprechenden Organisationen selbst ausgehen bzw. entfaltet und damit Prozesse zunehmender Zivilisierung eingeleitet werden. Dieses soll Wirkung in Verwaltungen von Kommunen, Ländern und den Bundesverwaltungen mit Ausstrahlung auf Organisationen in anderen Rechts- und Trägerformen zeigen. Der Focus dieses Ansatzes konzentriert sich darauf, mittels nationalstaatlicher Regelungen die Lebensbedingungen und -weisen der Menschen (als Beschäftigte in den Verwaltungen sowie in der Betreuung der Bürger als Kunden durch die Beschäftigten der Verwaltungen) in ihrem zeitgemäßen Kalkül zu unterstützen und neue Beschäftigungsverhältnisse mit den sich daraus ergebenen neuen Formen von Ordnungen für das Arbeits- und Familienleben unter Berufung auf die EU-Gesetzesinitiative zu etablieren. Damit wird das zurückliegende standardisierte „Normalarbeitsverhältnis“, das sich u.a. in der Industriegesellschaft durch die männliche Laufbahnkarriere hoch spezialisiert hat, hinterfragt. Es funktionierte nämlich nur deshalb so gut in verschiedenen gesellschaftlichen und auch wirtschaftlichen Subsystemen, weil zu dieser Seite der Medaille als stabilisierende Formen und Ordnungen des Arbeitslebens die Ordnungsstrukturen des Familienlebens in Abhängigkeit von dem „Normalarbeitsverhältnis“ (des Mannes) mit dem Fokus auf die männliche Erwerbsbiographie hinzukommen und miteinander verwoben sind. Es gilt, diese nicht mehr zu stabilisieren, sondern im Interesse von Geschlechtergleichheit neue Ordnungen des Arbeits- und Familienlebens zu entwickeln, die Frauen als gleichberechtigte Akteure anerkennen und ihnen u.a. den Zugang zu Spitzenpositionen ermöglichen. Das beinhaltet, die Ordnungen des Verhältnisses von Arbeit hier und Leben auf der anderen Seite aufzuheben und Arbeit und Leben für beide Geschlechter in neuen Ordnungen in ihrem Verhältnis zueinander zu pluralisieren und Perspektivenvielfalt zuzulassen. Akteure sind insbesondere Gleichstellungsbeauftragte auf verschiedenen Verwaltungsebenen.

Zu den wichtigsten Instrumenten der Gender Mainstreaming-Expertise[20] gehören:

- Gleichstellungsförderungsgesetze,
- Zielvereinbarungen von Organisationen und Organisationseinheiten,
- Personalentwicklungsinstrumente.

Management Diversity

In den USA ist seit jeher das Verhältnis von Staat und (Privat-) Wirtschaft ein anderes, und infolgedessen haben auch die Entwicklungen zu Fragen von Gleichstellung und Chancengleichheit der Geschlechter auf der Basis von Frauenrechtskonventionen eine andere Entwicklung genommen als in Europa, jedoch sind beide Entwicklungen jeweils nicht ohne die andere zu verstehen. Den rechtlichen Hintergrund für diverse Praktiken der staatlichen Einflussnahme bilden z.B. Expertisen wie *Civil Rights Act* von 1964, die *Glass Ceiling Commission* bis hin zur *Affirmative Action*[21] zur Regelung der gleichberechtigten Behandlung aller Arbeitnehmer im Unternehmen und zur Unterlassung von unerwünschter Diskriminierung.

Diversity heißt, eine gleichmäßige, dem Angebot auf dem Arbeitsmarkt angepasste Besetzung aller Stellen – auch Führungspositionen – durch Männer und Frauen zu erreichen und übernimmt als Strategie der Vielfalt und Gleichheit folglich eine „Erweiterung von Denkspektren". Es geht auch in dieser Strategie um die Einbindung von Frauenförderung durch die Option der Erweiterung der Perspektive, Frauen für und in Führungspositionen wahrzunehmen, bzw. ihnen Optionen zu ermöglichen und ihren Anteil in Führungspositionen zu erhöhen.[22] Diversity beinhaltet Verschiedenartigkeit und Gleichheit von Menschen und bezieht sich auf Komponenten von unterschiedlichen Merkmalen der Beschäftigten einer Organisation und deren adäquaten Integration.[23] Zu den klassischen wahrnehmbaren Merkmalen zwischen Verschiedenartigkeit und Gleichheit gehören neben dem Geschlecht, Rasse, Alter, ethnischer und nationaler Zugehörigkeit auch kaum wahrnehmbare Erscheinungsformen, wie religiöse Überzeugung, Lifestyle, Bildung, Sprache, kulturelle Werte etc., die zu den so genannten sekundären Kriterien zählen. Diese zählen zu den zukunftsweisenden Kriterien, denn Frauen tun sich schwer damit, eine Anerkennung ihrer Lebensweisen per Geschlecht zugesprochen zu bekommen. Sie wollen – vergleichbar mit dem Grundgedanken im Gender Mainstreaming –, dass ihre Vorstellungen von Lebens- und Arbeitsweisen in anders gelebten Formen von Lifestyle, Wertevorstellungen, Bildungsauffassungen etc. in Personal- und Organisationsentwicklung ebenso wie in weltgesellschaftlichen sozialen Regelsystemen Akzeptanz erfahren.

Dieser Ansatz wird vor allem für globalisierte Unternehmen relevant, anderssprachigen und anderen Ethnien angehörigen Mitarbeitern Beachtung und Chancengleichheit zu ermöglichen, weil vor dem Hintergrund der jeweils gegebenen kulturellen Eingebundenheit und ihrer Besonderheiten eine Beachtung dieser Vielfalt und Verschiedenheit der Beschäftigten ökonomisch geboten und sinnvoll erscheint. Für die strategische Umsetzung sind die Akteure, anders als im Gender Mainstreaming-Ansatz weder die betroffenen Beschäftigten noch ihre Vertretungen als Gleichstellungsbeauftragte, sondern die Akteure sind der Personalführung zuarbeitende Diversity-Teams. Für das Personalmanagement und die ihm zur Seite stehenden Diversity-Teams besteht die Herausforderung darin, durch die Einbindung bisher außenstehender Gruppen einen Ausgleich herzustellen und damit Diskriminierung auszugleichen, indem die Herstellung und Förderung von Gleichstellung und Chancengleichheit durch Mitarbeiter und Führungskräfte im eigenen Interesse zu verfolgen ist. Innerhalb der Privatwirtschaft kann nicht mehr ignoriert werden, dass durch die Förderung von Gleichstellung und Chancengleichheit für Frauen Wettbewerbsvorteile genutzt werden können. In den USA werden Unternehmen Wettbewerbsvorteile unter dem Begriff von *Affirmative Action* auf der Basis von Management Diversity gewährt. Zu den wichtigsten Instrumenten der Management-Diversity-Expertise gehören:

- Diversity-Audits,
- Zielvereinbarungen,
- Personalentwicklungsinstrumente.

Change Management

Unter diesem Begriff werden heterogene Prozesse von Veränderungsstrategien gebündelt, um den Anteil von Alternativen durch Optionsvielfalt zu erhöhen. Der Begriff ist eine Sammelbezeichnung von heterogenen Strategien, die den Wandel von organisatorischen und sozialpolitischen Themen unter der Besetzung und Bearbeitung des Themas „Human Ressource“ aufgreifen. Veränderungsprozesse sollen fokussiert werden auf die Human Ressourcen, da ihr bisher zu wenig Beachtung innerhalb von organisationalen Umstrukturierungen zuteil wurde. Der Aspekt von Gleichstellung und Chancengleichheit kommt innerhalb dieser Strategien jedoch nur indirekt zum Tragen, indem dazu Modelle entwickelt werden sollen, die über integrierte Personalkonzepte – z.B. durch eine frühzeitige Informierung, Aufklärung über Unternehmensentwicklungen und eine Karriere-Entwicklung – innerhalb von Human Ressourcen-Ansätzen Männer und Frauen gleichermaßen einbinden. Das ist für Unternehmen nicht selbstverständlich und muss deshalb geradezu geübt werden.[24] Dabei wird argumentiert, dass die Chance zu nutzen sei, dass Unternehmen bisher nicht gesehenes, also „nicht-gewusstes" Wissen von Trägern der Human Ressource – über das insbesondere Frauen verfügen – für Veränderungsprozesse von Personalentwicklungsstrategien zugeführt werden könne. Zu managen seien folglich nicht greifbare, immaterielle Ressourcenaspekte, wie individuelles Expertenwissen, die Unternehmenskultur, Aus- und Weiterbildungmöglichkeiten, die Motivation der Beschäftigten etc. Hierunter sind Strategien gebündelt, die Kenntnisse bisher wenig bekannten Wissens in und von Organisationsabteilungen, in denen Frauen vertreten sind, enthalten und bewusst unter wettbewerbstrategischen Aspekten einzubinden sind. Zu den wichtigsten Instrumenten der Change Management-Expertise gehören:

- Zielvereinbarungen,
- neue Personalentwicklungsinstrumente,
- Motivations- und Anreizsysteme,
- Audit-Verfahren.

Fazit aller drei skizzierten Strategien: Es handelt sich insgesamt um Unternehmensstrategien, mit denen sich Unternehmen präsentieren, denn moderne Gesellschaftsformationen zeichnen sich dadurch aus, dass sie im Arbeits- wie im Privatleben bei allen Tätigkeiten einen Aushandlungsprozess der Betroffenen und Mitwirkenden unter Einbeziehung ihrer Interessen zum Gegenstand von Organisationsentwicklung machen. Gegenwärtig werden z.B. für den Bereich von Gender Mainstreaming über öffentliche Vergabesysteme Evaluierungen entwickelt und durchgeführt, um zu prüfen, ob und wie diese Instrumente greifen und über Perspektivenvielfalt Frauen in Führungspositionen fördern und sie dort etablieren. Weitere Entwicklungen sind abzuwarten.

Karriere und Anreiz- (und Leistungs-) Systeme

Die Grundlagen der Berufs- und Wirtschaftswelt haben sich verändert, Wissen wird eine Ressource für die Steuerung von Wirtschaftsströmen, deren Ausmaße nicht vorher zu sehen und folglich nicht aufzuspüren sind – wie innerhalb der Strategien Gender Mainstreaming und Management Diversity diskutiert. Perspektivenvielfalt innerhalb von Organisations- und Personalentwicklungsstrategien aufzugreifen, beinhaltet, auch „nicht-bekanntes" Wissen, über das Frauen verfügen, zu nutzen. Infolgedessen sind Fragen von Geschlechterhierarchie und Geschlechterstereotypen Gegenstand von Personal- und Organisationsentwicklung, wie in den benannten Strategien skizziert. Sie sollen Beharrungsmomente wie Nicht-Wahrnehmungen des Anderen (als Geschlecht) in veränderten Strategien aufgreifen, in dem eine Vielfalt von Wissen als bisher wenig beachtete weibliche Human-Ressource in organisationalen und transnationalen Wirtschaftsströmen sowie in strategischen Managementstrategien Beachtung und Bedeutung zukommt.

Auf einer Mikro-Ebene jenseits oder als Ergänzung von globalen Gleichstellungs- und Anti-Diskriminierungsstrategien finden Begriffe wie Anreiz- und/oder auch Leistungssysteme immer mehr Beachtung als aktive und dezentral sofort wirksam einsetzbare Instrumente, um Organisationsentwicklung unter Beachtung der Human-Ressource einzuleiten und/oder zu legitimieren. Sie zielen nicht mehr nur auf den einseitigen Abbau von Benachteiligungen von Frauen, sondern darauf, die Entwicklung eines beiderseitig vorteilhaften Verhältnisses zwischen den Geschlechtern in allen Bereichen des gesellschaftlichen Lebens zu fördern. Dieses vollzieht sich unter ökonomischem und betriebswirtschaftlichem Kalkül. Eine wesentliche Voraussetzung für derartige neue Umsetzungen sind die Schaffung von Motivation und Formen von Partizipation, die über Anreize eine Veränderung einleiten können, d. h., sie versprechen u. a., den in der Erwerbsarbeit so dauerhaft anhaltenden geschlechtlichen Charakter in Form von Geschlechterstereotypen durch neuartige Personalentwicklungsinstrumente aufzunehmen und zugunsten eines geschlechterspezifischen Charakters zu verändern. Folglich haben insbesondere neue Formen von Personalbeurteilungen Konjunktur, die in den Kriterien geschlechterspezifische Besonderheiten von Lebens- und Arbeitsweisen aufnehmen können. Auch Personalbeurteilungen, ebenso Methoden von Laufbahn-, Karriere- und Führungsnachwuchsfolgeplanung, sind geschlechterneutral und damit immer an dem „Normalarbeitsverhältnis" der männlichen beruflichen Entwicklung orientiert.

Laufbahn, Karriere und Leistung sind heute Begriffe im Kontext von Anreizsystemen, wobei sich alle Begriffe flexibilisieren. Auffallend ist, wie schnell der Begriff Laufbahn als Begriff von Rollen- und Positionszuschreibungen aus der personalpolitischen Diskussion „verschwunden" ist, signalisierte er doch die Aufrechterhaltung und lebenslaufspezifische Entwicklung des „Normalarbeitsverhältnisses" in vertikalem Aufstieg. Der Begriff Karriere macht Karriere.[25] Die Muster von Karrieren signalisieren einen Ausstieg des Individuums aus der „ordentlichen Bewegung" in seiner (beruflichen) Laufbahn bzw. seines „normalen" Lebenskreises. Damit markiert die Karriere jetzt im Unterschied zur Laufbahn die Unterstellung, dass der Verlauf eines Lebens individuelle Gestalt hat, dass Karriere abhängig ist von Erwartungen, Fähigkeiten, Motiven und Leistungen einer Person, indem innerhalb veränderter Strategien die Individualität zum Normalfall wird, nicht die Entwicklung institutioneller Identitäten innerhalb einer (vertikalen) Laufbahn. In der Fokussierung auf die Individualität kann nunmehr Karriere zur allgemeinen Form werden und sich folglich plural anders als in vertikaler Form entwickeln. Die prozessförmige Integration via Karriere setzt sich gegenüber der statischen Integration qua Herkunft, Professionszugehörigkeit, Durchlaufen verschiedener aufeinander abgestimmten Entwicklungsstadien etc. durch. Demzufolge wird die Offenheit der Zukunft zum Standard: Der Lebensweg wird zur Karriere, zur Festlegung der Individualgeschichte im Unsicheren, zu einer Sequenz aufeinander folgender Entscheidungen über Positionen, die das Individuum und die Gesellschaft integrieren.[26] Im Karrierebegriff liegen horizontale wie vertikale Möglichkeiten von Karriereformen, welche Vorstellungen eine Person von ihren Einflussmöglichkeiten im engeren und weiteren organisationalen Umfeld hat und ob diese Vorstellungen mit denen der Organisation korrespondieren. Daraus ergeben sich unterschiedliche Erwartungen bezüglich der individuellen Zeithorizonte. Zeitliche Erwartungen im Wirkungsfeld von Karrieren erzeugen variable Karrieren, sind jedoch gegenüber Laufbahnsystemen, was Vergangenheit und Zukunft betrifft, offen und unsicher. Der Einzelfall kann somit Karriere machen.

Karrieren als offene, temporäre und unsichere Systeme benötigen Anreiz- und Leistungssysteme zur Stützung von Ansprüchen, die gegenüber Laufbahnsystemen immer neu zu legitimieren sind. Globalisierung und Identität erfordern scheinbar immer neue Formen, um ihre Gegensätze wie auch Abhängigkeiten aufeinander abstimmen zu können. Anreiz- und Leistungssysteme greifen Aspekte von Motivation, Fähigkeiten, Präferenzen, Grad von Verantwortung, Belastbarkeit, Mobilität, Risikoneigung, Eigeninitiative etc. auf, die zu vergleichen und abzugleichen sind. Sie lassen also Messungsfragen und damit Aushandlungsprozessen der Betroffenen und Mitwirkenden unter Einbeziehung ihrer Interessen zum Gegenstand von Organisationsentwicklung werden. Sie greifen z.B. mögliche Produktivitäts- und Entwicklungsbarrieren auf, suchen Systeme des „matchen's“[27] von Menschen, Befugnissen, Anreizen, Risikofaktoren u.ä.[28] Dazu sind Zielerreichungssysteme zu entwickeln, die durchaus in Ergänzung zu Strategien wie Gender Mainstreaming und Management Diversity gesehen werden können, aber auch als Einzelstrategien ihre Wirkung entfalten können. Es bleibt derzeit noch offen, ob sie zur Auflösung von Geschlechterungleichheit beitragen können, z. B. durch das Aufzeigen von Transparenz der Geschlechterstereotypen, indem sie Aspekte von Beweglichkeit und Flexibilisierung gegebener bürokratischer Strukturen, die zum Organisations- und Arbeitsumfeld von Laufbahnregelungen gehören, aufnehmen. Vielleicht greifen diese Instrumente in die nicht sichtbare Geschlechterhierarchie als ein System sozialer Regelungen positiv ein, das in Bezug auf materielle Ressourcen, Macht, Status und Autorität Männern Vorteile gegenüber Frauen verschafft und können spezifische Interaktionsmechanismen, die im Verborgenen funktionieren, transparent werden lassen. Es könnte sein, dass Geschlechterstereotypen, die am Arbeitsplatz ihre Wirkung entfalten, weil in aller Regel nicht das Geschlecht der Fokus, sondern institutionelle Identitäten im „Normalarbeitsverhältnis“ im Vordergrund stehen, nunmehr durch Kommunikation einer gegenseitigen Wertschätzung in neuen Karriere- und Anreizsystemen ergänzt werden. Weniger transparent wird der Sachverhalt, dass horizontale Karrieren nicht mit vertikalen Laufbahnen gleichzusetzen sind. Horizontale Karrieren können durch Formen der Arbeitsorganisation, die Arbeitsformen wie job-enrichment und job-enlarchment aufnehmen, bereichert werden, die „gläserne Decke“ in Führungspositionen müssen sie keineswegs durchdringen wollen, noch müssen sie geeignet sein, diese durchdringen zu können. Demzufolge geht es vorrangig bei allen Momenten um die Entwicklung von nicht materiellen Anreizsystemen.

Perspektivenvielfalt und das Verhältnis von Strategie und Empirie auf dem Wege zu neuen Lebens- und Arbeitsformen

Eine reichliche Anzahl von Strategien zur Entwicklung und Umsetzung von Fördermaßnahmen von Frauen in Führungspositionen sind benannt worden. Individualität und Globalisierung als zwei sich immer schärfer gegenüber stehende Tendenzen verweisen auf die Dynamik des Geschlechterverhältnisses in komplexen Systemen, die wiederum innerhalb komplexer werdender organisationaler als auch supranationaler Systeme spezifische Wirkungen entfalten. Die Institutionalisierung von Gleichstellungsfragen und -normen und ihr Grad von Verbindlichkeit und Reichweite erfordern immer mehr die Berücksichtigung von Integration einzelner Teilsysteme mit anderen Teil- und Subsystemen. Regulierende Normen und Systeme entfalten ihre Wirkungen nicht nur auf der organisationalen Ebene, sie wirken auf die individuelle Ebene der Entwicklung, Bildung und Erziehung von Identität und Interaktion. Ihre spezifischen Wirkungen entfalten sie gleichermaßen auf der Ebene von weltgesellschaftlichen Normen und Systemen, und wirken damit zurück auf nationale Bildungssysteme, Rechtsformen, Einkommen, Renten etc.

Aber um Frauen für Führungspositionen nachhaltig zu motivieren, qualifizieren und sie entsprechend dort zu etablieren, muss die Entwicklung der Ebene der gesellschaftlichen Subsysteme forciert vorangetrieben werden. Die gegenwärtigen Entwicklungen nehmen noch nicht hinreichend die Bedürfnisse von Frauen in Führungspositionen auf. Die Konzentration auf innerorganisationale Anreizsysteme hilft Frauen noch nicht ausreichend bei ihren beruflich-privaten Entscheidungen, wenn sie Führungspositionen anstreben. Sie scheinen im organisationalen Bereich von Personal- und Organisationsentwicklung Legitimationssystemen zur Gleichbehandlung von Männern und Frauen eher zu entsprechen, als dass sie Frauen fördern. So werden folglich unverändert – aber vehementer, wenn die Wirtschaft die Human-Ressourcen-Aspekte verfolgt – gesellschaftliche Subsysteme als Anreizsysteme von Seiten der Frauen und Unternehmen gefordert, die Kinderbetreuung, Ganztagsschulen, flexible Zeit- und Vertragsaufgaben, neue Delegationssysteme etc. aufgreifen und ausbauen und dadurch Entlastung versprechen können. Erst wenn diese Ebenen mitorganisiert und strukturell im Sinne von Geschlechtergleichheit und Chancengleichheit gesellschaftspolitisch miteinbezogen werden, ist die Partizipation beider Geschlechter gewährleistet und können die Entwicklungen innerhalb von Dienstleistungs- und Wissensgesellschaft in ihrer immer komplexer werdenden Perspektivenvielfalt aufgegriffen werden. Beharrung ist zählebig, und Beharrung ist nicht mit Widerstand zu verwechseln, denn es gilt nirgendwo, den Nachweis von Widerstand und/oder Diskriminierung erbringen zu wollen. Alle Ansätze und Diskussionsbeiträge, die hier diskutiert wurden, verdeutlichen, dass Personal- und Organisationsentwicklung bei der Wahrnehmung von Geschlechterdifferenz und Identität und Individualität noch am Anfang stehen und weniger aktiv Geschlechterungleichheit betreiben. Strategien und Modelle sind zahlreich gegeben, empirisch gesicherte Ergebnisse, ob denn die angestrebten Wirkungen eintreten, stehen aus.

Anmerkungen

1 Der Strukturwandel auf dem Arbeitsmarkt verändert Tätigkeitsfelder und Berufsgruppenprofile entsprechend der Expansion des Dienstleistungsbereichs und ermöglicht die Entwicklung neuer Produkte und veränderter Produktionsformen mit neuen Chancen des Zugangs zu den einzelnen Arbeitsmarktsegmenten. Mit dem Begriff der Wissensgesellschaft werden die Veränderungsprozesse in Gesellschaft und Wirtschaft in ihren wissensabhängigen Operationen diskutiert, indem Informationsverarbeitung und die symbolische Analyse sowie Expertensysteme gegenüber anderen Faktoren von Produktion und Reproduktion vorrangig werden.

2 *Castells* 2002

3 *Kudera/Voß* 2000

4 *Heintz* 2001

5 *Heintz* 1997

6 *Ridgewag* 2001: 252

7 „Gläserne Decke“: auf Vorurteilen basierendes Verhalten von Unternehmen gegenüber Frauen, das sich in seiner Wirkung als statistische Diskriminierung zeigt: weil Unternehmen sich von Vorurteilen leiten lassen, stellen sie Frauen als Führungskräfte nicht ein.

[8] Tätigkeitsfelder und Berufsgruppen als Teilarbeitsmärkte wählen Frauen in den Bereichen von Pflegen und Erziehen sowie Verwaltung und Vertrieb, die auf der horizontalen Ebene angesiedelt sind und damit von Laufbahn- und Karriereentwickungsoptionen weitgehend abgeschnitten sind (*Hinz/Schübel* 2001: 286ff.)

[9] *Heintz* 1997

[10] *Osterloh/Littmann-Wernli* 2002: 259ff.

[11] a.a.O.: 261; auf die entsprechende Literatur verweisen die Autorinnen in ihrem Beitrag, darauf wird hier verzichtet.

[12] *Domsch/Ladwig* 2002: 277ff.

[13] vgl. die Ausführungen in Kapitel: Karriere und Anreiz- (und Leistungs-) Systeme

[14] *Domsch/Ladwig* 2002: 281

[15] *Willke* 1992: 315ff.

[16] a.a.O.: 316f.

[17] *Welsch* 1996: vgl. dort: Vernunft und neue Formen der Ausdifferenzierung von ‚Vernünftigkeiten', die in Modernisierungsformen gefragt sind, um den Wandel zu bewältigen. Bezogen auf diese hier anstehenden Fragen: vgl. *Peters* 2002: 29f.

[18] ETUI 2001

[19] Im Amsterdamer Vertrag (1997) verfolgen die Länder der EU die Gleichstellung bzw. die Aufhebung der Benachteiligung von Frauen auf dem Arbeitsmarkt, indem den Mitgliedstaaten spezifische Vergünstigungen zum Ausgleich von Benachteiligungen des unterrepräsentierten Geschlechts in der beruflichen Laufbahn im Rahmen von Maßnahmen empfohlen werden. Der Vertrag ist 1998 von Deutschland ratifiziert worden und gilt als Rechtsexpertise mit Ausstrahlung in die nationalen Sub- und organisatorischen Teilsysteme (ETUI 2001).

[20] In diesem Band werden zahlreiche Literaturhinweise aufgenommen, so dass hier auf eine Systematisierung verzichtet werden kann, des Weiteren kann auf Literatur der einzelnen Expertisen in *Peters* 2002: 23ff. verwiesen werden.

[21] Zu dem Vergleich von USA-Expertisen mit nationalstaatlichen wie auch EU-Rechtsentwicklungsexpertisen vgl. insb. *Köhler-Braun* 2000.

[22] *Peters/Bensel* 2002

[23] *Thomas* 2001

[24] vgl. die in *Peters* 2002, 40f. aufgeführte Literatur.

[25] vgl. u.a. *Lehmann* 2002: 62ff.

[26] a.a.O.: 73

[27] Zum Begriff „matchen": Personalentwicklungsinstrumente zur Förderung und Gleichstellung von Frauen beinhalten immer häufiger verschiedene Maßnahmen und versuchen diese miteinander zu mixen. Insbesondere bei Mentoringprogrammen meint das „matchen", das Zusammenarbeiten von Mentees und Mentoren aus verschiedenen Unternehmen, Branchen etc.

[28] vgl. auch *Fried* u.a. 2000. Diese Fragen sind derzeit sehr in der Entwicklung begriffen und in absehbarer Zeit vielfältig auf dem Markt anzutreffen.

Literaturangaben

Beck, Ulrich: Risikogesellschaft, Frankfurt 1984

Becker, Manfred / Schwertner, Anke (Hrsg.): Personalentwicklung als Kompetenzentwicklung, München und Mehring 2002

Becker, Manfred: Gestaltung der Personal- und Führungskräfteentwicklung. Empirische Erhebung, State of the Art und Entwicklungstendenzen, München und Mehring 2002

Castells, M.: Die Macht der Identität. Das Informationszeitalter II, Opladen 2002

Domsch, Michel E. E. / Ladwig, Ariane: 2002. Doppelkarrierepaare und neue Karrierekonzepte. in: *Peters / Bensel,* Wiesbaden 2002, S. 277–293

ETUI (EUROPEAN TRADE UNION INSTITUTE) (Hrsg.): Gender Mainstreaming in the european employment strategy, Brüssel 2001

Fried, A. / Wetzel, R. / Baitsch, Christof: Wenn zwei das Gleiche tun. Diskriminierungsfreie Personalbeurteilung. Hochschulverlag der ETH, Zürich 2000

Gross, Peter: Die Multioptionsgesellschaft, Frankfurt 1994

Gross, Peter: Ich-Jagd. Ein Essay, Frankfurt 1999

Heintz, Brigitte (Hrsg.): Geschlechtersoziologie, Sonderheft 41/2001 der Kölner Zeitschrift für Soziologie und Sozialpsychologie. Wiesbaden 2001

Heintz, Brigitte: Ungleich unter Gleichen. Zur geschlechtsspezifischen Segregation des Arbeitsmarktes, Frankfurt 1997

Hinz, Th. / Schübel, Th.: Geschlechtersegregation in deutschen Betrieben. in: Mitteilungen der Arbeitsmarkt- und Berufsforschung. H 3 2001, S. 286–301

Hondrich, Karl O.: Der Neue Mensch, Frankfurt 2001

Köhler-Braun, Katharina: Aufstiegsförderung weiblicher Führungs(nachwuchs)-kräfte in den USA und in der Bundesrepublik Deutschland, Frankfurt 2000

Krebs, Angelika (Hrsg.): Gleichheit oder Gerechtigkeit, Frankfurt 2000

Krell, Getraude (Hrsg.): Chancengleichheit durch Personalpolitik. Gleichstellung von Frauen und Männern durch Personalpolitik, Wiesbaden, 2001, 3. Aufl.

Kudera, Werner / Voß, Gerd (Hrsg.): Lebensführung und Gesellschaft, Opladen 2000

Lange, R.: Geschlechterverhältnisse im Management von Organisationen, München und Mehring 1998

Lehmann, Maren: Von der Laufbahn zur Karriere, in: *Becker / Schwertner,* 2002, S. 62–80

Luhmann, Niklas: Die Wissenschaft der Gesellschaft, Frankfurt 1986

Osterloh, Margit / Littmann-Wernli, Sabine: Die "gläserne Decke"– Realität und Widersprüche. in: *Peters / Bensel,* 2002, S. 259–275

Peters, Sibylle / Bensel, N. (Hrsg.): Frauen und Männer im Management. Diversity in Diskurs und Praxis, Wiesbaden 2002, 2. Aufl.

Peters, Sibylle: Der Diskurs über Geschlechterdifferenz und -arrangements. in: Peters/Bensel, 2002, S. 23–47

Priddat, B. P.: Mama macht Überstunden. Überlastete Eltern, verwirrte Kinder: Es wird Zeit, die Familie professionell zu organisieren, in: DIE ZEIT Nr. 35/2002

Regnet, Erika: Frau im Beruf – Stereotype und Aufstiegsbarrieren. in: *Wunderer, R. / Dick, P.* (Hrsg.): Frauen im Management, Neuwied 1997, S. 241–265

Ridgeway, C. L.: Interaktion und die Hartnäckigkeit der Geschlechter-Ungleichheit in der Arbeitswelt, in: *Heintz, B.* (Hrsg.): Geschlechtersoziologie, a. a.O., S. 250–275

Rühl, M. / Hoffmann, J.: Chancengleichheit managen. Basis moderner Personalpolitik, Wiesbaden 2001

Sennett, Robert: Der flexible Mensch, Hamburg 1998

Thomas, R. R.: Management Diversity, Wiesbaden 2001

Voß, Gerd: Die Entgrenzung von Arbeit und Arbeitskraft, in: Mitteilungen der Arbeitsmarkt- und Berufsforschung, H 3/1998, S. 473–487

Welsch, Wolfgang: Vernunft, Frankfurt 1996

Willke, Helmut: Ironie des Staates, Frankfurt 1992

Willke, Helmut: Systemtheorie III, Stuttgart 1998

Wobbe, T.: Institutionalisierung von Gleichberechtigungsnormen im supranationalen Kontext, in: *Heintz, B.* (Hrsg.): a. a. O., S. 332–355

Wunderer, R. / Dick P. (Hrsg.): Frauen im Management. Kompetenzen, Führungsstile, Opladen 1997

MARIANNE WEG

Gender Mainstreaming in der Arbeitsmarktpolitik: besonderer Auftrag – besonderer Handlungsbedarf

Rechtlich verankerter Auftrag – explizite Bindungen

Gender Mainstreaming gehört zu den Kernprinzipien der Europäischen Beschäftigungsstrategie und damit ist es klar:

Es geht bei Gender Mainstreaming nicht um eine bloße frauenpolitische Forderung oder Wunschvorstellung. Es geht auch nicht um eine Sichtweise von Arbeitsmarktpolitik allein aus sozialpolitischer Perspektive, mit Gender als wichtigem Zielgruppenkriterium. Vielmehr wird im Kontext der Europäischen Beschäftigungsstrategie das Chancengleichheitsziel als maßgeblich für die Zukunftsentwicklung von Beschäftigung und Ökonomie erklärt und Gender Mainstreaming als die angemessene Methode.

Für kein anderes Politikfeld bestehen so vielfältige über den Amsterdamer Vertrag hinausgehende Bindungen und Ansatzpunkte auf europäischer Ebene wie für die Arbeitsmarkt- und Beschäftigungspolitik. Sie finden sich in den *Beschäftigungspolitischen Leitlinien* und waren ausführliches Thema der Debatte und Kritik der *Nationalen Aktionspläne.*

Die Europäische Kommission hat im Bericht „Beschäftigung in Europa 2002" ausdrücklich festgestellt, dass die Beschäftigungsziele der Gemeinschaft nach wie vor erreichbar sind, wenn sich die Mitgliedstaaten auf Problemregionen sowie auf Arbeitsplätze für Frauen und Ältere konzentrieren. Die zuständige Kommissarin, Anna Diamantopoulou, hat auf die Gefahr hingewiesen, die Beschäftigungsziele von Lissabon zu verfehlen, wenn nicht auf die Beseitigung der Ungleichheiten zwischen den Geschlechtern auf dem Arbeitsmarkt hingearbeitet wird.[1]

Die Reform der EU-Strukturfonds hat mit der Förderperiode 2000 – 2006 Gender Mainstreaming definitiv als Leitprinzip benannt. Die Debatte bis dahin war lang und an der Umsetzung mangelt es in wichtigen Teilen der Strukturfonds (dem Regionalfonds EFRE und dem Landwirtschaftsfonds EAGFL) noch erheblich. Aber im Europäischen

Sozialfonds (ESF) sind die Schritte zur Implementierung deutlich erkennbar.[2] In fast allen Bundesländern ist Gender Mainstreaming ein Thema für die ESF-Fondsverwaltungen und Programmverantwortlichen sowie die Begleitausschüsse. Die Gemeinschaftsinitiative EQUAL hat den Projektträgern konkrete Auflagen für Gender Mainstreaming gebracht und damit konkrete Umsetzungsaktivitäten in Gang gesetzt, Programmevaluierungen geben mittlerweile die Basis zu verstärkter Umsetzung bei der nächsten Förderperiode.

Auch für die Internationale Arbeitsorganisation (ILO) ist Chancengleichheit der Geschlechter seit langem eine klare Orientierung. Gender Mainstreaming ist in die Organisationsstruktur eingeführt.[3]

Die bundesdeutschen Rechtsgrundlagen zur Beachtung der Chancengleichheit von Frauen sind im SGB III durch Novellierungen sukzessive konkretisiert worden. Im seit Januar 2002 geltenden Job-AQTIV-Gesetz ist Gender Mainstreaming als Prinzip in § 1 Abs. 1 Satz 3 ausdrücklich verankert worden.

Gute politische und praktische Voraussetzungen für Gender Mainstreaming

Kaum ein anderes Politikfeld hat so gute Voraussetzungen aufzuweisen wie die Arbeitsmarktpolitik, weil in den mehr als zwei Jahrzehnten institutionalisierter Frauenpolitik in Deutschland seit 1979 die Gleichstellung von Frauen auf dem Arbeitsmarkt ein durchgängiger Schwerpunkt ist. Die Arbeitsmarktpolitik müsste also zu den Vorreitern bei der Realisierung von Gender Mainstreaming gehören. Die Geschlechterperspektive und das Gleichstellungsziel sind hier kein Novum; sie sind auch kein Nischenthema, im Gegensatz zu anderen Politikfeldern auf Bundes- oder Länderebene, wie z.B. in der Finanzpolitik oder technischen Umweltschutzpolitik, sektoralen Strukturpolitik oder Kulturpolitik usw. Der Antrieb müsste also wirklich nicht nur durch den „goldenen Zügel" der EU, Gender Mainstreaming als Förderbedingung in den Strukturfondsprogrammen, gegeben sein.

Die Arbeitsmarktpolitik wird seit langem als zentrales Feld für Chancengleichheitspolitik eingefordert

Zur Chancengleichheit für Frauen in und durch Arbeitsmarktpolitik sind die Begründungen, Ziele, Forderungen und Konzepte sowohl für konkrete Arbeitsmarktprogramme in Bund und Ländern als auch für die Verankerung in den Rechtsgrundlagen seit den 80er und 90er Jahren laufend eingebracht und fortentwickelt worden.[4] Auch hinsichtlich der Repräsentanz von Frauen und des Einbezuges von gleichstellungspolitischem Sachverstand in den Gremien der Arbeitsmarkt-, Regional- und Strukturpolitik liegen die Forderungen seit über 20 Jahren auf dem Tisch.

Aus frauenpolitischer Sicht und für die weibliche Hälfte des Beschäftigtenpotentials ist weitgehend klar, wo es an der Geschlechterperspektive mangelt und was zu tun ist. Dieser gute Stand von Erkenntnissen und politischen Schlussfolgerungen macht eine entsprechende Umsetzung von Gender Mainstreaming im Interesse der Gleichstellung von Frauen ohne weiteres möglich.

Und weil für die Seite der Frauen sichtbar gemacht ist, wie wichtig die differenzierte Geschlechterperspektive ist, kann von daher zugleich der Anstoß kommen, mit Gender Mainstreaming auch die genderspezifischen Probleme arbeitsloser Männer mit einer „neuen Aufmerksamkeit" zu betrachten und wirksamere arbeitsmarktpolitische Angebote zu schaffen. Die zunehmenden Arbeitslosigkeitsquoten und die Verfestigung der Arbeitslosigkeit bei Männern zeigen, dass angesichts des wirtschaftlichen Strukturwandels auch für die Männer immer größere Politikdefizite bestehen.

Der Nutzen von Gender Mainstreaming liegt auf der Hand – gleichstellungspolitisch, aber zugleich auch für die originären Fachziele und -konzepte

Die Ziele der Arbeitsmarktpolitik sind der Abbau globaler und struktureller Arbeitslosigkeit, die individuelle Reintegration in Beschäftigung, die Förderung qualifizierter und stabiler Beschäftigungsbiographien und die Prävention von Arbeitsmarktrisiken vor allem durch Aus- und Weiterbildung.

Arbeitsmarktpolitik ist im wesentlichen Zielgruppenpolitik. Sie setzt unmittelbar an der Situation von Menschen an. Die Relevanz der Geschlechterperspektive kann also direkt und schnell aufgezeigt werden.

Vorausgesetzt, das gleiche Recht von Frauen und Männern auf Ausbildung, Arbeitsplatz und berufliche Entwicklung ist anerkannt, gibt es keine Zielkonflikte zwischen Arbeitsmarktziel und Gleichstellungsziel.

Eine Basis an Daten und Wissen ist vorhanden – Expertinnen-Know-How kann beigezogen werden

Die Geschlechterdifferenzierung der Arbeitsmarktstatistiken wurde in den 90er Jahren deutlich verbessert. Auch wenn weitere Differenzierungen in den veröffentlichten Daten erforderlich sind, bieten die vorhandenen Informationen viele Grundlagen für geschlechtersensibles Handeln. Empirische Analysen, wissenschaftliche Untersuchungen, systematische Auswertungen praktischer Arbeitsmarktpolitik liegen von der Frauenforschung und der Arbeitsmarktforschung vor – in wesentlich breiterem Umfang als in anderen Politikfeldern.

In einer ganzen Reihe von Arbeitskreisen und Netzwerken arbeiten Expertinnen mit gleichstellungspolitischer und arbeitsmarktpolitischer Kompetenz. Sie können als wesentliches Beratungspotential zur Umsetzung von Gender Mainstreaming fungieren.

Beispiele von good practice zeigen Wirksamkeit und Nutzen gleichstellungspolitisch gestalteter Arbeitsmarktprogramme

Meist (aber nicht ausschließlich) handelt es sich um frauenpolitische Projekte, gefördert aus expliziten Frauenprogrammen des ESF, z.B. seinerzeit NOW *(New Opportunities for Women)* sowie des Bundes und der Länder. Sie sind in zahlreichen Dokumentationen nachzulesen und liefern Anhaltspunkte dafür, wie Beschäftigungs- und Arbeitsmarktprogramme überall geschlechtergerecht und gleichstellungsfördernd zu konzipieren und umzusetzen sind. Synopsen, erstellt vom *Referat für Chancengleichheit am Arbeitsmarkt der Bundesanstalt für Arbeit* und den Arbeitsmarktreferentinnen der frauenpolitischen Abteilungen der Bundesländer über gleichstellungsfördernde Programme und Projekte der Länder im Bereich Arbeitsmarkt und Beschäftigung, liefern einen umfassenden Überblick.

Arbeitsmarktpolitik gemäß dem Leitbild der Dienstleistungsorientierung erfordert Genderperspektive – Kunden haben ein Geschlecht

Das Instrument individueller Hilfepläne, die passgenaue Arbeitsvermittlung durch Arbeitsmarktagenturen sowie die integrationsorientierte Leiharbeit erfordern die Anknüpfung am persönlichen Stärken-Schwächen-Profil der Kundinnen und Kunden. Diese Weiterentwicklungen der letzten Jahre erhalten neue Aufmerksamkeit in den Reformdebatten anknüpfend an die *Hartz-Kommission.* Dabei müssen auch Differenzen *innerhalb* der Gruppe der Männer bzw. der Gruppe der Frauen ins Blickfeld kommen. Für das Qualitätsmanagement ist es zwingend, die Problemanalyse und Zielgruppenbestimmung mit Genderkriterien anzulegen und die Maßnahmen geschlechtergerecht zu konzipieren, umzusetzen und zu evaluieren. Von daher ist es schon erstaunlich, dass das Hartz-Konzept, 2002 von einer hochkarätigen Expertenkommission erarbeitet, gleichstellungspolitisch von vorgestern ist – einem traditionellen Rollenbild verhaftet, was auch durch die eine oder andere sprachliche Korrektur nicht repariert werden konnte. Die aktuelle Reform „nach Hartz" wird ohne Genderperspektive ihren eigenen Anspruch *nicht* erfüllen – so lautete die Befürchtung der Frauenpolitikerinnen im Herbst 2002, die sich bei der Gesetzgebung auch bewahrheitet hat.

Förderlich sind die in der Arbeitsmarktpolitik ausgeprägten Strukturen gesellschaftlicher Beteiligung, Transparenz und Öffentlichkeit

Partizipation, Transparenz und Öffentlichkeit gibt es in der Arbeitsmarktpolitik weit eher als etwa in der Wirtschafts- und Strukturpolitik, Verkehrs- oder Technologiepolitik. Zu nennen sind beispielsweise die gesetzlich verankerten Selbstverwaltungsgremien der Bundesanstalt für Arbeit auf allen Ebenen, ebenso die Begleitausschüsse für ESF-Arbeitsmarktprogramme, aber auch die für Beschäftigung zuständigen Regionalsekretariate (im Land Nordrhein-Westfalen), Koordinierungsstellen für regionale und kommunale Arbeitsmarktpolitik, regionale Arbeitsmarktkonferenzen und Bündnisse gegen Jugendarbeitslosigkeit.

Hier muss Gender Mainstreaming politisch eingefordert und von den Beteiligten realisiert werden – durch Thematisierung von Geschlechterfragen bei der Arbeitsmarktanalyse, aber auch durch eine entsprechende

Repräsentanz von Frauen in diesen Beratungs- und Entscheidungsgremien. An beidem mangelt es oft noch. Das zeigt sich exemplarisch nach wie vor in der Besetzung der Verwaltungsausschüsse der Arbeitsverwaltung – die gewerkschaftliche Bank steht dabei noch am besten da.

Wer als Akteurin/Akteur der staatlichen Arbeitsmarktpolitik Gender Mainstreaming implementiert, ist nicht allein auf weiter Flur

Im Spektrum derer, die an der Umsetzung der Arbeitsmarktprogramme in der einen oder anderen Weise beteiligt sind, gibt es neben den Arbeitsministerien und der Arbeitsverwaltung, für die ja die Verpflichtung zu Gender Mainstreaming gesetzlich festgestellt ist, eine ganze Reihe nichtstaatlicher Organisationen und Träger. Von diesen setzen sich bereits viele mit Gender Mainstreaming auseinander und beginnen mit Umsetzungen: die Wohlfahrtsverbände, Arbeiterwohlfahrt, Deutscher Paritätischer Wohlfahrtsverband, Diakonie und Caritas, Träger wie z.B. die Bodelschwingh'schen Anstalten Bethel, kommunale Beschäftigungsgesellschaften, z.B. die Werkstatt Frankfurt. Mit Gender Mainstreaming beschäftigen sich die Netzwerke der Träger und Projekte der Beschäftigungsförderung, die Fachorganisationen der Aus- und Weiterbildung und der politischen Bildung sowie vor allem auch der Jugendhilfe. Wichtig sind auch die Gender Mainstreaming-Prozesse in den Gewerkschaften.

Last not least wird Gender bzw. die Methode des Gender Mainstreaming im Kontext der Personal- und Organisationsentwicklungsstrategie des *Managing Diversity* auch in der privaten Wirtschaft ein Thema (siehe auch die Beiträge zu den einzelnen Bereichen in diesem Band).

Im ganzen Spektrum der Arbeits- und Beschäftigungspolitik gibt es relevante Ansätze für Gender Mainstreaming

Auch für die anderen Bereiche der Arbeitsmarkt- und Beschäftigungspolitik – also nicht für die Arbeitsmarktprogramme allein – ist festzustellen[5], dass die Geschlechterfrage und das Gleichstellungsziel seit langem zum Thema gemacht werden. Das ist der Frauenpolitik der 80er und 90er Jahre geschuldet:

Bei der *Politik zur beruflichen Frauenförderung* sind Gleichstellungsgesetze für den öffentlichen Dienst durchgesetzt und werden weiterentwickelt. Für die Privatwirtschaft steht die Forderung gleichfalls seit Beginn der 80er Jahre im Raum. Bisher gibt es für die privaten Unternehmen immer noch kein Gesetz, sondern auf Bundesebene nur eine freiwillige Vereinbarung. Deren Wirksamkeit soll im Jahr 2003 geprüft werden – aller Voraussicht nach wird das Prüfungsergebnis die Notwendigkeit einer gesetzlichen Regelung belegen.

Bei der *Existenzgründungsförderung* sind im Laufe von 1 1/2 Jahrzehnten eine Reihe einzelner neuer Förderansätze speziell auf Frauen zugeschnitten worden, weil sich die Gründungskonzepte und der Förderbedarf von Existenzgründerinnen und Existenzgründern unterscheiden. Deshalb greift die klassische Existenzgründungsförderung, die das ignoriert, häufig für Gründerinnen nicht.

Wichtig waren auch die frauenpolitischen Anstöße bei der *Arbeitszeitpolitik* für den Rechtsanspruch auf Teilzeitarbeit.

Bei der *Politik zur Erweiterung des Berufsspektrums für Mädchen und Frauen* gibt es Handlungsbeispiele vor allem bezogen auf den IT-Bereich.

Für die *regionale Strukturpolitik* können viele frauenpolitische Forderungen und Konzepte, aber auch einzelne gleichstellungsfördernde Programmgestaltungen und innovative Projekte beispielgebend sein.

Solche innovativen Ansätze im Interesse der Gleichstellung von Frauen haben sich positiv auf die entsprechenden Bereiche der Arbeitsmarkt- und Beschäftigungspolitik ausgewirkt und neues Denken und praktische Innovationen angeregt, zumindest exemplarisch. Dies alles trägt in der Wirtschaft und im Beschäftigungssystem zu einem Umfeld bei, das positiv sein sollte für die Umsetzung gleichstellungsfördernder Arbeitsmarktprogramme, also der Arbeitsmarktpolitik im engeren Sinne.

Trotzdem herrscht „Doing Gender" vor: In punkto Gender Mainstreaming ist die heutige Arbeitsmarktpolitik in Deutschland noch von gestern

Es gab auch im Jahr 2002 noch kein echtes Gender Mainstreaming in der Arbeitsmarktpolitik – also ein Hinausgehen über einzelne frauenfördernde Ansätze und Modelle. Die Umsetzungsdefizite sind erheblich:

Auf Bundesebene kann bei wichtigen Gremien zur politischen Abstimmung und konzeptionellen Weiterentwicklung der Arbeitsmarktpolitik bisher von einer angemessenen Befassung mit der Geschlechter- und Gleichstellungsrelevanz von Problemlagen und zugehörigen Lösungen nicht die Rede sein. Die Analysen und Konzepte fallen deutlich zurück hinter die größere Zahl der europäischen Mitgliedstaaten. Es fehlt schon am Anfang bei der Zielstellung und Verständigung über den Auftrag des Gremiums an der Geschlechter- und Gleichstellungsperspektive.

Genau so wenig ist die Partizipation von Frauen als Expertinnen sichergestellt. Das Bundesgremienbesetzungsgesetz hilft da bisher in der Praxis nicht erkennbar.

Es gibt praktisch nur Negativbeispiele: viel kritisiert das von der rot-grünen Bundesregierung 1998 initiierte *Bündnis für Arbeit* und 2002 die *Hartz-Kommission*, weniger beachtet die wissenschaftlichen Beiräte bei Bundesministerien, z.B. der wissenschaftliche Beirat *Reform des Sozialstaates – für mehr Beschäftigung im Bereich geringqualifizierter Arbeit* sowie der traditionsreiche *Sachverständigenrat zur Begutachtung der gesamtwirtschaftlichen Entwicklung*, der zwar vereinzelt auch schon einmal ein gleichstellungspolitisch relevantes Thema mit aufgreift, aber in seiner Zusammensetzung frauenfrei seit Mitte der 60er Jahre bis heute wirkt.

Auf der Top-Ebene der Arbeitsmarktpolitik fehlt es an Bewusstsein und der Bereitschaft, die Verpflichtungen des Amsterdamer Vertrages und des Grundgesetzes einzulösen. Gleichstellung von Frauen und Männern wird weiterhin als Spezialaufgabe, für die die Frauenpolitik zuständig ist, angesehen, aber doch nicht als Auftrag für die bedeutsame Arbeitsmarkt- und Wirtschaftspolitik. Dabei wird ignoriert, welche Vorteile die Beteiligung von Expert*innen* im Sinne des *Managing Diversity* in zukunftsgestaltenden Gremien der Arbeitsmarktpolitik haben würde: differenziertere Problemanalysen und Abwägungsprozesse, innovativere Konzepte und Lösungen. Wer sich um das Thema kümmert, sind nach wie vor die Frauen (Politikerinnen).

Zwar findet sich im Bericht der *Hartz-Kommission* in der Einleitung die Aussage, bei der Umsetzung werde das Leitprinzip von Gender Mainstreaming beachtet. Davon war dann aber im Gesetzentwurf nichts zu erkennen. Zum „Hartz-Konzept" kamen qualifizierte Stellungnahmen mit Kritik und Alternativvorschlägen aus der *Bundesarbeitsgemeinschaft der kommunalen Frauenbeauftragten*[6], von den Arbeitsmarktreferentinnen der frauenpolitischen Abteilungen der Bundesländer sowie in einem

Offenen Brief vom *Deutschen Juristinnenbund, Deutschen Frauenrat* und der *BAG Berufliche Perspektiven von Frauen*. Sie sind insgesamt ohne Wirkung geblieben.

Im rot-grünen Koalitionsvertrag von 2002 ist zugesichert, dass bei einem neuen *Bündnis für Arbeit* Gender Mainstreaming beachtet werden soll. Die Umsetzung dieser Zusage wird sicher eine spannende Frage.

Was Gender Mainstreaming an vielen Stellen des Job-AQTIV-Gesetzes für die Arbeitsmarktpolitik in den Strukturen und Aktivitäten der Arbeitsverwaltung bedeuten muss, dazu haben bisher systematisch und ausführlich allein die Frauenbeauftragten der Arbeitsverwaltung beraten und Schlüsse gezogen (in einer Stellungnahme vom März 2002, zu erhalten über das Referat für Chancengleichheit am Arbeitsmarkt der Bundesanstalt für Arbeit).

Nichts ist dagegen zu hören von einem Gender Mainstreaming betreffenden grundsätzlichen Commitment und einem Implementierungskonzept des Verwaltungsrates der Bundesanstalt für Arbeit, oder davon, dass sich der Verwaltungsrat und die Verwaltungsausschüsse von Landes- und örtlichen Arbeitsämtern zu Gender Mainstreaming informiert und fortgebildet hätten – was immerhin eine Reihe von Regierungskabinetten und Führungsspitzen im kommunalen Bereich getan haben.

Vom Bundesarbeitsministerium wurde – trotz der ansonsten breiten Implementierung von Gender Mainstreaming in der Bundesregierung – nur ein einziges Pilotprojekt auf den Weg gebracht: Gender Mainstreaming bei den Zuwendungen im Bereich „Rehabilitation von Menschen mit Behinderung“[7]. Weitere Aktivitäten zur Umsetzung von Gender Mainstreaming sind dort festzustellen, wo das Bundesministerium die Einhaltung der entsprechenden Kriterien bei der EU-Förderung zu gewährleisten hat: bei der Gemeinschaftsinitiative EQUAL.

Die über die Bundesländer hinweg flächendeckend durchgeführten Seminare zur Qualifizierung von Akteurinnen und Akteuren im Bereich des ESF zum Thema Gender Mainstreaming liefen im Jahr 2002 mit den Mitteln und unter Federführung der Frauenabteilung des Bundesministeriums für Familie und Senioren, Frauen und Jugend, waren also keine Initiative des zuständigen Bundesarbeitsministeriums.

Was ist der Hintergrund von Blockaden gegenüber Gender Mainstreaming in der Arbeitsmarktpolitik?

Grundsätzlich und in vielen Handlungsbereichen auch zutreffend, wird pro Gender Mainstreaming argumentiert und angeführt, dass beide Geschlechter gewinnen („win-win statt Geschlechterkampf"). Wenn das stimmt, dann ist die Durchsetzung von Gender Mainstreaming nur noch eine Frage von Information und Wissen.

So eindeutig und einfach ist es aber in der Arbeitsmarktpolitik nicht, obwohl doch Übereinstimmung besteht zwischen dem arbeitsmarktpolitischen Ziel, erwerbslose Menschen, und das sind Männer *und* Frauen, beruflich wieder zu integrieren, und dem gleichstellungspolitischen Ziel, für Frauen gleiche Chancen auf Beruf und Erwerbstätigkeit herzustellen.

Das Recht von Frauen auf Arbeit – immer noch unter Vorbehalt: „Männer zuerst"?

Angesichts der Arbeitslosenzahlen und dem anhaltenden Mangel an qualifizierten, existenzsichernden, einigermaßen stabilen Arbeitsplätzen ist die Konkurrenzsituation zwischen Frauen und Männern nicht wegzuleugnen.

Fakt ist, dass Arbeitslosigkeit von Männern und ihr Mangel an Erwerbseinkommen gesellschaftlich nach wie vor als schlimmer bewertet wird als die Arbeits- und Erwerbslosigkeit von Frauen. Heute wird das zwar kaum ein (Arbeitsmarkt-)Politiker mehr offen sagen, die Bewusstseinshaltung ist aber noch vorhanden. Ergebnis dieser inneren Haltung sind Denk- und Handlungsblockaden – verbale Zustimmung zu Änderungsbedarf und zu Forderungen, aber Antriebsschwächen bei Planungen und der Umsetzung.

Gender Mainstreaming – bloß mehr Fairness bei Verteilung des Mangels – oder auch Weg zu mehr und neuer Beschäftigung?

Die bereitgestellten Mittel für Arbeitsmarktpolitik reichen nicht aus, um allen Arbeitslosen wirksame Unterstützung für die Reintegration in den Beruf zu geben. Deshalb gilt für die Arbeitsmarktpolitik, dass „alle gewinnen, es gibt keinen Konflikt", *nicht,* wenn man alle Menschen in der jeweiligen Zielgruppe eines Programmes bzw. die Gesamtheit der Arbeitslosen betrachtet. Hier bedeutet Gender Mainstreaming, dass sich Geschlechtergerechtigkeit mit *Teilen-Müssen* verbindet – der ABM-Stellen, der Qualifizierungsangebote, der sonstigen arbeitsmarktpolitischen Hilfen … und letztlich auch der knappen, offenen Arbeitsplätze.

Die Sichtweise ist berechtigt, dass mit Gender Mainstreaming eine faire Verteilung des Mangels erreicht wird – es gibt einen Gewinn an Geschlechtergerechtigkeit, aber der Mangel insgesamt bleibt bestehen. Deshalb wird Gender Mainstreaming in der Arbeitsmarktpolitik nur voran kommen, wenn hierzu eine offensive Debatte geführt wird, auf der Basis von Gender Budget-Analysen, die belegen, dass Umverteilung mehr als gerechtfertigt ist (siehe dazu den Artikel zu Gender Budgeting in diesem Band).

Diese Sicht allein ist aber zu eng: Gleichstellungspolitisch gestaltete Programme und Projekte der Politik öffentlich geförderter Beschäftigung haben exemplarisch auch bewiesen, dass sie zu neuen, zusätzlichen Arbeitsplätzen führen können. Sie können zu Standortverbesserungen und zum dienstleistungsbetonten Strukturwandel der Privatwirtschaft beitragen und sind hier nicht verzichtbar.[8]

Die mangelnde Geschlechter- und Gleichstellungsperspektive der Wirtschafts- und Strukturpolitik

Arbeitsmarktpolitik kann nur in Verknüpfung mit Strukturpolitik nachhaltig zu mehr regulären Beschäftigungsverhältnissen beitragen. „Genderorientierung" der Arbeitsmarktpolitik – für die es trotz der Umsetzungsdefizite immerhin viele Grundlagen gibt – würde, um erfolgreich zu sein, auch eine Genderorientierung der Wirtschafts- und Strukturpolitik erfordern.

Diese Politikfelder haben aber durchweg keine Zielgruppenperspektive und setzen sich keine zielgruppenbezogenen Ziele, nicht einmal undifferenziert nach Frauen und Männern. Einzelne Ausnahmen (Modelle, kleine Programme) bestätigen nur die Regel. Generell überlassen Wirtschafts- und Strukturpolitik die Zuständigkeit für soziale Zielgruppen der Sozialpolitik, zu der sie auch die Arbeitsmarktpolitik rechnen. Damit ist eine wichtige Bedingung praktischer, nachhaltiger Erfolge von Gender Mainstreaming-geprägter Arbeitsmarktpolitik noch nicht gegeben. So ist z.B. bei den regionalen Programmen der EU-Strukturfonds Gender Mainstreaming noch nicht erkennbar.

Entscheidend ist, dass alle Programmverantwortlichen abgestimmt und gemeinsam Signale setzen und tätig werden. Es genügt also nicht, dass das Arbeitsministerium eines Bundeslandes seine Programme mit Gender Mainstreaming gestaltet und umsetzt, und das womöglich in erster Linie deshalb, weil zu dem Gesamt-Ressortbereich auch die Frauenpolitik gehört! Auch die für Wirtschaftspolitik, Regional- und Strukturpolitik zuständigen Ministerien müssen in gleicher Weise und mit gleicher Selbstverständlichkeit Gender Mainstreaming realisieren, und zwar in allen ihren Politikvorhaben.

Die erste notwendige Grundlage ist das politische Commitment zu Gender Mainstreaming in der Arbeitsmarktpolitik

Wesentlich bei Gender Mainstreaming ist, dass die Verantwortlichen an der Spitze den politischen Willen zur Beachtung der Geschlechterperspektive und zur Realisierung des Chancengleichheitsziels für die Arbeitsmarktpolitik zum Ausdruck bringen. Der Arbeitsminister und nicht die Frauenministerin, der Vorstandsvorsitzende der Bundesanstalt für Arbeit und nicht die Beauftragte für Chancengleichheit müssen als Leitbild vorgeben, dass Gender Mainstreaming Fachaufgabe, Querschnitts- und Gemeinschaftsaufgabe ist. Nur dann wird die Gleichstellung von Frauen nicht länger als Spezialaufgabe der Frauenpolitik und Frauenprogramme definiert, eingegrenzt, wegdelegiert.

Voraussetzung dafür, dass sich alle dieser Querschnittsaufgabe und Gemeinschaftsaufgabe stellen, ist, dass sowohl das gleichstellungspolitische Plus durch Gender Mainstreaming als auch der Nutzen für die Fachpolitik und die Fachziele deutlich gemacht werden. Was ist dazu erforderlich?

Erstens müssen Zuständige und Verantwortliche darüber informiert werden, was der mögliche und von ihnen eingeforderte Beitrag des jeweiligen Fachprogramms zum Gleichstellungsziel ist, und wie dieser Beitrag mit der Methode von Gender Mainstreaming wirkungsvoll zu erbringen ist. Hierzu sind Motivation, eine neue Aufmerksamkeit sowie fachliches Wissen, wie man's macht, notwendig.

Zweitens muss für Zuständige und Verantwortliche sichtbar werden, warum und wie die Qualität und der Erfolg des Fachprogramms und die Einlösung der originären Programmziele von Gender Mainstreaming profitiert: bessere Problemanalyse als Basis, bessere Konzepte, mehr Effektivität und Innovationen, mehr Effizienz. Gender Mainstreaming wird natürlich nur voran kommen, wenn das nicht bloß behauptet, sondern auch mit Beispielen und Argumenten konkret für das fachliche Aufgabengebiet bzw. Programm belegt wird – aber das ist unschwer möglich.

Was ist zu tun zur Implementierung und Umsetzung von Gender Mainstreaming in der Arbeitsmarktpolitik?

Die Kernpunkte eines erfolgreichen Implementierungskonzeptes und -prozesses sind in Arbeitsministerien, in der Arbeitsverwaltung (Bundesanstalt für Arbeit, Landesarbeitsämter usw.) und bei anderen arbeitsmarktpolitischen Akteurinnen und Akteuren grundsätzlich dieselben wie in anderen Politikfeldern:

Das Top-Down-Prinzip des Gender Mainstreaming verlangt von der politischen Spitze bzw. Führungsspitze der Verwaltung, dass sie in ihrer Funktion, mit Vorbildwirkung, Gender Mainstreaming als lebendiges Prinzip verankert und kontinuierlich einfordert: die Arbeitsministerin bzw. der Arbeitsminister, der Vorstandsvorsitzende der BA (Bundesanstalt für Arbeit), die Präsidenten/Präsidentin der Landesarbeitsämter, Direktoren und Direktorinnen der lokalen Arbeitsämter sowie die kommunalen politischen Spitzen (Landrat/Landrätin, Oberbürgermeisterin/Oberbürgermeister, Wirtschaftsdezernentin/-dezernent, Sozialdezernentin/-dezernent).

Die Ergebnisverantwortung der fachlichen Führungsebene für Gender Mainstreaming muss in den Zielvereinbarungen zum Ausdruck gebracht werden – für Abteilungsleiterinnen und -leiter in Ministerien, im Landesarbeitsamt, für Leiterinnen und Leiter der Fachbereiche für Wirtschafts- und Beschäftigungsförderung sowie der Fachbereiche für Hilfe zur Arbeit und Jugendberufshilfe in einer Kommune.

Gender Mainstreaming gehört als Prinzip auch in das interne und externe Leitbild und muss dort explizit festgelegt werden. Geschlechtergerechtigkeit muss auch die interne Personal- und Organisationsentwicklung prägen; das ist eine Glaubwürdigkeitsfrage für Gender Mainstreaming bei den externen Aufgaben.

Gender Mainstreaming wird nur vorankommen, wenn das Leitprinzip in einem Prozess systematischer Implementierung und Steuerung einschließlich Evaluierung abgesichert wird. Dazu gehören klare Verantwortlichkeiten (Gender Mainstreaming-Beauftragtenteam), ein „institutioneller Ort“ oder eine Struktur (z.B. Gender Mainstreaming-Steuerungsgruppe) und die Bereitstellung von Ressourcen (z.B. für Gender-Fortbildung). Für die Elemente und Umsetzungsschritte des Implementierungskonzeptes ist ein Ziel- und Zeitplan notwendig; und über all dies muss Transparenz in der Organisation bestehen. Gender Mainstreaming als Reformprozess, der tatsächlich vorankommen soll, ist da nicht anders anzulegen als andere umfassende Reformprozesse von Verwaltungen und Organisationen: Hier sind Lenkungsgruppe, Vorsitzende oder Beauftragte mit adäquatem Status, Ziel- und Zeitplanungen des Gesamtprozesses eine Selbstverständlichkeit.

Gender Mainstreaming ist nicht allein durch Pilotprojekte einzuführen, sondern auch bei allen laufenden Aufgaben: als echtes mainstreaming und *work in progress.* Es geht nicht um ein einzelnes Modell, sondern um Umgestaltung aller Programme, von den Richtlinien bis zur Umsetzung und Evaluierung. Das ganze relevante Feld der Arbeits- und Beschäftigungspolitik ist in den Blick zu nehmen: außer den Arbeitsmarktprogrammen auch die Berufsbildungspolitik, Arbeitszeitpolitik, Arbeitsschutzpolitik, das Arbeitsrecht.

Fachliche und methodische Gender- und Gleichstellungskompetenz erfordert Qualifizierung aller Beteiligten: Gender-Analysen im Fachgebiet – bezogen auf das konkrete Problemfeld und die Zielgruppe – schaffen die Basis für geschlechtergerechte Konzepte. Hier hat die Arbeitsmarktpolitik eine gute Ausgangslage, weil die Wissensquellen vorhanden sind und nicht erst von einem Nullniveau aus geschaffen werden müssen.

Unverzichtbar ist die Gender Budget-Analyse bezogen auf Ressourcenverwendung und geschlechterpolitisches Ergebnis der Arbeitsmarktpolitik. Sie ist für die meisten Arbeitsmarktprogramme wegen des Zielgruppenbezuges von der Datenlage her leicht durchführbar. Gender Mainstreaming muss bei der Besetzung von arbeitsmarktpolitischen Gremien, Kommissionen und Planungsgruppen beachtet werden.

In der Öffentlichkeitsarbeit zu Arbeitsmarkt- und Beschäftigungsdaten sowie zu Programmplanungen und -ergebnissen muss über die bisherigen Extrakapitel und -beiträge unter den Stichwort „Frau" hinausgehend die Geschlechterperspektive integraler Bestandteil werden. Dort, wo bisher immerhin nach Frauen und Männern unterschieden die Daten bzw. Unterschiede der Problemlagen dargestellt werden, ist es angebracht zu prüfen, ob die Aussagen nicht innerhalb der Geschlechtsgruppen der Frauen bzw. der Männer nochmals zu differenzieren sind. Bei der Implementierung muss es auch darum gehen, wie Gender Mainstreaming und spezifische Frauengleichstellungsprogramme als Doppelstrategie anzulegen ist. Die Funktionen von originärer Frauenpolitik und Gender mainstreaming-geprägter Arbeitsmarktpolitik für eine insgesamt die Geschlechterdemokratie auf dem Arbeitsmarkt fördernde Politik müssen geklärt und Kooperation muss abgesichert werden. Sonst kommt es entweder zum Nischendasein der Frauenpolitik bis hin zur Erklärung ihrer Überflüssigkeit – alles ist nur noch Gender Mainstreaming. Oder die „allgemeine" Arbeitsmarktpolitik erfindet das Rad neu; oder sie entledigt sich im Gegenteil des Auftrages zu Gender Mainstreaming durch Rückdelegierung als Spezialaufgabe der Frauenpolitik.

Gender Mainstreaming bei der fachlichen Konzipierung und Umsetzung von Arbeitsmarktprogrammen – worauf ist zu achten?

Sowohl „Top-Down" als auch „Bottom-Up" müssen die Weichen gestellt werden und ein kontinuierlicher Prozess der Umsetzung, Steuerung und Fortentwicklung stattfinden. Dies ist nicht durch einmalige Gender Mainstreaming-Implementierungsaktivitäten („eine Runde Gendertraining für alle") zu verwirklichen, sondern ist eine Daueraufgabe.

Programm-Gestaltung gemäß Gender Mainstreaming – Aufgabe der Fachebene

Gender Mainstreaming fängt in der Arbeitsmarktpolitik nicht erst an, indem man Anträge von Beschäftigungs- und Qualifizierungsträgern, Kommunen oder Unternehmen nach einer Gender-Checkliste prüft, sondern bei der Programmgestaltung.

Arbeitsmarktprogramme werden auf der Fachebene vorbereitet, im partnerschaftlichen Abstimmungsprozess erörtert und zur politischen Entscheidung der Ministeriumsleitung vorgelegt.

Voraussetzung sind Gender-Analyse und fachbezogene Gender-Kompetenz:

Als Erstes muss mehr und besser differenziertes Wissen (Statistiken, aber auch qualitative Erkenntnisse) herbei. Hierbei sollte nicht jede und jeder fachlich Zuständige sich allein an die Arbeit machen müssen. Der Bedarf an Daten und Fakten sollte geklärt werden und diese Grundlagen sollten durch entsprechende Erweiterungen, vielleicht auch einfach nur durch zusätzliche geschlechterdifferenzierte Ausdrucke bei den Statistiken geschaffen, systematisiert und für alle Beteiligten gut zugänglich bereitgestellt werden.

Konkret für die Programmgestaltung erfordert Gender Mainstreaming folgendes Vorgehen:

- Das Gleichstellungsziel muss in der Gesamt-Zielbeschreibung des Programmes klar zum Ausdruck kommen.
- Die Zielgruppenbeschreibung muss geprüft werden: Schließen die Zielgruppenkriterien u.U. ungewollt Frauen aus?
- Die Rahmendaten der Förderung – Art der Beschäftigungsfelder und Projekte, förderfähige Kosten – müssen geprüft werden: Schließen sie u.U. ungewollt Maßnahmen aus, die besonders Frauen fördern würden? Ist der Kreis der Zuwendungsempfänger richtig bestimmt, um geschlechtergerechte Projekte zu erhalten?
- Ist der Förderzeitraum so bestimmt, dass er auch für Projekte, die wegen frauenspezifischer Gestaltung über längere Zeiträume laufen müssen – z.B. Teilzeitqualifizierung für Alleinerziehende – ausreicht?
- Sind die antragsentscheidenden Gremien und Personen informiert und kompetent hinsichtlich Gender-Relevanz? Haben sie ein Verfahren, Gender Mainstreaming bei den Förderentscheidungen zu praktizieren?

Besser steuern! Gender Mainstreaming im begleitenden Controlling

Es ist absolut wichtig, die Umsetzung der Fördermittel im laufenden Programmprozess *fortlaufend* zu beobachten, z.B. auf Einhaltung der Frauenquote hin, um rechtzeitig gegenzusteuern. Das bedeutet ein begleitendes Controlling durch die Programmverantwortlichen mit Beratungs- und Unterstützungscharakter. Hinzukommen muss die Ergebniskontrolle. Für beides bietet die Methode von Gender Mainstreaming verstärkte Anstöße und Instrumente.

Kontinuierliche Kooperation mit den Akteuren – unter das gemeinsame Leitprinzip von Gender Mainstreaming gestellt

Die gleichstellungspolitische Gestaltung der Arbeitsmarktpolitik, aber auch die Ziele von Regionalisierung und Verknüpfung werden nur vorankommen, wenn die Akteure zusammenarbeiten und sich abstimmen, wenn sie voneinander lernen, erfolgreiche Modelle und Strategien übertragen, wenn sie ihre Kompetenz weiterentwickeln.

Hierfür muss eine Struktur mit Kontinuität geschaffen werden, auf der Verantwortungsebene und auf der Umsetzungsebene.

Von der Landesebene müssen für die Akteure der Umsetzungsebene regelmäßige Umsetzungsbesprechungen, regelmäßige Fachtagungen zur Weiterbildung und zur gemeinsamen Publizierung besonders erfolgreicher und innovativer Beispiele angeboten werden. Dabei muss das Frauen- und Gleichstellungsthema durchgängig mit auf die Tagesordnung genommen werden (nicht nur als Thema für Extra-Tagungen). Hiermit fördert man die Entwicklung einer gleichstellungswirksamen Praxis in hohem Maße. Genau so – Gender und Gleichstellung als durchgängiges Thema – ist Gender Mainstreaming schließlich gedacht.

Sanktionen bei Nichteinhaltung der Gender-Kriterien?

An erster Stelle für die Umsetzung von Arbeitsmarktprogrammen im Sinne des Gender Mainstreaming stehen klare Programmkriterien, Information und Qualifizierung der programmumsetzenden Träger und ein qualifiziertes Antragsprüfungsverfahren. Hierzu gibt es bereits eine Fülle von Leitfäden und Handreichungen.[9]

Sanktionsmöglichkeiten allein sind keine Garantie und auch kein hinreichender Anstoß für eine geschlechtergerechte Umsetzung. Aber sie sind in einem Bündel von Umsetzungssteuerungsinstrumenten wichtig, um eine kontinuierlich besser werdende Praxis im Sinne des Gender Mainstreaming zu erreichen. Von den verschiedenen Steuerungsmöglichkeiten für die Umsetzung bedarf es vorab vor allem der Frage von wirksamen Sanktionen der politischen Entscheidung (Top-Down), zu Beginn des Programms, nicht erst für den konkreten Problemfall nach Durchführung der Programmes und des Projektes.

Klar muss zum Ausdruck gebracht werden, dass die Programmverantwortlichen – Fachebene und politische Spitze – die Auflagen von Gender Mainstreaming genau so ernst nehmen, überwachen und bei Nichteinhaltung mit Konsequenzen beantworten, wie dies bei anderen Förderauflagen, etwa des Haushaltsrechtes, auch der Fall ist.

Zwei Beispiele für Gender Mainstreaming in der Kooperation von Arbeitsmarktpolitik mit anderen Politikfeldern

1997 beschäftigten sich im Land Brandenburg in einer ganztägigen Arbeitsklausur Regine Hildebrandt, die damalige Arbeits-, Sozial- und Frauenministerin und ihr Kabinettskollege Dreher, der Wirtschaftsminister, zusammen mit einigen Abteilungsleitern und Fachbeamtinnen und Fachbeamten aus beiden Ressorts mit dem Thema „Verbesserung der Erwerbschancen von Frauen im Land Brandenburg". Die Fragestellung war: „Wie kann Gleichstellungspolitik in der Arbeitsmarkt-, Beschäftigungs- und Strukturpolitik stattfinden und welchen Nutzen bringt sie?"

Niemals hätte Regine Hildebrand dies als brandenburgischen „start-up-workshop für Gender Mainstreaming" bezeichnet – aber das war es natürlich, aus heutiger Sicht und in heutiger Terminologie:

Geschlechterperspektive und Gleichstellung wurde zum wichtigen Thema für die Fachpolitik (hier: die Wirtschaftspolitik) gemacht, und zwar für die Top-Ebene: Ministerin und Minister, Führungskräfte der beiden Ressorts befassten sich intensiv damit, ließen sich informieren und beraten. Geschlechterspezifische Daten sowie Expertinnen-Know-how wurden als Grundlage herangezogen. Fachkompetenz und Gleichstellungskompetenz waren an einem Tisch vertreten zur Klärung von gemeinsamen Zielen und Handlungsansätzen einer gleichstellungseffektiven Beschäftigungs- und Strukturpolitik.

2001/2002 wurde im Rahmen der Implementierung von Gender Mainstreaming in Sachsen-Anhalt in der für Arbeitsschutz zuständigen Ministeriumsabteilung als Pilotprojekt das Thema der Verstöße gegen Arbeitsschutzbestimmungen gewählt. Bei einer geschlechtsspezifisch ausgewerteten Untersuchung zu Gefahrstoffexpositionen in Betrieben zeigte sich, dass Arbeitgeber besonders häufig gegen Meldevorschriften der Gefahrstoff-Verordnung bezogen auf den Mutterschutz verstießen. Die Konsequenz wurde nun nicht in schärferen Kontrollen und Strafen gesucht, sondern in Unterstützungs- und Informationsangeboten für Arbeitgeber und schwangere Frauen. Das bedeutet zum einen, Informationen über das Erstattungsverfahren für Kleinbetriebe zum Ausgleich der Kosten durch die Mutterschutzzeiten, zum anderen arbeitsmarktpolitische Lösungen durch geförderte Jobrotation:

Das arbeitsmarktpolitische Instrument von Jobrotation wird bekannt gemacht mit ausdrücklichem Bezug auf seine Eignung für solche Mutterschutzfälle, bei denen der Arbeitsschutz die Weiterbeschäftigung auf dem bisherigen Arbeitsplatz verbietet. Mit arbeitsmarktpolitischen Fördermitteln unterstützt, kann nun der Platz der schwangeren Frau von einer bisher arbeitslosen Person übernommen werden, während die Schwangere die Chance zu einer Qualifizierung erhält.

Von der Politik muss eine quantitative und qualitative *Gender*-Zielbestimmung für die Gesamtheit der arbeitsmarktpolitischen Programme kommen

Gender Mainstreaming fordert von jedem Arbeitsmarktprogramm für sich eine geschlechtergerechte und gleichstellungsfördernde Gestaltung. Damit die Fachebene in diese Richtung arbeitet, muss die grundsätzliche Zielrichtung eindeutig von der politischen Spitze im Sinne des Top-Down bestimmt und zum Ausdruck gebracht werden.

In der Praxis wird es natürlich nicht um 50:50–Relationen von Frauen und Männern in jedem Einzelprogramm gehen. Die Fachverantwortlichen des jeweiligen Programmes werden aufgefordert sein, ein „realistisches Optimum" ins Auge zu fassen. Wenn dies bei politisch vorgegebenem Programm geleistet ist oder man sich auf dem Weg dorthin befindet, hat dieses seine Verpflichtung zu Gender Mainstreaming erfüllt.

Das wäre aber auch dann der Fall, wenn von zehn Arbeitsmarkt- und Beschäftigungsprogrammen acht schwerpunktmäßig in Männer-Beschäftigungsbereichen angesiedelt sind und wenn dann immanent in jedem dieser Programme – aber unter Beachtung des politisch gesetzten Programmschwerpunktes – mit Gender-Kriterien erreicht wird, dass Frauen mehr als zuvor, vielleicht zu 20 %, vielleicht zu 10 %, partizipieren.

Zum Beispiel werden bei EFRE aufgrund der Förderphilosophie männerdominierte Branchen bevorzugt, indem die Förderschwerpunkte klassisch technologieorientiert oder auf Stärkung der Marktposition kleiner und mittlerer Betriebe ausgerichtet sind. Dann sind *innerhalb* dieser Interventionen kompensatorische Maßnahmen für bessere Chancen von Frauen zwar notwendig und auch möglich, real aber nur sehr begrenzt machbar. Und dies allein reicht dann nicht aus; vielmehr muss das Förderspektrum gezielt erweitert und umgebaut werden – in Wirtschaftsbereichen, die für Frauenbeschäftigung von größerer Bedeutung sind und die Frauen mehr Chancen eröffnen.

Gender Mainstreaming bedeutet deshalb in der Arbeitsmarktpolitik z.B. eines Landes, dass die Programme nicht nur je für sich, sondern zusätzlich in ihrer Gesamtheit betrachtet und für Chancengleichheit umgestaltet werden müssen. Dies ist klar die Aufgabe und Verantwortung der Ministeriumsspitze und des Kabinetts und nicht der Fachebene.

Die politische „Top-Ebene" muss die Entscheidung über Ziele, Prioritäten, Ressourcen der Arbeitsmarktpolitik treffen: Was ist das politisch gewollte Ausmaß, in dem die Programme als Ganzes die Gleichstellung von Frauen und Männern auf dem Arbeitsmarkt voranbringen sollen? An dieser Kernfrage wird noch einmal deutlich:

Gender Mainstreaming ist eine Methode, um zu einer geschlechtergerechten, gleichstellungsfördernden Praxis zu kommen – eine Methode, nicht mehr und nicht weniger. Gender Mainstreaming setzt politische Ziele voraus, kann durch Gender-Analyse und neue Konzepte Zielentscheidungen fundieren und unterstützen, aber nicht ersetzen.

Was kann das gemeinsame Interesse von Frauen und Männern an einer mit Gender Mainstreaming gestalteten Arbeitsmarktpolitik sein?

Gender Mainstreaming wird nur im wirklichen Sinne und auf allen Gebieten funktionieren, wenn ein gesellschaftlicher Konsens von Frauen und Männern über Geschlechterdemokratie hergestellt wird. In der Arbeitsmarktpolitik werden aber neben win-win-Situationen auch regelmäßig Verteilungskonflikte auftreten.

Deshalb ist es so wichtig, dass Gender Mainstreaming zu einer neuen Sichtweise auf die Strukturen des Beschäftigungssystems führt – einer Sichtweise, die zukunftsrelevant auch für Männer ist.

Gender Mainstreaming bedeutet, sich endlich auch damit auseinander zu setzen, dass die von männlichen Entscheidungsträgern in Wirtschaft und Politik auf den klassischen männlichen „Normalarbeitnehmer" hin gestaltete Arbeitswelt nicht nur Frauen diskriminiert, sondern auch für Männer nicht zukunftsfähig ist. Die klassischen „Männerbranchen" mit ihren tradierten Strukturen der Arbeitsorganisation haben nicht nur, aber auch aufgrund dieser Strukturen erlebt, wie schwierig für sie das Change-Management ist. Dort, wo sie regionale Monostrukturen kreiert haben (klassische Industrieproduktion, Schwerindustrie), sind diese tradierten Strukturen der Arbeitsorganisation zugleich eine wesentliche Ursache der Unfähigkeit zum Strukturwandel der Region insgesamt. Hier kommen die innovativen Ideen und Potenziale erst in den Blick und führen zu positiven Veränderungen, wenn die Frauen mit in den Blick kommen, und das setzt voraus, eine andere Arbeitsorganisation mit vielfältigeren Mustern der Beschäftigung zu gestalten.

Auch in den Bereichen der New Economy ist das männliche Modell vom Normalarbeitnehmer – rund um die Uhr verfügbar, sozial nicht gebunden, allein berufsorientiert – offenkundig ebensowenig zukunftsfähig: Die Konsequenzen einer mangelnden Perspektive für Menschen, einschließlich des Ausblendens der Geschlechterperspektive zeigen sich auch hier in Krisen, Beschäftigungsverlusten und individuellen hohen Instabilitäten der Berufsverläufe.

Umgekehrt wird Gender Mainstreaming auch die Basis für den kritischen Blick auf die „Zukunftsmodelle" von „Ich-AG" und erweiterter geringfügiger Beschäftigung abgeben: Was bedeuten und wie gestalten sich diese neuen Beschäftigungsformen für Frauen im Vergleich zu Männern? Fördern sie etwa berufliche Gleichstellung der Geschlechter? Oder verschärfen sie die Ungleichheiten und sind deshalb nicht vereinbar mit dem Ziel Geschlechterdemokratie und sind sie ohne das Leitprinzip des Gender Mainstreaming entwickelt und beschlossen worden?

Gender Mainstreaming gehört also in die generelle Debatte über die Zukunft des Beschäftigungssystems. Dabei wird sich zeigen, dass mit Geschlechtergerechtigkeit als Reformstrategie nicht allein ein „Mehrwert" für die Gleichstellung von Frauen erreicht wird, sondern damit Hand in Hand die Politik so verändert bzw. gestaltet wird, dass Qualität, Innovation und Nachhaltigkeit der Arbeitsmarktentwicklung gefördert werden – im Kontrast zu vielen Entwicklungen, die von den Unternehmen und vom privaten Kapital her bestimmt werden.

Anmerkungen

[1] Pressemeldung und Bericht: http://europa.eu.int/comm/dgs/employment_social/key_de.htm

[2] *Naylon, Isabel/Weber, Friederike:* Gender Mainstreaming als Ansatz einer Politik der Gleichstellung am Arbeitsmarkt – Die ESF-Vorgaben als Impuls für die Berücksichtigung der Chancengleichheit von Frauen und Männern in der Arbeitsmarktpolitik, Wien 2000

[3] *Ulshöfer, Petra:* Gender Mainstreaming in an international organization: the case of the ILO, unveröff. Manuskript, Dortmund 2001 (zu erhalten über a.kipp@gender-akademie.de)

[4] zum Beispiel: *Knapp, Ulla, Weg/ Marianne:* Arbeit teilen – schaffen – neu gestalten. FrauenBeschäftigungsProgramm, Pfaffenweiler 1995

[5] ebenda

[6] www.frauenbeauftragte.de

[7] www.gender-mainstreaming.net; link zu den homepages der Ressorts; Stand März 2003: das Projekt ist inzwischen angesiedelt beim Bundesministerium für Gesundheit und Soziales

[8] *Weg, Marianne,* in: *Knapp/Weg,* a.a.O, S. 89–91

[9] Zum Beispiel die „ToolBox Gender Mainstreaming" der österreichischen Koordinationsstelle für Gender Mainstreaming im ESF; www.gem.or.at

JOACHIM H. KLETT

ver.di: Geschlechterdemokratie ist das Ziel – Gender Mainstreaming ist der Weg

We want bread and roses too!

Dieses Streikmotto amerikanischer Textilarbeiterinnen aus dem Jahr 1912 hat (leider) bis heute nichts an Aktualität verloren: Brot und Rosen, berufliche und persönlich private Entwicklungsmöglichkeiten, Karriere und Kinder, existenzsicherndes Einkommen, Arbeitszeitmodelle, die persönlicher Entfaltung Raum geben, demokratische Teilhabe in der Gesellschaft, im Betrieb, der Wirtschaft und in Gewerkschaften – Geschlechterdemokratie, das alles sind Teile des „Brotes" und der „Rosen", um die heute gestritten wird. Nicht außer Acht darf dabei gelassen werden, dass es immer noch Bevölkerungsschichten gibt, die auch tatsächlich um ihr alltägliches Brot bangen müssen. Das eine wie das andere ist und bleibt gewerkschaftliches Arbeitsfeld.

ver.di-Gründungsprozess – (auch) Kampf um geschlechterpolitische Ziele und Strategien

Im Sinne dieses (plakativen) Aufgabenspektrums von Brot und Rosen war der Kampf um Gleichstellung und die Definition dessen, was Gleichstellung ausmacht – und zwar in den internen Strukturen und Zielen ebenso wie in denen von Betrieben, Verwaltungen und an die Gesellschaft gerichteten Politikfeldern – politisches Alltagsgeschäft in den Quellorganisationen der Vereinten Dienstleistungsgewerkschaft e.V. – ver.di.[1]

Quotenregelungen, Vetorechte, eigenständige Frauenstrukturen und -gremien, Antragsrechte für alle politikrelevanten Gremien- und Konferenzen waren – als Ergebnis teils sehr mühsamer Auseinandersetzungen – die von den Gewerkschaftsfrauen erstrittenen strukturellen Eckpfeiler der Gleichstellungspolitik.[2]

Ob und inwieweit sich damit der „Männerbund Gewerkschaft“[3] als Organisation grundlegend verändert hat oder die „patriarchale Blindheit“, von der Ingrid Kurz-Scherf vor allem die Gewerkschaftspolitik der achtziger Jahre gekennzeichnet sah[4], überwunden ist, kann im Rahmen dieses Beitrages nicht untersucht werden. Festzustellen bleibt: Die Verantwortung für Gleichstellungspolitik lag weitestgehend bei den Frauen und ihren Gremien. Ein Verständnis von Gleichstellungspolitik als „Gemeinschaftsaufgabe“ von Frauen und Männern war weniger ausgeprägt.

Angeregt und unterstützt von Entwicklungen im internationalen Rahmen und verstärkt durch die 4. Weltfrauenkonferenz 1995 in Peking findet die bereits 1985 vorgestellte Politikmethode des Gender Mainstreaming auch in gewerkschaftlichen Frauenkreisen immer mehr Beachtung.

Gender Mainstreaming[5] – der Weg

Gender Mainstreaming bedeutet bei allen gesellschaftlichen Vorhaben, die unterschiedlichen Lebenssituationen und Interessen von Frauen und Männern von vornherein und regelmäßig zu berücksichtigen, da es keine geschlechtsneutrale Wirklichkeit gibt.

Die Gewerkschaft ÖTV war 1998 die erste deutsche Gewerkschaft, die den Beschluss des EGB-Kongresses von 1995[6], in dem sich die Mitgliedsbünde zur Einbeziehung der Frauen- und Männerinteressen in allen gewerkschaftlichen Handlungsfeldern verpflichtet haben, durch institutionalisierte Maßnahmen systematisch umgesetzt hat. In den anderen Gründungsorganisationen gab es ebenso vielfältige Aktivitäten. Sei es die Durchführung von Gender-Trainings, die Einführung von Mentoringprogrammen, der Einbezug geschlechtergerechter Didaktik in die Bildungsarbeit oder Gender-Workshops für ehren- und hauptamtliche Kolleginnen und Kollegen.

Die dort gewonnenen Erkenntnisse über die Notwendigkeit systematischer und strukturbildender Vorgehensweisen waren sicher auch Grundlage der Verankerung von Gender Mainstreaming im Gründungsprozess von ver.di.

Als ersten Schritt hatten die Kolleginnen in der ver.di-Gründungsorganisation 1999 durchgesetzt, dass neben den Arbeitsgruppen, die das strukturelle, politische und rechtliche Zusammenführen der fünf Quellgewerkschaften vorbereiteten, eine gleichberechtigte „Arbeitsgruppe Frauenpolitik – Gleichstellungspolitik" gebildet wurde. Diese Gruppe war hochkarätig besetzt – was ihre besondere Bedeutung unterstreicht – und bestand aus den für Frauen- und Gleichstellungspolitik zuständigen Vorstandsmitgliedern, den fünf Bundesfrauensekretärinnen und ehrenamtlichen Kolleginnen der jeweiligen Bundesfrauenräte.

Es bestand schnell Einigkeit über die grundsätzlichen Essentials aus frauenpolitischer Sicht:

- Einhalten einer Mindestquote gemessen am Anteil der Frauen, differenziert in den jeweiligen Bereichen der zukünftigen Organisation,
- Erarbeitung von Richtlinien für den Aufbau der Strukturen, der Zusammenarbeit, der Vernetzung und Einwirkung in die Politikbereiche der Organisation,
- Sicherung von eigenständigen „Frauenstrukturen" auf horizontaler und vertikaler Ebene,
- Implementierung des Instruments Gender Mainstreaming,
- Verankerung des politischen Leitgedankens der Geschlechterdemokratie in der Satzung.

Die in den Gewerkschaften geführte Diskussion, die vielfältigen Anträge und Initiativen – ob zur Tarifpolitik, zur Gesellschaftspolitik oder zur internen Organisationspolitik –, haben immer wieder zum Ausdruck gebracht, „dass Demokratie unter Einbeziehung beider Geschlechter neu gedacht und praktiziert werden muss, weil nur so undemokratische Hierarchisierung und männerbündische Machtstrukturen aufgebrochen werden können"[7]. Hier hat sich der Perspektivwechsel von der Frauenpolitik, als alleinige geschlechterpolitische Strategie zur Geschlechterpolitik erkennbar vollzogen.

Die Entwicklungsgeschichte von Gender Mainstreaming in den Quellorganisationen macht deutlich: Frauen- und Gleichstellungspolitik und Gender Mainstreaming stehen in einem engen Verhältnis. Gender Mainstreaming in ver.di konnte nur auf der Basis jahrzehntelanger harter frauenpolitischer Arbeit entstehen.

In diesem Prozess wurden auch die möglichen „Tücken" von Gender Mainstreaming eingehend ausgeleuchtet. Dabei wurde auf den „neoliberalen Ursprung" verwiesen, denn Gender Mainstreaming ist von seiner

Herkunft her ein in den USA entwickeltes betriebliches Führungs- und Management-Konzept, dem primär Wettbewerbsvorteile durch bessere Ausnutzung der ‚humanen Ressourcen' des Unternehmens zugrunde liegen. Von Demokratie im Betrieb, geschweige denn Geschlechterdemokratie, war bei seinen Urhebern nie die Rede.[8]

Die ambivalente Wirkung von Methoden wurde gewissenhaft ausgeleuchtet. Dabei wurde klar: Der Weg ist nicht das Ziel. Aber Gender Mainstreaming ist ein Weg dahin. Das Ziel selbst ist Geschlechterdemokratie, und das darf von den Akteurinnen und Akteuren nicht aus den Augen gelassen werden.

Geschlechterdemokratie – das Ziel

Geschlechterdemokratie ist als Leitbild in der ver.di-Satzung festgeschrieben. Damit besteht in ver.di die (Selbst-)Verpflichtung, Geschlechterdemokratie in allen Arbeitsfeldern zu verankern. Die Diskussion um Inhalte, strategische und operative Ziele beginnt in ver.di erst und muss immer wieder neu geführt werden.

Folgende Visionen verbindet ver.di mit einer geschlechterdemokratischen Organisation und deren politischen Zielen:

1. Frauen und Männer sind strukturell vollständig integriert, in allen Positionen und auf allen Hierarchieebenen gleichmäßig repräsentiert und in informelle Netzwerke integriert. Sie sind an der Ziel- und Meinungsfindung gleichmäßig beteiligt.
2. Die Unterschiede von Menschen bezüglich Geschlecht und sexueller Orientierung werden als gleichwertig anerkannt. Dies spiegelt sich im Umgang zwischen den Geschlechtern wider.
3. ver.di übernimmt nach innen und außen Verantwortung für das Ziel Geschlechterdemokratie. Frauen und Männer bei ver.di lassen sich an diesem Ziel messen. Der Prozess der Annäherung an diese Ziele erfolgt mit hoher Transparenz.

Mit der Aufnahme in die Gründungssatzung ist die „Verwirklichung der Geschlechterdemokratie und die gleichberechtigte Teilhabe von Frauen und Männern in Betrieb, Wirtschaft, Gesellschaft und Politik, auch unter Anwendung des Gender Mainstreaming"[9] alltäglicher Auftrag des Handelns geworden.

Wie oben bereits beschrieben, wissen alle Akteurinnen und Akteure in der politischen Arbeit, wie weit der Weg von der „Satzungslage" zum Arbeitsalltag ist, und welcher Anstrengungen es bedarf, neue Strukturen für neue Ziele aufzubauen. Die entsprechenden Initiativen der ‚Arbeitsgruppe Frauenpolitik – Gleichstellungspolitik' führten zu folgender Satzungsregelung: „Es sind Strukturen für das Gender Mainstreaming zu entwickeln und Beauftragte zu benennen, die das Gender Mainstreaming in allen Politikfeldern koordinieren und organisieren."[10]

Einer der ersten wesentlichen Beschlüsse des Bundesvorstandes zur Umsetzung von Gender Mainstreaming war die Einrichtung eines Bereiches Gender-Politik auf Bundesebene. Die Bereichsleitung ist geschlechterparitätisch und gleichberechtigt besetzt und arbeitet seit September 2001. Der Autor ist der männliche Part dieser geschlechterparitätischen Bereichsleitung.

Fit für Gender Mainstreaming

Die oben beschriebene „Verortung" von Gender Mainstreaming und des Arbeitsbereichs Genderpolitik im gesellschafts- und organisationspolitischen Kontext von ver.di ist nicht – und wird sicher auch nie – „abgeschlossen" sein. Ein laufender Prozess mit den Fragen, was Geschlechterdemokratie in den jeweiligen Arbeitsfeldern konkret bedeutet und welche Instrumente zur Erreichung des Ziels der Geschlechterdemokratie am besten geeignet sind, soll die „Genderhefe" im „Arbeitsteig" von ver.di sein. Dabei wird es immer die Innensicht mit der Wirkung von Gender Mainstreaming auf die internen Strukturen und die Außensicht mit der von ver.di unterstützten Wirkung von Gender Mainstreaming in den Betrieben und Verwaltungen des Organisationsbereiches und der Wirkung in alltägliche Politikfelder geben. Einige dieser „Wirkungsbereiche" werden folgend kurz beschrieben.

Beachtung veränderter Lebensentwürfe

Die Frankfurter Rundschau[11] hat im Rahmen ihrer beachtenswerten Dokumentationsseite eine Debatte unter dem Titel „Arbeit 2002: Gewerkschaften im Umbruch" organisiert. Dabei wurde deutlich, dass die Kategorien, die zur Veränderung deutscher Gewerkschaften genannt wurden, sich in den Begriffen „Jünger, moderner, transparenter und weiblicher“ wieder finden. Hier kann ver.di mit Gender Mainstreaming einen guten innovativen Beitrag zur Attraktivität und Qualität von Gewerkschaftsarbeit leisten.

Ver.di setzt sich auseinander mit den Planungen, Interessen, Wünschen und Zielen von Menschen, bezieht diese in Politikkonzepte ein, entwickelt unter Beachtung des Gender Mainstreaming daraus (neue) Rahmenbedingungen zu „Arbeit und Leben“, konkretisiert diese zum Beispiel in der Tarif- oder Zeitpolitik, macht Angebote zur Beteiligung und leistet damit insgesamt einen Beitrag zur Attraktivität von Gewerkschaften.

Vielfältig und differenziert sind heute die Lebensentwürfe von Menschen, insbesondere von jüngeren Menschen. Der „stumme Zwang von Milieus“ nimmt ab, Neugierde und Experimentierfreudigkeit führen auch zu individualisierteren Lebensformen. Die Lust vieler junger Männer auf Familie und Kinderzeit wächst ebenso, wie die Lust von Frauen auf Berufserfolg und Karriere.

Die Lust auf Lebensentwürfe, die es ermöglichen, Privates – ausdrücklich Privates und nicht nur Familie – und Berufliches in einer guten Balance zu halten, geht bei Männern wie Frauen um.

Tatsächlich verfügbare Zeit in besonderen Lebensphasen, sei es um sich um Kinder, Lebenspartnerin oder -partner, Eltern zu kümmern, sich die ersehnte lange Reise zu gönnen oder um durch Weiterbildung etwas für sich selbst zu tun, wird Teil des individuell angestrebten Wohlstandes in weiblichen Lebensentwürfen ebenso wie in männlichen.

Ulrich Mückenberger hat in diesem Zusammenhang die Frage aufgeworfen, ob „Zeitwohlstand“ als (ein) Ziel gewerkschaftlicher Arbeit auszumachen sei.

Er beschreibt, „dass Zeitwohlstand befördert wird, wo der individuelle und kollektive Zeitgebrauch

- einen selbst gewählten kulturellen Eigenwert aufweist (wie etwa in Zeiten der Muße, der Kommunikation und Unterhaltung, der Andacht, des Sports, des Lernens, der Körperpflege, des Füreinander-Daseins usw.),
- Spielräume gemeinsamer Zeiten für Tätigkeiten und Erfahrungen enthält, die nur oder besser gemeinsam mit anderen (Familie, Nachbarschaft, Gemeinde, Verein usw.) gemacht werden können“[12].

Hier ist auch der Bogen von dem eher „einengenden" Begriff der Familie zum „erweiterten" Begriff des Privaten zu schlagen.[13]

Immer mehr Menschen geben sich solche Ziele und sie gehen dabei davon aus, dass ihre Ansprüche und Wünsche gleich berechtigt sind, unabhängig von dem biologischen Geschlecht, von der sexuellen Orientierung und unabhängig von der Frage, ob das Leben in einer Partnerschaft organisiert ist oder als Single geführt wird.

Und viele gehen davon aus, dass Organisationen – wie Gewerkschaften – durch das Entwickeln von Rahmenbedingungen helfen, dass solche Orientierungen auch tatsächlich gelebt werden können, entweder dauerhaft, zumindest aber zeitweise. Organisationen, die solche Bedarfe aufgreifen, sind innovativ und attraktiv.

Gender Mainstreaming im gesellschaftlichen Kontext

„Männer und Frauen sind gleichberechtigt. Der Staat fördert die tatsächliche Durchsetzung der Gleichberechtigung von Frauen und Männern und wirkt auf die Beseitigung bestehender Nachteile hin".

Dieser Auftrag aus Artikel 3, Absatz 2 des Grundgesetzes beinhaltet, auch demokratische Verhältnisse zwischen den Geschlechtern herzustellen, dies wird von den Menschen immer mehr abgefordert – vom Staat insbesondere auch in seiner Eigenschaft als Arbeitgeber und auch von Parteien, Verbänden und von den Gewerkschaften.

Gewerkschaften leisten dabei einen Beitrag zur Weiterentwicklung des Demokratiebegriffes – das ist innovativ.

Gender Mainstreaming in Betrieben und Verwaltungen

Gender Mainstreaming bietet sich dabei – eben nicht nur für den Staat, sondern auch für Wirtschaftsbetriebe – als die Politikmethode für Geschlechterdemokratie an.

Diese gesellschaftliche Zukunftsdiskussion ist in vollem Gange. Ver.di muss sich und will sich daran beteiligen: es gibt für diese neue Politikmethode gute Gründe, nicht zuletzt auch ökonomische, was nicht verschwiegen werden soll.

Gründe, von denen aus Gewerkschaftssicht klar ist, dass aufgeklärte Unternehmerinnen und Unternehmer deren Wirksamkeit und Nachhaltigkeit nicht bestreiten. Als Stichworte seien nur Qualitätsverbesserung, passgenauere Produktentwicklung und Serviceorientierung oder höhere Arbeitszufriedenheit genannt.

Auch wenn die Betriebe, die es Frauen und Männern ermöglichen, Familie, sonstige Formen des privaten Lebens und Beruf wirklich gut und angemessen unter einen Hut zu bringen, noch eine verschwindende Minderheit in der deutschen Unternehmenslandschaft sind, gibt es dennoch eine Reihe guter Beispiele. Genannt seien hier nur die vom Bundesfamilienministerium als „Familienfreundlicher Betrieb" ausgezeichneten Betriebe, oder die Betriebe, die sich am Audit „Familie und Beruf" der Hertie-Stiftung beteiligen.

Wie so oft sorgen auch in diesem Arbeitsfeld Betriebs- und Personalräte für neuen Schwung in Betrieben und Verwaltungen. In vielen Betrieben und Verwaltungen sind Ausweitungen der bisherigen geschlechterpolitischen Aktivitäten hin zum Gender Mainstreaming feststellen. Daraus ergibt sich ein enormer Beratungsbedarf, dem die Gewerkschaften in ihrem Organisationsbereich nachkommen müssen. Auch deshalb hat die Qualifizierung der hauptamtlich Beschäftigten eine zentrale Bedeutung bei der Verankerung von Gender Mainstreaming in den Arbeitsfeldern von ver.di.

Informieren – Sensibilisieren – Qualifizieren

Die Verankerungsstrategie von Gender Mainstreaming und Geschlechterdemokratie ist zum einen zur Festigung der Politikmethode als Top-Down-Prozess und zum anderen bei der Ausgestaltung von Geschlechterdemokratie als Bottom-Up-Prozess angelegt. Im November 2001 hat der Bundesvorstand auf Vorschlag des Bereichs Genderpolitik dazu ein erstes Handlungskonzept beschlossen. Bewusst ist das Konzept zunächst auf die Sensibilisierung und Qualifizierung der hauptamtlich bei ver.di beschäftigten Kolleginnen und Kollegen ausgelegt. Verständnis und Sensibilität für die Aufgabenstellung als „Gemeinschaftsaufgabe" zu wecken und Strukturen zu schaffen die befähigen, Anforderungen aus den Betrieben und Verwaltungen qualifiziert zu erfüllen und selbst initiativ werden zu können, das sind Schwerpunkte des ersten Maßnahmenbündels.

Dazu gehören:

1. Beratungsgespräche mit den Mitgliedern des Bundesvorstandes bzw. mit den Mitgliedern der Landesbezirksleitung (jeweils erste Führungsebene auf Bundes- oder Landesebene).
   Ziel der Beratungsgespräche mit den Vorstandsmitgliedern/Landesbezirksleiterinnen und -leiter ist, die Methode des Gender Mainstreaming und das Zusammenwirken von Gender Mainstreaming und gewerkschaftlicher Frauen- und Gleichstellungspolitik herzuleiten, den fachlichen Beratungs- und Qualifizierungsbedarf zu ermitteln und die erforderlichen Unterstützungs- und Qualifizierungsangebote zu identifizieren.
2. Gender-Trainings für Mitglieder des Bundesvorstandes, Landesbezirksleiterinnen und -leiter, weitere Führungskräfte, Multiplikatorinnen und Multiplikatoren und weitere spezielle Zielgruppen. Dies sind Sensibilisierungsworkshops zu eigenen Geschlechterrollenbildern und Fortbildungsmaßnahmen zur fachlichen, inhaltlichen und praktischen Umsetzung genderspezifischer Aspekte in den professionellen Alltag. Sie beinhalten eine Sensibilisierungshase, einen theoretischen Input zu geschlechterpolitischen Strategien und Instrumenten (ca. 50% des Gender-Trainings) sowie einen handlungsorientierten Arbeitsteil (ebenfalls ca. 50%), in dem der Transfer von Gender Mainstreaming in den eigenen Arbeitsbereich erarbeitet wird.
3. Mit weiteren Workshops werden Zusatzqualifikationen angeboten, um immer mehr Akteurinnen und Akteure in die Lage zu versetzen, unabhängig von externer Unterstützung Informationsveranstaltungen zu Gender Mainstreaming selbst durchzuführen. Dem soll sich auch eine berufsbegleitende Ausbildung zur Gender-Trainerin, zum Gender-Trainer anschließen.

Mit Flyern, Informationsbroschüren, einem regelmäßigen Gender-Info und einer das Gesamtkonzept beschreibenden Broschüre[14] wird die Verankerung von Gender Mainstreaming in ver.di unterstützt.

Gender Mainstreaming und Personalentwicklung

Bei Veränderungsprozessen kommt der Personalentwicklung eine wesentliche Bedeutung zu. Ziel von ver.di ist es, dass Genderorientierung und

Gender-Trainings integrativer Bestandteil von Personalentwicklungsmaßnahmen sind. Deshalb werden eine Reihe Trainee- und Qualifizierungsprogramme durch die direkte Mitarbeit in den jeweiligen Steuerungsgruppen und durch die Bereitstellung von spezifischen Gender-Trainings und -Workshops für die jeweilige Zielgruppe unterstützt.

Netzwerk der Genderbeauftragten

Ein weiterer Baustein der oben beschrieben Strukturentwicklung ist der Einsatz von Genderbeauftragten. In den 19 Ressorts auf Bundesebene und in den 13 Landesbezirksleitungen (und teilweise auch auf der Ortsebene) arbeitet bereits ein Netz aus Genderbeauftragten, die in der Regel diese Tätigkeit neben ihrer sonstigen beruflichen Aufgabe (als Gewerkschaftssekretärinnen oder -sekretäre auf unterschiedlichen Hierarchiestufen) wahrnehmen. Besonders erfreulich ist, dass 15 der insgesamt 38 derzeit als Genderbeauftragten tätigen Kolleginnen und Kollegen Männer sind. Die ver.di-Genderbeauftragten sind das personelle Gerüst zum Transfer von Gender Mainstreaming in die operativen Arbeitsfelder. Sie beraten bei der Anwendung der Politikmethode. Sie moderieren, begleiten und unterstützen diejenigen, die Gender Mainstreaming in ihrer alltäglichen gewerkschaftlichen Arbeit in der Zusammenfassung von Fachkompetenz und Gender-Kompetenz umsetzen. Der Stand der Umsetzung ist noch sehr unterschiedlich. Er reicht von ersten Aktivitäten im Zuständigkeitsbereich bis hin zu Kontrakten zwischen den Genderbeauftragten eines Ressorts und den dortigen Bereichsleiterinnen und Bereichsleitern zur konkreten Anwendung von Gender-Analysen und anderen Maßnahmen in dem jeweiligen Arbeitsbereich. Darüber hinaus initiieren sie Projekte und Maßnahmen, sammeln Erfahrungen und bündeln diese. Dabei wird besonderes Augenmerk darauf gelegt, dass die Verantwortung für die Zusammenführung von Fach- und Gender-Kompetenz im Sinne einer Gemeinschaftsaufgabe bei jeder und jedem Einzelnen in ihrem/seinem Arbeitsfeld liegt. Genderbeauftragte sind nicht das „geschlechterpolitische Gewissen" der Organisation, Genderbeauftragte ersetzen nicht die in der Frauen- und Gleichstellungspolitik erfolgreich arbeitenden Strukturen, sondern sind Teil der geschlechterpolitischen Doppelstrategie von Frauen- und Gleichstellungspolitik und Gender Mainstreaming. In der Aufbauphase waren die Eigenqualifizierung der Genderbeauftragten und der Aufbau einer Kommunikationsstruktur untereinander Arbeitsschwerpunkte; zurzeit steht die Vorbereitung bzw. die Durchführung von „Beratungsgesprächen“ mit den jeweiligen Führungskräften bei den meisten Genderbeauftragten ganz oben auf der Aufgabenliste.

Gender Mainstreaming in der Tarifarbeit

Der jüngste „Bericht der Bundesregierung zur Berufs- und Einkommenssituation von Männern und Frauen“[15] zeigt, dass es mit der tatsächlichen Durchsetzung der Gleichberechtigung und entsprechender Förderung dieser Durchsetzung durch den Staat noch weit her ist. 225 Jahre – so haben Gewerkschafterinnen ausgerechnet[16] – müssen Frauen noch warten, wenn das Lohngleichheitsgebot in der Bundesrepublik weiter in der gleichen Geschwindigkeit umgesetzt wird, wie dies in den letzten 25 Jahren geschehen ist.

Deshalb erscheint es als pure Selbstverständlichkeit, wenn „Geschlechterdemokratische Tarifpolitik in ver.di“ einer der zentralen programmatischen Aufträge des ver.di-Gründungskongresses war.[17] Zusammenfassend wurde dort „Geschlechterdemokratische Einkommens- und Tarifpolitik von ver.di“ wie folgt beschrieben: Diese

- „richtet sich zunächst insbesondere gegen Niedriglöhne, von denen, wie die jüngsten EU-Berichte bestätigen, vorwiegend Frauen und Migrantinnen und Migranten betroffen sind. In diesem Zusammenhang ist eine Kampagne zu entwickeln, die sich gegen Einkommen unter 60% des gewichteten Durchschnitteinkommens (Einkommensmedian) richtet;
- überprüft die Spannweite der Entgelte, deren Begründung und deren Auswirkung auf Verdienst nach Geschlecht;
- thematisiert die Einkommenshierarchie zwischen technischen und steuernden Berufen und zuarbeitenden bzw. personennahen Berufen mit dem Ziel, ihre Geschlechter-Gebundenheit offen zu legen und ihre Gleichwertigkeit einzufordern;
- untersucht die Tarifverträge einschließlich der Eingruppierungsmerkmale auf geschlechtsspezifische Diskriminierung anhand der bereits vorliegenden EU-Kriterien und arbeitet auf ihre Beseitigung hin;

- legt das Prinzip des Gender Mainstreaming ihrer aktuellen und künftigen Tarifpolitik zugrunde sowie die Geschlechterquotierung von Tarif- und Verhandlungskommissionen".[18]

Zur Umsetzung dieser Aufträge hat der ver.di-Bundesvorstand eine Bundesvorstandskommission „Entgeltgleichheit" eingesetzt, deren Aufgabe es ist, eine Sichtung der bisherigen Aktivitäten vorzunehmen, konkrete Handlungshilfen und Informationsmaterialien zu erstellen und diese in ver.di zu verbreiten.

In den nächsten Umsetzungsschritten ist zu hoffen, dass die öffentlichen Arbeitgeber, die durch den Amsterdamer Vertrag dem Gender Mainstreaming verpflichtet sind, sich einer geschlechterdemokratischen Einkommens- und Tarifpolitik nicht weiter verschließen. Durch die wegweisenden Aktivitäten, die die ver.di-Gründungsgewerkschaft ÖTV im Rahmen der „Aufwertungskampagne"[19] entwickelt hat, liegen gute Grundlagen vor. Ohne Druck wird aber auch hier der Fortschritt eine Schnecke bleiben.

Für die Privatwirtschaft bleibt als wichtiger Schritt die Realisierung eines Gleichstellungsgesetzes auf der Tagesordnung. Die *Vereinbarung zwischen der Bundesregierung und den Spitzenverbänden der deutschen Wirtschaft zur Förderung der Chancengleichheit von Frauen und Männern in der Privatwirtschaft*[20] sieht Entgeltgleichheit bisher nicht vor.

Gesundheit und Geschlecht

Gewerkschaftsmitglieder sind auch Versicherte, Patientinnen und Patienten. Ein Großteil der ver.di-Mitglieder sind im Gesundheitsbereich beschäftigt – als Krankenschwester oder Pfleger, als Angestellte bei den Kassen, als Ärzte und Ärztinnen in den Kliniken – um nur einige zu nennen. In einer viel beachteten Gesundheitskampagne[21] wendet sich ver.di deshalb gegen Tendenzen in der Politik, die großen Lebensrisiken wie Arbeitslosigkeit, Alter und Krankheit zu privatisieren.

Folgende Grundlagen spielen dabei eine Rolle:

- Gesundheit für alle, unabhängig vom Geldbeutel,
- eine solidarische und paritätische Finanzierung des Gesundheitswesens,

- ausreichendes und gut qualifiziertes Personal,
- der Abbau kostentreibender Faktoren sowie
- Qualitätsverbesserungen und Effizienzsteigerung.

Diese sind aus ver.di-Sicht die Messlatte einer echten Gesundheitsreform.

Einerseits zur Unterstützung der Kampagne, andererseits aber auch um auf die spezifischen Anliegen an eine Gesundheitsreform aus der Geschlechterperspektive hinzuweisen, werden seit Ende 2002 Workshops zum Thema „Gesundheit und Geschlecht“ angeboten, in denen es um die Sensibilisierung für geschlechterdifferenzierte Argumentationen und Anliegen im Gesundheitswesen, in Ausbildung, Forschung und Gesundheitsberichterstattung, als Gegenentwurf zur vermeintlichen „Geschlechtsneutralität“, geht.

Geschlechterperspektive in der Erforschung von Medikamenten, Gesundheit und Krankheit, geschlechterdifferenzierte Gesundheitsberichterstattung und die Förderung von Gesundheitsbewusstsein und Präventionsverhalten (insbesondere von Männern), sind nur einige Stichworte zu den Überlegungen, wie in der Gesundheitspolitik die Geschlechterperspektive Berücksichtigung finden sollte.

Auch Männer haben ein Vereinbarkeitsproblem

Gibt es ihn tatsächlich, den „neuen Mann“, den „neuen Vater“? Ver.di bejaht das, auch wenn in den vorliegenden familienpolitischen Konzepten der Parteien Vätern nach wie vor eher die Rolle des Erwerbsmannes als die des Familienmenschen zugewiesen wird.

Aktuell wird bei ver.di unter dem Arbeitstitel „Auch Männer haben ein Vereinbarkeitsproblem“ ein Forschungsprojekt gemeinsam mit anderen gesellschaftlichen Organisationen vorbereitet (Start Mai 2003). Folgende Fragestellungen stehen dabei im Mittelpunkt: Was muss sich bei Männern in den Betrieben und in der Gesellschaft ändern, damit die vielen Männer, die immer wieder bekunden, wie wichtig ihnen familiäre Arbeit ist, wie gerne sie sich (mehr) um Kinder und Haushalt kümmern würden, dies in der Alltagsrealität auch tatsächlich tun (können)? Was muss geschehen, um aus den „Bekenntnissen“ zur Familienorientierung eine „Bewegung“ zu machen?

Gleichzeitig soll auch Männern „Raum“ gegeben werden, um an der Veränderung von Männerrollen in Gewerkschaften und Veränderungsperspektiven arbeiten zu können. Begonnen mit einem Expertengespräch im Herbst 2002 wird ver.di diesem Bereich mehr Zeit widmen.

Arbeit in externen Netzwerken

Neben dem Austausch im internen Netzwerk der Genderbeauftragten ist Informationsaustausch mit anderen gesellschaftlichen Organisationen, Gewerkschaften, Stiftungen, Parteien und Expertinnen und Experten erforderlich und für die Arbeit förderlich. Dabei geht es neben inhaltlichen Fragen zu geschlechterpolitischen Strategien, der Analyse von Missbrauchsmöglichkeiten unter politischen Opportunitäten und Anwendungsfeldern von Gender Mainstreaming auch um den Austausch von Qualitätsstandards bei der Durchführung von Beratungsgesprächen, Gender-Trainings, Workshops etc. Teilweise wird der Austausch von ver.di selbst organisiert, aber auch über die Beteiligung an Dialogveranstaltungen anderer Einrichtungen.

Gender-Controlling

Es gibt in der Literatur eine breite Debatte über Inhalte und Ziele eines Gender-Controlling. Ver.di beabsichtigt, in einem ersten Schritt unter Federführung des Bereichs Controlling – angelehnt an die Überlegungen von Gertraude Krell zum Gleichstellungscontrolling[22] – bei der Implementierung von einzelnen Maßnahmen des Gender Mainstreaming Hilfsmittel für die „Verknüpfung von Planung, Vorgabe, Kontrolle und Informationsversorgung“ zu entwickeln. Die Schärfung des Geschlechterblicks im Controlling und die „geschlechtssensible“ Weiterentwicklung des Berichtswesens stehen auf der Aktivitätenliste für die nächste Zeit.

Geschlechterdemokratie als Gemeinschaftsaufgabe

Der beschriebene Arbeitsstand macht Mut, zeigt sich doch, dass bereits viele Kolleginnen und Kollegen Gender Mainstreaming zum Bestandteil ihrer Entscheidungen und der von ihnen verantworteten Prozesse machen. Die Bereitschaft der Zusammenführung von Fachkompetenz und Gender-Kompetenz und die Arbeit der Netzwerke führen laufend zur Verbreiterung der Politikmethode. Immer mehr Menschen erkennen: Geschlechterdemokratie als Gemeinschaftsaufgabe ist ein Beitrag zur Modernisierung, zur Profilbildung, zur Verbesserung von Organisationspolitik und -kultur. Gender Mainstreaming hat einen mehrfachen Nutzen für die Organisation und die Menschen, die in ihr wirken. Allerdings ist es noch ein weiter Weg, bis diese Erkenntnis zum Allgemeingut auch in einer Organisation wie ver.di wird.

Es werden noch viele Artikel geschrieben, Seminare durchgeführt und viel Streit und Widerstand ausgehalten und aus dem Weg geräumt werden müssen, bevor Gender im Mainstream in allen Aktivitäten des Staates, von Betrieben, Verwaltungen und Organisationen verankert ist. Die Arbeit ist nicht frei von Widerständen, eigenen Fehlern und Fehleinschätzungen. Auf der Suche nach dem richtigen Weg wird mancher Umweg – gewollt und ungewollt – gegangen werden müssen. Ver.di hat sich darauf eingestellt, an einem langfristigen Konzept mit zu wirken – und Umwege erhöhen ja bekanntlich die Ortskenntnis.[23]

Anmerkungen

1 ver.di-Quellorganisationen: Deutsche Angestellten Gewerkschaft e.V. (DAG), Deutsche Postgewerkschaft e.V. (DPG), Gewerkschaft Handel, Banken und Versicherungen e.V. (HBV), Gewerkschaft Öffentliche Dienste, Transport und Verkehr e.V. (ÖTV), Industriegewerkschaft Medien – Druck und Papier, Publizistik und Kunst e.V. (IG Medien)

2 vergleiche hierzu ausführlich: *Schulz-Müller, Ilona:* Gender im Mainstream von ver.di: Ein Weg in eine geschlechterdemokratische Zukunft?! In Gender Mainstreaming – eine Innovation in der Gleichstellungspolitik – Zwischenberichte aus der Praxis, campus, Reihe „Politik der Geschlechterverhältnisse" Band 18, 2002

3 *Gesterkamp, Thomas,* in: Gewerkschaftliche Monatshefte, 6/96, S. 576ff.

4 zitiert nach *Gesterkamp,* a.a.O.

[5] vergleiche auch: www.gender-mainstreaming.net; die Informationsseite der Bundesregierung zu Gender Mainstreaming

[6] Kongress des Europäischen Gewerkschaftsbundes, Mai 1995

[7] *Schunter-Kleemann, Susanne:* unveröffentlichtes Redemanuskript, 2., HBV-Bundesfrauenkonferenz Leipzig, 17.02.2001

[8] *Schunter-Kleemann, Susanne,* a.a.O.

[9] § 5.3 f. der Satzung von ver.di – Vereinte Dienstleistungsgewerkschaft e.V.

[10] § 59.4 der ver.di-Satzung

[11] die Beiträge sind zusammengefasst in der Buchreihe REVISION, „Arbeit und Gewerkschaft: Flexibel, aber sicher", *Kohl, Hans-Helmut / Siemens, Jochen / Müller, Robert* (Hg.), Mai 2002

[12] *Mückenberger, Ulrich,* in: Neue Zeiten – neue Gewerkschaften: auf der Suche nach einer neuen Zeitpolitik / hrsg. von der Hans-Böckler-Stiftung, Düsseldorf, Ed. Berlin 2001

[13] ohne „Eigenarbeit", „Reproduktionsarbeit", „Ehrenamt" oder „Freizeit" hierbei in einen Topf zu werfen.

[14] zu beziehen unter www.gender.verdi.de

[15] BMFSFJ: Bericht zur „Berufs- und Einkommenssituation von Frauen und Männern", 2001 (Nr. 85/2002)

[16] *Jenter, Anne,* in: Info-Brief Nr. 2/April 2002, FRAU GEHT VOR, DGB-Bundesvorstand, Abt. Frauenpolitik, Berlin

[17] Gründungskongress 19.-21. März 2001, Berlin, Beschlüsse zu programmatischen Anträgen

[18] Gründungskongress 19.-21. März 2001, Berlin, Beschlüsse zu programmatischen Anträgen

[19] Aufwertung von Frauentätigkeiten – Diskriminierungsfreie Bewertung von (Dienstleistungs-) Arbeit, ver.di-Bundesvorstand, Ressort 13

[20] Chancen für Frauen in der Wirtschaft, Bundesvereinigung der Deutschen Arbeitgeberverbände, Berlin, August 2001

[21] siehe auch www.gesundheitsdemo.de

[22] *Krell, Gertraude u.a.:* Chancengleichheit – Von der Entwicklungshilfe zum Erfolgsfaktor, in: dies. (Hg.): Chancengleichheit durch Personalpolitik. Gleichstellung von Männern und Frauen, in: Unternehmen und Verwaltungen, 2. akt. u. erw. Auflage, Wiesbaden 1998, S. 13–28

[23] Volksweisheit

ANETTE DITTRICH

Praxisüberlegungen aus Trägerperspektive

Zuständigkeiten, Ziele, Strukturen und Akteurinnen und Akteure

Die Operationalisierung des Gender Mainstreaming im Bereich öffentlich geförderter Ausbildung und Beschäftigung trifft auf ein differenziertes Geflecht von Zuständigkeiten, Zielvorstellungen, Strukturen wie auch Akteurinnen und Akteuren. Dies erschwert ein schlichtes Deklinieren der Umsetzungserfordernisse von Gender Mainstreaming. Öffentlich-geförderte Ausbildung und Beschäftigung, d.h. der sogenannte „zweite Arbeitsmarkt", stützt sich auf zwei grundlegende Säulen. Originär zuständig ist zunächst die Arbeitsverwaltung. Jedoch haben seit rund 20 Jahren Kommunen aufgrund des unmittelbaren Zusammenhangs von Zunahme der Arbeitslosigkeit und Zunahme der Sozialhilfeabhängigkeit als Trägerinnen der Kostenlast und aus sozialpolitischen Erwägungen heraus selbst Beschäftigungsförderung als eigenes Handlungsfeld wahrgenommen und ausgebaut.

Dabei gilt die kommunale Beschäftigungsförderung als ein Politikfeld, in dem durch Verknüpfung mit weiteren politischen Themen mehrere kommunale Aufgabenstellungen bewältigt werden können. Heterogen sind daher auch die Zielsetzungen, die mit kommunaler Beschäftigungsförderung verbunden werden. Innerhalb des Projektes der Bertelsmann-Stiftung *Beschäftigungsförderung in Kommunen (BiK)*, konnten sich die teilnehmenden Kommunen auf zwölf Ziele kommunaler Beschäftigungsförderung einigen:

- dauerhafte Integration von Arbeitslosen in den allgemeinen Arbeitsmarkt
- Senkung der Transferausgaben in der Sozialhilfe
- Bereitstellung von qualifizierten Arbeitskräften in der Region
- Verbesserung der öffentlichen Infrastruktur
- Herstellung und Verbesserung der Beschäftigungsfähigkeit
- Effizienzsteigerung des Mittel- und Instrumenteneinsatzes
- Bereitstellung von sozialversicherungspflichtigen Arbeitsplätzen
- Erschließung von Geschäfts- und Beschäftigungsfeldern

- Erhöhung der Zahl der ausgebildeten Jugendlichen
- Aktivierung von Arbeitslosen
- Eröffnung Zugang zu Weiterbildungsmöglichkeiten in vorgelagerten Sicherungssystemen.

Zur Umsetzung dieser Ziele bieten Beschäftigungs- und Berufsbildungsgesellschaften und -vereine (im folgenden Beschäftigungsträger genannt) unterschiedliche zielgruppenorientierte Maßnahmen und Projekte im Auftrag der Arbeitsämter wie auch der Kommunen an. Neben den Arbeitsämtern und den Kommunen (und deren Sozialämtern und Stellen für Wirtschafts- und Beschäftigungsförderung) sind daher die Beschäftigungsträger weitere Akteure auf dem Feld einer Politik zur Erreichung der Chancengleichheit zwischen den Geschlechtern. Dabei ist in Teilen der Trägerlandschaft traditionell Frauenpolitik als Feld von Arbeitsmarkt- und Beschäftigungspolitik ein Thema gewesen. Projektmacherinnen, wie Frauenpolitikerinnen nutzten den „zweiten Arbeitsmarkt" als ein Experimentierfeld, in dem durch unterschiedliche Modellprojekte die Erwerbstätigkeit und deren Aufnahme gerade von benachteiligten Frauen gefördert wurde.

Sowohl die Durchführungsträger wie auch die Kommunen wurden zunehmend durch Förderbedingungen dazu angehalten, die Beschäftigung von Frauen z.B. entsprechend deren Quote am Sozialhilfebezug nachzuweisen. In den Arbeitsmarkt- und Ausbildungsprogrammen der Bundesländer finden sich seit den 80er Jahren vielfältige Beispiele für frauenfördernde Vorgaben der Fördergeber: Frauenquoten bei den Maßnahmezahlen, Reservierung und Quotierung von Programm-Mitteln, Frauenförderungsanreize in Form erhöhter Fördersätze und Förderung „frauenspezifischer" Maßnahmekosten (z.B. Kinderbetreuung). Jedoch ist insgesamt die Einbeziehung von Frauen in beschäftigungsfördernde Maßnahmen eher zufällig und nicht auf gezielt strukturelle Maßnahmen der mit der Umsetzung befassten Stelle zurückzuführen.[1] Innerhalb der Aufgaben der kommunalen Steuerung von Beschäftigungsförderung wurde seitens unterschiedlicher Fördergeber darüber hinaus versucht, kommunale Frauen- oder Gleichstellungsbeauftragte durch eine formale Beteiligung an der Planung von Maßnahmen und deren Abschlussbewertung als frauenfördernde Elemente zu etablieren. Bei den Beschäftigungsträgern selbst wurden – organisatorisch unterschiedlich ausgeformt

– Strukturen eingerichtet, die frauenfördernd wirken sollen,[2] wie z.B. eigene Frauenbeschäftigungsgesellschaften, Frauenbeauftragte etc.

Angekurbelt durch Kostendruck und Finanzknappheit in den Kommunen und der Bundesanstalt für Arbeit (BA) hat sich nunmehr ein auf den Arbeitsmarkt orientiertes System von Aktivierung, Beratung, Training und Vermittlung von (Langzeit-) Arbeitslosen, Sozialhilfebezieherinnen und -beziehern entwickelt, in dem die Kommunen (teilweise in Kooperation mit den Arbeitsämtern) zum Teil mit, zum Teil neben den Beschäftigungsträgern dazu Arbeitsstrukturen vorhalten. Die vormaligen Erwägungen, Beschäftigungsförderung forciert und ausdrücklich als Vehikel zum Abbau frauendiskriminierender Strukturen zu nutzen und so zur Chancengleichheit zwischen den Geschlechtern beizutragen, taucht auf dieser Ebene mittlerweile nicht explizit auf. Die fachspezifische Rhetorik formuliert sich vielmehr so:

„Politik und Verwaltung diskutieren die Rolle der kommunalen Akteure und wie die konsequente Förderung von Beschäftigung als übergeordnetes Ziel einer Kommune sich auf alle relevanten Politikfelder erstrecken kann. Vielerorts werden bisher eher unkoordinierte Aktivitäten in mittelfristige, ressortübergreifende Handlungsstrategien eingebettet. Dabei werden möglichst große Schnittmengen mit dem Bereich der Jugendhilfe gebildet. ... Regiestellen und Träger diskutieren die Effektivität und Effizienz von Maßnahmen, die Operationalisierung von abstrakten Zielvorgaben, die Erfolgsmessung und das Wissensmanagement. Kommunen diskutieren intensiv die Balance und die konkrete Umsetzung des Fördern und Fordern.“[3]

Es erscheint typisch, zwar Jugendhilfe als ein virulentes Thema der kommunalen Beschäftigungspolitik explizit benannt zu finden, nicht aber Frauenförderung oder -politik. Und das, obwohl das Thema „Frauen und Erwerbsarbeit“ fast eine Metapher für strukturelle Benachteiligung durch soziale Rollenzuweisung aufgrund der Geschlechtszugehörigkeit ist. Es steht zu befürchten, dass dies facettenhafter Ausdruck des Fehlens eines institutionellen Geschlechterbewusstseins im gesamten Politikfeld Beschäftigungsförderung ist. Die Frage ist, ob Gender Mainstreaming der Plan ist, mit dem dieses Geschlechterbewusstsein zum Funktionieren gebracht wird, und ob mit diesem neuen Ansatz auf Erfolgen der Frauenförderung aufgebaut werden kann.

Das Verhältnis zwischen Gender Mainstreaming und Frauenförderung innerhalb des öffentlich geförderten Arbeitsmarktes

Zunächst ist zu betrachten, in welchem Verhältnis in der öffentlich geförderten Beschäftigung die Strukturen und Maßnahmen der Frauenförderung zum Gender Mainstreaming-Ansatz stehen.

Als Definition wird durch die web-site der Bundesregierung folgende Definition angeboten: „Gender Mainstreaming bedeutet, bei allen gesellschaftlichen Vorhaben die unterschiedlichen Lebenssituationen und Interessen von Frauen und Männern von vornherein und regelmäßig zu berücksichtigen, da es keine geschlechtsneutrale Wirklichkeit gibt.“[4] Gender Mainstreaming wird hier gegenüber der Frauenpolitik abgegrenzt:

Frauenpolitik:	**Gender Mainstreaming:**
Frauenförderung wird von speziellen organisatorischen Einheiten betrieben, die für Gleichstellungspolitik zuständig sind, etwa von der Frauenbeauftragten in einem Unternehmen oder in einer Behörde.	Demgegenüber setzt Gender Mainstreaming auf die Beteiligung aller an einer Entscheidung beteiligten Personen. Es liegt nun in der Verantwortung der jeweils Zuständigen – und nicht mehr ausschließlich in der Verantwortung der Frauenpolitik –, Gleichstellung zwischen Männern und Frauen herzustellen.
Der Ansatzpunkt für Frauenförderpolitik ist eine konkrete Situation, in der die Benachteiligung von Frauen unmittelbar zum Vorschein kommt.	Gender Mainstreaming setzt demgegenüber bei allen politischen Entscheidungen an, auch bei denen, die auf den ersten Blick keinen geschlechtsspezifischen Problemgehalt haben.
Es kann rasch und zielorientiert gehandelt werden; die jeweilige Maßnahme beschränkt sich jedoch auf spezifische Problemstellungen.	Gender Mainstreaming dagegen setzt als Strategie grundlegender und breiter an. Die Umsetzung dauert damit länger; der Ansatz beinhaltet jedoch das Potential für eine nachhaltige Veränderung bei allen Akteuren und Akteurinnen und bei allen politischen Prozessen.

Gender Mainstreaming stellt sich so als ein Management-System dar, das durch administrativ-technokratische Prozesse auf die Durchsetzung des Zieles der Gleichstellung der Geschlechter abzielt. Damit initiiert das Verfahren Gender Mainstreaming den formalisierten Ablauf – die inhaltliche Dimension muss jeweils durch das Ergebnis am Ende eines „gender-proofings", also der Überprüfung unter dem Aspekt der Auswirkung der Maßnahme bzw. des Vorhabens auf die Geschlechter, konkretisiert werden. Gender Mainstreaming ist für alle sozusagen die neue Brille „Es-gibt-keine-Geschlechterneutralität", durch die geschaut wird. Der besondere Charme dieser Brille liegt sicherlich darin, dass klargestellt wird: auch Männer haben ein Geschlecht, sie sind nicht die allgemein menschliche Norm, von der Frauen abweichen. Es kann nicht mehr heißen, „Frauen haben Defizite, die beseitigt werden müssen", sondern es heißt „Frauen haben Stärken, die Männer (noch) nicht haben"[5].

Demgegenüber ist Frauenförderung die inhaltliche Antwort auf eine festgestellte Geschlechterdisparität, die sich diskriminierend für Frauen auswirkt. Die hierfür aufgebauten Strukturen der Beschäftigungsträger, wie Frauenbeauftragte oder die eigenständige Abteilung Frauenförderung, der eigenständige Frauenbetrieb, unterstreichen das Anderssein von Frauen und bewirken in der Gesamtschau leicht eine randständige Betrachtung der Anliegen von rund der Hälfte der Bevölkerung. Dadurch entstehen auch Probleme hinsichtlich des Erreichens des Zieles Chancengleichheit oder Geschlechtergerechtigkeit. Das Konzept der Frauenförderung stellt sich als eindimensional in seiner Wirkung dar. Frauenpolitisch ambitionierte Frauen bleiben damit „entre nous". Frauenförderung wird von vielen Adressatinnen als stigmatisierend wahrgenommen. Der Fokus „Frausein", d.h. das Anknüpfen an die Benachteiligung, verbindet Frauen und deren Interessen nicht per se. Insbesondere junge Frauen sträuben sich unter die Kategorie Frau = Benachteiligung gefasst zu werden. Erst auf dem Erfahrungshintergrund der mangelnden Wertschätzung für ihre Haus- und Familienarbeit und mit einer veralteten Qualifikation für den Arbeitsmarkt nach der Phase der Familienarbeit verändert sich dieses Selbstverständnis. Innerhalb frauenfördernder Strukturen musste zur Kenntnis genommen werden, dass Bezeichnung und Umsetzungswille nicht von selbst Frauenförderung bewirken. Im öffentlich geförderten Arbeitsmarkt setzen sich die Bedingungen des „ersten Arbeitsmarktes" ebenfalls durch. Zunehmend stehen betriebswirtschaftliche Belange bei der qualifizierenden Beschäftigung im Vordergrund. Die Realitäten des allgemeinen Arbeitsmarktes abbildend, bedeutet dessen Marktmechanismen zu übernehmen. Der „zweite Arbeitsmarkt" spiegelt den „ersten" und ist dessen gesellschaftlichen, ökonomischen und politischen Bedingungen direkt unterworfen.[6]

Gender Mainstreaming als Methode wird auf diesem Erfahrungshintergrund für die frauenpolitisch ambitionierten Akteure und Akteurinnen als Chance einer Entlastung begriffen, weil die Geschlechterfrage endlich nicht mehr in ihrer Alleinzuständigkeit liegt. Gender Mainstreaming ist Methode und Ziel für alle politischen Bereiche und Ebenen. Damit verändert sich im Bedingungsgefüge der Umsetzungsträger der öffentlich geförderten Beschäftigung eine wesentliche Rahmenbedingung. Endlich wird die Frage nach den geschlechtsspezifischen Auswirkungen an alle gestellt und alle müssen antworten.

Verunsicherungen und Unwägbarkeiten

Gender Mainstreaming ersetzt nicht die parteiliche Frauenförderung. Dann aber wird es schon streitig. Die einen sagen, Gender Mainstreaming sei ein Instrument unter mehreren, um das Ziel Chancengleichheit zu erreichen.[7] Andere gehen von einem grundlegenden Paradigmenwechsel aus.[8] Wieder andere sehen eine Intensivierung des bisherigen Ansatzes der Frauenpolitik zum Umbau von Strukturen als Methode für beide Geschlechter.[9] Wie hat sich die Praxis bisher dazu entschieden?

Innerhalb der EU-Förderung in der Beschäftigungspolitik, die die bundes- und landespolitischen Programmzuschnitte maßgeblich beeinflusst, sind nunmehr die Maßnahmenanträge unter dem Aspekt des Gender Mainstreaming zu begründen. Darüber hinaus werden zur Beseitigung von Ungleichheiten am Arbeitsmarkt weiterhin spezifische Frauenförderungen innerhalb der gleichen Programmlinie angeboten. In der Überschau dessen, was in der Arbeitsmarktpolitik unter dem Stichwort „*Herstellung von Chancengleichheit*" an Maßnahmen für notwendig gehalten wird, ist festzustellen, dass inhaltlich hier maßgeblich gegen die Benachteiligung von Frauen am Arbeitsmarkt anzugehen ist. Laut Tischer[10] stellte sich die Doppelstrategie zur Förderung erstens im SGB III, zweitens in den *Beschäftigungspolitischen Leitlinien* der EU für das Jahr

2001 und drittens in den geschäftspolitischen Schwerpunkten der BA seit 2000 folgendermaßen dar:

1. Die Doppelstrategie zur Förderung der Chancengleichheit im SGB III	
Förderung der Chancengleichheit als **Querschnittsaufgabe**	Förderung der Chancengleichheit von Frauen und Männern am Arbeitsmarkt mit den Leistungen der aktiven Arbeitsförderung **Auftrag gem. § 8 Abs. 1 Satz 1** muss bei allen Aufgaben nah dem SGB III beachtet und mitverfolgt werden **Messziffer**: Förderung von Frauen entsprechend ihres Anteils an den Arbeitslosen (§ 8 Abs. 2)
Spezielle Chancengleichheitsziele	**Frauenförderung** (§ 8 Abs. 1 Satz 2) – Verbesserung der beruflichen Situation von Frauen – Beseitigung bestehender Nachteile – Überwindung des geschlechtsspezifischen Ausbildungs- und Arbeitsmarktes **Vereinbarkeit von Familie und Beruf** – Berufsrückkehrerinnen als besonders förderungsbedürftige Personengruppe (§ 7 Abs. 3) – „Familiengerechte" Maßnahmegestaltung (§ 8 Abs. 3)
Nachweis über die Aktivitäten und deren Wirksamkeit in der **Eingliederungsbilanz** (§ 11 Abs. 2 Nrn. 4 und 3, sowie geschlechtsspezifische Verbleibs- und Vermittlungsquoten). Hauptamtliche **Beauftragte für Frauenbelange** unterstützen die Umsetzung des gesetzlichen Auftrages (§ 397 Abs. 3).	

2. Die Doppelstrategie zur Förderung der Chancengleichheit in den Beschäftigungspolitischen Leitlinien[11] der EU für das Jahr 2001	
Förderung der Chancengleichheit als Querschnittsaufgabe	Auftrag gem. Leitlinie 16 **„Verwirklichung der Chancengleichheit (Gender Mainstreaming)“:** Durchgängige Verwirklichung der Chancengleichheit bei der Umsetzung der Leitlinien im Rahmen aller vier Aktionsschwerpunkte
	Messziffern: Die Mitgliedstaaten sollen – für jede Leitlinie Verfahren zur Bewertung der geschlechtsspezifischen Auswirkungen anwenden – für jede Leitlinie Indikatoren festlegen, die Fortschritte messen – geeignete Datenerhebungssysteme/-verfahren sowie geschlechtsspezifisch differenzierte Beschäftigungsstatistiken zur Verfügung stellen
Spezielle Chancengleichheitsziele	**Abbau geschlechtsspezifischer Unterschiede** (Leitlinie 17) – Abbau bei der Differenz bei der Arbeitslosenquote – Ausgewogenes Verhältnis von Frauen und Männern in allen Wirtschaftszweigen und Berufen – Verringerung der Einkommensunterschiede – Verstärkung der Frauenfördermaßnahmen **Vereinbarkeit von Familie und Beruf** (Leitlinie 18) – Möglichkeiten zur Unterbrechung der Berufstätigkeit, Teilzeitarbeit, flexible Arbeitsregelungen – Betreuungseinrichtungen für Kinder und pflegebedürftige Angehörige – Abbau von Hindernissen für Berufsrückkehrerinnen und Berufsrückkehrer
Jährliche Bewertung der nationalen Aktionsprogramme bzw. -pläne **durch EU** (Empfehlungen des Rats der EU an die Mitgliedsstaaten). Mitgliedsstaaten sollen **Gleichstellungsstellen** beratend hinzuziehen (Leitlinie 16).	

3. Die Doppelstrategie zur Förderung der Chancengleichheit in den geschäftspolitischen Schwerpunkten der BA seit 2000	
Förderung der Chancengleichheit als **Querschnittsaufgabe**	**Auftrag von Vorstand und Verwaltungsrat** **Messziffern:** Leitwerte zu allen Zielen bzw. Handlungsfeldern
Spezielle Chancengleichheitsziele	**(für 2000 und 2001)** **Verbesserung der Vereinbarheit von Familie und Beruf** – Steigerung der Vermittlung von Frauen und Männern in Teilzeitbeschäftigung – Steigerung der Vermittlung von Berufsrückkehrerinnen und Berufsrückkehrern in Arbeit
	Vereinbarkeit von Familie und Beruf – Berufsrückkehrerinnen als besonders förderungsbedürftige Personengruppe (§ 7 Abs. 3) – „Familiengerechte" Maßnahmegestaltung (§ 8 Abs. 3)
Steuerung über Daten in **Führungsinformationen** und **Controllingberichten-Beauftragte für Frauenbelange** wirken im Steuerungsprozess mit.	

Demnach sind die herkömmlichen Inhalte der Frauenförderung in Arbeitsmarkt- und Beschäftigungspolitik nach wie vor zu bearbeiten. Neu sind die administrativen Verankerungen, z.B. die Einführung des Pflichtparameters „Geschlecht" innerhalb der Evaluation des Verbleibs, der Vermittlung und des Controllings. Dabei ist aber nicht feststellbar, mit welchen Konsequenzen bei einem Verstoß gegen „gegenderte" Vorgaben zu rechnen ist. Zwar wird allseits davon ausgegangen, dass Gender Mainstreaming geschlechtergerechtes Handeln, Chancengleichheit und Gleichberechtigung verpflichtend festschreibt. Jedoch ist völlig unklar, welche Auswirkungen der Verstoß gegen diese Verpflichtung hat. Was geschieht z.B., wenn in einem Arbeitsamtsbezirk das Ziel der quotalen Berücksichtigung von Frauen gemäß ihres Anteils an der Betroffenheit von Arbeitslosigkeit nicht in Maßnahmen berücksichtigt ist, wenn keine ausreichenden Teilzeitangebote für Arbeitslose mit Familienpflichten (Kindererziehung, Betreuung pflegebedürftiger Angehöriger) konzipiert und durchgeführt werden? Zudem ist die geforderte Einbeziehung der

Gleichstellungsstellen „weich" beschrieben: die Gleichstellungsstellen beraten, unterstützen und wirken am Steuerungsprozess mit. Diffus ist, welche Kompetenz damit verbunden sein soll – ist die Stellungnahme der Gleichstellungsstelle mit Veto ausgestattet oder schmückendes Accessoire der Einwandvorwegnahme?

Skepsis scheint angebracht, wenn die Anwendung von Gender Mainstreaming gerade die Ressourcen minimiert, die bislang das parteiliche Eintreten für Frauen ermöglicht haben und gewährleisten (Geld für Frauenprojekte, Strukturen der Beratung und Unterstützung für Frauenbeauftragte). Zwar soll Gender Mainstreaming nicht Frauenförderung ersetzen, sondern auch Männer in die Verantwortung für Geschlechterpolitik mit aufnehmen. Das ist begrüßenswert. Wer aber übernimmt die Kärnerarbeit hierfür? Wo kommen die Ressourcen dafür her? Werden sie woanders weggenommen? Es wird bei der BA zu beobachten sein, ob durch die Aufgabenzuteilung der Beratung und Begleitung von Gender Mainstreaming-Prozessen an die Gleichstellungsstellen parteilich zu vertretende Frauenbelange ins Hintertreffen geraten oder nicht.

Zudem ist Gender Mainstreaming als *management-tool* zur Erreichung des Zieles Chancengleichheit introspektiv auf die Organisation wirkend. Während Frauenpolitik im Streiten um frauenfördernde Maßnahmen sich an den Staat als Gesetzgeber richtet (z.B. durch Quote, Gleichstellungsgesetze), verändert Gender Mainstreaming die Prozessorganisation innerhalb von Institutionen. Während im Positionieren und Streiten um Regelungsinhalte zumindest eine hohe öffentliche Argumentationstransparenz entstehen konnte, sind Gender Mainstreaming-Prozesse (z.B. bei der BA) gerade nicht transparent. Controllingberichte – wie sie innerhalb der Steuerung von Gender Mainstreaming für die BA anzufertigen sind –, sind typischerweise vertraulich zu behandelnde Betriebsunterlagen, die nicht der Veröffentlichung dienen. Die mit Gender Mainstreaming häufig verbundene Hoffnung, eine allgemeine Transparenz für die Bevölkerung über die geschlechtsspezifischen Auswirkungen von Entscheidungen aus den Institutionen und Verwaltungen herstellen zu können, wird sich daher kaum erfüllen.

Gender Mainstreaming ist Top-Down durch die Führungsspitze einzuführen und darüber in den Fachabteilungen sachgerecht zu verankern und durchzuführen. Mittlerweile gibt es eine Vielzahl positiver Beispiele für die Einführung des Gender Mainstreaming, insbesondere durch Gender-Trainings.[12] Ein eindeutiger Vorteil ist darin zu sehen, dass aufgrund der vorzunehmenden Auswertungen über die Anzahl der Personen, der Umfang der finanziellen Mittel und die Aktivierung der organisatorischen Potentiale, die für die Veränderung der Geschlechterverhältnisse eingesetzt werden, eine neue Transparenz entsteht, die auf dem Boden neuer Einsichten hinsichtlich der Geschlechterfrage zu einer anderen Priorisierung von Zielen in der Umsetzung von Arbeitsmarkt- und Beschäftigungspolitik führen kann.

Voraussetzung aber ist immer noch, dass über die Art und Weise der Benachteiligungen und Bevorzugungen bei der Verteilung von (existenzsichernder) Erwerbsarbeit der Diskurs geführt wird, mit welchen Maßnahmen den Diskriminierungen am Erwerbsarbeitsmarkt entgegengewirkt werden kann. Bei der Durchführung von Gender Mainstreaming in der Beschäftigungsförderung wäre also nicht mehr zu diskutieren, ob Frauen tatsächlich benachteiligt sind, sondern vielmehr, welcher Mitteleinsatz für welches Projekt oder welche Maßnahme gerechtfertigt ist. Entsprechend der Einbeziehung der Gleichstellungsstellen in die Administrierung von Gender Mainstreaming in Behörden und Politikfeldern wäre es hier möglich, vorhandene und gewachsene Strukturen und Kompetenzen von Frauenförderung innerhalb der Projekte und Maßnahmen als Unterstützung für diese neue Methode heranzuziehen.

Die Ausformung der Frauenförderung zur Behebung der Benachteiligungen von Frauen am Arbeitsmarkt hatte bislang einen gewichtigen Vorteil. Sie bescherte den darauf ausgelegten Projekten – und nur ihnen – eine Finanzierung, die für Frauen eigens reserviert war. Dadurch bedingt konnte die projektmäßig installierte Frauenförderung einen hohen Grad an Autonomie und Selbstbewusstsein entwickeln. Allerdings waren die reservierten Mittel in dieser Förderform meist mit besonders spezifizierten Fördervoraussetzungen, z.B. hinsichtlich der Ausformung der Zielgruppe bedacht und sparsam ausgestattet. Durch die Ausformung „Frausein = Anderssein" konnte gegenüber Geldgebern durch vehemente Lobbyarbeit schnell klargemacht werden, dass sich hier etwas abspielt, was wichtig, aber der herkömmlichen („männlichen") Behördenlogik verstellt ist. Damit wurde eine Demarkationslinie um Frauenprojekte gezogen, die zwar belächelt, aber achselzuckend gewährt wurde.

Dieser Schutzzaun wird durch Gender Mainstreaming eingerissen. Hinsichtlich der seither bearbeiteten Inhalte besteht die Gefahr, dass nun nicht diskutiert wird, ob diese ziel- und sachgerecht umgesetzt wurden. Vielmehr gibt Gender Mainstreaming den Raum zu postulieren: „Dafür sind wir zuständig, Frauenförderung hat sich überlebt." D.h., mit Gender Mainstreaming werden alle in die Lage versetzt, Gender-Kompetenz zu entwickeln. Die Qualitätsstandards aber, was „gute" Gender-Kompetenz ist, existieren nicht. Gender Mainstreaming ist keine Ethik, die bestimmte Inhalte, Aussagen oder Rollen besonders wertvoll macht. Von daher können die weiteren Säulen von Geschlechterpolitik wieder unter besonderen Begründungsdruck gestellt werden. Es besteht die Gefahr des Ausspielens der unterschiedlichen Formen von Geschlechterpolitik, wenn die Kompetenzen und unterschiedlichen Sichtweisen der Fraueninitiativen und -projekte vor Ort nicht als Gewinn erlebt, sondern als Form fehlgeleiteter Frauenpolitik verstanden werden.

Doch auch innerhalb der Konzeptionierung neuer Maßnahmen fällt es den damit Befassten schwer, Abgrenzung und Zusammenwirken von Gender Mainstreaming und Frauenförderung sinnhaft in einen Begründungszusammenhang zu bringen: Muss jetzt bei einem Antrag, der sich hauptsächlich auf die Zielgruppe benachteiligter Frauen und Mädchen bezieht, über die übliche Darstellung der Benachteiligung aufgrund des Frauseins hinausgehend noch etwas zur Gender-Dimension ausgeführt werden? Obliegt nun die Aufgabe, z.B. den Anteil von Männern an der Elternzeit zu erhöhen, ausdrücklich den Fraueninitiativen? Muss extra begründet werden, warum die Zielgruppe nicht Männer sind? Muss in einem entsprechenden Antrag differenziert dargestellt werden, wie sich die Lebenswirklichkeit der Männer zu der von Frauen unterscheidet?

So wird der Ruf laut nach einer Beschreibung der Rahmendaten, in denen die innovatorische Kraft des Gender Mainstreaming-Ansatzes in der Projektumsetzung zu finden ist und damit auch die Definition des Feldes, auf dem sich bewegt werden darf.

Hinsichtlich der Installierung von Maßnahmen hat die Pilotarbeitsgruppe des Arbeitsministeriums der Landesregierung von Mecklenburg-Vorpommern im Rahmen des Projektes „*Programm zur Implementierung von Gender Mainstreaming in Mecklenburg-Vorpommern*" eine Handreichung für Projektträger zum Ansatz des Gender Mainstreaming entwickelt.[13]

	was (Prüfkriterien)	**wie** (Beispiele)
1.	Ausgangslage: inwiefern eine besondere Betroffenheit von Frauen bei der Arbeitsmarkt- und Beschäftigungssituation vorlag, die eine grundsätzliche Förderung von Nöten machte	anhand von Arbeitsmarktdaten, Wirtschaftsanalysen und entsprechender Prognosen
2.	Zielebene: inwiefern mit der avisierten Maßnahme bestehender Benachteiligung von Frauen entgegengewirkt werden kann und welche Strukturverbesserungen damit einhergehen	Erhöhung der Repräsentanz von Frauen im entsprechenden Berufsfeld, Bildungsbereich, Tätigkeit oder Hierarchie (z.B. Erhöhung des Anteils von Frauen in der IT-Branche)
3.	Beteiligte: inwiefern das Angebot stimmig ist auf die Zielgruppe Frauen und mit welcher vernetzten Fachkompetenz gearbeitet wird	Nachweis der quotalen Benachteiligung Beteiligung der (kommunalen) Frauenbeauftragten
4.	Gestaltung, Umsetzung, Auswertung: dass die anzubietenden Strukturen und einzusetzenden Methoden und Material Zielgruppe und Anliegen gerecht werden und dafür geeignetes Personal zur Verfügung steht	Arbeitszeitmodelle, Kompabilität Maßnahmen/Kinderbetreuung, Werbung, Lehr- und Lernmaterial, sowie Auswertung deren Einsatzes, ob zielgruppengerechte Ansprache vorlag
5.	Träger: dass der Träger selbst authentisch die vertretende Zielsetzung vorlebt	Modell- und Vorbildcharakter: Eignung und Authentizität des Trägers für die beantragte Maßnahme

Anhand der aufgezählten Prüfkriterien, mit denen festgestellt werden soll, ob die Geschlechterdimension ausreichend berücksichtigt wurde, wird deutlich, dass hiermit für die Mehrzahl der explizit frauenfördernden Initiativen und Projekte nur das klassische Handwerkszeug für eine gelungene frauenfördernde Antragstellung und Projektumsetzung vorausgesetzt wird. Schon immer musste die geschlechtsspezifische Benachteiligung von Frauen besonders nachgewiesen, Ziel und Gestaltung der Maßnahme argumentativ ausgefeilt dargelegt und das prognostisch positive Ergebnis empirisch erhärtet werden.

Gender Mainstreaming als betriebliches Qualitätsmanagement

Gender Mainstreaming stellt sich so als Teil eines betrieblichen Qualitätsmanagements dar, durch das Chancengleichheit als zertifizierbarer Bestandteil einer Firmenkultur sichtbar wird. Aufgrund der Ergebnisse einer geschlechterdifferenzierten quantitativen und qualitativen Erhebung werden die Unterschiede und Ungleichgewichte zwischen Männern und Frauen in der Organisation sachlich-informativ festgestellt. Im nachfolgend zu organisierenden Prozess müssen die Inhalte und die dafür notwendige Form definiert werden, um einen dauerhaften Veränderungsprozess im Sinne einer geschlechterorientierten Bearbeitung von Arbeitsaufgaben etablieren zu können. Hierbei spielt die Reflexionsfähigkeit der Beteiligten bezüglich ihres Rollenverständnisses und ihrer Geschlechterwertehaltung eine herausragende Rolle. Deswegen werden die Bestandsaufnahmen zumeist flankiert mit Gender-Trainings, um bei den Akteuren und Akteurinnen eine ausreichende Sensibilität und Kenntnis bezüglich der Geschlechterfrage herzustellen. Dies ist nicht zuletzt notwendig, um die Ängste der Mitarbeiterinnen und Mitarbeitern vor Veränderung und die Auseinandersetzung um Macht innerhalb des Unternehmens, die sich hier auf die Verteilung von Machtstrukturen zwischen den Geschlechtern kapriziert, konstruktiv und sachgerecht bearbeiten zu können. Der Stellenwert von Gender Mainstreaming wird innerhalb von Organisationen aufgrund seiner Querschnittsfunktion als sehr umfassend[14] betrachtet. So betrifft er:

- die Ebene der Leitbildentwicklung einer Organisation
- das Qualitätssicherungsverfahren
- die Personalplanung und -politik
- die Arbeitsbedingungen
- das Beurteilungswesen
- und die Einführung eines Gleichstellungscontrollings.

Demgegenüber ist jedoch einzuwenden, ob im Bereich der Personalpolitik das hier vorgestellte Konzept Gender Mainstreaming mit seinem ostentativen Bezug auf das Geschlecht nicht andere, ebenfalls wesentliche Wirklichkeiten ausblendet. Zwar ist die Zugehörigkeit aufgrund des Geschlechts nach wie vor Grundlage von Benachteiligungen – dies betrifft im bestehenden Werteverständnis vor allem Frauen. Gleichwohl haben sich Rollenverhalten verändert. Eine Vielfalt von neuen Lebensmustern („Patchwork-Familien"/„Patchwork-Karrieren") hat sich herausgebildet. Die individuellen Erscheinungen unterliegen nicht der bloßen Kategorie Geschlecht. Vielmehr spielen Alter, Herkunft im Sinne von Milieuzugehörigkeit und Nationalität, Ausbildungsqualität und -abschluss gravierende Rollen. Innerhalb von Qualitätssicherungsverfahren, Personalplanung und -einsatz usw. – gerade im Bereich der Benachteiligtenförderung –, ist daher ein geweiteter Blickwinkel einzunehmen. Im Sinne eines „Managing Diversity" kann nicht allein die Zugehörigkeit zum sozialen Geschlecht Gegenstand einer differenzierten Personalpolitik sein. Bezüglich Gender Mainstreaming mutet es an, als werde das Pferd nur auf einem Huf beschlagen mit der Folge, dass es zwangsläufig lahmen muss.

Neuer Schwung in alten Debatten

Aufgrund der EU-Vorgaben wird sich Gender Mainstreaming zunehmend auch in den unteren Gliedern des föderalistischen Systems wiederfinden. Kommunen wie kommunal gesteuerte Beschäftigungsträger werden es sich auf die Fahnen schreiben oder geschrieben bekommen. Dies ist eine besondere Herausforderung für die ausdrücklich frauenfördernden Projekte und Initiativen. Ihre Kompetenz liegt in ihrer besonderen, auf jahrelangen Erkenntnissen basierenden Erfahrungen im Umgang mit der geschlechtsspezifisch bedingten Situation von Frauen im Erwerbsarbeitsleben. Daran festzuhalten und sich darauf zu besinnen ist weiterhin Aufgabe der frauenfördernden Beschäftigungsstrukturen. Mit ihrer Parteilichkeit im Eintreten für die Verbesserung der Lebens- und Arbeitssituation von Frauen können sie dem Verfahren Gender Mainstreaming inhaltliche Dimensionen verleihen, die bislang nicht offensiv diskutiert werden.

Sofern Gender Mainstreaming auch von Verwaltungen und politischen Mandatsträgern aufrichtig als Verfahren zur Sicherung der Akzeptanz inhaltlicher Fragestellungen betrieben wird – und nicht als Surrogat weiterer gleichstellungspolitischer Instrumente (wie z.B. die Quote) missbraucht wird –, kann es zum einen neuen Schwung mit neuen Akteurinnen und Akteuren in alte Debatten bringen, und zum anderen systematisch das Geschlechterverhältnis verändern helfen.

Gender Mainstreaming ist nicht der ultimative Plan, mit dem Chancengleichheit zwischen den Geschlechtern erreicht wird. Aber Gender Mainstreaming ist eine von vielen unterschiedlichen Methoden, mit denen bestimmte politische Inhalte in eine institutionell bearbeitbare Form gebracht werden können. Gender Mainstreaming als schlichtes Handwerkszeug zu nutzen, seine Wirkungsweise realistisch einschätzen zu lernen und weiterhin politisch für die Gleichstellung von Frauen und Männern einzutreten, wird Übung der nächsten Jahre sein.

Anmerkungen

1 *Dittrich/Sänger*: 1999:335
2 Näheres in: *Dittrich* 1998:184 f.
3 vgl. „mission statement" des BiK-Projektes (Beschäftigungsförderung in Kommunen) der Bertelsmann-Stiftung unter www.bik-projekt.de/pages/wir_ueber_uns.html
4 www.gender-mainstreaming.net/top/sonstige/Definition/ix8210_69627.htm?script
5 *Stiegler, Barbara:* Gender Mainstreaming, www.fes.de/gender/gm.htm
6 *Dittrich:* 2000:92, 93
7 *Stiegler, Barbara:* Gender Mainstreaming, www.fes.de/gender/gm.htm
8 vgl. Einladung zur Seminarreihe „Von der Strategie zur Praxis –Gender Mainstreaming in Förderprojekten der Europäischen Union" des Bundesministeriums für Familie, Senioren, Frauen und Jugend, Berlin
9 vgl. *Tews*: 2002
10 *Tischer*: 1242 ff.
11 vgl. www.europa.eu.int/comm/employment_social/empl&esf/docs/com 2001_629_de.pdf
12 vgl. z.B. *Hofmann/Körner* (Hrsg): Ministerium Gesundheit und Soziales des Landes Sachsen-Anhalt
13 www.weiterbildung-mv.de/pdf/Handreichung_Gender_Mainstreaming.pdf
14 *Meyer*: 37

Literaturangaben

Dittrich, Anette: Entwicklungen und Erfahrungen mit lokalen Arbeits- und Beschäftigungsprojekten, S.184 f., in: Solidarische Ökonomie und Empowerment – Jahrbuch Gemeinwesenarbeit 6, Neu Ulm 1998

Dittrich, Anette: Zwischen patriarchaler Organisation und frauenfördernder Betriebskultur – Die Geschlechterfrage in Beschäftigungs- und Qualifizierungsunternehmen, in: Tagungsreader der BAG Arbeit e.V. zu „Chancengleichheit in der Arbeitsmarktpolitik“ vom 21.-22. September 1999, Berlin 2000

Dittrich, Anette / Sänger, Ralf: Arbeit statt Sozialhilfe, in: *Dietz, Bertold / Eißel, Dieter / Naumann, Dirk* (Hrsg.): Handbuch der kommunalen Sozialpolitik, Opladen 1999

Hofmann, Isolde / Körner, Kristin: Gender Mainstreaming in Sachsen-Anhalt, Hrsg. Ministerium für Frauen, Gesundheit und Soziales des Landes Sachsen Anhalt

Meyer, Dorit: Gender Mainstreaming, Neue Perspektiven für die Jugendhilfe, in: *von Ginsheim, Gabriele / Meyer, Dorit:* Gender Mainstreaming, Berlin 2001

Stiegler, Barbara: Gender Mainstreaming, www.fes.de/gender/gm.htm

Tews, Kerstin: „Gender Mainstreaming“, hand out zum Vortrag am 7.5.2002 in der Frauenkommission in Lich, Hrsg.: Frauenbüro des Landkreises Gießen

Tischer, Ute: Frauenförderung und Gender Mainstreaming, in: ibv 20/01, Gender mainstreaming – Es wird Zeit..., Hrsg.: Bundesanstalt für Arbeit, Nürnberg

Verankerung in Bildungs- und Gesellschaftspolitik

MECHTILD M. JANSEN

Noch ein „blinder Fleck“ in der politischen Bildungsarbeit?

In diesem Beitrag wird in essayistischer Form der Frage nachgegangen, was Gender Mainstreaming für die politische Bildung bedeuten könnte und wie es dort verankert werden kann, worin die Ursachen für Widerstände gegen dieses Verfahren liegen könnten und weshalb Gender Mainstreaming ohne Kenntnisse über die Herkunft aus der Frauenforschung und -bewegung nicht zu verstehen ist. Der Artikel basiert auf langjährigen Erfahrungen in der Bildungsarbeit in verschiedenen Institutionen und in der Frauenforschung.

Lange genug wurde Bildung und vor allem politische Bildung geschlechtsneutral definiert und betrachtet. Bildungsziele und Werte wurden als allgemein gültig dargestellt. Die Frage, wer für wen Bildung definiert, wer sie anbietet und welche Inhalte vermittelt werden, wurde selten in Zusammenhang mit den handelnden Personen, der Art der Vermittlung und der jeweiligen Denktradition gesehen, noch wurde deren Einfluss deutlich kenntlich gemacht. Bildung galt und gilt immer noch als geschlechtsneutral. Wenn differenziert wurde, dann eher nach Kategorien wie Herkunft, Klasse, Schicht, Ethnie, Religion. Das Geschlecht als Kategorie existierte nicht und tauchte somit auch in vielen Bereichen der politischen Bildungsarbeit immer noch nicht sichtbar und benennbar auf. Es galt nicht als relevante Größe, die Bildungsprozesse und Bildungsinhalte beeinflusst, weder direkt noch indirekt.

Ein Blick zurück

Es ist ein erstaunliches Phänomen, dass trotz 30 Jahren Frauenforschung und Frauenbildungsarbeit die „Geschlechterabstinenz“ durchgehalten werden konnte. Frauenforschung und -bewegung haben bereits in den 70er Jahren des letzten Jahrhunderts die Ungleichbehandlung und Benachteiligung von Frauen nicht nur beschrieben, sie haben auch darauf hingewiesen, dass bereits in der ersten deutschen Frauenbewegung

(1865 – ca. 1920) Diskriminierung angeprangert und auch für deren Beseitigung gekämpft wurde. Folgende Beispiele sind kurz erwähnt: Der Kampf um Frauenbildung und um gesellschaftliche Teilhabe und politische Partizipation, um Arbeit und gerechte Entlohnung sowie um das Verfügungsrecht über den eigenen Körper und das eigene Leben. Nicht nur die theoretisch und praktische Auseinandersetzung mit diesen Themen in der ersten deutschen Frauenbewegung, sondern auch die Theoretikerinnen der zweiten deutschen Frauenbewegung seit ca. 1970 wiesen nach, dass das Geschlecht eine entscheidende Rolle, eine Platzanweiserfunktion für politische, gesellschaftliche und berufliche Teilhabe hat. Von den Frauen wurden Benachteiligungen und offene Diskriminierung benannt, Unterpräsenz aufgezeigt und „blinde Flecken" sichtbar gemacht, wie z.B. die alleinige Zuständigkeit für Beziehung, Erziehung und Hausarbeit und das möglichst aus Liebe, ohne finanzielle Entlohnung und gesellschaftliche Anerkennung sowie die Existenz von Gewalt im häuslichen Bereich.

Die einseitige Verteilung und der Zugriff auf Ressourcen, die Teilhabe an der gesellschaftlichen und politischen Macht und das Deutungsmonopol im öffentlichen Raum zu Gunsten der Männer und auf Kosten der Frauen, wurden klar benannt. Die scheinbare Neutralität und Objektivität des herrschenden Diskurses wurde massiv in Frage gestellt und kritisiert.

Trotz allem finden diese Erkenntnisse bis heute fast keinen Niederschlag im Kanon der politischen Bildung, nimmt man die Frauenbildungsarbeit einmal aus. Auch in den wissenschaftlichen Disziplinen wurden diese Ergebnisse kaum bis gar nicht beachtet, und sie schlugen sich daher auch nicht in den Staats- und Demokratietheorien nieder, auch nicht in der täglichen Praxis des politischen Geschäftes. Jüngstes Beispiel: Die Tarifverhandlungen für den Öffentlichen Dienst wurden von einer „grauen Männerrunde" durchgeführt – die Nutznießer des Tarifabschlusses sind jedoch zum großen Teil Frauen, die nicht in die Verhandlungen mit einbezogen wurden.

Ausnahmen gab es in der Vergangenheit zwar vereinzelt für gendersensibles Denken, vor allem dann, wenn Privilegien oder Positionen Männern streitig gemacht wurden. Richter Wassermann hat Ende der 80er Jahre des vorigen Jahrhunderts darauf hingewiesen, dass neben der Staatsexamensnote das Geschlecht des Bewerbers berücksichtigt werden müsse, weil sonst die Gefahr bestünde, dass die Juristenstellen im Staatsdienst (Richter, Staatsanwälte) – beachtet man nur die Note – vorwiegend von Frauen besetzt würden. Gleichviel Männer wie Frauen auf diesen Stellen seien notwendig, weil sonst die Judikative „verweiblichen“ würde.

Die Universalität des neutralen – männlichen – Denkens galt und gilt immer noch unangefochten. Michael Kimmel, Sozial- und Geschlechterforscher (USA), erzählte auf einem Kongress zum Thema Gender Mainstreaming am 08. September 2002 in Leipzig folgende typische Geschichte: Er hörte, wie sich Anfang der 80er Jahre zwei Frauen unterhielten, die eine weiß, die andere schwarz. Die Weiße sagte: „Wenn ich morgens in den Spiegel sehe, sehe ich eine Frau“. Die schwarze Frau antwortete: „Wenn ich morgens in den Spiegel sehe, sehe ich eine schwarze Frau. Ich kann die Farbe nicht negieren“. Michael Kimmel fragte sich, was er als Mann im Spiegelbild denn sehe. Er kam zu dem Schluss, einen Menschen zu sehen mit dem selbstverständlichen Universalitätsanspruch (eines Mannes), normal und normsetzend. Mit dieser Begebenheit verdeutlichte er, dass Privilegien unsichtbar sind. Man hat Privilegien einfach, weil man weiß und/oder Mann ist.

Die Verwirklichung einer geschlechtergerechten Gesellschaft, die in unserem Grundgesetz in Artikel 3 Absatz 2 nicht nur versprochen, sondern auch verankert ist, wurde 1994 durch den Zusatz „die tatsächliche Durchsetzung der Gleichberechtigung von Frauen und Männer zu fördern und auf die Beseitigung bestehender Nachteile hinzuwirken“, erweitert. Der Staat wird hier ausdrücklich in die Pflicht genommen. Diese Verwirklichung ist aber nur möglich, wenn Gender Mainstreaming nicht nur für alle Politikfelder und Gesetze angestrebt wird, sondern wenn es auch und gerade in der Bildungspolitik und der politischen Bildung zum Zuge kommt, und zwar im Hinblick auf die Inhalte von Bildung und Bildungspolitik und auch im Hinblick auf die Teilhabe von Frauen und Männern an und in ihr.

Es ist nicht von ungefähr, dass bereits 1986 in Nairobi und 1995 in Peking eine gleichstellungsorientierte Politik von Frauen nicht nur vorgestellt und eingeklagt, sondern festgelegt wurde. So wiesen die Frauen dort darauf hin, dass die Chancengleichheit nicht nur eine Frage der Gerechtigkeit, sondern auch eine Frage der Vernunft und des volkswirtschaftlichen Denkens sei. Weltweite Probleme, Verwerfungen und Konflikte sind ohne die Frauen und ein demokratisches Geschlechterverhältnis auf Dauer nicht lösbar.

Vom Patriarchat zu Gender Mainstreaming

Die feministische Politikforschung hat bereits Ende der 80er Jahre auf die so genannte „Eingeschlechtlichkeit" des Staates hingewiesen, auch darauf, dass dies für den Staat kein Problem zu sein scheint, da er sich in dieser „Eingeschlechtlichkeit" wieder findet. Die staatlichen Institutionen erweisen sich als sedimentierte, männliche Interessen und Lebenserfahrungen. Männlichkeit ist hier nicht nur konstruiert, sondern konstruiert auch selbst gesellschaftliche Strukturen.

Der bürgerliche Staat, der sich in der Tradition der Aufklärung sieht, hat im letzten Drittel des 19. Jahrhunderts die Bürokratisierung und Zentralisierung fortgeschrieben (der Ausschluss der Frauen aus den öffentlichen Debatten wurde über das Preußische Vereinsrecht geregelt, das den Frauen die politische Betätigung untersagte) und fühlte sich nicht nur männerbündischen Traditionen verpflichtet, sondern wurde von ihnen getragen. Dem männerbündischen Staat, der die ‚öffentliche Sphäre' repräsentierte und norm- und gesetzgebend tätig war, wurde die ‚private Sphäre', die Familie, gegenüber gestellt. Für die Familie war die Frau zuständig, aber der Mann wachte über die Familie und traf die Entscheidungen, er hatte die Geschlechtsvormundschaft über die Frau. Auch die Analyse der Texte der neuzeitlichen Staatsphilosophen macht deutlich, dass Frauen nicht als Menschen und Bürger mit gleichen Rechten gesehen wurden. So verengt sich der Begriff des Politischen auf männliche Lebens- und Erfahrungszusammenhänge. Die Frage, warum dies geschah, kann an dieser Stelle nicht weitergehend aufgezeigt werden. Anzumerken ist nur, dass Ohnmachtserfahrungen, Angst vor der Weiblichkeit und Gebärneid Konflikte sind, die ins Unbewusste abgedrängt wurden und bei der Konstituierung des Männerstaats eine Rolle gespielt haben. Ebenso kann an dieser Stelle nicht geklärt werden, inwieweit das männliche Streben, Macht zu erhalten, freiwillig und bewusst geschieht oder aber unbewusst durch informelles, an männerbündischen Wertegemeinschaften orientiertes Verhalten zementiert wird. Festzuhalten ist, dass diese Tradition fortwirkt.

Ein an männlichen Lebensvorstellungen orientierter demokratischer Staat hat aber das Problem, dass er die Hälfte seiner Mitglieder nicht in ihren Lebensrealitäten, Wünschen und Bedürfnissen zur Kenntnis nimmt. Damit nimmt er in Kauf, dass Ressourcen, Ideen und Potenzen nicht nur nicht genutzt werden, sondern es auch zu schwer wiegenden Fehlentscheidungen und Ungerechtigkeiten bis hin zu gesellschaftlichen Verwerfungen kommen kann, und: Der Anspruch einer Demokratie – die Beteiligung aller – bleibt dabei auf der Strecke. Nicht nur Frauen, auch einige Männer haben immer wieder darauf hingewiesen.

In den letzten 30 Jahren hat ein starker gesellschaftlicher Wandel, eine Veränderung und Pluralisierung der Wertevorstellungen stattgefunden. Frauen sind nicht nur in alle gesellschaftlichen Bereiche vorgedrungen, sie haben heute die besseren Schulnoten und legen die besseren Examina ab. Trotzdem gibt es eine „gläserne Decke", an die sie stoßen, die noch nicht gesprengt ist – statt „gläserner Decke" könnte man auch von einer unsichtbaren Grenze sprechen. Formal stehen den Frauen alle Möglichkeiten offen in Bezug auf Karriere und Politik. De facto stoßen sie aber an eine Grenze, über die bis heute fast keine Frau kommt. Jenseits der „gläsernen Decke" befinden sich ausschließlich Männer, die Entscheidungen treffen und hoch dotierte, einflussreiche Posten bekleiden.

Obwohl Frauen im öffentlichen Raum heute präsent sind und Fortschritte erzielt wurden – in der zurzeit amtierenden Bundesregierung sind von 13 Ministern sechs Frauen, von den 23 parlamentarischen Staatssekretären sind zehn Frauen und bei den 24 beamteten Staatssekretären ist keine Frau vertreten –, ist es noch nicht in größerem Maße gelungen, weibliche Lebensentwürfe und Lebensvorstellungen im öffentlichen Diskurs zu etablieren. Frauen adaptieren leicht männliche Wertvorstellungen und Karrieremuster, da sonst ein Erfolg nicht erreichbar erscheint. Der Quantensprung steht noch bevor. Frauen bevölkern die männlich konnotierte Welt, ohne dass sich zum Ausgleich Männer auf die Welt, die sie den Frauen zugewiesen haben, einlassen und an ihren Werten, wie ganzheitlichere Sichtweise, Nachhaltigkeit, Kommunikations- und Teambereitschaft, Beziehungs- und Fürsorgebereitschaft, partizipieren. Anzumerken ist, dass diese Werte nicht „naturgegeben" sind, sondern Produkte einer geschlechtsspezifischen Erziehung mit oft starren, manchmal halbbewussten Geschlechtsrollenstereotypen: wie ein Mann, eine Frau zu sein hat, sich verhalten soll. Diese weiblichen bzw. männlichen Verhaltens- und Wertemuster sind über Generationen tradiert und somit zunächst zur „zweiten Natur" geworden. Dieser Prozess ist aber reversibel, das heißt: was gelernt wurde, kann auch wieder verlernt bzw. es kann etwas Neues gelernt werden.

Die gerechte Verteilung der Erwerbsarbeit, der so genannten ‚privaten Arbeit' (Haus-, Erziehungs- und Beziehungsarbeit) und des bürgerschaftlichen Engagements steht noch aus.

Was ist neu an Gender Mainstreaming?

Nachdem die UNO und die EU Gender Mainstreaming zum verbindlichen Leitprinzip erhoben hat, erkannte auch die Bundesregierung 1999 in einem Kabinettsbeschluss die Gleichstellung von Mann und Frau als gängiges Leitprinzip an.

Von oberster Stelle wird Top-Down nicht nur gewünscht, sondern es wird auch verordnet, dass alle Maßnahmen und Gesetze auf ihre Gleichstellungsrelevanz hinterfragt und untersucht werden müssen. Alle an einer Entscheidung beteiligten Personen müssen dem Rechnung tragen. Frauen und Männer müssen in den Prozess eingebunden sein. Gleichstellung ist nicht mehr nur Sisyphusarbeit der Frauen, sondern wird auf alle Schultern verteilt. Alle Akteure müssen geschlechtersensibles Verhalten entwickeln, und es müssen geschlechtergerechte Entscheidungen gefällt werden. Daten und Fakten müssen geschlechtersensibel aufgearbeitet und vor allem interpretiert werden. Das bedeutet: bei jeder relevanten Entscheidung müssen die Folgen für Männer und Frauen abgeschätzt werden. In Zukunft müssen alle Beschlüsse, Gesetze, Papiere, Projektanträge, Forschungsvorhaben und Veröffentlichungen darauf hin untersucht werden.

Soweit die Theorie: Top-Down wird Gender Mainstreaming als Strategie zur Chancengleichheit und Geschlechtergerechtigkeit verordnet, und zwar als Gemeinschaftsaufgabe für alle Geschäftsbereiche der Bundesregierung, der Ministerien, der nachgeordneten Behörden, alle Mitarbeiterinnen und Mitarbeiter werden angehalten, entsprechende Methoden anzuwenden.

Stolpersteine auf dem Weg

Hier stehen wir nun vor einem gewissen Dilemma, das in besonderem Maße auch die politische Bildung betrifft, die ja nicht gerade auf einen Paradigmenwechsel ‚Männer und Frauen in den Mittelpunkt‘ vorbereitet ist und lange genug vernachlässigt hat, dass die Adressaten und Akteure nicht nur neutrale Subjekte, sondern Männer und Frauen sind.

Der politischen Bildung kommt die Aufgabe zu, demokratisches Bewusstsein, Kenntnisse und Fähigkeiten für den politischen Prozess zu vermitteln und zur Einmischung zu ermutigen. Die Frage nach Geschlechtergerechtigkeit und Geschlechterdemokratie gehört von daher aus der Ecke ‚vermeintlicher Sonderbereiche‘ – wie Frauen- und vereinzelter Männerbildung – herausgerückt und in den Mittelpunkt geschoben. Ein Blick in die Theorien und Standardwerke der politischen Bildung sowie auf die angebotenen Maßnahmen zeigt deutlich, dass hier weitgehende Geschlechtsblindheit vorherrscht. Das Gesetz der männlichen ‚Eingeschlechtlichkeit‘ herrscht auch hier eindeutig vor. Ergebnisse der Genderforschung zur politischen Sozialisation, zu Demokratietheorien und zur gesellschaftlichen Ungleichheit sind nicht zur Kenntnis genommen worden, weil die eigene, oft unbewusste hegemoniale Männlichkeit den Blick verdunkelte, und auch Frauen aus Angst vor dem Verlust männlicher Anerkennung diese Ergebnisse in die ‚Emanzenecke‘ verwiesen. Männern und Frauen ist dadurch Schaden entstanden.

Mit dem Instrument des Gender Mainstreaming wird erneut ein Versuch unternommen, Chancengleichheit zu verwirklichen. Um sich adäquat im politischen Feld bewegen zu können, sind politische, gesellschaftliche und historische Kenntnisse notwendig. Diese Kenntnisse müssen geschlechtersensibel aufgearbeitet und vermittelt werden. Politische Bildung kann zwar Kongresse, Seminare und Veröffentlichungen zu diesem Thema anbieten, frei nach dem Motto ‚Machen wir mal was für die Geschlechtergerechtigkeit‘, sie muss aber – will sie wirksam und plausibel sein – sich selber diesem Prozess des Gender Mainstreaming unterziehen. Sie muss Lernende und Lehrende gleichermaßen sein. Erst wenn sie selbst ihre blinden Flecken erkennt, kann sie auch andere dazu befähigen, Geschlechtergerechtigkeit anzustreben und geschlechtergerechtes Verhalten in Wort und Tat umzusetzen.

Was bedeutet Gender Mainstreaming für die Praxis der politischen Bildung?

Zunächst einmal ist eine genaue Analyse der eigenen Institution notwendig, um Veränderungen vornehmen zu können und Schwerpunkte zu setzen. Im Folgenden werden die zu berücksichtigenden Punkte, die auch als Checkliste betrachtet werden können, aufgelistet:

Wie viel Männer und Frauen sind auf welcher Position, mit welcher Funktion beschäftigt, haben welche Kompetenz und erhalten welche Bezahlung? Über welchen Einfluss, welche Entscheidungskompetenz und welchen Etat verfügen sie? Wie ist die Arbeitszeit geregelt? (Vollzeit, Teilzeit, flexible Arbeitszeit, Arbeitszeitkonten). Wer nimmt welche Arbeitszeitmodelle in Anspruch? Wie und wofür werden freie Mitarbeiterinnen und Mitarbeiter eingesetzt? Wie werden sie vergütet? Welche Dienstleistungen bringen sie? Welche Themen decken sie ab? Wie sehen die Honorare aus? Erhalten Männer und Frauen gleiche Honorare? Gibt es Themen und Tätigkeiten, die unterschiedlich honoriert werden, z.B. „harte" Themen, wie politikwissenschaftliche, staatstheoretische, wirtschaftliche, historische Themen oder so genannte „weiche" Themen, wie Frauenfragen, Familienpolitik, Erziehungs- und Sozialfragen? Wie setzen sich die Teilnehmerinnen und Teilnehmer der Veranstaltungen zusammen? Gibt es Themen, die vorwiegend von Männern oder von Frauen besucht werden? Gibt es weitere Unterschiede nach Alter und Bildungsstand? Werden Themen so angeboten und bearbeitet, dass sie Männer und Frauen gleichermaßen ansprechen, oder sind sie eher ‚neutral' formuliert? Welche Publikationen werden abgefragt? Sprechen sie Männer und Frauen gleichermaßen an? Gibt es Themen, die von Männern oder Frauen bevorzugt nachgefragt werden (bevorzugen Frauen eher Gender-Themen?) Wie steht es um die Autoren von Publikationen, wie viele Männer und Frauen sind hier vertreten? Sind in den Veröffentlichungen, in der Bearbeitung des Themas, die Auswirkungen auf Männer und Frauen berücksichtigt? Werden die Verteiler für Veranstaltungen und Publikationen auf Einseitigkeit überprüft? Wie sind die Räume intern verteilt? Wie sehen die Räume für Veranstaltungen aus? Gibt es Unterschiede in der Ausstattung, im Mietpreis und in der Verpflegung? Wie sehen Teilnahmekosten aus? Gibt es preiswertere und teurere Seminare, besteht hier evtl. eine Korrelation zum Geschlecht der Teilnehmenden?

Können die Veranstaltungsorte mit öffentlichen Verkehrsmitteln erreicht werden? Wie sieht die Zeitstruktur des Angebots aus (Tageszeit, Wochentag, Dauer)? Werden Ausschreibungen in einer geschlechtsbewussten Sprache verfasst? Wird reflektiert, welchen bewussten oder unbewussten Einfluss und welche Auswirkung das Geschlecht der Lehrenden auf gleichgeschlechtliche und andersgeschlechtliche Teilnehmer haben kann? Wie wird damit umgegangen? Welche Identifikationsmöglichkeiten werden angeboten? Werden Themen von einem Tandem (einer Frau, einem Mann) angeboten, die ihre unterschiedlichen Sichtweisen einfließen lassen können und unterschiedliche Identifikationen ermöglichen? Werden Wege gesucht bei Angeboten, die vorwiegend nur von einem Geschlecht besucht werden, um das unterrepräsentierte Geschlecht anzusprechen ?

Die aufgelisteten Fragen müssen beantwortet werden, um Aussagen darüber treffen zu können, wie geschlechtsbewusst oder geschlechterblind eine Organisation ist. Es kann nicht oft genug hervorgehoben werden, wie wichtig es ist, über genaue Zahlen und Statistiken zu verfügen, um eine sinnvolle Analyse und Interpretation der Institution und der Produkte zu erstellen. Bislang war häufig das Problem, dass Statistiken nicht ‚gegendert‘ wurden, d.h. der Männer- und Frauenanteil wurde nicht explizit ausgewiesen. Widerstände gegen eine ‚gegenderte‘ Statistik sind häufig, werden als zu kompliziert angesehen, entsprechen angeblich nicht dem Datenschutz. Oft werden sie nur widerwillig und bei scheinbarem Bedarf ausgeführt. Halbherzig erhobene Statistiken werfen aber das Problem auf, dass es ein großes Dunkelfeld gibt, über das nur Mutmaßungen angestellt und die nach Gusto ausgelegt werden können. Bei der Interpretation der Daten zu Honoraren, Teilnahmebeiträgen, Raumkosten und Werbung ist Vorsicht geboten, da hier Indikatoren wie Aktualität, hohe Mietpreise in bestimmten Regionen, Bekanntheitsgrad des Referenten/der Referentin eine Rolle spielen können.

Ist der erste Schritt eines jeden Gender Mainstreaming-Prozesses der Datenerhebung und Befragung ausgewählter Mitarbeiter und Mitarbeiterinnen sowie der Teilnehmerinnen und Teilnehmern erfolgt, müssen Maßnahmen entwickelt und Ziele definiert werden, wie die jeweils unterrepräsentierten Gruppen erreicht werden können. Es ist dabei notwendig, sich von den eigenen Vorurteilen und Vorannahmen im Kopf zu befreien und sich auf die vorliegenden Fakten einzulassen. Heikel wird es immer dann, wenn finanzielle Konsequenzen gezogen und Mittel umverteilt werden müssen – ein hoher Etat wird leicht mit Ansehen und Einfluss gleichgesetzt.

Gender Mainstreaming ist eine Methode, Geschlechterfragen in den Mittelpunkt zu rücken. Sie sagt aber nicht unbedingt etwas über die Inhalte einer geschlechterdemokratischen Gesellschaft aus. Methode und Inhalt dürfen nicht verwechselt werden.

Gender Mainstreaming analysiert den Ist-Zustand, definiert Ziele und gibt Zeitvorgaben an. Die nachhaltige Veränderung kann aber nur in den Köpfen und durch einen offenen Dialog der Geschlechter stattfinden. Über unterschiedliche Vorstellungen darf produktiv gestritten werden. Es ist notwendig, sich in die Rolle und Position des Anderen hineinzuversetzen, um dann qualifiziert über Fakten diskutieren zu können. Hier sollte zum Zuge kommen, was für Bildungsangebote generell gilt: es handelt sich um Erfahrungsangebote, deren Ergebnis sein kann, was man alles wollen könnte, ohne es bisher gewusst zu haben. Es sind – lässt man sich wirklich darauf ein – Abenteuererlebnisse zwischen der Eigenwelt und der eigenen Sichtweise und ganz anderen Welten. Oder anders ausgedrückt: es sind Überbrückungsangebote bzw. Brückenangebote. Man wird abgeholt, um sich woanders hin zu bewegen und die Welt von dort interessiert zu betrachten. Auch wenn es zunächst mühsam erscheint, kann es ein spannender Prozess werden, von dem beide Geschlechter profitieren.

Beispiele für gendersensible Fragestellungen

In der politischen Bildung könnte genderbewusste Auseinandersetzung bedeuten zu fragen: Wer hat welche Demokratietheorien entwickelt, welche Annahmen, welche Gesellschaftsentwürfe, welche Denktraditionen liegen dem zu Grunde, welche Lebenswelten sind repräsentiert, welche Kategorien werden berücksichtigt? Wie sind Frauen und Männer in Parteien und Wahlämtern vertreten? Worin liegt der Grund für die Unterrepräsentanz einer bestimmten Gruppe? Wer stellt die Weichen auf dem Weg nach oben? Welche Ausschüsse und Gremien – mit welcher Wertigkeit – werden von wem besetzt? Welche Erfahrungen bleiben dadurch unter Umständen unberücksichtigt? Gibt es Unterschiede in den politischen Debatten zwischen Männern und Frauen? Werden die

Themen unterschiedlich aufgegriffen und bearbeitet, z. B. im Bereich der Arbeit, des Arbeitsbegriffes, der Familien- und der Sicherheitspolitik? Wer strebt welche Ehrenämter an und ist in welchen Bereichen mit welcher Funktion und Tätigkeit engagiert? Was hat beispielsweise die Verkehrsplanung, die Raum- und Bauordnung mit unterschiedlichen Sichtweisen von Männern und Frauen zu tun? Wie kommt es, dass in der *Hartz-Kommission* die Interessen von Frauen nicht adäquat berücksichtigt wurden, und weshalb fehlen in anderen zukunftsweisenden Projekten Frauen in den Gremien?

Eine besondere Bedeutung nimmt die Gesundheitsforschung ein. Männer und Frauen reagieren nicht nur anders auf bestimmte Medikamente, sie haben auch andere Krankheitsverläufe und zeigen andere Symptome. Das bedeutet, Forscher und Forscherinnen müssen das Geschlecht des Patienten ganz anders berücksichtigen, um adäquate Hilfe zu geben. Es gibt zwar bislang eine Frauenheilkunde, aber die Männerheilkunde steckt noch in den Anfängen, viele Männer stehen ihr noch sehr reserviert gegenüber. Jenseits dieser Spezialisierungen funktionieren und reagieren die Organismen und der Stoffwechsel von Männern und Frauen anders und bedürfen so unterschiedlicher Behandlung. Gendersensible Gesundheitsforschung kann nicht nur einen Beitrag zur Kostensenkung im Gesundheitswesen bedeuten, sondern dazu beitragen, dass die Lebenserwartungen der Männer und Frauen angeglichen werden.

Chancen und Risiken bei der Implementierung von Gender Mainstreaming

Wenn alle gesellschaftlich relevanten Fragen nicht nur gendersensibel betrachtet, sondern auch entsprechende Konsequenzen gezogen werden, führt das letztendlich zu einer Umverteilung bzw. gerechteren Aufteilung von Arbeit, Geld, gesellschaftlicher Teilhabe, Macht und Liebe und stellt so Geschlechterdemokratie her. Dazu bedarf es allerdings einer Verhaltens- und Einstellungsveränderung aller Akteure. Es ist nicht einfach, lang gehegte Vorurteile und Vorstellungen aufzugeben und von einer – bestenfalls – verbalen Aufgeschlossenheit zu einer mentalen Einstellungsveränderung zu gelangen. Es geht – und das kann nicht ausgeblendet werden – immer wieder auch um Machtfragen und Privilegien. Letztlich spiegeln sich hier Elemente eines Geschlechterkampfes wider, der oft mit der Abwertung und dem Versagen der Anerkennung des Anderen geführt wird. So lange Bundeskanzler Schröder von Frauen als „Gedöns" reden kann (konnte) und Ministerpräsident Stoiber Anfang August 2002 in einem Interview im WDR äußert: „Wo kommen wir denn hin, wenn die EU verordnet, dass der nächste Bundeskanzler eine Frau wird", solange im Europäischen Konvent von 105 Mitgliedern nur 17 Frauen vertreten sind, wird erkennbar, dass sich noch viel – nicht nur in den Köpfen – verändern muss. Viel Lernbereitschaft und Bewusstseinsbildung wird notwendig sein.

Gender Mainstreaming wird ein langer, sicher manchmal auch schwerfälliger Prozess – nicht nur in der politischen Bildung – sein. Er kann aber dann dazu führen, dass das nicht nur in Organisationen und Politik verbreitete ‚magische Dreieck' von Untätigkeit, interessengeleiteter Nichtwahrnehmung und Angst vor Verlust aufgebrochen wird.

Wenn Gender Mainstreaming erfolgreich sein soll, sind Sanktionen positiver und negativer Art von Nöten: die Zuweisung oder das Vorenthalten von finanziellen Mitteln, Nichtbesetzung von Stellen und Posten in Gremien, Angebote für Fortbildung und Beratung.

Gender Mainstreaming kann gelingen, wenn Top-Down auf Botton-Up trifft, wenn es genügend Menschen gibt, die Veränderungen wünschen, nicht nur weil es politisch opportun ist und wirtschaftlich vernünftig erscheint, sondern weil sie ihr Leben anders gestalten wollen, sowohl was die Arbeit, die Partizipation am öffentlichen Leben als auch die Privatsphäre betrifft. Es kommt auf die an, die sich immer wieder die menschlichen Grundfragen stellen: Wo kommen wir her, wo stehen wir, wohin gehen wir und wie wollen wir in Zukunft leben? Eine geschlechterdemokratische Gesellschaft ist zwar nicht der Himmel auf Erden, aber sie garantiert Chancengleichheit für alle, in allen Bereichen und eröffnet nicht nur spannende Diskussionen, sondern erweitert auch den Horizont.

ALBERT SCHERR

Gender Mainstreaming – eine Herausforderung für die Kinder- und Jugendhilfe?

Die Kinder- und Jugendhilfe kann mit dem Blick auf ihre Geschichte als ein Frauenberuf und auch noch aktuell als ein weiblich dominiertes Berufsfeld charakterisiert werden. „Mütterlichkeit als Beruf", Soziale Arbeit als „Gefühlsarbeit" und „Reproduktionsarbeit", „männliche Leitungsfunktionen" versus „weibliche Beziehungsarbeit" – diese Formulierungen aus den einschlägigen Debatten weisen darauf hin, dass in der Kinder- und Jugendhilfe der Mythos der Geschlechtsneutralität seit langem in Frage gestellt ist und die Geschlechterverhältnisse durchaus kontrovers diskutiert werden. Umstritten ist nicht zuletzt, ob die Entwicklung der Sozialen Arbeit zu einem „weiblichen Territorium" einen Modellfall weiblicher Emanzipation oder aber eine „Emanzipationsfalle" darstellt, durch die Frauen auf tradierte Muster festgelegt und Geschlechterstereotype reproduziert werden.[1]

Wenn mit der Programmatik des Gender Mainstreaming nunmehr die Beachtung der Geschlechterperspektive politisch eingefordert wird, dann trifft diese Forderung im Fall der Kinder- und Jugendhilfe insofern auf einen gesellschaftlichen Teilbereich, der hierauf vergleichsweise gut vorbereitet ist, zumal auch die spezifische Situation von Männern in der Sozialen Arbeit allmählich als ein legitimer Gegenstand fachlicher Auseinandersetzungen anerkannt wird.[2] Gleichwohl kann keineswegs erwartet werden, dass die staatlich-politische Vorgabe, sich von der Illusion der vermeintlichen Geschlechtsneutralität von Strukturen und Entscheidungen zu verabschieden und die Herstellung von Chancengleichheit als ein Leitziel anzuerkennen, hier selbstverständlich aufgegriffen und umgesetzt wird.

Innovationsdruck und Qualifikationsbedarf

Die Auseinandersetzung mit den Geschlechterverhältnissen im Berufsfeld der Sozialen Arbeit hat sich, ebenso wie die emanzipatorische Mädchenpädagogik, als Ausdruck und Bestandteil der sich patriarchats- und gesellschaftskritisch verstehenden Frauenbewegung entwickelt. Obwohl sich die Forderungen der Frauenbewegung an staatliche Politik richteten und mit erheblichen Erfolgen darauf zielten, diese unter Veränderungsdruck zu setzen, hat das eingespielte Konfliktmuster ‚soziale Bewegung gegen etablierte Politik' zur Folge, dass regierungsamtliche Politik immer noch eher als Gegner denn als Bündnispartner wahrgenommen wird. Dies wird auch dadurch verstärkt, dass die Politik von Parteien und Regierungen in Deutschland keineswegs einheitlich, eindeutig und umfassend auf die Überwindung tradierter Ungleichheiten ausgerichtet ist. Mit der Programmatik des Gender Mainstreaming ist nun jedoch die Veränderung der Geschlechterverhältnisse als eine staatlich-administrative Vorgabe etabliert, die das – gegen erhebliche Widerstände und nicht zuletzt gegen Männer in politischen Führungspositionen erkämpfte – eigenständige Politikfeld Frauen- und Geschlechterpolitik zudem für die Anliegen von Männern und die Beteiligung von Männern öffnet. Diese doppelte Transformation erzeugt nicht nur auf der Seite bewegungsorientierter Frauen Irritationen. Sie wirft auch die Frage auf, wie Männer für die Mitarbeit an einer solchen Programmatik gewonnen werden können, ohne dass dies mit einem Zurückdrängen feministischer Positionen einhergeht, zumal eine emanzipatorische Männerbewegung nur in Ansätzen existiert. Die Frage, ob die Geschlechterperspektive auf gegensätzliche Interessen oder auf übergreifende Gemeinsamkeiten verweist, kann keineswegs als geklärt vorausgesetzt werden.

Die Kinder- und Jugendhilfe sieht sich darüber hinaus seit mehr als zehn Jahren generell einem anhaltenden Innovationsdruck ausgesetzt. Die einschlägigen Stichworte lauten: Neue Steuerung, Qualitätsentwicklung, Gewalt- und Kriminalitätsprävention, Dienstleistungs- und Sozialraumorientierung sowie zuletzt auch Bildung und Gender Mainstreaming. Die Gleichzeitigkeit dieser unterschiedlichen und zum Teil widersprüchlichen Aufgabenzuweisungen geht einher mit einer Atmosphäre, die durch wiederkehrende Androhungen von Mittelkürzungen und Stellenstreichungen sowie in einigen Teilbereichen mit Tendenzen in Richtung auf eine Absenkung des Qualifikationsniveaus der Mitarbeiterinnen und Mitarbeiter im Interesse der Kosteneinsparung verbunden ist. Insofern sind keineswegs günstige Voraussetzungen für fundierte fachliche Auseinandersetzungen mit den Anforderungen gegeben, die die Programmatik des Gender Mainstreaming impliziert. Die Gefahr ist offenkundig, dass Gender Mainstreaming nicht als Chance zu einem erweiterten Verständnis geschlechtssensibler Praxis, sondern als Zwang zur „administrativen Abarbeitung von Berichtspflichten“[3] interpretiert wird.

Obwohl es sich um eine Top-Down-Strategie handelt, kann diese nicht angemessen allein mittels politischer Entscheidungen und Verwaltungsvorschriften, d.h. unter Verzicht auf eine angemessene Qualifizierung der Fachkräfte realisiert werden. Denn ohne eine überzeugte und motivierte Mitgestaltung durch das hauptamtliche Personal geraten Versuche, Organisationsstrukturen und fachliche Arbeitskonzepte zu verändern, ins Stocken oder werden konterkariert. Dies gilt insbesondere dann, wenn es sich wie im Fall von Gender Mainstreaming um solche Veränderungsabsichten handelt, die das fachliche und persönliche Selbstverständnis der Mitarbeiterinnen und Mitarbeiter unmittelbar berühren.

Gender Mainstreaming als ein Programm, das zentral auf die Veränderungen der Geschlechterverhältnisse auch in den Arbeitsfeldern der Kinder- und Jugendhilfe zielt, ist also, so kann als einleitende These formuliert werden, darauf angewiesen, die Mitarbeiterinnen und Mitarbeiter auf allen Qualifikations- und Hierarchiestufen vom fachlichen Sinn und der Notwendigkeit darauf ausgerichteter Maßnahmen zu überzeugen.

Von der Gleichstellungspolitik zum Gender Mainstreaming

Was Gender Mainstreaming bedeutet und welche Anforderungen an eine Praxis zu stellen sind, die diesen Terminus nicht nur als eine modische Floskel begreift, das ist keineswegs eindeutig und unstrittig. Deshalb sind hier zunächst einige klärende Hinweise unverzichtbar.

In regierungsamtlichen Dokumenten, so etwa der offiziellen Definition des für die Kinder- und Jugendhilfe zuständigen Bundesministeriums, wird Gender Mainstreaming als ein Prozess beschrieben, der darauf gerichtet ist, „die Geschlechterperspektive in die Gesamtpolitik aufzunehmen“, und dies mit dem „Ziel einer tatsächlichen Gleichstellung von Frauen und Männern“[4]. Solche Formulierungen lassen zunächst offen, was unter „der Geschlechterperspektive“ zu verstehen ist und was die Kriterien sind, an denen eine „tatsächliche“, also nicht nur formelle Gleichstellung zu erkennen ist. Diese Offenheit, der Verzicht auf klare

Problemdefinitionen und darin begründete Vorgaben, eröffnet Gestaltungsspielräume für die Praxis, sie erzeugt aber auch Unsicherheit. Insbesondere wird die Frage gestellt, ob es sich im Fall von Gender Mainstreaming um die Fortsetzung der älteren Gleichstellungspolitik oder um einen neuen Ansatz handelt.

In der einschlägigen Fachdiskussion[5] werden darauf bezogen folgende Merkmale des Gender Mainstreaming hervorgehoben:

- Die Strategie des Gender Mainstreaming zielt darauf, *in allen gesellschaftlichen Teilbereichen* für die *Unterschiede* zwischen den Geschlechtern und geschlechtsbezogene *Benachteiligungen* zu sensibilisieren sowie Veränderungen in Gang zu setzen, die zur Verwirklichung von Gleichheit beitragen.
- Dabei beschränken sich die Forderungen des Gender Mainstreaming nicht darauf, für Frauen gleiche Teilhabe an der Erwerbsarbeit und gleiche Bezahlung einzuklagen. Vielmehr wird zu einer solchen Praxis aufgefordert, die *auf allen Ebenen* der Kinder- und Jugendhilfepolitik danach fragt, welche geschlechtsbezogenen Auswirkungen Organisationsstrukturen und Entscheidungen haben.
- Deshalb ist es – und dies gilt auch für die Kinder- und Jugendhilfe – im Interesse des Gender Mainstreaming unverzichtbar, den Blick der Fachkräfte für den Umgang mit männlichen und weiblichen Lebenslagen und Lebensentwürfen im eigenen Arbeitsfeld zu schärfen. Dazu genügt es nicht, Genderbeauftragte zu benennen. Erforderlich ist vielmehr die Entwicklung von *Gender-Kompetenz*, d.h. eines fundierten *Wissens über Geschlechterverhältnisse* und darin begründeter *Reflexionsfähigkeit* als Qualifikationselement der weiblichen und der männlichen Fachkräfte.
- Im Unterschied zur älteren Gleichstellungspolitik rückt Gender Mainstreaming auch nicht mehr „nur" die spezifische Situation von Frauen in den Blick, sondern generell die Verwendung, Herstellung und Verfestigung von Geschlechterunterschieden in den Teilsystemen und Organisationen der modernen Gesellschaft. Damit wirft Gender Mainstreaming die Frage auf, welchen geschlechtsbezogenen *Festlegungen, Einschränkungen und Diskriminierungen Frauen und Männer* unterliegen. Es gilt also zu überprüfen, welche Muster und Modelle von Weiblichkeit und Männlichkeit durch die *Berufskultur* und in den *Organisationen* der Kinder- und Jugendhilfe tradiert und reproduziert werden.

Für die Programmatik des Gender Mainstreaming sind Theorien des Sozialkonstruktivismus und das Paradigma des *Dekonstruktivismus* in der Geschlechterforschung von erheblicher Bedeutung: Annahmen über eine naturbedingte Unterschiedlichkeit von Männern und Frauen werden hier konsequent zurückgewiesen und durch die Analyse der vielfältigen Prozess des „doing gender“, der *Herstellung und Darstellung von Männlichkeit und Weiblichkeit* in sozialen Prozessen, ersetzt.[6] Damit ist keineswegs bestritten, dass es biologische Unterschiede zwischen Männern und Frauen gibt, sondern „nur“, dass diese festlegen, wie diese kulturell interpretiert und gesellschaftlich verwendet werden.

Im Unterschied zu einer Geschlechterpädagogik, die Ebenen des pädagogischen Handelns in Interaktionen und der pädagogischen Beziehungen ins Zentrum stellt, akzentuiert Gender Mainstreaming die Bedeutung von Organisationen, der Rahmenbedingungen und Strukturen, die einen eigenständigen und von den Absichten der Handelnden weitgehend unabhängigen Einfluss auf Lern- und Sozialisationsprozesse haben. Das heißt: Wenn z.B. Jungen in Kindergärten und Horten ausschließlich weibliche Bezugspersonen erleben und schon damit in der Erfahrung bestätigt werden, dass Kindererziehung eben „Frauensache“ ist, dann ist dies in der Perspektive des Gender Mainstreaming als ein problematischer Sachverhalt zu bewerten, der zu einem Nachdenken darüber auffordert, welche Rahmenbedingungen dazu geeignet sind, eine solche sozialisatorische Festschreibung von Geschlechterrollen aufzubrechen. Es genügt jedoch nicht, darauf bezogen schlicht Maßnahmen zu fordern, die dazu beitragen, den Männeranteil in der Kinder- und Jugendhilfe zu erhöhen, zumal dies zu einer Verdrängung von Frauen aus einem der wenigen Teilarbeitsmärkte führen müsste, auf dem sie auch auf gehobenen Qualifikationsstufen überrepräsentiert sind. Zu problematisieren ist vielmehr auch, ob und wie Männer und Frauen als Pädagoginnen und Pädagogen klassische geschlechtstypische Verhaltensmuster im Umgang untereinander sowie in der Arbeit mit den Adressatinnen und Adressaten tradieren. Es geht also – anders als in Gleichstellungsprogrammen – nicht nur darum, gleiche Erwerbschancen einzufordern.

Komplexe Ungleichheiten

Die für Gender Mainstreaming zentrale Forderung nach Gleichheit bzw. Gleichstellung reagiert primär auf tradierte, aber nach wie vor bedeutsame Benachteiligungen von Frauen. In der Gegenwartsgesellschaft kann jedoch nicht mehr von einer singulären und alle Lebensbereiche umfassenden Geschlechterordnung ausgegangen werden, die getrennte Männerwelten und Frauenwelten mit je eigenen Regeln, Werten und Normen hervorbringt, obwohl „die Spur der Macht im Verhältnis der Geschlechter"[7] zweifellos noch sichtbar ist. Denn die Strukturen der modernen, funktionalen differenzierten Gesellschaft basieren nicht auf einer einheitlichen Geschlechterordnung und gerade dies ermöglicht es, die Verwendung von Geschlecht als Kriterium bei der Zuschreibung von individuellen Fähigkeiten, bei Entscheidungen über die Vergabe von Arbeitsplätzen oder von politischen Positionen zu kritisieren. In der modernen Gesellschaft sind Frauen und Männer ersichtlich auch keine intern homogenen sozialen Gruppen und Klassen – es gibt unter Frauen und Männern eben Arme und Reiche, Arbeitslose und Erwerbstätige, gering Qualifizierte und hoch Qualifizierte, Inländer und Ausländer, usw. Geschlechtsbezogene Benachteiligungen und Bevorzugungen sind also mit anderen sozialen Ungleichheiten verschränkt.

Hinzu kommt, dass solche Ungleichheiten, die eine Folge von Entscheidungen für typisch weibliche oder typisch männliche Ausbildungsgänge und Berufe oder aber des Verzichts auf Karrierechancen im Interesse der Familiengründung und Kindererziehung sind, sich für die Betroffenen selbst vielfach als eine Folge eigener Entscheidungen, also nicht als Effekte gesellschaftlicher Benachteiligung darstellen. Zwischen den Wirkungen kulturell tradierter Geschlechterstereotype einerseits, individuell zu verantwortenden Entscheidungen andererseits ist nur analytisch, aber nicht realiter trennscharf zu unterscheiden. Dennoch ist es aber empirisch offenkundig, dass geschlechtsbezogene Benachteiligung in gesellschaftlich zentralen Bereichen, insbesondere in den Bereichen Erwerbsarbeit und politische Repräsentation, immer noch primär Frauenbenachteiligung ist. Insofern ist klassische Gleichstellungspolitik keineswegs insgesamt überflüssig.

Nimmt man die Ergebnisse der sozialwissenschaftlichen Geschlechterforschung und die Vorgaben des Gender Mainstreaming ernst, dann kann jedoch nicht als selbstverständlich unterstellt werden, dass alle Frauen in allen gesellschaftlichen Teilbereichen durchgängig benachteiligt und alle Männer in allen gesellschaftlichen Teilbereichen privilegiert sind. Jungen erzielen keine besseren Schulabschlüsse mehr als Mädchen, sie werden wesentlich häufiger als diese als Straf- und Gewalttäter auffällig, bei der weit überwiegenden Mehrzahl aller Gefängnisinsassen handelt es sich um Männer und auch Selbstmorde werden überproportional häufig von Männer begangen – dies sind einige Indizien dafür, dass Männlichkeit gesellschaftlich keineswegs durchgängig mit einer privilegierten Lebenssituation einhergeht. In Folge des Strukturwandels des Arbeitsmarktes in Richtung auf eine postindustrielle Dienstleistungsgesellschaft qualifizieren auch klassische Männerberufe in Handwerk und Industrie längst nicht mehr für privilegierte Arbeitsmarktsegmente, auf denen stabile Beschäftigungsverhältnisse mit existenzsichernden Einkommen verfügbar sind. Die steigende Erwerbsbeteiligung von Frauen bei keineswegs rückläufiger Erwerbsbeteiligung von Männern ist deshalb keineswegs allein Folge eines Emanzipationsprojekts, sondern auch ökonomischen Zwängen, insbesondere den gestiegenen Kosten der Lebensführung und der Kindererziehung, geschuldet.[8] Die Strategie des Gender Mainstreaming kann also nicht mehr eine klassische patriarchalische Geschlechterordnung voraussetzen, in der Privilegien und Benachteilung durchgängig geschlechtsbezogen und im Interesse der Männer verteilt sind.

Vor diesem Hintergrund ist es erforderlich, die Organisationenstrukturen und Arbeitsweisen der Kinder- und Jugendhilfe umfassend dahingehend zu überprüfen, welche Bedeutung und welche Folgen sie bezüglich geschlechtsbezogener Unterscheidungen und Festlegungen für Mädchen und Jungen, Frauen und Männer haben.

Als leitende Orientierung eignet sich hierfür die Idee einer Geschlechterdemokratie, in der der Umgang zwischen Menschen unterschiedlichen Geschlechts und unterschiedlicher sexueller Orientierung durch den Verzicht auf gegenseitige Festschreibungen auf tradierte Rollen und Identitäten sowie durch gegenseitigen Respekt geprägt ist. Zielsetzung von Geschlechterdemokratie sind Verhältnisse und Praktiken, die dazu beitragen, dass Individuen in ihren Lebenslagen, Lebensperspektiven und ihrem Selbstverständnis nicht mehr Gefangene einer Kultur der

Daten zu Unterschieden zwischen den Geschlechtern

	Jungen/ Männer	Mädchen/Frauen
Ausbildung und Studium		
Rangfolge der am stärksten besetzten Studienfächer	BWL; Maschinenbau; Elektrotechnik; Jura; Wirtschaftswissenschaften; Medizin;	Germanistik; BWL; Jura; Medizin; Erziehungswissenschaften; Wirtschaftswissenschaften; Biologie;
Rangfolge der am stärksten besetzten Ausbildungsberufe	Kfz-Mechaniker; Elektroinstallateur; Maurer; Tischler; Gas- und Wasserinstallateur; Maler und Lackierer; Kaufmann;	Arzthelferin; Bürokauffrau; Kauffrau im Einzelhandel; Zahnarzthelferin; Friseurin; Industriekauffrau; Bankkauffrau;
Jugendhilfe		
Leistungsempfänger von Hilfen zur Erziehung außerhalb des Elternhauses	188.918	105.865
Inanspruchnahme institutioneller Beratung nach dem KJHG	142.049	106.046
Teilnahme an Maßnahmen der sozialen Gruppenarbeit	8.679	2.842
Straftaten/ Gewalt		
Wegen Verbrechen und Vergehen Verurteilte	370.873	83.420
Abgeurteilte nach Jugendstrafrecht	103.113	18.145
Einsitzende in Justizvollzugsanstalten	65.138	2.981
Tatverdächtige insgesamt	1.754.939 = 77,2%	518.61 = 22,8%
Tatverdächtige Mord und Totschlag Vergewaltigung und sexuelle Nötigung	 86,7% 99,1%	 13,3% 0,9%
Tatverdächtige wg. sexuellem Missbrauch von Kindern	96,3%	3,7%
Opfer von Gewaltkriminalität Mord und Totschlag Mordversuch	 57,3% 69,8%	 42,7% 30,2%

	Jungen/ Männer	Mädchen/Frauen
Todesfälle aufgrund Selbsttötung	9656	4355
Politik, Freizeit und Konsum (nur Jugendliche)		
Interesse an Politik	58% (1991) 47% (1996)	47% 37%
Mitgliedschaft in Vereinen und Organisationen	63% (1984) 49% (1996)	48% 36%
Häufige Freizeitbeschäftigungen Fernsehen Sport treiben Am Computer spielen Briefe oder Tagebuch schreiben	 81% 57% 49% 9%	 76% 49% 19% 37%
Raucheranteil	44%	37%
Häufiges Alkoholtrinken	32%	12%
Interesse für Technik stark	55%	10%
Fußballfans	22%	7%
Erstes Verliebtsein im Alter bis 14 Jahre 15–17 Jahre	 37% 38%	 49% 36%
Pflichten im Haushalt übernehmen (bis 14 Jahre)	68%	82%
Mit festem Partner/in zusammenwohnen bis 20 Jahre	10%	23%

Quellen: Berufsbildungsbericht 1994 und 1997; Statistisches Bundesamt, Datenreport 1997; Shell-Jugendstudien 1992 und 1997; Polizeiliche Kriminalstatistik 1997 und 1999; Statistisches Bundesamt, Jugend in Deutschland, Wiesbaden 2000.

Zweigeschlechtlichkeit sind. Gender Mainstreaming beabsichtigt also, Individuen zu einem selbstbestimmten Umgang mit geschlechtsbezogenen Erwartungen und Normen zu befähigen, und dies gilt sowohl für die Mitarbeiterinnen und Mitarbeiter als auch für die Adressatinnen und Adressaten der Kinder- und Jugendhilfe.

Die Kinder- und Jugendhilfe als atypischer Fall

Unter Gesichtspunkten einer Politik der Gleichstellung und des Gender Mainstreaming stellt die Kinder- und Jugendhilfe in mehrerer Hinsicht einen gesellschaftlich atypischen Fall dar:

- Erstens ist die Kinder- und Jugendhilfe in ihren unterschiedlichen Arbeitsfeldern, z.B. in der vorschulischen Erziehung, der sozialpädagogischen Familienhilfe und der Jugendsozialarbeit, ganz unmittelbar mit männlichen und weiblichen Lebenslagen, Lebensentwürfen sowie mit Macht- und Herrschaftsverhältnissen zwischen den Geschlechtern konfrontiert. Die Realitäten, auf die die Berufstätigen in ihrer alltäglichen Praxis treffen, tragen wenig dazu bei, den Mythos zu bestätigen, dass das Geschlecht eine vernachlässigbare Größe sei.
- Kinder- und Jugendhilfe ist zweitens als Beratung, Erziehung und Bildung Heranwachsender immer auch geschlechtsbezogene Pädagogik, d.h. damit befasst, sich mit „typisch männlichen" und „typischen weiblichen" Verhaltensmustern auseinander zu setzen sowie Mädchen und Jungen bei der Entwicklung des eigenen Selbstverständnisses als Mann oder Frau zu unterstützen.
- Drittens kann von einer eindeutigen Benachteiligung von Frauen innerhalb dieses Teilarbeitsmarktes und der darauf bezogenen Ausbildungsgänge – zumindest auf den ersten Blick – nicht die Rede sein. Vielmehr sind Frauen hier deutlich in der Mehrheit, und auch im Bereich der Leitungs- und Führungspositionen gibt es keine klaren Indizien für eine eindeutige Männerdominanz.
- Viertens verfügt die Kinder- und Jugendhilfe über eine eigenständige Tradition des bewussten und kritischen Umgangs mit Geschlechterunterschieden. Dies gilt sowohl im Sinne von Auseinandersetzungen über Soziale Arbeit als Frauenberuf als auch im Sinne von Theorien und Konzepten einer geschlechtsdifferenzierenden Mädchen- und Jungenarbeit mit ihren Adressatinnen und Adressaten.
- Fünftens ist die Kinder- und Jugendhilfe gesetzlich verpflichtet, „die unterschiedlichen Lebenslagen von Mädchen und Jungen zu berücksichtigen, Benachteiligungen abzubauen und die Gleichberechtigung von Mädchen und Jungen zu fördern" (§ 9, Abs. 3 KJHG).

Insofern gibt es durchaus gute Gründe dafür, seitens der Kinder- und Jugendhilfe selbstbewusst darauf hinzuverweisen, dass ein bewusster Umgang mit Geschlechterunterschieden und die Anerkennung des Ziels der Gleichstellung der Geschlechter hier erheblich selbstverständlicher ist als in vielen anderen gesellschaftlichen Teilbereichen. Dennoch finden, wie im Weiteren zu zeigen sein wird, zentrale Herausforderungen und Chancen, die Gender Mainstreaming für die Kinder- und Jugendhilfe beinhaltet, bislang weder ausreichend Beachtung, noch kann von einer bereits tatsächlichen Verwirklichung von Geschlechterdemokratie in der Kinder- und Jugendhilfe ausgegangen werden.

Kinder- und Jugendhilfe als Frauenberuf

Bei der Kinder- und Jugendhilfe handelt es sich um einen klassischen Frauenberuf mit der Folge, dass Frauen in den einschlägigen Ausbildungsgängen und in nahezu allen Segmenten dieses Teilarbeitsmarktes überrepräsentiert sind. Von allen Erwerbstätigen in den sozialen Berufen sind über 80% weiblich – und dies gilt auch in der Kinder- und Jugendhilfe.

Erwerbstätige in sozialen Berufen 1996
(Zusammenstellung nach: Statistisches Bundesamt, Mikrozensus 1996)

Klassifizierung	Anzahl	Männl.	Weibl.
Soziale Berufe insgesamt	1.011.000	16,8%	83,2%
Sozialarbeiter/Sozialpädagogen	194.000	34,7%	65,3%
Heilpädagogen	19.000	16,1%	73,9%
Erzieher	425.000	6,8%	93,2%
Altenpfleger	241.000	13,3%	86,7%
Familienpfleger/Dorfhelfer	7.000	6,6%	93,4%
Heilerziehungspfleger	24.000	38,3%	61,7%
Kinderpfleger	36.000	4,9%	95,1%
Arbeits-, Berufsberater	16.000	55,3%	45,7%
Sonstige soziale Berufe	48.000	36,7%	63,3%

Auch die immer wieder vorgebrachte These vom klaren Vorherrschen von Männern in Leitungspositionen der Kinder- und Jugendhilfe findet in den verfügbaren empirischen Daten – jedenfalls in den eigenständigen Organisationen der Kinder- und Jugendhilfe unterhalb der politischen Entscheidungsebene kommunaler Verwaltungen – keine Bestätigung.

Personal im Arbeitsbereich Leitung, Geschäftsführung in der Kinder- und Jugendhilfe (Deutschland; 31.12.1998)

	Angaben in abs.			Angaben in %		
	Insges.	**Männl.**	**Weibl.**	**Insges.**	**Männl.**	**Weibl.**
Kinder- und Jugendhilfe insgesamt	27.169	5.344	21.825	100,0	19,7	80,3
dv. Kindertageseinrichtungen	19.414	927	18.487	100,0	4,8	95,2
dv. andere Einrichtungen der Kinder- und Jugendhilfe	7.755	4.417	3.338	100,0	57,0	43,0

Quelle: Statistisches Bundesamt: Fachserie 13, Reihe 6.3: Einrichtungen und tätige Personen in der Kinder- und Jugendhilfe 1998, Stuttgart 2000; zusammengestellt und berechnet von der Dortmunder Arbeitsstelle Kinder- und Jugendhilfestatistik

Allerdings sind Qualifikationsunterschiede nicht zu bestreiten. In der Kinder- und Jugendhilfe verfügen 24,2% der Männer, aber nur 6,5% der Frauen über einen akademischen Abschluss. Diese Differenz ist zu einem Großteil dadurch erklärbar, dass in dem Teilbereich mit dem größten Frauenanteil, der vorschulischen Erziehung, in Deutschland keine akademische Ausbildung vorausgesetzt wird – und dies im Unterschied zu allen anderen europäischen Ländern.

Eine strukturell entscheidende Maßnahme im Sinne des Gender Mainstreaming wäre deshalb die Anhebung des Qualifikationsniveaus im Bereich der vorschulischen Erziehung in Verbindung mit einer adäquaten Bezahlung der Fachkräfte.

Trotz aller Unterschiede der Geschlechterverteilung in den differenzierten Feldern der Kinder- und Jugendhilfe handelt es sich insgesamt um einen weiblich dominierten Teilarbeitsmarkt. Dies ist jedoch keineswegs ein Indiz für die Verwirklichung von Gleichheit zwischen den Geschlechtern, sondern vielmehr sowohl im Sinne des Gender Mainstreaming als auch unter fachlichen Gesichtspunkten problematisch:

- Die Berufe der Kinder- und Jugendhilfe sind immer wieder mit der Einschätzung konfrontiert, es handele sich bei ihnen nicht um eine fachlich qualifizierte Tätigkeit, die eine anspruchsvolle, wissenschaftlich fundierte Ausbildung voraussetzt, sondern tendenziell um die Verberuflichung „typisch weiblicher" Eigenschaften wie Empathie und Fürsorglichkeit. Frauen (und Männer) in der Kinder- und Jugendhilfe müssen deshalb die Anerkennung ihrer Fachlichkeit immer wieder einfordern und sich gegen die Zuschreibung wehren, keinen wirklich vollwertigen Beruf auszuüben.
- Die Kinder- und Jugendhilfe stellt einen nach wie vor expandierenden Arbeitsmarkt dar, auf dem im Vergleich zu Männerberufen mit vergleichbarem Qualifikationsniveau im Handwerk, der Industrie und den kommerziellen Dienstleistungen jedoch relativ geringe Einkommen erzielt werden. Die Aufstiegs- und Karrierechancen sind ungünstig und das gesellschaftliche Prestige der sozialen Berufe ist eher gering. Die Frauendominanz innerhalb der Kinder- und Jugendhilfe ist so betrachtet auch eine Folge der insgesamt eher ungünstigen gesellschaftlichen Positionen dieses gesellschaftlichen Teilbereichs. Das heißt, dass die Kinder- und Jugendhilfe nach wie vor ein weiblich dominierter Arbeitsbereich ist, lässt sich auch als Folge der Tatsache interpretieren, dass eine Anerkennung der Kinder- und Jugendhilfe als ein für die moderne Gesellschaft zentraler Teilbereich ebenso wenig durchgesetzt ist, wie eine Anhebung der dort erzielbaren Einkommen auf das Niveau der klassischen Männerberufe erfolgt ist. Frauenbenachteiligung reproduziert sich hier also immer noch durch die gesellschaftliche Positionierung der Kinder- und Jugendhilfe.
- In der Folge ist die Kinder- und Jugendhilfe als Arbeitsmarkt für Männer nur wenig attraktiv. Dies hat aber die fachlich hoch problematische Konsequenz, dass männliche Bezugspersonen in einigen Teilbereichen, insbesondere im Bereich der vorschulischen Erziehung und Bildung, nicht in ausreichender Zahl verfügbar sind und

Forderungen nach dem Ausbau einer geschlechtsbewussten Jungenpädagogik nicht nur an den Widerständen des männlichen Personals, sondern immer wieder auch schlicht am Fehlen männlicher Fachkräfte scheitern.

Ein wesentliches Element von Gender Mainstreaming im Bereich der Kinder- und Jugendhilfe müssen deshalb Strategien sein, die dazu geeignet sind, zur gesellschaftlichen Anerkennung der einschlägigen Berufe beizutragen. Da das soziale Prestige von Berufen eng an die in diesen erzielbaren Einkommen gekoppelt ist, kann auf die Forderung nach einer Anhebung der Bezahlung nicht verzichtet werden.

Gender Mainstreaming als Programm emanzipatorischer Sozialarbeit und Pädagogik

Übersetzt man die politische Strategie des Gender Mainstreaming in eine Programmatik für die Sozialarbeit und Sozialpädagogik, dann gewinnt damit die Idee einer emanzipatorischen Theorie und Praxis eine aktuelle und veränderte Bedeutung. Der Begriff Emanzipation lässt sich dann bestimmen als Befreiung von den Einschränkungen und Zwängen, denen Individuen in Folge ihrer Zuordnung zu einem Geschlecht unterliegen. Dabei ist nicht nur und ausschließlich an traditionelle Geschlechterstereotype zu denken, die ganz offenkundig nicht mehr zeitgemäß sind, sondern auch an solche Verhaltensmuster, Modelle, Männlichkeits- und Weiblichkeitsideale, die durchaus modern sind. Dass Frauen ein Recht auf eigenständige Erwerbsarbeit haben, das ist heute nicht prinzipiell mehr strittig. Dagegen ist die Erwartung, dass Mädchen und Frauen sich in ihrer körperlichen Erscheinung als für Jungen und Männer erotische attraktive Wesen zu inszenieren haben, nach wie vor hoch bedeutsam. Zwar hat der Militärsdienst als männliche Sozialisationsinstanz an Bedeutung verloren, immer noch aber wird das Leitbild des wehrhaften Mannes als zeitgemäßes Männlichkeitsideal massenmedial inszeniert und politisch instrumentalisiert. Die Aufgabe einer emanzipatorischen Gender-Pädagogik liegt darauf bezogen darin, Jungen und Mädchen Erfahrungsmöglichkeiten sowie Reflexionsmöglichkeiten zu eröffnen, durch die offene und subtile Varianten alter und neuer

Geschlechterstereotype ihre Alternativlosigkeit und Selbstverständlichkeit verlieren.

Die für Pädagogik und Sozialarbeit entscheidende Frage lautet also nicht, ob in geschlechtshomogenen Gruppen gearbeitet wird, sondern ob und wie durch geschlechtshomogene und geschlechtsheterogene Arrangements Möglichkeiten eröffnet werden, aus geschlechtsbezogenen Festlegungen auszubrechen.

Damit gewinnt auch das Prinzip der Parteilichkeit eine veränderte Bedeutung: Parteilichkeit bedeutet dann das Eintreten für das Recht von Jungen und Mädchen, sich selbstbestimmt zu geschlechtsbezogenen Vorgaben und Festlegungen zu verhalten.

Während die Notwendigkeit eigenständiger Angebote der Mädchenarbeit, insbesondere im Bereich der offenen Jugendarbeit und Jugendbildungsarbeit, inzwischen als fachlich unstrittig gelten kann, stoßen Versuche, eine entsprechende Jungenarbeit zu etablieren, immer noch auf erhebliche Widerstände. Dies ist der Fall, obwohl eine ganze Reihe so genannter Jugendprobleme, insbesondere Gewalt und Kriminalität, de facto überwiegend Jungenprobleme sind. Zudem stellt die Veränderung der gesellschaftlichen Geschlechterordnung zweifellos auch für Jungen eine Lernherausforderung dar und impliziert einen Bedarf an Bildungsangeboten, die männliche Jugendliche im Prozess der Klärung ihrer Geschlechtsidentität unterstützen. Jungenarbeit stellt deshalb ein unverzichtbares Element einer emanzipatorischen Gender-Pädagogik dar. Obwohl es inzwischen eine Reihe theoretischer und konzeptioneller Auseinandersetzungen zu den Erfordernissen einer zeitgemäßen Jungenarbeit gibt, steht eine explizite gesetzliche Verankerung von Jungenarbeit noch aus und ist die Verankerung entsprechender Angebote in den einschlägigen Ausbildungsgängen immer noch nicht selbstverständlich.

Bestandteil der Strategie des Gender Mainstreaming sollten deshalb auch solche Prozesse sein, die dazu beitragen, dass Geschlechterdifferenzierung als Querschnittsaufgabe der Kinder- und Jugendhilfe anerkannt wird und in der Folge Mädchen- und Jungenarbeit gesetzlich verankert und entsprechende Qualifizierungsmaßnahmen in den einschlägigen Ausbildungsgängen realisiert werden.[9]

Geschlechtsbewusste Professionalität

Eine für geschlechtsbezogene Festlegungen und Geschlechterunterschiede sensibilisierte Kinder- und Jugendhilfe ist auf Fachkräfte angewiesen, die dazu in der Lage sind, die Strukturen und Prozesse zu analysieren und offensiv zu thematisieren, durch die bestimmte Muster von Männlichkeit und Weiblichkeit

- durch organisatorische Festlegungen,
- durch die Binnenverhältnisse in Teams sowie
- durch geschlechtsdifferenzierte Angebote und Arbeitsweisen

  im Umgang mit den Adressatinnen und Adressaten

hergestellt und reproduziert werden.

Solche Analysen und Auseinandersetzungen müssen mit der Fähigkeit und Bereitschaft einhergehen, eingespielte Arbeitsweisen in Frage zu stellen und das eigene fachliche und persönliche Selbstverständnis zu überprüfen. Geschlechterunterschiede können dabei weder als prinzipiell irrelevant behauptet werden, noch ist es sinnvoll, von starren Annahmen über „das Männliche" und „das Weibliche" in der Kinder- und Jugendhilfe auszugehen. Es muss vielmehr darum gehen, genau zu beobachten und zu analysieren, welche geschlechtsbezogenen Komponenten das Selbstverständnis der Fachkräfte hat und wie sich die jeweiligen Adressatinnen und Adressaten – in Auseinandersetzung mit gesamtgesellschaftlichen Vorgaben, aber auch den Geschlechterordnungen in den Einrichtungen der Kinder- und Jugendhilfe selbst – als Mädchen und Jungen definieren.

Die Entwicklung einer Fachlichkeit, die diesen Anforderungen gerecht wird, setzt die Auseinandersetzung mit Theorien und Ergebnissen der Geschlechterforschung ebenso voraus wie Prozesse der Selbstreflexion. Diesbezüglich kann nicht einfach vorausgesetzt werden, dass die „Profis" in der Kinder- und Jugendhilfe über ausreichendes Vorwissen verfügen. Denn die Notwendigkeit einer gezielten Auseinandersetzung mit Geschlechterverhältnissen, männlichen und weiblichen Lebensentwürfen sowie der geschlechtsbezogenen Konnotationen sozialarbeiterischer und sozialpädagogischer Fachlichkeit, ist bislang in der Aus-, Fort- und Weiterbildung immer noch nicht durchgängig anerkannt. Wer die Auseinandersetzung mit entsprechenden Themen einfordert, stößt immer noch auf Abwehr und Unverständnis, insbesondere dann, wenn damit mehr gemeint ist als die Qualifizierung für spezialisierte Angebote der geschlechtsdifferenzierenden Mädchen- und Jungenarbeit. Die Durchsetzung eines Verständnisses von Professionalität, das die Bedeutung von Geschlechterunterschieden in allen Arbeitsbereichen und auf allen Ebenen der Praxis anerkennt, steht noch aus.

Anmerkungen

1 siehe dazu *Maurer* 2001
2 siehe *Scherr* 2002
3 *Horstkemper* 2001: 55
4 BMFSFJ, www.bmfsfj.de/swpklt/inhalt31.htmn
5 siehe dazu die Beiträge in: *Ginsheim/Meyer* 2001
6 siehe dazu *Conell* 1999; *Krauß* 2001
7 *Dux* 1992
8 siehe dazu *Bertram* 1998
9 siehe Rose/Scherr 2000

Literaturangaben

Bertram, Hans: Familie, Ökonomie und Fürsorge. In: Aus Politik und Zeitgeschichte, B 53/1998, S. 27–37

Connell, Robert W.: Der gemachte Mann. Konstruktion und Krise von Männlichkeiten. Opladen 1999

Dux, Günter: Die Spur der Macht im Verhältnis der Geschlechter. Frankfurt 1992

Ginsheim, Gabriele v. /Meyer, D. (Hg.): Gender Mainstreaming. Neue Perspektiven für die Jugendhilfe. Berlin (Stiftung SPI) 2001

Goffman, Erving: Interaktion und Geschlecht. Frankfurt/New York 1997

Horstkemper, Marianne: Gender Mainstreaming als Prinzip geschlechtsdifferenzierender Arbeit in der Jugendhilfe. In: Ginsheim/Meyer a.a.O, S. 41–56

Krauß, Andrea: Identität und Identitätspolitik bei Judith Butler. Berlin (Stiftung SPI) 2001

Maurer, Susanne (2001): Soziale Arbeit als Frauenberuf. In: *Otto, Hans-Uwe/Thiersch, Hans* (Hg.): Handbuch Sozialarbeit/Sozialpädagogik. Neuwied, S. 1598–1604

Rose, Lotte/Scherr, Albert (2000): Geschlechterdifferenzierung als Querschnittsaufgabe der Jugendhilfe. In: deutsche jugend 48, H. 2 , S. 65–74

Scherr, Albert: „Männer" als Adressatengruppe und Berufsgruppe in der Sozialen Arbeit. In: *Thole, Werner* (Hg.): Grundriss Soziale Arbeit. Opladen 2002, S. 379–386

Stiftung SPI (Hrsg.): Gender Mainstreaming – neue Perspektiven für die Jugendhilfe. Berlin 2001

Treibel, Annette: Geschlecht als soziale Konstruktion. In: *Diess.*, Einführung in soziologische Theorien der Gegenwart. Opladen 1993, S. 131–152

REGINA RAUW

Gender Mainstreaming in der Jugendarbeit – eine neue Strategie, aber kein neues Thema

Erwartungen an diesen Beitrag, konkrete Maßnahmen für die Mädchen- und Jungenarbeit zu erfahren, werden nicht erfüllt. Auch wird die Frage nicht beantwortet, wie in der pädagogischen Praxis Mädchen und Jungen darin begleitet werden können, ihren Selbstwert zu entwickeln, ohne sich dabei allzu sehr auf geschlechtliche Identitätskonzepte zu reduzieren. Es ist nicht so, dass dies nicht spannende Fragen wären, doch ihnen wird an anderer Stelle nachgegangen[1], denn hier geht es um Gender Mainstreaming, um nicht mehr und nicht weniger als eine politische Strategie.

Gender Mainstreaming ist nicht die Debatte um Konzepte der Mädchen- und Jungenarbeit, die Ergänzung von Mädchen- und Jungenarbeit in der geschlechtsbezogenen Pädagogik oder gar ein neues pädagogisches Konzept zur Überwindung geschlechtshomogener Angebote, sondern ein Verfahren zur Qualifizierung von politischen Entscheidungsprozessen durch die geschlechtsspezifische Perspektive und zur systematischen Einführung der Kategorie Geschlecht auf den verschiedenen Ebenen der Jugendarbeit (Organisation, Personal, Maßnahmen).

Gender Mainstreaming bedeutet nach der offiziellen Definition des Bundesministeriums für Familie, Senioren, Frauen und Jugend:

„Der Begriff Gender Mainstreaming bezeichnet den Prozess und die Vorgehensweise, die Geschlechterperspektive in die Gesamtpolitik aufzunehmen. Dies bedeutet, die Entwicklung, Organisation und Evaluierung von politischen Entscheidungsprozessen und Maßnahmen so zu betreiben, dass in jedem Politikbereich und auf allen Ebenen die Ausgangsbedingungen und Auswirkungen auf die Geschlechter berücksichtigt werden, um auf das Ziel einer tatsächlichen Gleichstellung von Frauen und Männern hinwirken zu können. Dieser Prozess soll Bestandteil des normalen Handlungsmusters aller Ressorts und Organisationen werden, die an politischen Entscheidungsprozessen beteiligt sind.“[2]

Bezogen auf die Jugendarbeit findet sich diese Richtlinie wieder in dem seit Januar 2001 geltenden Kinder- und Jugendplan des Bundes, der

Gender Mainstreaming als allgemeinen Grundsatz in den Richtlinien verpflichtend vorgibt: „Der Kinder- und Jugendplan soll (...) darauf hinwirken, dass die Gleichstellung von Mädchen und Jungen als durchgängiges Leitprinzip gefördert wird (Gender Mainstreaming).“[3]

Zur Umsetzung dieses Leitprinzips führt das Bundesministerium weiter aus:

„Gender Mainstreaming ist eine kinder- und jugendpolitische Strategie, die die Anliegen und Erfahrungen von Frauen und Mädchen ebenso wie die von Männern und Jungen in die Planung, Durchführung, Überwachung und Auswertung der Maßnahmen selbstverständlich einbezieht. Ausgehend davon soll sie tradierte patriarchale Wahrnehmungsmuster, Werthaltungen und Vorgehensweisen und in Folge vorherrschende Geschlechterrollen verändern helfen.“[4]

Die Handlungsebene von Gender Mainstreaming bezogen auf Kinder- und Jugendarbeit ist in erster Linie der Bereich der Kinder- und Jugendpolitik. Wo es um die Verteilung von Ressourcen und die Vergabe von Fördermitteln geht, soll Gender Mainstreaming zur Qualifizierung von Entscheidungsprozessen beitragen. Es handelt sich also hier nicht um ein pädagogisches Konzept, sondern um eine Handlungsanforderung an den politischen Bereich.

Das Ziel ist die Gleichstellung von Mädchen und Jungen (Frauen und Männern). Chancengleichheit und Gleichberechtigung können hier fast synonym als Zielbestimmung angesehen werden. Gender Mainstreaming soll dazu beitragen, die ungleichen gesellschaftlichen Bedingungen, die Mädchen und Jungen vorfinden, anzugleichen und damit Benachteiligungen aufgrund des Geschlechts abzubauen. Die Jugendhilfe muss folglich überprüfen, inwieweit ihre Ressourcen gleichermaßen für Mädchen und Jungen zur Verfügung stehen bzw. den Bedürfnissen von Mädchen und Jungen gerecht werden. Darüber hinaus hat sie kompensatorische Funktionen in Bezug auf gesellschaftliche Benachteiligungen zu übernehmen.

Den Ausgangspunkt von Gender Mainstreaming bildet eine Analyse patriarchaler gesellschaftlicher Strukturen, die Ungleichbehandlungen aufgrund des Geschlechts sowie fixierte Rollenvorgaben hervorbringen. Gleichzeitig erkennt das Konzept des Gender Mainstreaming an, dass es geschlechtlich differenzierte Bedingungen, Anliegen und Erfahrungen von und für Mädchen und Jungen geben könnte. Diese zu berücksichtigen stellt für das Ziel der Gleichstellung den zentralen Angelpunkt dar.

Der Inhalt der Strategie besteht in der Perspektive auf die Strukturkategorie Geschlecht, die in jeglichen politischen Entscheidungsprozessen zu berücksichtigen ist. Die Kinder- und Jugendarbeit soll also eine qualitative Veränderung erfahren, indem der geschlechtsneutrale Blick auf die Beteiligten aufgehoben wird und die Relevanz der Geschlechterkonstrukte und den damit einhergehenden Hierarchien einbezogen und verankert wird.

Qualitative Veränderungen durch Gender Mainstreaming

Die Aufforderung zum Gender Mainstreaming bringt derzeit eine Menge Unruhe in die Landschaft der Jugendarbeit. Immer mehr Tagungen, Kommissionen und Leitungsgremien beschäftigen sich mit der Frage nach dem Gehalt von Gender Mainstreaming und danach, welche Konsequenzen diese Strategie für ihre Arbeit hat.

Dabei sind nicht alle Beteiligten sofort von den Gewinnseiten des Gender Mainstreaming überzeugt. Dieses geschlechterpolitische Reformvorhaben stößt durchaus auf geteiltes Echo: Die einen sind misstrauisch und befürchten darin einen geschickten Schachzug, um die feministische Mädchenarbeit endlich los zu werden. Andere greifen die Strategie pflichtbewusst auf weil sie meinen, nun wirklich nicht mehr um die Geschlechterfrage herum zu kommen. Wieder andere erhoffen sich nun endlich eine Gewinn bringende Diskussion um Geschlechtergerechtigkeit in der Jugendarbeit, und letztlich fragen sich eine ganze Menge Jugendarbeiterinnen und Jugendarbeiter, was sie in ihrer Praxis jetzt anders machen sollen.

Obwohl verschiedene an Erziehung und Bildung beteiligte Institutionen sich schon seit mehr als 20 Jahren mit der Geschlechterfrage beschäftigen, kommt durch Gender Mainstreaming Bewegung in das so zäh gewordene Feld der emanzipatorischen Bemühungen um die Chancengleichheit in der Jugendarbeit. Erstaunlicherweise beginnen manche Gremien, sich mit Gender Mainstreaming zu beschäftigen, als wäre die Notwendigkeit der Thematisierung der Geschlechterfrage in der Jugendarbeit zum ersten Mal zu ihnen durchgedrungen.

Dabei haben Teilbereiche der außerschulischen Bildungsarbeit und der offenen Jugendarbeit nahezu eine Vorreiterposition in der Frage eingenommen, wie die verschiedenen Sozialisationsinstanzen das Ziel der Chancengleichheit durch ihre Arbeit realisieren könnten.

Der Lange Weg durch die Institutionen

Schon der sechste Jugendbericht der Bundesregierung zur „Verbesserung der Chancengleichheit von Mädchen in der BRD" hat mit seiner These „Jugendarbeit ist Jungenarbeit" 1984 deutlich darauf aufmerksam gemacht, dass der geschlechtsneutrale Anspruch von Erziehung sich in der Praxis nicht zu Gunsten gleicher Chancen für Mädchen und Jungen umsetzt. Stattdessen wurde festgestellt, dass sich die Angebote der Jugendarbeit eher an den Interessen, Lebenswelten und Problemen männlicher Jugendlicher ausrichten, allerdings ohne dass die Konstruktion „Männlichkeit" dabei thematisiert wurde. Schon hier wurde deutlich, dass die Jugendhilfe das Grundrecht auf Gleichberechtigung nicht einlöst.

Die bereits seit Mitte der 70er Jahre sich entwickelnde feministische und parteiliche Mädchenarbeit erhielt durch diesen Bericht einen deutlichen Aufwind, wurde doch die Notwendigkeit mädchenspezifischer Angebote nun um so dringlicher erkennbar, nachdem die bisherige Vernachlässigung geschlechtsdifferenzierender Betrachtungsweisen und Problemanalysen erkannt und wissenschaftlich – zumindest auf Mädchen bezogen – aufgeholt wurde.

Gerade aus den Reihen der Mädchenpädagoginnen wurde versucht, auf die Jugendhilfe Einfluss zu nehmen, indem eine mädchengerechte Jugendhilfeplanung eingefordert wurde.[5]

Feministische Mädchenarbeit hatte über die Gestaltung pädagogischer Angebote hinaus eine mädchenpolitische Funktion eingenommen, weil sie sich in konflikthafte Auseinandersetzungen mit der Jugendhilfe und den Strukturen der Jugendarbeit hineinbegeben hat, um die Jugendhilfe im Sinne der Geschlechtergerechtigkeit zu Veränderungen herauszufordern. In diesem Kontext sind in vielen Kommunen und Institutionen Leitlinien für die Förderung von Mädchen entstanden, die bis heute an dem Scheitelpunkt stehen, ob sie als Qualitätskriterien für die Jugendarbeit als Ganzes anerkannt werden oder lediglich auf ein sektoral begrenztes Feld pädagogischer Angebote reduziert werden.

Immer lauter wurde gegen Ende der 80er Jahre auch der Ruf nach qualifizierter Jungenarbeit und damit insbesondere nach Männern, die sich in der pädagogischen Arbeit mit den spezifischen Interessenslagen und Problemen der Jungen auseinander setzen. Kaum eine Stellungnahme zur Mädchenarbeit endete nicht mit einer Feststellung des Mangels an Jungenarbeit. Jungenarbeit sollte auf einer Grundlage der Analyse geschlechtshierarchischer Strukturen die aus der Mädchen- und Frauenperspektive aufgedeckten Missstände durch eine Ergänzung auf „männlicher Seite" angehen.

Erste Ansätze von antisexistischer Jungenarbeit sind in dieser Zeit entstanden – häufig, aber glücklicherweise nicht nur als Reaktion auf die Forderung von Mädchenarbeiterinnen[6], ebenso wie sich mancherorts koedukative Verbände oder Einrichtungen auf den Weg machten, die geschlechtsneutrale Normalität in der Jugendarbeit außer Kraft zu setzen und ihre Arbeit geschlechtsbezogen zu qualifizieren.[7]

Die Thematisierung der Geschlechterfrage als Querschnittsaufgabe für die Jugendhilfe wurde eingefordert und dabei immer deutlicher auch auf die ungleiche Machtverteilung in den jugendpolitischen Entscheidungsgremien hingewiesen. Da Frauen in der Regel die pädagogische Arbeit machten, während Männer in den Leitungsgremien die politischen Linien festlegten, erklärt sich strukturell immanent, warum die fachlich weit fortgeschrittene pädagogische Debatte nur punktuell zu einer Etablierung geschlechtsdifferenzierender Ansätze und Sichtweisen auf den politischen Ebenen der Jugendhilfe geführt hat: Es ging immer auch um die Machtfrage und die Thematisierung der Geschlechterhierarchie.

Doch ein weiterer Meilenstein in der Verankerung einer geschlechtsspezifischen Sichtweise stellt das 1990/91 in Kraft getretene Kinder- und Jugendhilfegesetz dar. Hier wird die Jugendhilfe dazu aufgefordert, „die unterschiedlichen Lebenslagen von Mädchen und Jungen zu berücksichtigen, Benachteiligungen abzubauen und die Gleichberechtigung von Mädchen und Jungen zu fördern" (KJHG § 9 Abs. 3).

Hiermit wurde schon vor mehr als zehn Jahren auf den Bereich der Jugendhilfe genau das ausgesagt, was heute durch Gender Mainstreaming als Prinzip für alle Politikbereiche eingeführt wird:

- Beide Geschlechter werden einbezogen. Die Geschlechterfrage darf nicht auf die Mädchenarbeit reduziert werden. Geschlecht als soziale Kategorie wirkt auf allen sozialen und politischen Ebenen und muss als Struktur erkannt werden.

- Jugendhilfe muss auch in Bezug auf die Geschlechterfrage ihrem doppelten Auftrag entsprechen, zum einen zur Kompensation von Benachteiligung beizutragen, zum anderen aktiv an der Herstellung von Gleichberechtigung mitzuwirken.
- Alle Leistungsbereiche des KJHG stehen in ihrer geschlechtsbezogenen Relevanz auf dem Prüfstein und müssen Konsequenzen für alle Maßnahmen und Projekte ableiten.

Ist denn damit Gender Mainstreaming als Strategie für die Jugendhilfe nicht überflüssig? Wenn selbst die rechtlichen Grundlagen im KJHG schon so lange existieren, worin können dann noch neue Impulse durch Gender Mainstreaming liegen? Wenn es eine so ausdifferenzierte Landschaft der Mädchenarbeit gibt und die Jungenarbeit auch allmählich immer weiter verbreitet wird, beteiligt sich damit die Jugendhilfe nicht genug an der Herstellung von Chancengleichheit? Warum entsteht dann eine solche Unruhe in der Jugendarbeit, wo doch die Geschlechterfrage in der Jugendarbeit schon lange Fuß gefasst hat?

Beunruhigend: die strukturelle Bedeutung

Die Begründung liegt darin, dass die Kategorie Geschlecht bislang immer noch nicht zu einer grundgelegten Handlungsmaxime in der Jugendhilfe geworden ist. *Die politisch und fördertechnisch relevanten Entscheidungsträgerinnen und -träger erkennen nach wie vor die Geschlechterfrage nicht in ihrer strukturellen Bedeutung im Querschnitt von Planungen an.* Die Geschlechterthematik wird als mädchenspezifische Spezialaufgabe behandelt, und das Einbringen geschlechtsbezogener Aspekte bleibt den wenigen Fachfrauen überlassen, die in der Jugendpolitik aktiv sind.

Im Spektrum der Jugendhilfe haben sich im letzten Jahrzehnt ungemein viele und vielfältige Konzepte entwickelt, die sich auf dem Hintergrund geschlechtsspezifischer Sozialisation und geschlechtlicher Bedingungsfaktoren gezielt an Mädchen oder Jungen richten. Eine große Differenzierung der Angebote trägt den sich wandelnden Lebensrealitäten der Mädchen und Jungen Rechnung, so dass sich auch innerhalb der Mädchen- und Jungenarbeit entsprechend der Vervielfältigung von Identitätsmustern ein großes Spektrum herausgebildet hat.

Doch will die Jugendhilfe wirklich zur Gleichberechtigung von Mädchen und Jungen beitragen, so muss sie auch die Strukturen, die Leistungsbereiche, die Machtverteilung und die Organisationsformen unter geschlechtsspezifischen Kriterien überprüfen. Und genau hier besteht nach wie vor der größte Widerstand, der mit der Strategie des Gender Mainstreaming angegangen werden kann und muss.

Welche qualitative Veränderung bringt also Gender Mainstreaming mit sich, die zu recht die jugendpolitische Landschaft in Unruhe versetzt?

Ein Top-Down-Verfahren

Gender Mainstreaming ist eine Strategie, die „von oben nach unten“ arbeitet. Sie ist Teil staatlicher Politik und wird durch juristische und administrative Verfahren „von oben“ durchgesetzt. Damit stellt sie ein anderes Instrument dar als die bisherigen Bemühungen von Fachkreisen und Zusammenschlüssen in der pädagogischen Arbeit/Mädchenarbeit, die ihre Anliegen „von unten nach oben“ in die Jugendhilfe eingebracht haben (Bottum-Up), ohne dabei auf machtpolitische Instrumente zurückgreifen zu können. Sie steht aber nicht im Widerspruch zu den bisher formulierten Anliegen und Interessen, sondern unterstützt diese aus einer anderen Richtung.

Im Unterschied zu den Ausführungen des KJHG §9 Abs. 3, welche ja im Prinzip auch schon qua Gesetz die Berücksichtigung geschlechtsspezifischer Aspekte verordnet, werden mit Gender Mainstreaming-Verfahren zur Etablierung und Kontrolle entwickelt.[8] Der politische Druck wird also deutlich erhöht, wenn die Umsetzung gleichstellungspolitischer Maßnahmen einem Controllingverfahren unterliegt und in Zukunft die Realisierung von Gender Mainstreaming an die Vergabe von Fördermitteln gebunden sein wird. Und spätestens an diesem Punkt können jugendpolitische Instanzen diese Strategie in aller Regel nicht mehr länger ignorieren.

Aber hier liegt auch einer der schwierigsten Eckpunkte bzw. Grenzen von Gender Mainstreaming. Die Erkenntnis der patriarchalen Strukturen, die sich auch in der Jugendhilfe fortsetzen sowie die Notwendigkeit einer aktiven Gleichstellungspolitik und einer geschlechtsspezifischen Sichtweise werden „von oben“ verordnet. In der Regel stößt diese Erkenntnis nicht auf die entsprechende Haltung und Einsicht bei denen, die sie nun umzusetzen haben. Die Gefahr liegt dann in einem „so-tun-als-ob", um dem administrativen Druck standhalten zu können. Antragslyrik, „unsere Jugendarbeit ist schon immer geschlechtsbewusst" oder vorschnelles Transportieren der „Beweispflicht" auf die nächstuntere Ebene können dann die Auswirkungen sein.

Die Qualifizierung der Entscheidungsträgerinnen und -träger ist hier ein zentraler Faktor, damit Gender Mainstreaming wirklich den gewünschten Nutzen bringt und nicht als Worthülse in Bälde im Sande verläuft. Gender-Kompetenz ist die professionelle Kompetenz auf der Ebene der beteiligten Gestalterinnen und Gestalter, damit Gender Mainstreaming auf struktureller Ebene umgesetzt werden kann. „Gender-Kompetenz meint zum einen die Entwicklung einer geschlechterpolitischen Grundhaltung, basierend auf der Aneignung von Wissen über die komplexen Strukturen von Geschlechterverhältnissen und deren kultureller Konstruktion als NORMalität und der Reflexion von Erfahrungen über das Entstehen von Geschlechterdifferenzen."[9]

Entschleierung der Geschlechterhierarchie

Das gesellschaftliche Klima bezogen auf die Geschlechterfrage ist derzeit durch die Auffassung charakterisiert, dass sich die Lebenswelten von Mädchen/Frauen und Jungen/Männern weitgehend angeglichen haben und damit die Chancengleichheit zwischen den Geschlechtern hergestellt sei. Aus dem Anspruch zur Gleichberechtigung hat sich ein Ungleichheitstabu entwickelt, nachdem das bloße Benennen von geschlechtsspezifischen Benachteiligungen von Mädchen oder Frauen schon zur exotischen Seltenheit geworden ist. Die Pluralisierung von Lebenswelten scheint eine Debatte um die strukturellen Faktoren der Geschlechterhierarchie zunehmend zu verunmöglichen. Mit dem Verweis auf individuelle Lösungsmöglichkeiten werden Geschlechterkonflikte und -hierarchien in doppelter Weise verschleiert: zum einen wirkt immer noch die Verdeckung durch eine Normalität, die sich an den männlichen zugeordneten Prinzipien ausrichtet, ohne diese als solche zu benennen. Zum anderen wird die Konfliktbewältigung in die subjektive Zuständigkeit verschoben und dort für individuell aushandelbar erklärt, womit auch Erfolg oder Misserfolg ohne Bezug auf Strukturen persönlich angelastet werden.[10]

Dieses Klima spiegelt sich selbstverständlich auch in der Jugendhilfe wider. Hier gibt es nicht wenige, die behaupten, die Geschlechterfrage sei ein etabliertes Thema. Für manche ist die Mädchenarbeit längst überflüssig geworden, da sich die gesellschaftlichen Ausgangslagen verschoben hätten. Auch eine Umkehrung der Verhältnisse, nach der die Jungen mittlerweile die eigentlich benachteiligte Gruppe darstellen, wird als Argument zur Verdeckung angebracht. Feststellbar ist die Tendenz, dass auch in der Thematisierung der Geschlechterfrage Hierarchie, Macht und strukturelle Gewalt immer weniger kommuniziert werden. Diese Nicht-Benennung erwächst möglicherweise aus dem Überdruss, dass die Geschlechterfrage in Bezug auf die Bewertungshierarchie immer noch nicht wesentlich weiter gekommen ist. Wahrscheinlicher aber ist, dass die Wahrnehmung sich aufgrund der Gleichberechtigungsideologie verschoben hat und die kleinen Fortschritte in der Geschlechterfrage fast als Umkehrung der Verhältnisse interpretiert werden.

Gender Mainstreaming wird in diesem Kontext brisant, weil es durch die Benennung des Ziels Gleichstellung zu einer Entschleierung der Geschlechterhierarchie herausfordert. Dass die Aufdeckung patriarchaler Strukturen „von ganz oben" (von der EU und der Bundesregierung) verordnet wird, bedeutet tatsächlich eine große Veränderung in der Betrachtungsweise geschlechterpolitischer Bemühungen. Diese können nun nicht mehr der persönlichen Ambition und subjektiven Betroffenheit oder Sichtweise einzelner Personen (meist Frauen) zugesprochen und damit abgewertet werden. Stattdessen müssen gesellschaftliche und institutionelle Verhältnisse durch objektivierbare Verfahren auf das jeweilige Handlungsfeld bezogen erforscht werden. Eine Versachlichung der Diskussion kann diesbezüglich durch Gender Mainstreaming entstehen, wenn es zugleich weniger um Schuldzuschreibungen als um die gemeinsame Übernahme von Verantwortung für die Realisierung von Chancengleichheit geht.

Den gesellschaftlichen Verdeckungsmechanismen entgegnet Gender Mainstreaming also mit der unumgehbaren Notwendigkeit einer genauen Analyse des jeweils betroffenen Ressorts unter geschlechtsbezogenen Kriterien. Hier gilt es, die Repräsentanz von Mädchen/Frauen und Jungen/Männern sowie die Verteilung von Ressourcen genau zu überprüfen. Von zentraler Bedeutung ist bei jeder Analyse die Frage nach den Ursachen der geschlechtsspezifisch sich unterscheidenden Repräsentanzen und Ressourcen.[11]

Gender Mainstreaming und die Mädchenarbeit

Mädchenarbeit erfährt durch Gender Mainstreaming einen fördernden Rückenwind, denn viele Impulse, die gerade aus der Mädchenarbeit heraus für die Qualifizierung der Jugendarbeit durch eine geschlechtsspezifische Sichtweise formuliert wurden, werden auch in diesem neuen Prozess aufgegriffen. Schließlich waren es ja auch einige feministische Politikerinnen, deren Atem lange genug gereicht hat, um über die Weltfrauenkonferenz und andere Gremien Gender Mainstreaming auf der Ebene der EU entscheidungsfähig einzubringen. Dies wird leider allzu schnell vergessen, wenn sich gerade in administrativen Verfahren diese Strategie von Männern angeeignet wird. Doch ein Blick in die Historie macht den Erfolg einiger Frauen sichtbar, denen es gelungen ist, dass durch den langjährigen Prozess des „buttom-up" endlich auch etwas ganz oben angekommen ist, quasi die Spitze erreicht hat, und jetzt wieder nach unten „top-down" durchdringt.

Die Probleme und Anliegen von Mädchen in der Jugendhilfe zu berücksichtigen, ist nun kein Extrathema mehr, sondern wird zum integralen Bestandteil von Jugendarbeit und Jugendhilfeplanung. Damit können die Mädchen nicht mehr auf den Status der Sondergruppe reduziert werden, die mit ihren „besonderen" Bedürfnissen zusätzlich zur Jugendarbeit berücksichtigt werden müssen. Die Jugendhilfe in ihrer Organisiertheit und mit ihren Maßnahmen muss sich daran prüfen lassen, ob sie bedarfsgerecht arbeitet – und das heißt selbstverständlich, ob sie den Mädchen die Ressourcen zukommen lässt, die sie brauchen und die ihnen nach dem Gleichheitsprinzip zustehen.

Vorsicht ist also hier geboten, wenn Gender Mainstreaming als Argument für die Abschaffung von Mädchenarbeit genutzt werden sollte. Mädchenarbeit hingegen stellt einen qualifizierten Beitrag für die Verbesserung von Jugendhilfe unter geschlechtsspezifischen Kriterien dar. Gender Mainstreaming wird missbräuchlich genutzt, wenn damit alle bisherigen Maßnahmen zur Förderung von Chancengleichheit abgelöst werden sollen. Hier muss als Beurteilungskriterium immer wieder das Ziel der Geschlechtergerechtigkeit eingebracht werden, ebenso die Analyse einer herrschenden Gesellschaftsstruktur, die durch eine hierarchische Kultur der Zweigeschlechtlichkeit gekennzeichnet ist.

„Immer, wenn Gender Mainstreaming als absolut neueste und effektivste Strategie dazu gebraucht wird, so genannte alte Strategien zu entfernen, liegt der Verdacht nahe, dass hier ein Machtkampf zwischen den Geschlechtern ausgetragen wird."[12]

Gender Mainstreaming bedeutet aber auch eine Aufforderung an die Fachfrauen aus der Mädchenarbeit. Sie werden (endlich) gefragt sein, ihre Kompetenzen bezüglich der Geschlechterfrage in die Gremien und Strukturen der Jugendhilfe einzubringen. Dies bedeutet auch, sich ernsthaft mit Männern – sofern diese es auch ernsthaft wollen – auseinander zu setzen, um gemeinsam das Feld der Jugendarbeit zu bestellen. Es kann und muss auch heißen, an Entscheidungsgremien zu partizipieren und sich an Leitungsaufgaben zu beteiligen. Wenn dem selbstgesetzten Ziel der geschlechterpolitischen Durchdringung der Jugendhilfe durch Gender Mainstreaming einen Schritt näher zu kommen ist, dann bedeutet das umso mehr, dass Mädchenarbeit nicht mehr eine Frage der individuellen Präferenzen einer Pädagogin ist. Damit wächst aber auch die Verantwortung an der Gestaltung von Jugendhilfe durch Frauen aus der Mädchenarbeit.

Gender Mainstreaming und die Jungenarbeit

Da Gender Mainstreaming dazu beiträgt, die „Frauenfrage" auf die Geschlechterfrage auszudehnen, bedeutet dies für die Jugendarbeit, dass alle Jugendlichen in Bezug auf ihre geschlechtliche Identität, Geschlechterkonstrukte und vergeschlechtlichen Sozialisationsbedingungen hin in den Blick zu nehmen sind. Damit sind quasi zwangsläufig oder selbstverständlich auch die Jungen gemeint. Gender Mainstreaming fordert also geradezu zur Jungenarbeit heraus bzw. bedeutet eine eindeutige Forcierung auch der Jungenarbeit.

Im Vergleich mit Mädchenarbeit hat die Jungenarbeit erst eine sehr kurze Tradition. Vielerorts fehlen nach wie vor Fachmänner, die sich geschlechtsspezifisch mit den Lebenslagen und Bedürfnissen von Jungen (und damit auch mit ihren eigenen als Mann) auseinander setzen wollen. Doch der Bedarf an Jungenarbeit ist aus unterschiedlichen Gründen sehr groß: Oft genug verlautet der Ruf nach Jungenarbeit aus der Not heraus, was mit den Jungen geschehen soll, während die Mädchen ein geschlechtshomogenes Angebot wahrnehmen. Andere sehen bei den

Jungen ein größeres Aggressions- und Gewaltpotential und wollen mit Jungenarbeit den Erwerb sozialer Kompetenzen verbinden.

Jungenarbeit boomt jedenfalls, auch wenn die Nachfrage – von Seiten des „Erziehungspersonals“ – wesentlich größer ist als das Angebot, so entwickeln sich mehr und mehr Projekte der Jungenarbeit und geschlechtsspezifische Angebote für Jungen.

Diese steile Karriere der Jungenarbeit wird aus Perspektive der Mädchenarbeit zum Teil auch kritisch betrachtet. Haben Mädchenarbeiterinnen doch jahrzehntelang für die Absicherung ihrer Arbeit, für die finanzielle Förderung mädchenspezifischer Angebote und die fachliche Anerkennung gekämpft, so haben die Jungenarbeiter es diesbezüglich sehr viel leichter.

Mädchenarbeit und Jungenarbeit müssen hier als sinnvolle Ergänzungen angesehen werden. Doch wenn Förderpositionen für Mädchenarbeit zugunsten von Jungenarbeit reduziert werden, ist Kritik hieran sicherlich anzubringen, denn allzu schnell etabliert sich auch in diesem Feld wieder das hierarchische Geschlechterverhältnis, in dem Jungenarbeit plötzlich wieder als das bessere, innovativere und vor allem besser bezahlte Konzept angesehen wird.

Gender Mainstreaming ist also auch in Bezug auf Jungenarbeit in zweifacher Hinsicht eine wichtige Strategie:

Zum einen stellt sie die Verteilung von Ressourcen und die gesellschaftlichen Bedingungen in einen Zusammenhang. Auch die Ressourcenverteilung zwischen Mädchen- und Jungenarbeit gilt es im Blick zu halten, damit nicht wieder gerade in Anbetracht der Verschleierung der Geschlechterhierarchie Mädchen das Nachsehen haben.

Doch heißt Gender Mainstreaming nicht, dass bei jeder Maßnahme alles in gleichem Maße für Mädchen wie für Jungen gelten muss, oder gar Maßnahmen der Mädchenarbeit nicht weiter gefördert werden können, bis die Jungenarbeit „aufgeholt“ hat. Jugendarbeit ist hier eben auch in ihrer kompensatorischen Funktion gefragt, gesellschaftlichen Ungleichbewertungen etwas entgegen zu setzen.

Zum anderen fordert Gender Mainstreaming dazu auf, sich im Sinne der Geschlechtergerechtigkeit mit Stereotypen und Hierarchien zu befassen.

Damit ist auch für die Jungenarbeit ein Qualitätskriterium benannt, wodurch sich die Arbeit mit Jungen traditioneller Prägung (unter Beibehaltung männlicher Normierungen) von der Jungenarbeit abgrenzt, die auf Seiten der Jungen und Männer ihren Beitrag zur Bewusstwerdung und Überwindung von Binaritäten, männlichen Normen und Dominanzen leistet. [13]

Jungenarbeit braucht Männer: Gender Mainstreaming bezieht Männer bewusst mit ein bzw. lädt sie dazu ein, auch für sich einen Gewinn in der Beschäftigung mit Geschlechterfrage zu erkennen. Dieser kann z.B. darin liegen, einen echten gelebten Kontakt zu Jungen (in der Jungenarbeit) oder zu Kindern (z.B. als aktives Elternteil) zu entwickeln. Auch die Achtung und Wahrung der eigenen Gesundheit oder neue Begegnungen unter Männern jenseits von Konkurrenzbeziehungen können durch den Prozess des Gender Mainstreaming angestoßen werden, wenn dieser mit dem Kompetenzgewinn einhergeht, diese Bereiche neu und positiv zu bewerten.

Jugendarbeit: Arbeit von Frauen und Männern mit Jungen und Mädchen

Gender Mainstreaming in den Maßnahmen der Jugendarbeit auf Mädchen- und Jungenarbeit (im Sinne geschlechtshomogener Angebote) zu reduzieren, wäre reichlich verkürzt. Mädchen- und Jungenarbeit sind auch nicht die entscheidend neue Qualität des Gender Mainstreaming. Ob sich die Jugendarbeit in geschlechtshomogenen oder in koedukativen Settings abspielt, darauf gibt die Strategie des Gender Mainstreaming keine Antwort. Oder positiver formuliert: Es kommt darauf an.

Wichtig und erst rudimentär umgesetzt, geschweige denn strukturell verankert, ist die Berücksichtigung der Geschlechterperspektive in koedukativen Maßnahmen bzw. in Projekten, die sich bisher allgemein an Jugendliche richteten. Dabei handelt es sich um den überwiegenden Teil der Jugendarbeit.

Gender Mainstreaming bedeutet hier die Integration der Geschlechterperspektive bei der Planung, Durchführung und Reflexion von Projekten, Maßnahmen und vor allem in der alltäglichen Realität der Jugendarbeit. Dies kann nur über das Personal, d.h. die Frauen und Männer in der Jugendarbeit, umgesetzt werden, die wiederum über eine entsprechende Gender-Kompetenz bezogen auf die pädagogische Arbeit verfügen müssen.

Gender-Kompetenz für die qualifizierte Verankerung der Geschlechterperspektive bedeutet:

- Die Berücksichtigung geschlechtsspezifischer Sozialisationsbedingungen von Mädchen und Jungen.
- Die Überwindung dualer Geschlechtskonstruktionen, die in vermeintlicher Abhängigkeit oder Symmetrie zueinander existieren.
- Die Reflexion von geschlechtlichen Zuschreibungen und die Bereitschaft, sich davon zu lösen.
- Die Wahrnehmung von Differenzen auch zwischen Personen gleichen Geschlechts.
- Die Offenheit für die Selbstdefinitionen der Mädchen und Jungen abseits eigener Projektionen.
- Die Sensibilität für geschlechtshierarchische Bewertungen.
- Eine parteiliche Haltung für das eigene Geschlecht.
- Der reflektierte Einbezug der Interaktionsebene zwischen Mann und Mädchen und zwischen Frau und Jungen.
- Die Reflexion über Gruppenzusammensetzungen und –dynamiken unter Einbezug der Geschlechterfrage.
- Die Auseinandersetzung mit der eigenen geschlechtlichen Identität und dem „Geworden-Sein".
- Die Bereitschaft zu Auseinandersetzungen in gemischtgeschlechtlichen Arbeitszusammenhängen.

Gender und Gender

Geschlechtsbezogene pädagogische Konzeptionen setzen sich derzeit zunehmend mit Aspekten aus der sozial-konstruktivistischen Genderforschung auseinander. Von theoretischen Standpunkten aus wird geschlechtsbezogene Praxis hinterfragt, inwieweit sie durch die Berücksichtigung der Kategorie Geschlecht zu einer Verfestigung dieser Konstruktion beiträgt. Auch in dieser Debatte geht es um „Gender", die in sozialen Prozessen hergestellte Strukturkategorie.

Doch gibt es keinen gemeinsamen Begriff „Gender", der Gender Mainstreaming und die Gender-Debatte verbinden würde. Die sprachliche Parallelität bedeutet keine inhaltliche Übereinstimmung oder Verbindung dieser beiden Diskussionen.[14]

Die Ansatzpunkte dieser Diskurse sind hingegen gänzlich verschieden und wichtig zu unterscheiden.

Die Gender-Debatte stellt die Geschlechterdifferenz und –dualität grundsätzlich in Frage, da sie sie als ein Produkt von sozialen Konstruktions- und Zuschreibungsprozessen analysiert. Geschlecht entsteht entsprechend der Forschung zur interaktiven Konstruktion dadurch, dass Menschen ihr Geschlecht „tun" (doing gender). Die Geschlechterdifferenzen liegen also nicht im Individuum begründet, sondern werden durch Interaktionen, Diskurse und Institutionen hervorgebracht. Auch die „Kultur der Zweigeschlechtlichkeit" wird als soziales Phänomen erst hergestellt, sie ist nicht per se – auch nicht durch eine vermeintlich biologische Eindeutigkeit – vorhanden. Die Utopie wäre demzufolge eine Gesellschaft, die ohne eine Zweiteilung anhand einer sozial konstruierten Demarkationslinie „Gender" auskommt.

Gender Mainstreaming bezieht sich inhaltlich nicht auf diesen Diskurs, was zum Teil für erhebliche Verwirrungen sorgt. Beabsichtigt der Gender-Diskurs, die Kategorie Geschlecht als solches zu hinterfragen und in ihrer Relevanz aufzulösen, so geht Gender Mainstreaming von der Wirklichkeitsrelevanz der Geschlechterdualität aus. Als politische Strategie, die die Verteilung gesellschaftlicher Chancen im Visier hat, orientiert sich Gender Mainstreaming an der Alltagsrelevanz der Geschlechterkonzepte. Auf der Handlungsebene des politischen Geschehens gibt es auch keine andere Möglichkeit, als die als real erlebten Chancen und Hindernisse, Ressourcen und Potentiale zum Ausgangspunkt zu machen.

Eine Bereicherung und Ergänzung dieser beiden Debatten liegt darin, den Blick im Wesentlichen auf die gesellschaftlichen Verhältnisse und Interaktionen zu lenken, anstatt auf mögliche Unterschiede zwischen Männern und Frauen bzw. Jungen und Mädchen. Ungleichheit in den Partizipationschancen und im Einnehmen gesellschaftlicher Machtpositionen ist damit auch eine Frage von Zuschreibungen, Bedingungen und Bewertungen. Diese kulturellen und sozialen Produkte bergen die Chance auf Veränderung in sich. In diesem Sinne ist Chancengleichheit neue Verteilung von Macht und Ressourcen und schafft Zugänge zwischen den Geschlechtern. Es geht darum, dass wir es (endlich) tun.

Anmerkungen

1 *Rauw/Jantz*: 2001:17ff.
2 Quelle: http://www.bmfsfj.de/swpkt./inhalt31.htm
3 Gemeinsames Ministerialblatt I.1 Absatz 2c vom 10. Januar 2001, S.18f
4 Brief des Bundesministeriums für Familie, Senioren, Frauen und Jugend, Abteilung Kinder und Jugend vom 04.02.2002 an die aus Mitteln des Kinder- und Jugendplans des Bundes geförderten Träger.
5 *Wallner*. 1999:74ff.
6 Dokumentation des Modellprojektes der Heimvolkshochschule „Alte Molkerei Frille": Parteiliche Mädchenarbeit und antisexistische Jungenarbeit, Frille 1988
7 Als Beispiel sei hier der Bundesverband der Katholischen Jungen Gemeinde (KJG) genannt, in dem in einem dreijährigen Prozess Frauen und Männer eine Konzeptentwicklung „feministische und antisexistische Arbeit in der KJG" durchführten. Veröffentlicht in der Broschüre „Wir sprengen den Rahmen", durch die KJG-Bundesleitung 1993 herausgegeben.
8 *Liebe*: 2001:103
9 *Glücks*: 2002:21
10 vgl. *Funk/Schwarz*: 1999:89
11 Die 3-R Methode erweist sich für Gender Mainstreaming-Prozesse als sehr praktikabel. Sie wurde besonders in den kommunalen Verwaltungen in Schweden angewandt. 1. Repräsentanz, 2. Ressourcen, 3. Realisierung.
12 Stiegler: 2001:71
13 *Drogand-Strud*: 2001:29f.
14 vgl. *Liebe*: 2001:95f.

Literaturangaben

Drogand-Strud, Michael: Braucht die Jugendhilfe Gender Mainstreaming? Eine Auseinandersetzung mit einem Strategiekonzept und ein Schlaglicht auf die Jungenarbeit. In: Gender Mainstreaming, FORUM der BZGA, Heft 4–2001, S. 25–32

Funk, Heide/Schwarz, Anne: Bedürfnisse und Konfliktlagen von Mädchen. In: Neue Maßstäbe. Mädchen in der Jugendhilfeplanung. Hrsg. von SPI Berlin, Bundesmodell „Mädchen in der Jugendhilfe", Berlin 1999, S. 88–102

Glücks, Elisabeth: Gender Mainstreaming. Ein neues Anforderungsprofil in der Benachteiligtenförderung. Reihe transfer, Hrsg. von hiba GmbH, Heidelberg 2002

Liebe, Martina: Gender Mainstreaming in der Jugendarbeit. In: Gender Mainstreaming. Neue Perspektiven für die Jugendhilfe. Hrsg. von *Ginsheim, Gabriele v./Meyer, Dorit,* Berlin 2001, S. 95–108

Rauw, Regina/Jantz, Olaf/Reinert, Ilka/Ottemeier-Glücks, Franz Gerd: Perspektiven geschlechtsbezogener Pädagogik. Impulse und Reflexionen zwischen Gender, Politik und Bildungsarbeit, Opladen 2001

Stiegler, Barbara: Wenn Gender das Mädchen schluckt – Gender Mainstreaming und die Mädchenarbeit. In: Forum Erziehungshilfen, 2/2001, S. 68–73

Wallner, Claudia: Mädchengerechte Jugendhilfeplanung – kritisch, politisch, feministisch. In: Neue Maßstäbe. Mädchen in der Jugendhilfeplanung. Hrsg. von SPI Berlin, Bundesmodell „Mädchen in der Jugendhilfe", Berlin 1999, S. 74–86

ULRIKE GENTNER

„Mit der Vision leben …" – Gender Mainstreaming im kirchlichen Kontext

Themen um Frauen und Männer, Geschlechterfragen und gesellschaftspolitische Wirklichkeiten haben in der Christenheit eine eigene Tradition, erfahren allerdings im Zusammenhang mit Gender Mainstreaming eine neue Herausforderung.

Als Teil der Kirchen sind Frauen und Männer verstrickt in historische Zusammenhänge vielfältiger Art, in denen sie dazu beigetragen haben, patriarchale Strukturen und geschlechtshierarchische Rollenzuschreibungen zu legitimieren, zu verfestigen oder auch zu verändern. In der katholischen Kirche werden bis heute, kirchenrechtlich verankert, Frauen von bestimmten Aufgaben und Ämtern ausgeschlossen. Insbesondere der katholischen Kirche wird nicht erst seit dem 20. Jahrhundert vorgeworfen, wesentlich zur Diskriminierung der Frauen und zum Androzentrismus beigetragen zu haben.

Frauen und Männer, die in eine Kirche aufgenommen wurden bzw. sich zu ihr bekennen, wissen sich aber auch befreit durch die Botschaft des Evangeliums. Gleichheit ist biblisch zugrunde gelegt in: „Es gibt nicht mehr Juden und Griechen, nicht Sklaven und Freie, nicht Mann und Frau; denn ihr alle seid ‚einer' in Christus Jesus" (Gal 3,28). In der Pastoralkonstitution „Gaudium et spes", einem vom II. Vatikanischen Konzil verabschiedeten Dokument, wird die Gleichstellung hervorgehoben: „Die Frauen verlangen dort, wo sie die entsprechenden Rechte noch nicht erreicht haben, die rechtliche und faktische Gleichstellung mit den Männern."[1]

Eine andere Realität zeigt sich: Männer und Frauen haben die Kirchen verlassen, weil sie sich dort nicht mehr beheimatet fühlen.

Christinnen und Christen finden sich in vielen Staaten und Kulturen. Kirchen und kirchliche Gemeinschaften sind verbreitet in der ganzen Welt und damit zugleich Teile verschiedener Gesellschaftssysteme.

Aufgrund der komplexen Thematik erfolgt eine Eingrenzung: die Situation in Deutschland wird fokussiert, eine kritische Bestandsaufnahme kann nur überblicksweise erfolgen und dazu weniger aus kirchlicher

Innensicht, sondern aus einem gesellschaftspolitischen Blickwinkel. Um den Unterschieden beider Konfessionen einigermaßen gerecht zu werden, wird in der Darstellung differenziert, wobei die katholische Seite stärker hervorgehoben, auf den evangelischen Part eher Bezug genommen wird.[2] Es geht darum, geschlechtergerechte Ansätze und deren Implementierung wertzuschätzen, aber auch Reibungsflächen zu benennen. Insofern können diese Darlegungen dem einen zu wenig kritisch, dem anderen zu optimistisch sein. Es liegt in der Natur des Beitrages, eine Auswahl zu treffen, insofern wird z.B. der theologisch-universitäre Bereich ausgeklammert, obwohl er eine ekklesiale Bindung hat. Wissen über kirchliche Zusammenhänge wird einerseits vorausgesetzt, andererseits kann die Situation in den einzelnen (Erz)Diözesen und Landeskirchen nicht differenziert dargestellt werden.

Im Folgenden werden ausgewählte Geschlechteraspekte im kirchlichen Kontext skizzenhaft umrissen, Widerstände und Hindernisse beschrieben, Geschlechtergerechtigkeit auf Grenzen und Chancen hin reflektiert, Praxisbeispiele vorgestellt wie Perspektiven aufgezeigt.

Geschlechteraspekte im kirchlichen Kontext

Gender Mainstreaming – eine Herausforderung für die Kirchen

Gesellschaftspolitisch steht bei den einen Gender Mainstreaming hoch im Kurs, andere sind skeptisch, abwartend, ablehnend oder ignorierend. Allerdings eröffnet Gender Mainstreaming neue Potentiale, denn es setzt umfassend bei allen politischen Entscheidungen an und liegt in der Verantwortung aller beteiligten Frauen und Männer. Dies hat Konsequenzen für die Kirchen und ihren Auftrag.

Im internationalen wie nationalen Kontext bedeutet Gender Mainstreaming, die Gleichstellung von Frauen und Männern effektiv verwirklichen zu können, es geht um „die Einbindung der Chancengleichheit in sämtliche politische Konzepte und Maßnahmen der Gemeinschaft"[3]. Die rechtlichen Grundlagen zu Gender Mainstreaming, für die europäischen Mitgliedstaaten verankert im Amsterdamer Vertrag, verweisen auf die aktive Förderung dieses Leitprinzips. In Deutschland erkannte das Bundeskabinett im Juni 1999 die Gleichstellung von Frauen und Männern als durchgängiges Leitprinzip der Bundesregierung an und befürwortete, dies als Querschnittsaufgabe zu fördern.[4]

Insofern tangiert Gender Mainstreaming die evangelische Kirche und katholische Kirche in Deutschland auf mehreren Ebenen: als Institution, in ihrer Rolle in der Gesellschaft, in ihrem Auftrag und in ihren spezifischen Praxisfeldern. Gemäß ihrem Sendungsauftrag wirkt „Kirche" in die Gesellschaft hinein und wird sich von der Gesellschaft her in ihrer Glaubwürdigkeit messen lassen müssen. Auch die theologische Anthropologie, d.h. Herkunft und Bestimmung des Menschen, ist zu berücksichtigen: diese umfasst Voraussetzungen und Bedingungen menschlicher Existenz vor Gott wie die geschichtlichen und gesellschaftlichen Faktoren im Kontext der jeweiligen konkreten Lebenswelt(en).

Geschlecht und menschliche Existenz

Die Europäische Kommission ist in ihrer Intention eindeutig: „Die Maßnahmen zur Gleichstellung erfordern ein ehrgeiziges Konzept, das von der Anerkennung der weiblichen und der männlichen Identität sowie der Bereitschaft zu einer ausgewogenen Teilung der Verantwortung zwischen Frauen und Männern ausgehen muß."[5] Dies verweist zum einen auf gesellschaftliche Bedingungen, zum andern auf die „geschlechtliche Bestimmtheit menschlicher Existenz"[6]. Somit sind „Geschlecht" bzw. Geschlechterdifferenz Kategorien anthropologischer Wahrnehmung.

Theologische Anthropologie beschäftigt sich mit den Aussagen christlicher Glaubenslehre über den Menschen: biblisch festgelegt in der Gottebenbildlichkeit des Menschen bzw. im Verstehen des Menschen als „Dialogpartner" Gottes und kirchlich als Glied des „Volkes Gottes". Dabei geht es nicht um eine allgemein gültige Bestimmung des Menschen, sondern um das geschichtliche Einmalige, sein individuelles Dasein mit den jeweiligen Gegebenheiten. Indem Mädchen und Frauen, Jungen und Männer „Subjekt" sind, wird auch im kirchlichen Kontext jenseits von „androzentrischen Weichenstellungen im Bereich der Anthropologie"[7] geschlechterbewusst zu differenzieren sein.

Der „Sex- und Genderansatz" unterscheidet zwischen dem biologisch zugeschriebenem Status und dem soziokulturell erworbenem Status. Hinter dem individuellen „Herstellen", also Konstruieren von „Gender" verbirgt sich die These, dass Geschlecht durch das Handeln eines Menschen geschieht („doing gender") und sich durch dieses „Tun" verfestigt. Insofern bedürfen diese geschlechterprägende Selbst- und Fremdkonstruktionen einer kritischen Analyse: Welche Bilder von „Frau(en) und „Mann/Männern" habe „ich als Mann" bzw. „ich als Frau"? Welche Rollenvorstellungen und Zuschreibungen finden sich zu „männlich" und „weiblich"? Wie wird „weiblich" in Abgrenzung zu „männlich" bewertet? Welche Auswirkungen haben Geschlechterstereotype als Bestandteile unseres Alltags, und wie kann eine dualistische Strukturierung unseres Alltagsbewusstseins überwunden werden? Das Leben wird dichotomisiert: Kultur und Natur, Geist und Körper, Ordnung und Chaos, Wissen und Wahn, Mann und Frau[8] werden hierarchisch geordnet und sexualisiert; „die jeweils wertvollere Kategorie wird als ‚männlich', die untergeordnete als ‚weiblich' verstanden. Diese dualistische Spaltung ist tief in die abendländische Kultur eingeschrieben und seit dem Beginn der Moderne gesellschaftspolitisch verfestigt worden".[9] Natürlich gibt es individuelle Unterschiede zwischen allen Menschen und – bezogen auf eine kategoriale Differenzierung – zwischen zwei Geschlechtergruppen. Mit dem Konzept „Gleichheit und Differenz" wird Gleichheit der/des Anderen gefordert auf der Grundlage der Verschiedenheit, denn „Gleichheit" ohne „Differenz" wäre im Extrem Totalität und „Verschiedenheit" ohne „Gleichheit" gegensätzlich oder hierarchisch. Im Gleichheitsprinzip kann sich Heterogenität verwirklichen.

Von Bedeutung sind diese geschlechtertypisierenden (De)Konstruktionsprozesse bei der Überwindung vorfindbarer Geschlechterasymmetrien. Es geht um die Entschlüsselung „geschlechtshierarchischer Verdeckungszusammenhänge"[10] in Kirche und Gesellschaft: denn Frauen und Männer gestalten aktiv, ob bewusst oder unreflektiert, in ihren Handlungsräumen das Geschlechterverhältnis mit. Insofern besteht eine Gefahr im Neutralisieren von Geschlechterpositionen bzw. im Ausgehen von geschlechtsneutralen Zusammenhängen. Dennoch werden unterschiedliche Positionen aufgeführt: die einen sehen „Geschlecht" als sozial konstruiert, andere gehen von der geschlechtlichen „Leiblichkeit" aus, wieder andere konzentrieren sich auf die Gestaltungsspielräume.

„Als Mann und Frau schuf er sie …" – Facetten christlicher Sozialethik

Die Bedeutung der Kategorie „Geschlecht" wird heute in der Vielfalt an Ausgestaltungsmöglichkeiten von „Frausein" bzw. „Mannsein" gesehen. Wie sich der gesellschaftlich vorfindbare Strukturwandel auf die Strukturierungskategorie „Geschlecht", das Geschlechterverhältnis und die Lebenswirklichkeiten von Frauen und Männern auswirkt, wird kontrovers diskutiert. Die Herausforderungen für die evangelische Kirche und die katholische Kirche stellen sich originär gerade im Hinblick auf eine normativ-ethische Ebene: Geschlechtergerechtigkeit als Leitbild für die Gestaltung des Geschlechterverhältnisses im Rahmen politischer, sozialer, kultureller, wirtschaftlicher und religiöser Kontexte.[11] Denn Ursprung und Ziel allen gesellschaftspolitischen Handelns ist „der Mensch". Angesichts ethischer Entscheidungsfindung und Gestaltungsmacht sind die Erfahrungs- und Sachkompetenzen, die Interessen und Sichtweisen von Frauen und Männern von Bedeutung. „Wenn die Sachwalterschaft des Schöpfers den Menschen (Mensch-Mann und Mensch-Frau) gemeinsam überantwortet ist, wie christliche Ethik [biblisch] im Anschluss an Gen 1 annimmt, dann kann die Rettung der Welt ‚des Menschen' nur in einer Kurskorrektur bestehen, welche alle Glieder der (Welt)Gemeinschaft auf einen Lernprozess verpflichtet, der ein gleichberechtigtes Miteinander von Männern und Frauen ohne neue Uniformierungen möglich macht."[12]

Verstrickt – befreit? Reibungsflächen

Frauenbewegung und kirchlicher Kontext in Deutschland

Gesellschaftliche Veränderungen machen vor Kirchentüren nicht halt. Die Frauenfrage ist in der katholischen Kirche und in der evangelischen Kirche nicht neu, hat aber im Zusammenhang mit der so genannten ersten und neuen Frauenbewegung zunehmend an Bedeutung gewonnen. Die konfessionellen Frauenbewegungen – mit ihren politischen Anliegen – organisierten sich, wie die gesamte frühe Frauenbewegung, in Verbänden und Vereinen.[13] Die Feministische Theologie ist eine Frucht der neuen Frauenbewegung.[14] Die Reaktionen katholischer Frauen auf ihre Stellung innerhalb der Kirche wie die theologischen Diskussionen um die Frauenordination insgesamt waren sehr heterogen.[15] Amerikanische und europäische Theologinnen formulierten Neuansätze. Veröffentlichungen wie „Von der Freiheit des Evangeliums zur versteinerten Männerkirche"[16], „Mutter Kirche und ihre Töchter"[17], „Gott hat nicht nur starke Söhne"[18] oder „Für die Frau in der Kirche"[19] signalisieren die Auseinandersetzungen. Unter dem Fokus „Frauen unter dem Patriarchat der Kirchen"[20] wurde die Situation von Katholikinnen und Protestantinnen im 19. und 20. Jahrhundert analysiert. Im evangelischen wie katholischen Bereich war bzw. ist für viele Frauen die Feministische Theologie Herausforderung und Befreiung: Themen wie Gottesbilder[21], Christologie[22], Exegese[23], Christentum und Frau[24], Feministische Theologie allgemein[25], Liturgie[26], Sprachkritik[27], religiöse Sozialisation[28] etc. standen bzw. stehen zum Diskurs und prägen Wissenschaft wie religiöse Praxis. An verschiedenen Orten und in vielfältigen Praxisfeldern[29] begreifen sich Frauen als Subjekte und verbinden sich in ihren geschlechtergerechten Visionen. Insofern haben die Anliegen der Frauenbewegung wie der feministischen Theologie nicht nur bei Frauen, sondern auch bei Männern[30] Bewusstsein geschaffen, Neues initiiert, Veränderungen ermöglicht und Herausforderungen freigelegt.

Sichtweisen auf die „Frau" und das „Geschlechterverhältnis" in kirchlichen Dokumenten

Die meisten gesamt- und ortskirchlichen offiziellen katholischen Positionen wurden „aufgrund der exklusiv männlichen klerikalen Struktur des Lehr- und Leitungsamtes in der katholischen Kirche […] von Männern geschrieben […], anders ist die Situation bei jenen lokal- bzw. regionalkirchlichen Texten der letzten Jahre, die aufgrund von Konsultationsprozessen entstanden sind – sowie [bei] Texten aus dem Bereich der Evangelischen Kirche in Deutschland."[31] Die Wahrnehmung der Frauen- und Geschlechterfrage im 19. und der ersten Hälfte des 20. Jahrhunderts ist geschlechtshierarchisch geprägt.[32] Aufgrund der Tatsache, dass in den modernen Staatsverfassungen die Gleichberechtigung eine Selbstverständlichkeit geworden ist, und im „Kontext der Anerkennung der Menschenrechte wird die Frau erstmals nicht nur als Rollenträgerin in einem patriarchal definierten Gesellschaftssystem, sondern als Subjekt gesellschaftlichen Handelns wahrgenommen (Pacem in terris)."[33]

Zum neuralgischen Punkt im Blick auf Gleichheit ist die Frage der Frauenordination[34] geworden: Für den katholischen Raum wurde die Unmöglichkeit der Priesterweihe für Frauen erklärt.[35] Seit Ende 1960 „ist in den meisten evangelischen Landeskirchen in Deutschland die kirchenrechtliche und ökonomische Situation der Pfarrerinnen an die männlichen Amtsträger angeglichen worden."[36]

Gestaltungs- und Handlungsspielräume

Ob herkömmlich oder ungewöhnlich: Neue Wege werden gesucht bzw. erprobt, wie z.B. auf der ersten Europäischen Frauensynode in Österreich 1996.[37]

Eine Repräsentativbefragung von Katholikinnen im Auftrag des Sekretariats der Deutschen Bischofskonferenz, vom Institut für Demoskopie durchgeführt (1993), ergab eine Diskrepanz zwischen Fernbild und Nahbereich: „Während die Institution allgemein als Männerkirche gilt, die Frauen in das zweite Glied verweist und ihnen jegliche wirksame Mitgestaltung weitgehend verwehrt, wird der persönliche Erfahrungsbereich, die Gemeinde vor Ort und die kirchlichen Gruppen und Gremien, in denen Frauen mitarbeiten, völlig anders beurteilt."[38] Das heißt: die Konfliktpunkte liegen längst offen. Nicht zu übersehen sind seitherige Veränderungen in den Kirchen (vgl. das Generationenverhältnis und die nach Geschlechtern differenzierten Altersstrukturen). Der gesellschaftliche Wandel, das gestaltbarere Rollenverständnis von Frauen und Männern hat nicht nur die jüngeren Generationen erfasst. Dennoch: Wie sieht es in kirchlichen Praxisfeldern aus mit Mitgestaltung im Blick auf Geschlechtergerechtigkeit? Welche Umsetzungsschritte, welche Angebote werden intendiert, welche Forderungen werden erhoben?

Von der Idee zur Umsetzung – Einblick in die Praxis

Ausgewählte Beispiele aus verschiedenen Praxisfeldern sollen skizzenartig einen Einblick in die Auseinandersetzung bzw. Implementierung von Gender Mainstreaming geben. Auch wenn die Implementierung von Gender Mainstreaming Verantwortung auf höchster Ebene in den Institutionen erfordert (vgl. Top-Down-Prinzip), hat das Engagement von Frauen und Männern in verschiedensten Bereichen Einfluss auf die Umsetzung dieser Gemeinschaftsaufgabe (vgl. Bottom-Up-Prinzip).

Diözesane Struktur

Die institutionelle Ausbildung der katholischen Kirche beruht auf dem Prinzip der Einheit in der Vielfalt. In Verbindung zur Gesamtkirche sind Diözesen die grundlegenden Organisationseinheiten der katholischen Kirche. Zentrale Strukturen ermöglichen Beziehungen zu z.B. Gremien, Pfarreien, Gruppen und einzelnen. Im Blick auf die Implementierung von Gender Mainstreaming in Organisationen ist diese institutionelle Ebene von Bedeutung: Gender Mainstreaming ist als Top-Down-Prozess nur dann erfolgreich, wenn dieses Handlungsprinzip auf allen Ebenen als verbindlich befürwortet und mitgetragen wird. Dies erfordert spezifische Prozesse, Ressourcen und Maßnahmen.

Gleichstellungsstellen

In der Evangelischen Kirche in Deutschland (EKD) haben sich institutionell 24 lutherische, reformierte und unierte Landeskirchen zusammengeschlossen mit einem föderalen Aufbau. Die einzelnen Landeskirchen sind selbstständig und haben der EKD Gemeinschaftsaufgaben übertragen. Neben Frauenbeauftragten nehmen Gleichstellungsbeauftragte spezifische Dienste für Männer und Frauen wahr. Die „Evangelische Kirche der Pfalz“ hat z.B. aufgrund eines Synodenbeschlusses seit 1995 eine Gleichstellungsstelle eingerichtet, seit 2001 vertreten von einem Mann und einer Frau: dabei geht es um die Förderung von Frauen und neu um Perspektiven der Geschlechter ebenso wie um die Förderung der Männer. Zur Einführung von Gender Mainstreaming wird auf der Ebene der Kirchenleitung ein Top-Down-Prozess angestrebt.[39]

Exemplarisch katholischerseits arbeiten in der Diözese Rottenburg-Stuttgart die Gleichstellungsbeauftragten des Bischöflichen Ordinariats an neuen Strategien der Berufs- und Lebensplanung für Frauen. Das diözesane Frauennetzwerk ist eingebunden „in den Kontext eines Entwicklungsprozesses der Gleichstellung von Frauen und Männern in der Diözese“.[40] Gender Mainstreaming-Prozesse befinden sich gegenwärtig vor allem im Zuge eines dreijährigen Auditierungsverfahren „Beruf und Familie“, an dem das Bischöfliche Ordinariat als erste Einrichtung ihrer Art teilnimmt, in der Diskussionsphase. Im Blick auf Gender-Kompetenz und Umsetzungsstrategien plant die Gleichstellungsstelle in Zusammenarbeit mit Mitarbeitern aus dem Bischöflichen Jugendamt ein Gender-Training.

Zentralkomitee der deutschen Katholiken (ZdK)[41]

Das ZdK steht für katholische Frauen und Männer, die sich in Laienräten, Verbänden, Bewegungen, Initiativen und Organisationen aktiv an der Gestaltung der Gesellschaft und der Kirche in Deutschland beteiligen. Der Arbeitskreis des ZdK „Wirtschaftliche und gesellschaftliche Grundfragen" formulierte in einem Zehn-Punkte-Programm zur „Kultur der Gleichberechtigung: Beteiligungsmöglichkeiten müssen gleichberechtigt für Männer und Frauen geschaffen werden; geschlechtsspezifische Unterschiede dürfen nicht in geschlechtshierarchische Rollenzuschreibungen münden"[42]. Exemplarisch werden dazu an anderer Stelle[43] zukunftsfähige Wege zu einem partnerschaftlichen Ehe- und Familienrecht benannt. „Es ist für den politischen Katholizismus eine große Herausforderung, konstruktiv an der Weiterentwicklung eines partnerschaftlichen Eheleitbildes (im deutschen Eherecht) mitzuwirken. Hat sich ‚die Kirche' in den 50er und 70er Jahren auch gelegentlich schwer getan, die Zeichen der Zeit in den Familienrechtsreformen positiv aufzunehmen, sollte es heute gelingen, mit Vorreiterfunktion in die Debatte einzusteigen."[44] In einer öffentlichen Anhörung im nordrhein-westfälischen Landtag am 11.03.2002 wurden z.B. Positionen des ZdK zur gezielten und konsequenten Umsetzung von Gender Mainstreaming in Gestaltungsfeldern wie Familie, Steuerrecht und Rentenrecht eingebracht. In weiteren Themenfeldern wie Soziale Sicherung, Schwangerschaftskonfliktberatung, Zuwanderung und Demokratiegestaltung werden vom ZdK Aspekte der Gleichberechtigung diskursiv erörtert und Forderungen erarbeitet, um die gleichberechtigte Teilhabe von Frauen und Männern in Zivilgesellschaft und Politik weiterzuentwickeln bzw. für diese einzutreten.

„Forum Hochschule und Kirche" e. V.[45]

Eine Reihe von bundesweit im Hochschulbereich tätigen katholischen Organisationen arbeiten im „Forum Hochschule und Kirche e.V." zusammen und fördern durch ihre Arbeit die Präsenz der katholischen Kirche an Universitäten und Fachhochschulen. Zu den Aufgaben und

Zielen gehört u. a. die Unterstützung der Hochschulpastoral in den Bistümern – die Qualifizierung des hauptamtlichen Personals und der Ehrenamtlichen in der Hochschulpastoral –, die Förderung der Zusammenarbeit mit verschiedenen Institutionen und die Intensivierung interdisziplinärer Dialoge. Auf Bundesebene ist das Forum Anlaufstelle für hochschul-, bildungs- und wissenschaftspolitische Institutionen und beteiligt sich als Fachorganisation am Diskurs über die Zukunft von Hochschule.

Genderfragen stellen sich z.B. im Blick auf die Analyse des Anteils der hauptamtlichen Frauen (zwischen 20 und 25 %) in der Hochschulpastoral. Eine an Gender Mainstreaming orientierte Personalpolitik kann darauf abzielen, die Zahl der Frauen in Bereichen zu erhöhen, die von Männern dominiert werden und umgekehrt sowie Arbeiten, Prozesse und Verantwortungsbereiche so zu organisieren, dass Männer und Frauen gleiche Beteiligungsmöglichkeiten haben. Seit 2001 laufen im Forum und seinen Mitgliedsorganisationen verschiedene Prozesse mit Blick auf die Implementierung von Gender Mainstreaming, wie z.B. auf der Ebene der Organisationsstruktur und bezogen auf die Situation der hauptamtlichen Frauen und Männer (Rahmenbedingungen für Professionelle in der Seelsorge) bzw. Studierenden. Das Forum Hochschule und Kirche e.V. führt mit seinen Mitgliedern und Leitungsgremien Gender-Trainings durch. Themen sind darüber hinaus das Berufswahlverhalten der Studentinnen und Studenten, Karriereplanung, geschlechtergerechte Qualifizierungsmaßnahmen für hauptamtliche bzw. ehrenamtliche Frauen und Männer sowie ungleiche Geschlechterverhältnisse in Forschung und Lehre.[46]

Katholische Frauengemeinschaft Deutschland Bundesverband e. V. (kfd)

Mit 700.000 Mitgliedern in 6.000 pfarrlichen Gruppen ist die kfd der größte Frauenverband und der größte katholische Verband Deutschlands. Mit Gender-Trainings und Veranstaltungen zur Implementierung von Gender Mainstreaming in der Verbandsarbeit setzen sich Engagierte der kfd – wie viele Frauen in nicht konfessionellen Frauengruppen bzw. Frauenorganisationen – auf unterschiedlichen Ebenen mit dem Zusammenhang von Frauenarbeit und Gender Mainstreaming auseinander. Die Berufstätigen Frauen (BF) der kfd haben ein Positionspapier verabschiedet, um damit in die inner- und außerverbandlichen Diskussionen einzusteigen. Analysen zeigen, dass in kirchlichen Institutionen in vielen Arbeitsbereichen der mittleren und unteren Einkommensgruppen mehr als 70% Frauen tätig sind, dagegen sind in Führungsetagen Frauen deutlich in der Minderheit – insofern könne Kirche durch ein Leitbild „Chancengleichheit – Geschlechtergerechtigkeit" gewinnen (vgl. Organisationsentwicklung, Personalplanung etc.).[47] „Die BF ist sich der besonderen Herausforderung bewusst, die sich die Kirche zu diesem Thema stellt, und sieht erste Ansätze, wenn Gleichstellungsstellen in den Bistümern eingerichtet werden, wenn Gleichsstellungsordnungen erstellt und wenn Führungspositionen von Frauen in den Bistümern besetzt werden"[48]. Weitere Eckpunkte der kfd zur Geschlechtergerechtigkeit sind der Abbau struktureller Benachteiligung frauenspezifischer Berufe, Vereinbarkeit von Familien- und Erwerbsarbeit für Männer und Frauen sowie gezielte Aufstiegsqualifizierung.

Katholischer Deutscher Frauenbund e. V. (KDFB)
Der KDFB, fast hundertjähriger Frauenverband mit derzeit rund 220.000 Mitgliedern, zielt auf die Erhöhung der Präsenz von Frauen in Politik und Gesellschaft.[49] In Anknüpfung an seine Selbstverpflichtung, bei der Aktionsplattform von Peking besonders die Zielforderungen nach mehr Frauen in Führungspositionen zu unterstützen, wird ein Mentoring-Projekt auf den Weg gebracht. Aufgrund genderadäquater Analysen bei Migration und Integration positionierte sich der Verband in jüngster Zeit u.a. mit einer Resolution zum Zuwanderungsgesetz.

Katholische Arbeitnehmer-Bewegung (KAB)
Rund 260.000 Frauen und Männer gehören zur Katholischen Arbeitnehmer-Bewegung Deutschlands; der parteipolitisch unabhängige Bundesverband der KAB nennt „die Verwirklichung der Emanzipation von Frauen und Männern"[50] als eine Herausforderung in seinen Zielen. Auf der strukturellen und inhaltlichen Ebene haben Prozesse zur Implementierung von Gender Mainstreaming begonnen. Zum Thema Arbeitsmarkt/Selbstverpflichtung der Wirtschaft erfolgt diese Positionierung: „Die stellvertretenden Bundesvorsitzenden [der KAB] bewerten die Entscheidung des Kanzlers als einen Rückschritt gerade in einer Zeit, wo mit der Strategie des Gender Mainstreaming Männer und Frauen gleichgestellt werden sollen."[51]

Bund der Deutschen Katholischen Jugend (BDKJ)
Der BDKJ, der Zusammenschluss katholischer Jugendverbände, besteht als Träger kirchlicher Jugendarbeit in Kreisen, Diözesen und Bundesländern. Durch seine 16 Mitgliedsverbände wirkt dieser Dachverband in den Pfarreien und an anderen Orten kirchlicher Jugendarbeit.[52]

Fragen gerechter Geschlechterverhältnisse werden seit Jahrzehnten aufgegriffen und haben sich strukturell ausgewirkt, z.B. in geschlechtsparitätisch besetzten Leitungsgremien. Mädchenarbeit ist längst etabliert, Jungenarbeit in geringerem Maß. Positionen und Strategien bezogen auf Gender Mainstreaming wurden im Herbst 2002 bei der Sitzung des Hauptausschusses beraten.

Bildungsarbeit
Unter Veranstaltungen wie „Gender Mainstreaming und Management"[53] oder „Geschlechter – Perspektiven – Wechsel/Impulse zur Bildungsdiskussion"[54] haben Genderthemen[55], Gender-Trainings und spezifische Konzeptionen zur Implementierung von Gender Mainstreaming in der konfessionell angebotenen Bildungsarbeit vielerorts Eingang gefunden und werden von verschiedenen Institutionen für differenzierte Zielgruppen angeboten. Geschlechtergerechtigkeit ist in den letzten Jahren auch stärker ins Bewusstsein der politischen Bildung in evangelischer und katholischer Trägerschaft auf der Basis der christlichen Sozialethik gekommen; sie bestimmt zunehmend sowohl Theorie und Veranstaltungskonzepte[56] wie auch Strukturen und Personalentwicklung. Genderorientierte Projekte[57] fördern eine geschlechtergerechte Umsetzung auf der makro- und mikrodidaktischen Ebene. Entwickelte Qualitätsstandards[58] umfassen die institutionelle, personelle und didaktische Seite, aber auch die Rahmenbedingungen, denn die Implementierung von Geschlechtergerechtigkeit als Schlüsselqualifikation wird die Bildungspraxis der politischen Bildnerinnen und Bildner verändern bzw. inspirieren.[59] Politische Bildung wird aber auch „Gender Mainstreaming" daraufhin befragen, inwieweit nachhaltig Chancengleichheit von Frauen und Männern in alle Systeme etc. integriert werden konnte bzw. wird. Vieles gleicht einer Initialzündung, denn bis zum Erreichen einer genderorientierten (politischen) Bildung auf allen Ebenen ist noch viel zu tun – nicht nur im konfessionellen Bereich.

Im Blick auf die Doppelstrategie ist nach wie vor die konfessionelle Männerbildung[60] und konfessionelle Frauenbildung[61] mit ihrer gezielten Förderung der Männer bzw. Frauen von Bedeutung.

Konfessionelle Frauenarbeit und Gender Mainstreaming

Frauenarbeit steht in den Kirchen in einer langen Tradition. Welche Veränderungen sich durch die Verpflichtung „Gender Mainstreaming“ ergeben, steht – wie in außerkonfessionellen Bereichen der Frauenarbeit – zum Diskurs und ist von Suchbewegungen bzw. gezielten Forderungen begleitet. Im Nordelbischen Frauenwerk ist Gender Mainstreaming als Teil des Profils verankert, „ein Genderrat wird voraussichtlich Vorschläge zur praktischen Vertretung erarbeiten“[62]. Positionen von Frauen der EKHN zum Ende ihrer Dekade *Kirchen in Solidarität mit den Frauen:* „Wir fordern die Männer in der Kirche insbesondere in leitenden Funktionen auf, einen Diskurs zu initiieren, in welchem sie die Ergebnisse der Diskussionen der Frauen aus den letzten Jahren reflektieren, ihre eigene Rolle kritisch hinterfragen und ihren eigenen Anteil im Veränderungsprozess definieren“. Ein solcher zunächst unter Männern geführter Diskurs wäre ein guter Ausgangspunkt für ein dann folgendes Gender-Training für Frauen und Männer in Leitungsfunktionen[63]. Katholischerseits wird in der Frauenseelsorge der Deutschen Diözesen Gender Mainstreaming diskutiert und zum Teil erarbeitet.

Konfessionelle Männerarbeit und Gender Mainstreaming

Vergleichbar mit der Frauenarbeit merkt die Männerarbeit an, im Kontext der Gender Mainstreaming-Diskussion zu sein. Denn Gender Mainstreaming unterstützt Anliegen der Männerarbeit, allerdings haben Frauen- und Männerarbeit einen unterschiedlichen Entwicklungsstand. „Eine der Geschlechterdemokratie verpflichtete Männerarbeit geht von dem Grundsatz der Geschlechterdifferenz aus. Die gilt in besonderer Weise auch für die kirchliche Männerarbeit“[64], die einem subjektorientierten Ansatz folgt. Männerarbeit begründet sich öffentlich-gesellschaftlich, menschlich, familiär und diakonisch.[65] Praktische Männerarbeit der EKD ist vernetzt mit der kirchlichen Arbeitsstelle für Männerseelsorge und Männerarbeit in den Deutschen Diözesen, einer pastoralen Einrichtung der Deutschen Bischofskonferenz.[66] Die Männerarbeit der EKD wie die Gemeinschaft der Katholischen Männer Deutschlands haben 1998 die Studie „Männer im Aufbruch" herausgegeben[67], deren Ergebnisse weit verbreitet und kontrovers diskutiert wurden.

Gender Mainstreaming und kirchliche Eine Welt Arbeit
Der Evangelische Entwicklungsdienst e.V. (EED)[68] arbeitet an der Verankerung sozialer Geschlechtergerechtigkeit. Quantitativ und qualitativ ausgerichtete Problem- und Situationsanalysen bezogen auf verschiedene Regionen und Länder weisen unterschiedliche Auswirkungen auf Männer und Frauen auf: durch entsprechende Strukturförderungen soll die Umsetzung von Gender Mainstreaming ermöglicht werden. Deshalb haben Mitarbeiterinnen und Mitarbeiter der Einrichtung Gender-Trainings gemacht. Im Nord-Süd-Kontext ist auch katholischerseits das Bischöfliche Hilfswerk Misereor e.V.[69] aktiv bei der Umsetzung von Gender Mainstreaming.

Von der Innovation zur Transformation

Vielerorts wird die Langfristigkeit der Strategie Gender Mainstreaming betont, die aufgrund ihres Verpflichtungscharakters auf allen Ebenen wirksam werden soll. Bei aller positiven Ausrichtung ist es ratsam, realistisch zu sein: wer Strukturen verändern, Motivation bzw. konkrete Mitgestaltung von Frauen und Männer fördern will, braucht eine adäquate Strategieplanung bzw. Prozesssteuerung.

Wie kann Geschlechtergerechtigkeit verwirklicht werden? Verschiedene Ebenen sind dabei relevant:

- Ziele
- Lösungen bzw. spezifischen Maßnahmen (um die Ziele zu erreichen)
- Umsetzung
- Kontrolle bzw. Evaluation
- Weiterentwicklung.

Geschlechtergerechtigkeit bezieht sich folglich auf Organisationsstrukturen, Organisationskultur, Organisationsphilosophie, Arbeitsfelder, Personal, Ressourcen, Leitbilder, Ziele, Traditionen, aktuelle Herausforderungen, gesellschaftspolitische Fragen, Entscheidungsprozesse, Verfahrensweisen, Themen, Schlüsselqualifikationen etc. Insofern tangiert Gender Mainstreaming sowohl die individuelle Gestaltungsmacht als auch das soziale Handeln.

Voraussetzungen und Bedingungen

Alle beteiligten Frauen und Männer in den Einrichtungen und Praxisfeldern haben Erfahrungen mit „Gender", doch ist „Gender-Kompetenz" gezielt zu fördern.

Gender Mainstreaming

- ist nicht gratis zu bekommen, rechnet sich aber langfristig,
- ist in Verbindung mit Gender-Kompetenz als Schlüsselqualifikation wertzuschätzen,
- bedarf des Engagements auf höchster Ebene in den Institutionen (Top-Down-Prinzip) im Zusammenwirken mit der „Basis" (Bottom-Up-Prinzip),
- braucht klare Zuweisungen, Zuständigkeiten und Verantwortliche,
- fördert neue Team- und Umdenkungsprozesse z.B. auch in der Gemeindearbeit,
- kann Kooperationen, Vernetzung, Synergieeffekte nutzen (intern wie extern),
- zu verankern bedarf der Klarheit über die Startsituation bzw. Ausgangslage,
- Prozesse benötigen eindeutige Ziele (kurz-, mittel- und langfristig),
- bedarf geschlechterbezogener Analysen[70], Expertisen, Daten, Fakten etc.,
- braucht Begleitung, Bewertung und Kontrolle.

Methoden und Strategien

- Es geht darum, auf allen Ebenen dem doppelten Ansatz gerecht zu werden: das heißt Gender Mainstreaming *und* spezifische Maßnahmen zu fördern.
- Die Förderung von Gendersensibilität und Geschlechtergerechtigkeit als Zielvorgabe ist institutionell, personell, strukturell, inhaltlich und methodisch zu verankern und erfordert Aushandlungsprozesse.

- Qualitativ und quantitativ sind Analysen und Bewertungen von Situationen bzw. deren geschlechterbezogene Auswirkungen im Blick auf Gleichstellung zu fokussieren.
- Wie in Schweden[71] üblich sind auch in Deutschland geschlechterdifferenzierte Statistiken sowohl für den kirchlichen wie gesellschaftlichen Bereich notwendig.
- Mittels gezielter Informationen oder Gender-Trainings werden Sensibilisierung, Problembewusstsein und Umdenken gefördert.
- Erfolg versprechend sind Maßnahmen wie das Initiieren eines Geschlechterrates bzw. die Berufung von Genderbeauftragten ebenso wie
- finanzielle Anreizmodelle und die Förderung geschlechterbezogener Projekte.
- Auch wenn auf den ersten Blick der geschlechterspezifische Problemgehalt nicht erkennbar ist, setzt Gender Mainstreaming bei allen Situationen an (vgl. beispielsweise „3 R–Methode"[72] und „6-Schritte-Raster"[73]).
- Die Erarbeitung bereichsspezifischer Gender-Checklisten bzw. Standards ermöglicht eine Systematisierung.

Gender Mainstreaming ist eine Strategie für die Erreichung der Gleichstellung von Frauen und Männern und kann nicht als „Frauenfrage" abgetan werden. „Spezifische Frauenförderpolitik und Gender Mainstreaming sind zwei unterschiedliche Strategien […] und ergänzen sich gegenseitig, sie können sich aber nicht ersetzen"[74]. Gender Mainstreaming ist eine Sache von Frauen und Männern. Das Spannungsfeld ist sichtbar: während die einen den Aufbruch befürworten, fürchten andere Veränderungen oder Verlust. (Kirchen)Frauen und (Kirchen)Männer brauchen die Bereitschaft zum Dialog, Sachkenntnis und Lernfelder.

Die praktische Umsetzung von Gender Mainstreaming stellt für alle gesellschaftspolitischen Handlungsfelder und öffentliche Bereiche eine Herausforderung dar, und ist für den kirchlichen Kontext insbesondere ein steiniger Weg. Erfahrungen liegen nur rudimentär vor. Wichtig sind Zielvereinbarungen, d.h. Gender Mainstreaming nachhaltig für eine „visionäre Kirche" festzuschreiben. Die Prozesse werden in Gang kommen, wenn Frauen und Männer Mut und Widerständigkeit gegen androzentrische Denkmuster aufbringen, denn Gender Mainstreaming ist keine Ideologie, sondern rechtlich vereinbarte Verpflichtung. Wie dargestellt liegt eine notwendige Aufgabe der Kirchen darin, den Grundsatz der Gleichheit in der Gesellschaft auch innerhalb ihrer eigenen Struktur zu verwirklichen. „Die humane Ganzheitlichkeit verlangt letztlich die ekklesiale Gleichrangigkeit“[75]. Geschlechtergerechtigkeit als Vision bedeutet, das transformierende Potential der Zukunft in die Gegenwart zu bringen. Dies hat tief greifende Auswirkungen auf gesellschaftspolitische und individuelle Weise. Insofern werden Erprobungsmöglichkeiten und neue Lernschritte in Konfliktfeldern gebraucht. „Wenn die gleichrangige Gottebenbildlichkeit beider Geschlechter Kriterium für die Gestaltung der Beziehungen zwischen Frauen und Männern in der Kirche ist, so sind Appelle unzureichend. Lernfelder mit Gender-Perspektive können dazu beitragen, diese Vision mit Leben zu füllen“[76] – für eine prophetische Kirche, die Anwältin für Frauen und Männer ist.

Anmerkungen

1 Vatikanum II, Vollständige Ausgabe der Konzilsbeschlüsse/Pastoralkonstitution über die Kirche in der Welt von heute, Art. 9, Osnabrück 1966, S. 245
2 Die Autorin gehört der katholischen Kirche an und hat mehr Einblick in die Strukturen der kath. Kirche in Deutschland.
3 vgl. http://www.europa.eu.int/comm/employment_social/equ_opp/gms_de.html (Stand: 20.01.2003)
4 vgl. www.bmfsfj.de/dokumente/Struktur/ix_27587.htm (Stand: 07.08.02); vgl. auch http://www.gender-mainstreaming.net (Stand: 20.01.2003)
5 http://www.europa.eu.int/comm/employment_social/equ_opp/gms_de.html (Stand: 20.01.2003)
6 *Heimbach-Steins* 2001: 257
7 a.a.O.: 371
8 vgl. *Ammicht-Quinn* 1999
9 *Ammicht-Quinn* 1999: 145
10 *Bitzan* 2000: 146
11 vgl. *Heimbach-Steins* 2001: 258f.
12 *Heimbach-Steins* 1993: 188f.
13 vgl. z.B. Deutsch-Evangelischer Frauenbund (1899 gegründet), Katholischer Deutscher Frauenbund (1903 gegründet)
14 vgl. *Siegele-Wenschkewitz* 1995
15 vgl. *Raming* 1991; *Drape-Müller* 1994
16 *Raming* 1982
17 *Kamphaus* 1989

[18] *Halkes* 1980
[19] *Küng* 1982
[20] *Götz von Olenhusen* 1995
[21] vgl. *Daly, Mary*: Jenseits von Gott Vater, Sohn & Co. Aufbruch zu einer Philosophie der Frauenbewegung. München 1982 (2. Aufl.)
[22] vgl. *Hopkins, Julie*: Feministische Christologie. Wie Frauen heute von Jesus reden können. Mainz 1996
[23] vgl. *Schottroff, Luise/Schroer, Sylvia/Wacker, Marie-Theres*: Feministische Exegese. Forschungsbeiträge zur Bibel aus der Perspektive von Frauen. Darmstadt 1995
[24] vgl. *Schüssler, Fiorenza*: Zu ihrem Gedächtnis... Eine feministisch-theologische Rekonstruktion der christlichen Ursprünge. Gütersloh 1993 (2. Aufl.)
[25] vgl. *Kassel, Maria*: Feministische Theologie. Perspektiven zur Orientierung. Stuttgart 1988 (2. Aufl.); *Gössmann, Elisabeth/Moltmann-Wendel, Elisabeth/Pissarek-Hudelist, Herlinde/Praetorius, Ina/Schottroff, Luise/Schüngel-Straumann, Helen* (Hg.): Wörterbuch der Feministischen Theologie. Gütersloh 1991; vgl. *Esser, Annette/Schottroff, Luise* (Hg.): Feministische Theologie im europäischen Kontext. Mainz 1993
[26] vgl. *Ruether, Rosemary Radford*: Unsere Wunden heilen, unsere Befreiung feiern: Rituale in der Frauenkirche. Stuttgart 1988
[27] vgl. *Knohl-Hoberg, Katharina*: Sexismus in den Gesangbuchliedern. In: *Sommer, Norbert* (Hg.): Nennt uns nicht Brüder. Stuttgart 1986 (2. Aufl.), S. 310–314.
[28] vgl. *Becker, Sybille/Nord, Ilona* (Hg.): Religiöse Sozialisation von Mädchen und Frauen. *Stuttgart/Berlin/Köln* 1995
[29] vgl. *Schaumberger, Christine/Maaßen, Monika* (Hg.): Handbuch feministische Theologie. Münster, 1986 S. 142–211
[30] vgl. *Klinger* 2001
[31] *Heimbach-Steins* 2001: 320
[32] a.a.O.: 321f.
[33] a.a.O.: 322
[34] vgl. dazu die theologischen Debatten
[35] vgl. Sekretariat der Deutschen Bischofskonferenz (Hg.): Apostolisches Schreiben von Papst Johannes Paul II. über die nur Männern vorbehaltene Priesterweihe. Bonn 1994 (22. Mai 1994)
[36] *Drape-Müller* 1994: V
[37] vgl. *Jäger-Sommer, Johanna*: Erste Europäische Frauensynode „Buntheit, Stärke, Schwesterlichkeit. In: Publik-Forum 15/1996, Oberursel 1996 S. 27–28
[38] Sekretariat der Deutschen Bischofskonferenz (Hg.): Frauen und Kirche. Eine Repräsentativbefragung von Katholikinnen (im Auftrage des Sekretariats der Deutschen Bischofskonferenz vom Institut für Demoskopie Allensbach durchgeführt). Bonn 1993, S. 179
[39] vgl. http://www.evpfalz.de (Stand: 20.01.2003)
[40] zitiert aus: http://www.drs.de/aktuell/veranst/frauennetz.htm (Stand: 20.01.2003)
[41] vgl. http://www.zdk.de (Stand: 20.01.2003)

[42] Generalsekretariat des Zentralkomitees der deutschen Katholiken (Hg.): Spurwechsel – Kulturwechsel. Herausforderungen unserer Zeit an eine nachhaltig erneuterte Vita activa. Bonn 2000, S. 11 (03.06.02)

[43] Generalsekretariat des Zentralkomitees der deutschen Katholiken (Hg.): Rahmenbedingungen für das Gelingen stabiler Partnerschaften in Ehe und Familie verbessern. Bonn 2000 (03.05.02)

[44] *Welskop-Deffa* 2001: 9

[45] Vgl. http://www.fhok.de (Stand: 20.01.2003)

[46] Zu Gender-Studies an kath. (Fach)Hochschulen vgl. exemplarisch http://www.kfhnw.de, http://www.kfh-freiburg.de (Stand: 20.01.2003)

[47] vgl. kfd-Berufstätige Frauen (Hg.): BF-Aktuell 5/2002, Düsseldorf 2002, S. 1.

[48] ebd.

[49] vgl. http://www.frauenbund.de (Stand: 20.01.2003)

[50] vgl. http://www.kab.de/index.html (Stand: 20.01.2003); KNA – Bayerischer Dienst 4/11.01.01.

[51] Presseinformation des Bundesverband der KAB vom 05.07.2001: KAB: Sieg der Wirtschaft auf Kosten der Frauen, Köln

[52] http://www.bdkj.de (Stand: 20.01.2003)

[53] Veranstalterinnen des 3. Symposiums Gender Mainstreaming und Management. Konzeptionen und Strategien aus der Perspektive von Frauen sind Burckhardthaus, Weiterbildungszentrum für Führungskräfte, Frauenstudien- und bildungszentrum der EKD (26.-27.09.02 in Gelnhausen)

[54] Ein Gender-Fachkongress am 12.06.02 in Stuttgart, veranstaltet von der Fachkonferenz Frauenbildung Baden-Württemberg (FKF) in Kooperation mit 10 konfessionellen und nichtkonfessionellen Trägern.

[55] Bericht über eine Tagung mit Gender-Perspektive, vgl. *Tiemann/Huml/Funiok.*

[56] „Gender Mainstream spielend lernen – Kompetenzentwicklung, Didaktik, Praxistransfer" (Workshop), veranstaltet vom Heinrich Pesch Haus, Ludwigshafen (12.-13.09.02); vgl. Evangelische Trägergruppe für gesellschaftspolitische Jugendbildung: Zentrale thematische Schwerpunkte, Bad Boll 2000

[57] vgl. Projekt der Arbeitsgemeinschaft katholisch-sozialer Bildungswerke (AKSB): Gleichheit und Differenz weiblicher Engagementformen" (1998–2000), s. *Gentner/Wirtz* vgl. das europäische Projekt „ Gender Genuine Education: Lifelong. Learning and Gender Equality – A Challenge for Adult Education", http://www.GGE.kirche.org

[58] *Gentner/Wirtz* 2001: 32f.

[59] vgl. *Gentner* 2001: 143

[60] vgl. *Prömper* 2001

[61] vgl. *Strichau* 2001; *Voss-Goldstein* 2001

[62] *Stäcker, Käthe:* Gender Mainstreaming. In: http://www.ne-fw.de/publikationen/publikationen.6/index.html Seite 3 (Stand: 20.01.2003)

[63] http://www.dike.de/arbbeitsstelle-frauen/info3_01.htm Seite 5–6 (Stand: 20.01.2003). EKHN=Evangelische Kirche in Hessen und Nassau

[64] *Rosowski* 1999: 20

65 vgl. http://www.maenner-online.de; http://www.kath-maennerarbeit.de (Stand: 20.01.2003)

66 vgl. *Rosowski/Ruffling* 2002

67 vgl. *Zulehner/Volz* 1998

68 vgl. http://www.eed.de (Stand: 20.01.2003)

69 vgl. http://www.misereor.de (Stand: 20.01.2003)

70 vgl. exemplarisch: *Ahrens, Petra-Angela/Lukatis, Ingrid*: Religion in der Lebenswelt von Frauen. Eine Annäherung über Ergebnisse quantitativer Forschung. In: *Franke, Edith/Matthiae, Gisela/Sommer, Regina* (Hg.) Frauen – Leben – Religion. Ein Handbuch empirischer Forschungsmethoden. *Stuttgart/Berlin/Köln* 2002, S. 159–212

71 vgl. Statistics Sweden 2000

72 vgl. in diesem Buch den Artikel von *Ute von Wrangell*

73 vgl. Bundesanstalt für Arbeit (Hg.): Gender Mainstreaming. Es wird Zeit… Chancengleichheit von Frauen und Männern am Arbeitsmarkt (informationen für die Beratungs- und Vermittlungsdienste 20/2001, 16.5.2001), Nürnberg, S. 1276–1277

74 http://www.bmfsfj.de/download/2939/Grundlagenpapier_ zu_Gender_ Mainstreaming.pdf (Stand: 20.01.2003)

75 *Mieth* 1989: 199

76 *Tiemann/Huml/Funiok* 1997: 373

Literaturangaben

Ammicht-Quinn, Regina: Körper – Religion – Sexualität. Theologische Reflexionen zur Ethik der Geschlechter. Mainz 1999

Bitzan, Maria: Geschlechtshierarchischer Verdeckungszusammenhang. Überlegungen zur sozialpädagogischen Mädchen- und Frauenforschung. In: *Lemmermöhle, Doris/Fischer, Dietlind/Klika, Dorle/Schlüter, Anne* (Hg.): Lesearten des Geschlechts. Zur De-Konstruktionsdebatte in der erziehungswissenschaftlichen Geschlechterforschung. Opladen 2000, S. 146–160

Drape-Müller, Christiane: Frauen auf die Kanzel? Die Diskussion um das Amt der Theologin von 1925–1942. Pfaffenweiler 1994

Gentner, Ulrike: Expeditionen in Geschlechterwelten. Geschlechteregerechtes Bewusstsein als Schlüsselqualifikation. In: Erwachsenenbildung EB 3/2001, Würzburg, S. 143–144

Gentner, Ulrike/Wirtz, Peter: Projekt „Gleichheit und weiblicher Engagementformen". Design, fokussierte Ergebnisse, Perspektiven. In: *Gentner, Ulrike* (Hg.): Geschlechtergerechte Visionen. Politik in Bildungs- und Jugendarbeit. Königstein/Ts. 2001, S. 11–45

Götz von Olenhusen, Irmtraut u.a. (Hg.): Frauen unter dem Patriarchat der Kirchen. Katholikinnen und Protestantinnen im 19. und 20. Jahrhundert. Stuttgart/Berlin/Köln

Günter, Andrea (Hg.): Feministische Theologie und postmodernes Denken. Zur theologischen Relevanz der Geschlechterdifferenz. Stuttgart/Berlin/Köln 1996

Halkes, Catharina J.M.: Gott hat nicht nur starke Söhne. Grundzüge einer feministischen Theologie. Gütersloh 1980 (2. Aufl.)

Heimbach-Steins, Marianne: „Als Mann und Frau …“ Grunddatum theologischer Anthropologie – Herausforderung christlicher Sozialethik. In: Jahrbuch für christliche Sozialwissenschaften 34/1993. Münster 1993, S. 165–189

Heimbach-Steins, Marianne: Sichtbehinderung. Das Geschlechterverhältnis in der Wahrnehmung christlicher Sozialethik. In: *Gentner, Ulrike:* Geschlechtergerechte Visionen. Politik in Bildungs- und Jugendarbeit. Königstein/Ts. 2001, S. 257–392

Kamphaus, Franz: Mutter Kirche und ihre Töchter, Freiburg i. B., 1989 (2. Aufl.).

Klinger, Elmar: Christologie im Feminismus. Eine Herausforderung der Tradition. Regensburg 2001

Küng, Hans: Für die Frau in der Kirche. In: *Brooten, Bernadette/Greinacher, Norbert* (Hg.): Frauen in der Männerkirche. München 1982, S. 186–190

Lorber, Judith: Gender-Paradoxien. Opladen 1999

Mieth, Dietmar: Christliche Anthropologie und Ethik der Geschlechter angesichts der Herausforderung gegenwärtiger Erfahrung und zeitgenössischen Denkens. In: *Schneider, Theodor:* Mann und Frau – Grundproblem theologischer Anthropologie. Freiburg i.B./Basel/Wien 1989, S. 167–199

Prömper, Hans: Männerbildung. Perspektivische Lernprozesse „unter Männern“. In: EB 3/2001, Würzburg, S. 118–124

Raming, Ida: Von der Freiheit des Evangeliums zur versteinerten Männerkirche. In: *Brooten, Bernadette/Greinacher, Norbert* (Hg.): Frauen in der Männerkirche. München 1982, S. 9–21

Raming, Ida: Frauenbewegung und Kirche. Bilanz eines 25jährigen Kampfes für Gleichberechtigung und Befreiung der Frau seit dem 2. Vatikanischen Konzil. Weinheim 1991 (2. Aufl.)

Raming, Ida: Stellung der Frau in den christlichen Kirchen und Reformbestrebungen. In: *Müller, Iris/Raming, Ida* (Hg.): Aufbruch aus männlichen „Gottesordnungen“. Reformbestrebungen von Frauen in christlichen Kirchen und im Islam. Weinheim 1998, S. 19–70

Rosowski, Martin: Kirchliche Männerarbeit und Männerbildung zwischen Gender-Mainstream und Geschlechterdemokratie. In: forumEB 4/99, S. 19–22

Rosowski, Martin/Ruffing, Andreas (Hg.): Ermutigung zum Mannsein. Ein ökumenisches Praxishandbuch für Männerarbeit. Kassel 2002

Siegele-Wenschkewitz: Die Rezeption und Diskussion der Genus-Kategorie in der theologischen Wissenschaft. In: *Bußmann, Hadumod/Hof, Renate* (Hg.): Genus. Zur Geschlechterdifferenz in den Kulturwissenschaften, Stuttgart 1995, S. 60–112

Statistics Sweden: Women and men in Sweden. Facts and Figures, Stockholm/Örebro 2000

Strichau, Dorothea: Frauenbildung in der evangelischen Erwachsenenbildung. In: *Gieseke, Wiltrud* (Hg.): Handbuch zur Frauenbildung. Opladen 2001, S. 561–571

Tiemann, Ingeborg/Huml, Wiltrud/Funiok, Rüdiger: Frauen und Männer im Arbeitsfeld Kirche. In: Lebendige Seelsorge 6/1997, Würzburg, S. 370–373

Voss-Goldstein, Christel: Frauenbildung in der katholischen Erwachsenenbildung. In: *Gieseke, Wiltrud* (Hg.): Handbuch zur Frauenbildung. Opladen 2001, S. 573–578

Welskop-Deffaa, Eva-Maria: Gleichberechtigung von Mann und Frau vollziehen! Das geltende Recht entspricht nicht der Lebenswirklichkeit. In: ZdK/ *Vesper, Stefan* (Hg.): Salzkörner/Materialien für Diskussion in Kirche und Gesellschaft. Bonn, 5/Oktober 2001, S. 8–9

Williams, Janet/Seed, Janet/Mwau, Adelina: The Oxfam Gender Training Manual. Oxford 1994

Zulehner, Paul M./Volz, Rainer: Männer im Aufbruch. Wie Deutschlands Männer sich selbst und wie Frauen sie sehen. Ein Forschungsbericht. Ostfildern 1998

DAGMAR HÖPPEL

Gender Mainstreaming – Chance in Wissenschaft und Forschung?

Akademische Spitzenpositionen an deutschen Hochschulen sind selten mit Wissenschaftlerinnen besetzt, obwohl der Anteil der Abiturientinnen heute bei über 55 % liegt.[1] Allgemein gilt: Je höher die Position in der akademischen Hierarchie, desto geringer der Frauenanteil. Im Jahre 2001 konnte erstmals über einen Professorinnenanteil von mehr als 10 % berichtet werden.[2] Bei den C4-Professuren liegt der Frauenanteil in Deutschland gerade bei 6,3 %.[3] In der Europäischen Union (EU) liegt der Anteil mittlerweile bei 11 %[4] und ist somit nahezu doppelt so hoch. Frauenförderpläne, Frauenbeauftragte, Hochschulleitungen und Verantwortliche in der Politik haben daran bisher nur wenig geändert. Deutschland nimmt im internationalen Vergleich noch immer eine Schlusslichtposition ein.[5,6]

Gender Mainstreaming als Leitprinzip zur Gleichstellung von Männern und Frauen will in der Hochschulpolitik und in den Hochschulen neue Impulse setzen. Den Bestrebungen liegt die Erkenntnis zu Grunde, dass die bisherige Politik für und an den Hochschulen nicht geschlechtsneutral ist bzw. war. Die wissenschaftlichen Einrichtungen, die Hochschulen, die Ministerien, die Programme zur Nachwuchs- und Forschungsförderung, Gesetze, Regelungen und Maßnahmen sind nun dahingehend zu prüfen, ob sie sowohl den Anliegen von Frauen als auch von Männern gerecht werden. Es ist zu prüfen, inwiefern Entscheidungen und Maßnahmen mit dazu beizutragen, bisherige Ungleichheiten und Ungerechtigkeiten zu beseitigen und zur Gleichstellung der Geschlechter führen.

Da es sich bei dem Prinzip des Gender Mainstreaming um ein Top-Down-Modell handelt, sollen Vorgaben für die Wissenschaft auf Europäischer Ebene, auf Bundes- und Länderebene und in den Hochschulen aufgezeigt werden.

Gender Mainstreaming in der Europäischen Bildungs- und Wissenschaftspolitik

Die Europäische Union hat wesentliche Anstöße zur Umsetzung des Gender Mainstreaming-Prinzips auf nationaler Ebene gesetzt. Auch für die EU gilt, dass die Unterrepräsentanz von Frauen in höheren akademischen Positionen zu einem enormem Verlust an Wissen und Fähigkeiten führt, da das Potential der Frauen auf den verschiedenen Qualifikationsstufen der wissenschaftlichen Karriereleiter verloren geht.[7]

Für den Bereich der Wissenschaften ist hier insbesondere die so genannte *Helsinki-Gruppe* zu nennen, ein Zusammenschluss von Regierungsvertreterinnen und Gleichstellungsexpertinnen aus den 15 EU-Mitgliedsstaaten. Sie haben es sich zum Ziel gesetzt, den Dialog und den Erfahrungsaustausch über Maßnahmen und Politiken zur Förderung der Beteiligung von Frauen an Wissenschaft und Forschung auf lokaler, regionaler, nationaler und europäischer Ebene anzuregen.

Zunächst wurde im Februar 1999 eine Mitteilung der Europäischen Kommission „*Frauen und Wissenschaft – Mobilisierung von Frauen im Interesse der europäischen Forschung*“[8] herausgegeben, mit der ein Aktionsplan zur Gleichstellung in der Wissenschaft beschlossen wurde. Die EU hat ferner den ETAN-Bericht[9] über die Situation von Frauen und Wissenschaft in der EU in Auftrag gegeben, der erstmals Vergleiche zwischen den Mitgliedsstaaten ermöglichte und zahlreiche Empfehlungen für zukünftige Maßnahmen enthielt. Der ETAN-Bericht hat sich mittlerweile als zentrale Leitlinie und Maßstab für die Entwicklung von Reformkonzepten und Maßnahmen etabliert.

Eine Standortbestimmung anhand des „*Benchmarking*“ wurde initiiert und vorbildliche Ansätze (best practice-Beispiele) in einzelnen Mitgliedsstaaten sichtbar gemacht. Die Mitgliedsstaaten erkannten die Notwendigkeit, Basisdaten (geschlechterdifferenzierte Statistiken) über die Beteiligung von Frauen und Männern am Lehr- und Forschungspersonal zu erheben und Indikatoren zur Messung der Beteiligung von Frauen in der Wissenschaft in Europa zu entwickeln und anzuwenden. Das Fünfte Rahmenprogramm der Europäischen Gemeinschaft für Forschung, technologische Entwicklung und Demonstration (1998–2002) griff Gender Mainstreaming-Ansätze erstmals auf. Gender Mainstreaming wurde dabei als die systematische Einbeziehung der Gleichstellungsthematik in alle Politikbereiche, Programme und Organisationen und ihre Aktivitäten verstanden. Die Beteiligung von Frauen wurde besonders gefördert. Eine erste Zwischenbilanz wurde im Fortschrittsbericht *Women in Science. The Gender Dimension as a Leverage for Reforming Science*[10] gezogen. Der Bericht kommt zu dem Ergebnis, dass eine generelle Zielvorgabe zur Beteiligung von 40 % Frauen und Männern für einzelne Maßnahmen, wie z. B. für die Besetzung von Gremien, ein hoch gestecktes Ziel ist, das noch nicht immer erreicht wird. So konnte der Frauenanteil von 40 % bei Anträgen und Bewilligung sowie Projektkoordinationen nur vereinzelt, wie z. B. bei den Marie-Curie-Stipendien, erreicht werden.[11]

Erste Analysen über die Einbindung der Geschlechterdimension in das Fünfte Rahmenprogramm der EU kamen zu folgenden Ergebnissen:

- Blindheit der Technologie und der Wissenschaft gegenüber der Geschlechterfrage,
- eine nach wie vor diskriminierende Verwendung des Geschlechts in Sprache und Begriffen,
- das Verschwinden der Geschlechterfrage im Laufe von Programmdurchführungen, obwohl zur Antragstellung erforderliche Genderaspekte durchaus ausgewiesen waren,
- durch die Geschlechterfrage kann eine Brücke zwischen sozial- und naturwissenschaftlicher Forschung geschlagen werden.

Darüber hinaus sollten geschlechtsspezifische Unterschiede in Bezug auf die Mobilität[12] von Frauen und Männern berücksichtigt werden.

Die Einbeziehung der Geschlechterperspektiven hat zu neuen Erkenntnissen geführt und dokumentiert, dass ein „Gender Watch System" dringend erforderlich ist. Die meisten Länder ergriffen allerdings nur einzelne Maßnahmen und verwenden daher nur wenige Instrumente des Gender Mainstreaming, wobei den nordeuropäischen Ländern auch in der Wissenschaft eine Vorreiterrolle zukommt. Die *Helsinki-Gruppe* hat eine Zusammenfassung über die verwendeten Gender Mainstreaming-Instrumente vorgelegt. Im Einzelnen umfassen diese unter anderem:

- *Gesetzliche Regelungen und Verordnungen*
  Um eine gleichberechtigte Teilhabe beider Geschlechter zu gewährleisten, liegen unterschiedliche Regelungen, wie die Festlegung von Mindestprozentanteilen für die Besetzung von wissenschaftlichen

Gremien und Kommissionen vor, die bis hin zu strikten Vorgaben für die ausgewogene Beteiligung von Frauen und Männern bei der Besetzung akademischer und wissenschaftlicher Ausschüsse an Universitäten und Forschungsinstituten reichen können. Es wurden Datenbanken initiiert, damit mehr Wissenschaftlerinnen zur Besetzung von Gremien und als Gutachterinnen gefunden werden können.

- *Geschlechterdifferenzierte Statistiken*
  Nationale statistische Daten haben im Vergleich der EU-Länder offen gelegt, dass der Zugang zu akademischen Spitzenpositionen für Wissenschaftlerinnen in allen Ländern erschwert ist und damit die geschlechtsspezifische Segregation ein Merkmal wissenschaftlicher Laufbahnen ist. Dies gilt für alle Wissenschaftlerinnen, obwohl unterschiedliche Rahmenbedingungen und Lebensmodelle in den Ländern dafür verantwortlich zu sein scheinen. Insgesamt stellen Frauen in der EU inzwischen die Mehrzahl aller Studierenden. In einigen Naturwissenschaften und in den Ingenieurwissenschaften sind sie jedoch nach wie vor in der Minderheit, während sie in der Medizin und der Biologie wiederum die Mehrheit stellen.
- *Forschung und Lehre: Frauen- und Geschlechterforschung, Gender-Studies*
  Geschlechterstudien sollen dazu beitragen, die Forschungspersektive zu erweitern und ein besseres Verständnis von der Komplexität der Lebenswirklichkeit zu gewinnen.[13] Der meist subtile Charakter der direkten als auch vor allem der indirekten und institutionellen Diskriminierung soll offen gelegt werden. Zugleich soll die geschlechtsspezifische Prägung der Wissenschaft aufgezeigt und das bestehende Konzept hinterfragt werden, was als herausragende wissenschaftliche Leistung bewertet wird. Eine schwedische Studie hat gezeigt, dass allein aufgrund des Merkmals Geschlecht wissenschaftliche Leistungen unterschiedlich bewertet werden. Frauen mussten mindestens 2,5 mal so viel Leistung (vor allem Publikationen) erbringen, um als gleichwertig mit ihren männlichen Konkurrenten bei der Bewerbung um post-doc-Positionen beim schwedischen Medizinischen Forschungsrat angesehen zu werden. Neben der Produktivität wurde wissenschaftliche Kompetenz den männlichen Bewerbern insbesondere dann zuerkannt, wenn Bewerber und ein Mitglied der Auswahlkommission sich kannten.[14] Es ist daher erforderlich, persönliche Förderung und Bevorzugung bei Stellenbesetzungsverfahren, die

sozialen Konstruktionen „herausragender wissenschaftlicher Leistungen" und ausgrenzende Mechanismen wissenschaftlicher Elitegremien differenziert zu analysieren und Konsequenzen daraus abzuleiten. Als Forschungsfeld zu fördern ist zudem die Entwicklung neuer geschlechtergerechter Ansätze in der Lehre und das Erkennen und Überwinden von geschlechtsspezifischen Prägungen und Vorurteilen in der Wissenschaft. Dies gilt vor allem für die Zukunftstechnologien. Von besonderer Bedeutung ist dabei zudem der Transfer der wissenschaftlichen Erkenntnisse der Gender-Studies in die nationalen Politiken und in die verschiedenen Disziplinen der Wissenschaft.

- *Hochschulreform, Struktur- und Entwicklungsplanung*
  Anstehende Reformen, Reorganisationen, Strukturierungen und Modernisierungen der Wissenschaftslandschaft, der Hochschulstruktur und des Personal-Managements in der Wissenschaft bieten die einmalige Chance, bisher bestehende geschlechtsspezifische Bevorzugungen auszugleichen.[15] Dazu gehört u.a. die Überprüfung bestehender Einstellungs- und Besoldungskriterien, die Einführung transparenter Einstellungs-, Beförderungs- und Berufungsverfahren (Wegfall der Habilitation, leistungsgerechte Besoldung, Juniorprofessuren) sowie die Lockerung des Hausberufungsverbots. Daneben werden Maßnahmen zur Sensibilisierung und Gender-Trainings sowie der Einsatz von Expertinnen und Beauftragten für Gender Mainstreaming zur Beratung hinsichtlich geeigneter politischer Maßnahmen und Verfahren empfohlen. Unerlässlich erscheint darüber hinaus die Einbeziehung des Expertinnen-Wissens der Frauen- und Gleichstellungsbeauftragten.
- *Vereinbarkeit von Beruf und Familie/Privatleben*
  Maßnahmen zur besseren Vereinbarkeit von Wissenschaft und Familie haben für das Gender Mainstreaming ebenfalls entscheidende Bedeutung. Dies schließt sowohl Maßnahmen der Work-Life-Balance ein als auch spezielle Maßnahmen für Frauen und Männer, die ihren wissenschaftlichen Wiedereinstieg nach einer familiären Unterbrechung vorbereiten. Im Mittelpunkt sollten dabei Maßnahmen stehen, die einen wissenschaftlichen Ausstieg vermeiden, wie z. B. die Bereitstellung eines umfangreichen und altergerechten Angebots an Kinderbetreuung.

- *Monitoring, Controlling und Evaluation*
  Die Entwicklung und der Einsatz geeigneter Instrumente zur Begleitung, Bewertung und Kontrolle von Fördermaßnahmen und von Maßnahmen zur Umsetzung des Gender Mainstreaming wird als weiterer Schwerpunkt angestrebt. Die Instrumente sind dergestalt zu konzipieren, dass sie die Gleichstellung in der Wissenschaft und in wissenschaftlichen Laufbahnen fördern. Die *Helsinki-Gruppe* hält es zudem für unabdingbar, dass die Bewertung und Erfolgskontrolle der politischen Ansätze zur Förderung der Gleichstellung mit der gebotenen wissenschaftlichen Sorgfalt erfolgen muss.[16]
- *Sechstes Rahmenprogramm der EU (2002–2006)*
  Basierend auf den Erfahrungen mit dem Fünften Rahmenprogramm der EU wird im Nachfolgeprogramm Gender Mainstreaming als durchgängiges Leitprinzip verankert werden. Damit soll sichergestellt werden, dass Wissenschaftlerinnen aus allen 30 Ländern[17] die gleichen Chancen haben, von der EU geförderte wissenschaftliche Programme und Projekte künftig mitzugestalten, sie durchzuführen, zu begleiten, und ihren Erfolg zu überprüfen.

Die Empfehlungen der *Helsinki-Gruppe* geben zunächst einen Rahmen vor, der in Abhängigkeit von den jeweiligen nationalen Schwerpunktsetzungen ergänzt und erweitert, aber auch ‚unterlaufen' werden kann. Die EU-Kommission hat allerdings versprochen, eine Katalysatorfunktion auszuüben und die notwendige Plattform und Instrumente bereitzustellen, damit dieser Veränderungsprozess stattfinden kann. Im Fortschrittsbericht der EU wird folgendes Fazit gezogen: „Fortschritte in Bezug auf die Gleichstellung in der Wissenschaft sind dringend erforderlich, um das Potential der Wissenschaftlerinnen voll zu erschließen, die Qualität der Forschung zu steigern, Innovation zu fördern und Wissenschaft und Gesellschaft einander näher zu bringen. Gleichstellung in der Wissenschaft wird die notwendige Reform in der Wissenschaft voran bringen."[18]

Gender Mainstreaming in der Wissenschaft von Bund und Ländern

Die Bundesregierung hat 1999 mit dem Programm „Frau und Beruf"[19] Gender Mainstreaming als durchgängiges Leitprinzip in allen Programmen und Maßnahmen und damit als Querschnittsaufgabe festgelegt, auch in der Bildungspolitik.[20] Die Chancen für Frauen zu verbessern und die Gleichstellung von Frauen und Männern in der Wissenschaft zu verwirklichen, bezeichnet das Bundesministerium für Bildung und Forschung als „eine der wichtigsten Aufgaben des 21. Jahrhunderts"[21]. „Zukunftsorientierte Politik muss die Voraussetzungen dafür schaffen, dass die Fähigkeiten von Frauen und Männern optimal genutzt werden. Im Interesse von Wissenschaft und Forschung, Wirtschaft und Gesellschaft."[22] Begründet wird die Notwendigkeit der Anwendung des Gender Mainstreaming-Prinzips vor allem mit der bisherigen Vergeudung an Human Ressourcen. Vor dem Hintergrund, dass zur Sicherung der Leistung und Innovationsfähigkeit des Landes alle Ressourcen dringend benötigt werden, kann die Tatsache nicht länger hingenommen werden, dass die wissenschaftlichen Potentiale der Wissenschaftlerinnen nach wie vor nicht ausgeschöpft werden. Frauen sollen zudem nicht länger als Minderheit behandelt werden.

Die Bundesregierung hat sich konkret das Ziel gesetzt, bis zum Jahr 2005 einen Anteil von 20 % Professorinnen zu erreichen.[23] Vor allem mit der Dienstrechtsreform und dem Hochschul- und Wissenschaftsprogramm (HWP) sollten die Grundlagen geschaffen werden, den anstehenden Generationswechsel zu nutzen und den Anteil von Frauen in Führungspositionen zu steigern. Die Schwerpunkte des Programmteils „Chancengleichheit für Frauen in Forschung und Lehre" mit einem jährlichen Finanzvolumen von seinerzeit 60 Millionen DM zielen auf die Förderung von Frauen auf dem Weg zur Professur ab. 75 % der vorgesehenen Fördermittel wurden dafür festgelegt. Ferner wurde das Ziel formuliert, den Anteil an Frauen in zukunftsträchtigen Berufen (Schwerpunkt: Informationstechnologien) auf mindestens 40 % bis zum Jahr 2003 zu erhöhen. Generell sieht das HWP vor, bei allen personenbezogenen Maßnahmen einen Anteil von mindestens 40 % Frauen bzw. Männern, wie bei der Entwicklung der Fachhochschulen und von Graduiertenstudiengängen, zu erzielen.[24]

Die Umsetzung der Schwerpunkte auf Bundes- und Länderebene erfolgte durch:

- *Gesetzliche Regelungen und Verordnungen*
  Erste Ansätze eines Gender Mainstreaming finden sich in den §§ 5 und 6 des Hochschulrahmengesetzes. Erfolge bei der Erfüllung des Gleichstellungsauftrags sind bei der staatlichen Finanzierung[25] zu belohnen. Im Rahmen einer leistungs- und belastungsbezogenen Mittelvergabe sind Ansätze im Sinne der neuen Qualitätssicherungsprozesse verankert worden. Die Dienstrechtsreform mit ihren beiden Kernstücken *Reform der Personalstruktur* und *Reform des Besoldungssystems für Professuren* ließen nur mit gutem Willen Ansätze zur Implementierung des Gender Mainstreaming-Prinzips erkennen. Zielvereinbarungen, Anreizsysteme sowie Frauenförderpläne als Bestandteile der Struktur- und Entwicklungsplanung der Hochschulen wurden in die Hochschulgesetze der Länder integriert. Allgemeine Bekenntnisse zum Gender Mainstreaming liegen sowohl von Bund als auch von zahlreichen Ländern vor und kamen auch in den Bund-Länder-Vereinbarungen zum Ausdruck (HWP). Generell wurde die Zielvorgabe formuliert, einen Anteil von mindestens 40 % Frauen und Männern vorzusehen, beispielsweise für die Besetzung von Gremien, Stellen und die Vergabe von Studienplätzen. Allerdings wird diese Zielvorgabe nur selten mit Nachdruck verfolgt. Sie wird eher als eine Art „freiwillige Selbstverpflichtung" ohne Verbindlichkeit betrachtet, deren Einhaltung bzw. Nichteinhaltung ohne Konsequenz bleibt.
  Die Schaffung von Anreizen zur Umsetzung der 40 % Marke, wie z. B. bei der Etablierung von Juniorprofessuren[26], wurde nicht zur Umsetzung des Gender Mainstreaming-Prinzips genutzt. Ebenfalls wurde die Chance vertan, Vorsorge hinsichtlich der Ausgestaltung des Professurenbesoldungssystems zu treffen, um die Perpetuierung bestehender diskriminierender Strukturen zu verhindern.
- *Geschlechterdifferenzierte Statistiken*
  Die von der Bund-Länder-Kommission für Bildungsplanung und Forschungsförderung vorgelegten Berichte, insbesondere der Bericht „Frauen in der Wissenschaft – Entwicklung und Perspektiven auf dem Weg zur Chancengleichheit"[27] von 2000 hat statistische Daten zum Studium, zur Qualifikation und zum Berufungsgeschehen zur Verfügung gestellt. Mittlerweile liegt bereits die sechste Fortschreibung des

Datenmaterials vor[28], dem jeweils die länderspezifischen Daten zugrunde liegen. So weit durch eine Bund- und Länder-Institution möglich, wurden die gemeinsamen Frauenförderprogramme einer ersten Bilanzierung anhand der Daten unterzogen und Empfehlungen ausgesprochen, die „unter anderem auf die Umsetzung des Gender Mainstreaming in Hochschulen und Forschungseinrichtungen, strukturelle Verbesserungen, die Modernisierung der Qualifikationswege sowie die Stärkung von Frauen in Auswahlgremien (40 %)"[29] hinwirken sollen. Auf diese soll am Beispiel des Studienverhalten in Natur- und Technikwissenschaften noch näher eingegangen werden.

- *Forschung und Lehre: Gender-Studies (Frauen- und Geschlechterforschung)*
  Bis zu 15 % der Mittel aus dem HWP-Programm „Chancengleichheit" sind dafür vorgesehen, Frauen- bzw. Genderforschung zu fördern. Nach wie vor weist die Bundesrepublik hier ‚blinde Flecken' auf. Von einer Integration von Gender-Studies in das Standardangebot deutscher Hochschulen, das zudem Prüfungsrelevanz aufweist, kann nur vereinzelt berichtet werden. Erkenntnisse der Gender-Studies werden vom „male stream" vielfach noch ignoriert und ausgeblendet. Zunächst ist daher die Verankerung des Gender Mainstreaming-Prinzips zur Antragstellung voranzutreiben und damit gleichzeitig die Akzeptanz zu erhöhen sowie die Institutionalisierung von Frauen- und Geschlechterforschung in den Wissenschafts- und Fächerkanon mit Nachdruck zu implementieren. Die für eine erfolgreiche Antragstellung im Rahmen der EU-Forschungsförderung erforderlichen Gender Mainstreaming-Nachweise werden zwar in der Regel erbracht, um die Antragsvoraussetzung für eine spätere Bewilligung zumindest formal zu erfüllen. Wie erste begleitende Evaluationen offen gelegt haben, erfolgt im Verlauf der Projektbearbeitung nicht selten eine Perspektivverlagerung zuungunsten des Gender Mainstreaming-Ansatzes. Dringend erforderlich ist daher die Entwicklung geeigneter Prüfkriterien und -routinen, um in Zukunft rechtzeitig im Projektverlauf Korrekturen und Nachbesserungen initiieren zu können.
- *Frauen in natur- und ingenieurwissenschaftlichen Studiengängen*
  Analysen des Studien(-wahl)verhaltens[30] von Frauen zeigen, dass sich Frauen eher selten für die klassischen natur- und ingenieurwissenschaftlichen Studiengänge entscheiden. Sie bevorzugen eher lebens- und anwendungsnahe Fächer möglichst mit interdisziplinären Bezü-

gen. Beispielhaft seien hier die Gesundheits- und Umwelttechnik, Textil- und Bekleidungstechnik, Innenarchitektur oder Medientechnik genannt. Die Bund-Länder-Kommission für Bildungsplanung und Forschungsförderung (BLK) hat daher Empfehlungen für den Hochschulbereich ausgesprochen, die zugleich als Impulsgeber für Studienreformansätze dienen sollen. Daraus sind zahlreiche Initiativen entstanden, wie z.B. Mentoring-Programme, Sommerhochschulen u.v.a. Monoedukative Studienangebote und Studiengänge sollen dabei das Interesse und die Erfolgsquote von Frauen in naturwissenschaftlichen und technikwissenschaftlichen Studiengängen dynamisieren und zu nachhaltigen Veränderungen beitragen.[31] Damit sollen die Voraussetzungen für Frauen geschaffen werden, zukünftig eine gleichberechtigte Teilnahme an zukunftsträchtigen Berufen in Anspruch nehmen zu können. Auch die Internationale Frauenuniversität (ifu) ist hier als Innovationsschub mit Modellcharakter für das Bildungsangebot in Deutschland zu nennen. Großer Forschungs- und Handlungsbedarf besteht auch hinsichtlich der Ausbildung von Lehrenden an Schulen und Hochschulen. Gerade in der methodisch-didaktischen und der inhaltlichen Differenzierung sowie in der Weiterentwicklung des mathematisch-naturwissenschaftlichen Unterrichts liegen Forschungsfelder, die im Sinne des Gender Mainstreaming dringend bearbeitet werden sollten, um letztlich endlich Einzug in die Struktur- und Entwicklungsplanung der Hochschule zu halten.

- *Hochschulentwicklungsplanung, Struktur- und Entwicklungsplanung*
  Da einerseits Bund und Länder, aber auch die Hochschulen gegenüber ihren Ländern größtmögliche Autonomie im Rahmen der Freiheit von Forschung und Lehre als auch im Zeitalter der Deregulierung und der wettbewerblichen Konkurrenz anstreben, werden Einflussmöglichkeiten auf das Genaueste ausgelotet. Die rahmenrechtlichen Regelungen des Bundes tragen jedoch maßgeblich mit dazu bei, welcher Stellenwert Gender Mainstreaming im Top-Down-Prozess zugeschrieben wird und wo Kompetenzverschiebungen ermöglicht werden. Der Verzicht in den Erläuterungen zur gesetzlichen Verankerung der Besoldungsreform, die Anwendungsmöglichkeiten des Gender Mainstreaming zu benennen und vorzugeben, hat zunächst zu einer Verlagerung der Umsetzung auf die Länderebene geführt. Diese hat wiederum die Hochschulen selbst beauftragt, geeignete Kriterien zu entwickeln. Die

Hochschulen ihrerseits sind häufig nicht bereit, ihre Frauen- und Gleichstellungsbeauftragte zu beteiligen. Damit ist vorprogrammiert, dass die im herkömmlichen Besoldungssystem diskriminierenden Strukturen fortgeschrieben und beispielsweise im Bereich der Zulagen keine Regelungen getroffen werden, die sicherstellen, dass für Wissenschaftlerinnen z. B. bei einer Schwanger- und Elternschaft keine ‚echten' Einkommensverluste entstehen werden.

- *Vereinbarkeit von Beruf und Familie/Privatleben*
  Das Bundesministerium für Bildung und Forschung (BMBF) hat signalisiert, dass die Durchsetzung von Chancengleichheit auch die Verbesserung der Rahmenbedingungen zur Vereinbarkeit von wissenschaftlicher Arbeit und Familie einschließt. Damit wird ermöglicht, dass Haushaltsmittel erstmals auch für Kinderbetreuungsmaßnahmen ausgegeben werden dürfen. In der Konkurrenz um die knappen Mittel für Wissenschaft und Forschung unterliegen jedoch häufig die Interessen des wissenschaftlichen Nachwuchses mit Elternverantwortung. Angesichts der Abwanderung junger hoch qualifizierter Wissenschaftlerinnen und Wissenschaftler ins Ausland („Brain Train"[32]), wo sie bessere Bedingungen für ihren Partner (Beschäftigungsmöglichkeiten) und zur Betreuung ihrer Kinder vorfinden, ist zu hoffen, dass Bund und Länder ihre Mitverantwortung erkennen und auch hier wirksame Anreize entwickeln. Das BMBF sieht z.B. in Juniorprofessuren eine Art Rückkehrangebot. Die konzertierte Aktion *Internationales Marketing für den Bildungs- und Forschungsstandort Deutschland* hat allerdings in ihren Vorschlägen zur Steigerung der internationalen Attraktivität der Studien- und Forschungsmöglichkeiten in Deutschland kaum bzw. keine Empfehlungen zur Vereinbarkeit von Wissenschaft und Familie vorgesehen.[33]
- *Impulse durch Projektförderung und Evaluation*
  Die Umsetzung des Gender Mainstreaming in der Bildungspolitik beschränkt sich noch weitgehend auf Sonderprogramme und einzelne Projektförderungen, deren Zuordnung zum Gender Mainstreaming zudem strittig ist. Vor allem handelt es sich dabei um Projekte zur Erschließung der Ingenieurwissenschaften und Informationsgesellschaft für Frauen und von Kompetenzzentren. Das Bemühen ist meist auf Frauenförderprojekte und Modellvorhaben gerichtet, während für grundlegende Reformen von Forschung und Lehre bzw. Studiengän-

gen in den Ingenieurwissenschaften die Zeit noch nicht reif zu sein scheint. Es bleibt abzuwarten, ob die Ergebnisse der PISA-Studie auch hier neue Impulse setzen werden. Die Internationale Frauenuniversität hat erstmals einer breiten Öffentlichkeit gezeigt, welche innovativen Potentiale in einer anderen Herangehensweise liegen. Als ersten indikatorgesteuerten Ansatz, die Gleichstellung von Frauen und Männern in Hochschulen und Forschungseinrichtungen messbar zu machen und die Hochschulstrukturen auf ihre Geschlechtergerechtigkeit hin zu überprüfen, ist der TOTAL-E-QUALITY-Science-Award zu nennen.[34]

Noch lassen Studien- und Hochschulreformkonzepte die Anwendung des Gender Mainstreaming-Prinzips vermissen, noch fehlt es an einem Gender Mainstreaming-Dialogverfahren zur Beurteilung der zukünftigen Entwicklung von Forschungsschwerpunktsetzungen. Noch hat Gender Mainstreaming nicht wirklich in Pressemitteilungen, Verordnungen, in den Forschungsförderinstitutionen und Wissenschaftsministerien Einzug gehalten. Bewusstseinsänderungen haben noch nicht in geschlechtsneutralen Formulierungen und Begutachtungen Niederschlag gefunden. Zum gegenwärtigen Zeitpunkt sind daher begleitende Evaluationen durch (un-)abhängige wissenschaftliche Expertinnen und Experten noch nicht als wirklich nutzenstiftend bezeichenbar. Sie sollten gerade deshalb durch die Festlegung von Zielen und Zielvorgaben, aber auch Zielvereinbarungen bereits bei den Bewilligungen von Einzelmaßnahmen, Projekten und der Umsetzung des Gender Mainstreaming als integraler Bestandteil der Forschung und Wissenschaft implementiert werden. Nur wenn das Ziel definiert ist, ist eine Messung der Zielerreichung möglich.

Gender Mainstreaming an den Hochschulen

Noch handelt es sich mehrheitlich um engagierte Wissenschaftlerinnen und Frauen- und Gleichstellungsbeauftragte, die sich für die Umsetzung des Gender Mainstreaming-Prinzips vor Ort an den Hochschulen einsetzen. Die Einführung flächendeckender Gender-Trainings zur Bewusstwerdung bestehender Geschlechterdifferenzen wurde nur von wenigen Entscheidungstragenden in den Hochschulen (Rektoren, Präsidenten, Hochschulratsvorsitzenden) vorangetrieben. Der tatsächliche politische Wille zur Um- und Durchsetzung des Gender Mainstreaming-Prinzips ist nur an wenigen Hochschulen erkennbar. Dort wurde zunächst in Grundordnungen und Leitlinien der Hochschulen ein Bekenntnis zum Gender Mainstreaming-Prinzip abgelegt. Ein Bezug zu konkreten Handlungsfeldern, wie z.B. zu Stellenbesetzungs- und Berufungsverfahren, wird dabei aber oft nicht hergestellt. Wie auch für gesetzliche Vorschriften und in Frauenförderplänen verankerte frauenfördernde Maßnahmen wird deren Existenz in der Entscheidungssituation oftmals ausgeblendet bzw. mit dem Hinweis auf höhere Interessen die Geltung bzw. Relevanz abgesprochen. Zahlreiche Wissenschaftlerinnen bemängeln daher, dass der Verbindlichkeitsgrad des Gender Mainstreaming zu gering ist. Sie wünschen sich daher, dass Gender Mainstreaming einklagbar wird.

Zielvereinbarungen zwischen Ministerien und Hochschulen als auch innerhalb der Hochschulen müssen noch an Akzeptanz gewinnen und in ihrer Durchsetzungsfähigkeit gestärkt werden. Neben den quantitativen Vorgaben, die sich allein auf die Erhöhung des Frauenanteils beziehen, sind gerade auch qualitative Fördermaßnahmen wie die Herstellung eines geschlechtersensitiven Klimas an den Hochschulen sicherzustellen. Zu nennen ist beispielsweise die Einbeziehung des Gender-Blickwinkels in alle Forschungsvorhaben an den Hochschulen, aber auch die Entwicklung eines Studienangebots und folglich Studiengänge und –abschlüsse, die eine gleich hohe Attraktivität für Frauen und Männer besitzen. Gleiches gilt für die Entwicklung von didaktischen Konzepten und Lehrmethoden, um auch hier die Ausbildung des wissenschaftlichen Nachwuchses darauf vorzubereiten, in Zukunft sowohl an den Bedürfnissen der Schülerinnen und Studentinnen als auch an den Bedürfnissen der Schüler und Studenten orientierte Lehr- und Lernformen zur Anwendung zu bringen. Ergänzend sind qualitative Zielvereinbarungen für die Bereiche Studium, Beruf und familiäre Verantwortung zu entwickeln; sie sind unverzichtbare Maßnahmen für die Qualifizierungsphasen des wissenschaftlichen Nachwuchses. Gerade hinsichtlich der qualitativen Zielvereinbarungen ist die Kreativität der Hochschulleitungen gefordert.

Die anstehenden Reformen der Hochschulen bieten die einmalige Chance, bisher bestehende geschlechtsspezifische Bevorzugungen auszugleichen. Jede Hochschule erhält im Rahmen ihrer Autonomie eine

Vielzahl von Möglichkeiten, die Herstellung gleicher Chancen zur Profilbildung zu nutzen. Daneben sind Maßnahmen zur Sensibilisierung und Qualifizierung (Gender-Trainings) sowie der Einsatz von Expertinnen und Beauftragten für Gender Mainstreaming zur Beratung empfehlenswert, um die Tragfähigkeit und die Implementierung voranzubringen. Unerlässlich ist dabei die Einbeziehung des Expertinnen-Wissens der Frauen- und Gleichstellungsbeauftragten.

Potentiale des Gender Mainstreaming im Wissenschaftsbereich

Gender Mainstreaming verfolgt das Ziel, Chancengleichheit zur integralen Gesamtaufgabe der Verantwortlichen in Wissenschaft und Forschung aufzunehmen. Damit Gender Mainstreaming nicht zu einem zahnlosen Tiger wird, ist die gegenwärtige große Herausforderung offen zu legen. Es ist bekannt zu geben, was mit Gender Mainstreaming gemeint ist und was damit gewonnen werden kann. Weiterhin wird es Aufgabe engagierter Frauen sein müssen, Gender Mainstreaming auf die Agenda zu setzen und dort zu behandeln. Noch sind nicht ausreichend geschulte Männer und Frauen gefunden, um das Prinzip qualifiziert umzusetzen. Nicht nur unter Männern, sondern auch unter Frauen gibt es einen Weiterbildungsbedarf. Von Best Practice Beispielen, Modellprojekten und Kompetenzzentren können dabei wertvolle Impulse ausgehen, um das notwendige Grundverständnis für die Entscheidungstragenden zu liefern. Weitere Forschungsvorhaben zum Verständnis der Geschlechter und deren Auswirkungen auf unsere Gesellschaft sind für die Qualitätssicherung der Wissenschaften unverzichtbar. Die Implementierung des Gender Mainstreaming-Prinzips in allen Entscheidungen und Maßnahmen kann erst dann zielgerichtet erfolgen, wenn die Wirkzusammenhänge erforscht sind. Von besonderer Bedeutung ist daher momentan, dass eine Verstetigung der Aktivitäten zur Umsetzung des Gender Mainstreaming gelingt und damit einhergehend die Nachhaltigkeit der Anwendung des Gender Mainstreaming-Prinzips erfolgen kann. Dabei gilt, dass der Gender Mainstreaming-Ansatz selbst und sein Verhältnis zur Frauenförderung[35,36] kritisch zu begleiten ist.[37]

Noch befindet sich die Anwendung des Gender Mainstreaming-Prinzips in Wissenschaft und Forschung in der Phase der Bestandsaufnahme, des Beobachtens, der Analyse, des Entdeckens und Aufzeigens diskriminierender Faktoren. Dringend erforderlich erscheint deshalb zunächst die Entwicklung von einfachen handhabbaren Checklisten, von Indikatoren und vor allem von Prüfroutinen, die in die Verwaltungsabläufe als Regelprozesse integriert werden und Informationen zur Geschlechtergerechtigkeit liefern. Es braucht nach wie vor viel Überzeugungsarbeit, Expertise und Engagement von Frauen und auch Männern sowie der Frauen- und Gleichstellungsbeauftragten, um dem Gender Mainstreaming-Prinzip zur weiteren Entfaltung zu verhelfen und seine Potentiale gewinnstiftend zur Herstellung gleicher Chancen für Frauen und Männer in Wissenschaft und Forschung auszuschöpfen.

Anmerkungen

[1] Bundesministerium für Bildung und Forschung 2001: 14
[2] Statistisches Bundesamt Deutschland 2001
[3] Bund-Länder-Kommission für Bildungsplanung und Forschungsförderung 2001: 4
[4] Eurostat 2001
[5] Deutschland liegt mit einem Frauenanteil von 45% bei den Erstabschlüssen im akademischen Bereich auf dem viertletzten Platz (vor Türkei, Japan und der Schweiz). OECD: Education at a Glance, 2001.
[6] Eurostat 2001: 5
[7] leaky pipeline; European Commission: The Helsinki Group 2002: 15
[8] EU-Kommission 1999
[9] European Technology Assessment Network, Europäische Kommission 2001a
[10] Europäische Kommission 2001b
[11] European Union 2000
[12] Europäische Kommission 2001b: 13–15
[13] European Commission 2001
[14] *Wold/Wenneras* 1997: 341 -3
[15] s.a. *Färber* 2001: 58–73
[16] European Commission The Helsinki Group 2002
[17] einschließlich assoziierten Ländern
[18] Europäische Kommission 2001b: 19
[19] Bundesministerium für Familie, Senioren, Frauen und Jugend 1999
[20] Einen umfassenden Überblick über die Anfänge der Gender Mainstreaming-Aktivität gibt *Ebeling* 2001: 406f.

[21] Bundesministerium für Bildung und Forschung 2001: 5

[22] a.a.O.

[23] Bundesministerium für Familie, Senioren, Frauen und Jugend 1999

[24] Bundesministerium für Bildung und Forschung 2002: 19

[25] siehe §§ 5 und 6 Hochschulrahmengesetz sowie entsprechende Umsetzungen in den Hochschulgesetzen der einzelnen Bundesländer. BMBF 1999: 5.

[26] Förderung der Einrichtung von Juniorprofessuren mit einer sog. Erstausstattung in Höhe von 150 000 DM; Bundesministerium für Bildung und Forschung: Bundesministerium für Bildung und Forschung fördert die ersten Juniorprofessuren mit 12 Millionen Mark, BMBF Pressemitteilung vom 02.02.2001

[27] BLK: 2000

[28] BLK: 2002

[29] BMBF 2001: 14

[30] s.a. BLK 2002b; *Blättel-Mink* 2002

[31] *Hartung* 2002

[32] Stifterverband für die Deutsche Wirtschaft 2002: 8

[33] BLK 2002c

[34] *Wulf* 2002: 42f., s.a. *Nohr* 2001: 48f.

[35] Ein häufiges Missverständnis liegt in der Annahme, Gender Mainstreaming sei eine neue Strategie der Frauenförderpolitik. Dieses hatte innerhalb der EU teilweise negative Folgen, indem Frauenförderprogramme mit Hinweis auf den Gender Mainstreaming-Ansatz gekürzt wurden (vgl. *Ebeling* 2000)

[36] *Höppel* 2001: 111f.

[37] *Schunter-Kleemann* 2001: 20–24; *Nohr/Veth* 2002

Literaturangaben

Blättel-Mink, Birgit: Studium und Geschlecht. Arbeitsbericht. Nr. 129 Akademie für Technikfolgenabschätzung Baden-Württemberg (Hrsg.), Stuttgart 2002.

BMBF: Hochschulrahmengesetz (HRG), Bonn 1999

BMBF: Pressemitteilung vom 02.07.2001

Bundesministerium für Bildung und Forschung (BMBF): Frauen in Bildung und Forschung. Gender Mainstreaming, Bonn 2001

Bundesministerium für Bildung und Forschung: Im Detail, BMBF PUBLIK, Bonn 2002

Bundesministerium für Familie, Senioren, Frauen und Jugend: Programm „Frau und Beruf" Aufbruch in der Gleichstellungspolitik, Bonn 1999

Bund-Länder-Kommission für Bildungsplanung und Forschungsförderung (BLK): Frauen in Führungspositionen Fünfte Fortschreibung des Berichts, Bonn 2001

Bund-Länder-Kommission für Bildungsplanung und Forschungsförderung (2002a): Frauen in Führungspositionen an Hochschulen und außerhochschulischen Forschungseinrichtungen. Sechste Fortschreibung des Datenmaterials, Materialien zur Bildungsplanung und zur Forschungsförderung, Bonn 2002

Bund-Länder-Kommission für Bildungsplanung und Forschungsförderung (BLK): Frauen in der Wissenschaft – Entwicklung und Perspektiven auf dem Weg zur Chancengleichheit. Materialien zur Bildungsplanung und zur Forschungsförderung. Heft 87, Bonn 2000

Bund-Länder-Kommission für Bildungsplanung und Forschungsförderung (2002b): „Frauen in den ingenieur- und naturwissenschaftlichen Studiengängen", Heft 100. Materialien zur Bildungsplanung und zur Forschungsförderung. Heft 100, Bonn 2002

Bund-Länder-Kommission für Bildungsplanung und Forschungsförderung (2002c): Konzertierte Aktion „Internationales Marketing für den Bildungs- und Forschungsstandort Deutschland".Vorschläge zur Steigerung der internationalen Attraktivität der Studien- und Forschungsmöglichkeiten in Deutschland, Bonn 2002

Ebeling, Helga: Von der Frauenförderung zum Gender Mainstreaming. In: Weserly, Sabine: Gender Studies in den Sozial- und Kulturwissenschaften, Bielefeld 2000

Europäische Kommission 2001a: Wissenschaftspolitik in der Europäischen Union – Förderung herausragender wissenschaftlicher Leistungen durch Gender Mainstreaming (ETAN), Brüssel 2001

Europäische Kommission 2001b: Fortschrittbericht der Europäischen Kommission Frauen in der Wissenschaft: Women and Science: the gender dimension as a leverage for reforming science, Brüssel 2001

Europäische Kommission: „Frauen und Wissenschaft: Mobilisierung der Frauen im Interesse der europäischen Forschung". Mitteilung der Kommission vom 17.02.1999

European Commission The Helsinki Group: National Policies on Women and Science in Europe 2002. Unter: http://www.cordis.lu/improving/women/policies.htm

European Commission: Gender in Research. Gender Impact Assessment of the specific programmes of the Fifth Framework Programme, Brüssel 2001

European Union: The participation of women researchers in the TMR Marie Curie Fellowships, Brüssel 2002

Eurostat: Statistik kurz gefasst: Wissenschaft und Technologie, Thema 9 – 7/2001

Färber, Christine: Gender Mainstreaming an Hochschulen. In: *Hey, Barbara/Pellert, Ada* (Hrsg.): Frauenförderung = Hochschulreform. Information Sondernummer 1/2001, Graz 2001

Hartung, Barbara: Bund-Länder-Initiativen für Gender Mainstreaming in der Studienreform. Kongressvortag: Zukunftschancen durch eine neue Vielfalt in Studium und Lehre, München 2002

Höppel, Dagmar: Förderkonzepte für Wissenschaftlerinnen – zwischen Gender Mainstreaming und Frauenförderung. In: *Keller, Barbara/Mischau, Anina*

(Hrsg.): Frauen machen Karriere in Wissenschaft, Wirtschaft und Politik, Baden-Baden 2002

Nohr, Barbara: Diversity, Total-E-Quality und Gedöhns. In: *Nohr, Barbara/Veth, Silke* (Hrsg.). s.o.

Nohr, Barbara/Veth, Silke (Hrsg.): Gender Mainstreaming – kritische Reflexionen einer neuen Strategie, Berlin 2002

OECD: Education at a Glance, Paris 2001

Schunter-Kleemann, Susanne: Doppelbödiges Konzept. Ursprung, Wirkungen und arbeitsmarktpolitische Folgen von Gender Mainstreaming. In: Forum Wissenschaft 2/01, 2001

Statistisches Bundesamt Deutschland 2001: Frauenanteile in verschiedenen Stadien der akademischen Laufbahn. Mitteilungen, 26. November 2001

Stifterverband für die Deutsche Wirtschaft: Brain Drain – Brain Gain. Eine Untersuchung über internationale Berufskarrieren, Bericht, 2002

Wold, Agnes/Wennerås, Christine: Nepotism and sexism in peer review. In: Nature Vol. 387, 1997

Wulf, Marion: Chancengleichheit an Hochschulen und Forschungseinrichtungen. In: Neue Wege für die Chancengleichheit? Gender Mainstreaming und TOTAL E-Quality. Landeskonferenz der Hochschulfrauenbeauftragten des Saarlandes (Hrsg.), Saarbrücken 2001

Die Autorinnen und Autoren

Gülay Çağlar, Diplom-Politologin, Jhg. 1973, Studium der Politikwissenschaft an der Johann Wolfgang Goethe-Universität in Frankfurt/Main und an der University College of Swansea, UK. Zurzeit wissenschaftliche Mitarbeiterin im Fachgebiet ‚Globalisierung und Politik' des Fachbereiches Gesellschaftswissenschaften an der Universität Kassel. Arbeitsschwerpunkte: Feministische Kritik an ökonomischen Theorien und Politikmaßnahmen (z.B. Finanzpolitik und Welthandelspolitik), Frauen und Entwicklung.

Anette Dittrich, Ass.jur., Jhg. 1963, Studium der Rechtswissenschaften in Marburg, Berlin und Gießen. 1992 Tätigkeit als Dozentin für Arbeitsrecht, bis 1998 stellvertretende Geschäftsführerin der Landesarbeitsgemeinschaft Soziale Brennpunkte Hessen e.V., seitdem Persönliche Referentin der Geschäftsführung im Zentrum für Arbeit und Umwelt (ZAUG GmbH) Gießen.

Dr. rer.pol. Peter Döge, Jhg. 1961, Mitgründer und Mitglied des geschäftsführenden Vorstands des Instituts für anwendungsorientierte Innovations- und Zukunftsforschung e.V. – IAIZ, dort tätig in der Politikberatung und -forschung. Arbeitsschwerpunkte: Politik und Geschlecht, Geschlechterverhältnisse in Technik und Umwelt, Gewalt und Geschlecht, Gender Mainstreaming, Managing Diversity. Zahlreiche Publikationen zur Männer- und Geschlechterforschung, zuletzt: Geschlechterdemokratie als Männlichkeitskritik. Blockaden und Perspektiven einer Neugestaltung des Geschlechterverhältnisses, Bielefeld 2001; Männlichkeit und soziale Ordnung. Neuere Beiträge zur Geschlechterforschung (hg. gemeinsam mit Michael Meuser), Opladen 2001. Kontakt: pd@iaiz.de.

Dr. Angelika Ehrhardt, Jhg. 1951, Diplom-Pädagogin, Professorin an der Fachhochschule Wiesbaden. Schwerpunkte: Arbeitsansätze und Methoden sozialer Arbeit, Fort- und Weiterbildung, Organisations- und Personalentwicklung.

Ulrike Gentner, Diplom-Theologin/Diplom-Pädagogin, Jhg. 1960, Referentin für politische Bildung, 1998–2000 Leiterin des Projekts „Gleichheit und Differenz weiblicher Engagementformen" der AKSB (Arbeitsgemeinschaft katholisch-sozialer Bildungswerke in der Bundesrepublik Deutschland), stellvertretende Leiterin des Bildungsbereiches im Heinrich Pesch Haus, Ludwigshafen, Gender-Trainerin, Lehrbeauftragte für Erwachsenenbildung an der Universität Koblenz-Landau. Verschiedene Veröffentlichungen im Bereich der politischen Bildung, u.a. zu Partizipation, Geschlechtergerechtigkeit, Didaktik und Lebensformen.

Dr.rer.soc. Dagmar Höppel, Diplom-Haushaltsökonomin, Leitung und Durchführung zahlreicher (Pilot-)Projekte zur Verbesserung der Studiensituation sowie freiberuflicher wissenschaftlicher Begleituntersuchungen. Seit Anfang 1990 Engagement für Chancengleichheit und Frauenförderung, zunächst als Referentin der Frauenbeauftragten und seit 1996 als Referentin der Landessprecherin der Frauenbeauftragten an den Universitäten, Pädagogischen Hochschulen und Musik- und Kunsthochschulen Baden-Württembergs (LaKoF) und Leitung der Geschäftsstelle. Arbeitsschwerpunkte: Gesetzesinitiativen, Beratung des wissenschaftlichen Nachwuchses, Vereinbarkeit von Studium, Wissenschaft und Kindern. Initiatorin des Mentoring-Programms ‚MuT – Mentoring und Training', Programmentwicklungen und -beratung, Wissenschaftstransfer sowie Umsetzung von Gender Mainstreaming-Initiativen. Mitglied mehrerer Verbände und Kommissionen auf Landes- und Bundesebene, die sich mit der Reform der Hochschulstrukturen beschäftigen. Mitglied des Verbandes baden-württembergischer Wissenschaftlerinnen, im Vorstand des Landesfrauenrates Baden-Württemberg tätig.

Mechtild M. Jansen, Leiterin des Referats „Frauen, Migration, geschlechtsdifferente Jugendarbeit" der Hessischen Landeszentrale für politische Bildung in Wiesbaden, Erziehungswissenschaftlerin, Lehrbeauftragte an der Philipps-Universität Marburg. Artikel zu Frauen- und Jugendthemen. Veröffentlichungen u.a.: mit Ute Ehrhardt, Andrea Maikofer, Pia Schmid (Hg.): Differenz und Gleichheit – Menschenrechte haben (k)ein Geschlecht, Frankfurt 1990; mit Claudia Schöing-Kalender & Aylá Neusel (Hg.): Feminismus, Islam, Nation, Frankfurt 1997; mit Benno Hafeneger: Rechte Cliquen – Alltag einer neuen Jugendkultur, Weinheim 2001; mit Elisabeth Rohr (Hg.): Grenzgängerinnen – Frauen auf der Flucht, im Exil und in der Migration, Gießen 2002.

Joachim H. Klett, Jhg. 1949, lebt und arbeitet in Berlin als Gewerkschaftssekretär und Gender-Trainer. Gemeinsam mit einer Kollegin ist er Bereichsleiter Genderpolitik in der ver.di-Bundesverwaltung. Davor war er als Personalleiter einer ver.di-Gründungsgewerkschaft tätig, mit den Arbeitsschwerpunkten: Personalmanagement, Personalentwicklung, Führungsorganisation, Integration von Organisationskulturen in der Personalarbeit.

Dr.rer.nat. Stefani Klos, Geografin, Jhg. 1961. Mehrere Jahre wissenschaftliche Mitarbeiterin in der Lehre und Forschung der Gutenberg-Universität Mainz und der Nationaluniversität in Rwanda. Promoviert an der Universität Mainz zur sozioökonomischen Wirkung kirchlicher Entwicklungsarbeit in Rwanda. Mehrjährige medien- und entwicklungspolitische Tätigkeit als freie Journalistin für das ZDF und als Consultant für die Gesellschaft für Technische Zusammenarbeit (GTZ). Arbeitsschwerpunkte: Umwelt-/Ressourcenschutz, Ländliche Entwicklung, Selbsthilfeorganisation und Frauenförderung. Entwicklungspolitische Referentin für die Deutsche Stiftung für Entwicklung (DSE). Bis Sommer 2002 Projektleiterin der GTZ im Pilotprogramm Gender und im Sektorberatungsvorhaben Gender. Zahlreiche Auslands- und Projekteinsätze, vor allem in Afrika. Zurzeit freie Beraterin und Trainerin zu Organisationsentwicklung und Gender Mainstreaming.

Prof. Dr. Sibylle Peters, lehrt berufliche und betriebliche Weiterbildung und Personalentwicklung an der Fakultät für Geistes-, Sozial- und Erziehungswissenschaften der Otto-von-Guericke-Universität Magdeburg.

Regina Rauw, Diplom-Pädagogin, Jhg. 1968, Pädagogische Mitarbeiterin im Leitungsteam der Heimvolkshochschule „Alte Molkerei Frille". Schwerpunkte: Geschlechtsbezogene Pädagogik, Mädchenarbeit, Politische Partizipation. Mitbegründerin des Institutes für Gender-Perspektiven, Frille. Vorstand der LAG Mädchenarbeit in NRW e.V. Veröffentlichungen u.a.: Reihe Quersichten, Band 1: Perspektiven geschlechtsbezogener Pädagogik. Impulse und Reflexionen zwischen Gender, Politik und Bildungsarbeit, Opladen 2001; Band 2: Perspektiven der Mädchenarbeit: Partizipation, Vielfalt, Feminismus, Opladen 2001.

Angelika Röming, Diplom-Pädagogin, Personalreferentin, Jhg. 1950, Bildungsreferentin mit Schwerpunkt Mädchen- und Frauenarbeit. Seit 1999 Leiterin des Referats „Publikationen" der Hessischen Landeszentrale für politische Bildung.

Marianne Rohde, Ass.jur., Jhg. 1954, Gleichstellungsbeauftragte der Stadt Osnabrück, Frauenreferentin der Universität Stuttgart. Seit 1994 stellvertretende Direktorin der Landeszentrale für politische Bildung Rheinland-Pfalz.

Prof. Dr. habil. Albert Scherr, Jhg. 1958, Pädagogische Hochschule Freiburg. Arbeitsschwerpunkte: Theorien der Sozialen Arbeit und der Jugendarbeit, Fremdenfeindlichkeit und Rassismus. Ausgewählte Veröffentlichungen: Subjektorientierte Jugendarbeit, Weinheim und München 2000; Soziologie der Sozialen Arbeit, Weinheim und München 2000; Pädagogische Interventionen – gegen Fremdenfeindlichkeit und Rechtsextremismus, Bad Schwalbach 2001; Pädagogik der Anerkennung, Bad Schwalbach 2002.

Ute Wanzek, Diplom-Ingenieurin, Jhg. 1954, seit 2001 Geschäftsführerin des Gender-Institutes Sachsen-Anhalt (GISA); Bereiche Gender-Bildung, Projekte national und international zu Gender Mainstreaming, nationale und internationale Vernetzungsarbeit zu Gender Mainstreaming, Generalsekretärin des Europäischen Vereins WiTEC (Women in Science, Engineering and Technology), arbeitete u.a. zu Themen wie Weiterbildung und Weiterbildungsberatung, Bildung zum Technologietransfer an Schnittstelle Hochschule/Wirtschaft, zur Existenzgründung und Mentoring unter geschlechtsspezifischen Aspekten.

Marianne Weg, Diplomökonomin, Abteilungsleiterin im Hessischen Sozialministerium (2001 bis Sommer 2003 Sonderurlaub). Berufserfahrung in Forschung und Lehre sowie in der politischen Administration (in verschiedenen Ministerien – Bundesebene, Nordrhein-Westfalen, Hessen), Expertin und Beraterin für Gender Mainstreaming im staatlichen Bereich sowie in nichtstaatlichen Organisationen. Publikationen zu

Sozial- und Arbeitsmarktpolitik, Frauen- und Gleichstellungspolitik, Gender Mainstreaming.

Ute von Wrangell, Diplom-Pädagogin, Studium der Erziehungswissenschaften, langjährige Frauenbeauftragte, Leiterin der Vernetzungsstelle für Gleichberechtigung, Frauenbeauftragte und Gleichstellungsbeauftragte, Hannover. Veröffentlichungen zu Frauenbeauftragten, Gleichstellung und Gender Mainstreaming.

Stichwortverzeichnis

Die **fett gedruckten Seitenzahlen** verweisen auf Textpassagen, in denen die jeweiligen Begriffe schwerpunktmäßig abgehandelt werden.